W0199841

DUMONT

ELIZABETH PISANI

INDONESIEN UND SO WEITER

DIE ERKUNDUNG EINER UNGLAUBLICHEN NATION

AUS DEM ENGLISCHEN VON
WERNER LÖCHER-LAWRENCE

DUMONT

FSC
www.fsc.org
MIX
Papier aus verantwortungsvollen Quellen
FSC® C105485

1. Auflage 2015
© 2015 DuMont Reiseverlag, Ostfildern
Alle Rechte vorbehalten
Gestaltung: Herburg Weiland, München
Titelfoto: laif, Bialobrzeski
Karten: Gerald Konopik, DuMont Reisekartografie
Printed in Spain
ISBN 978-3-7701-8277-0

www.dumontreise.de

Für Mark

Vietnam
Thailand
Meer
Kambodscha
Andamanen-See
Golf von Thailand
Banda Aceh
Malaysia
Brunei
Medan
Natuna
Nias
Sumatra
Borneo
Pontianak
Padang
Palembang
Java-See
Jakarta
Indischer
Surabaya
Bandung
Bali
Ozean
Java
Denpasar

Pazifischer Ozean
Philippinen
Manado
Halmahera
Sorong
apan
Sulawesi
Seram
Buru
Ambon
sar
Neuguinea
Banda-See
Aru
Flores-See
bawa
Flores
Tanimbar
Merauke
Osttimor
Kupang
Arafura-See
mba
Timor
Timor-See
Australien

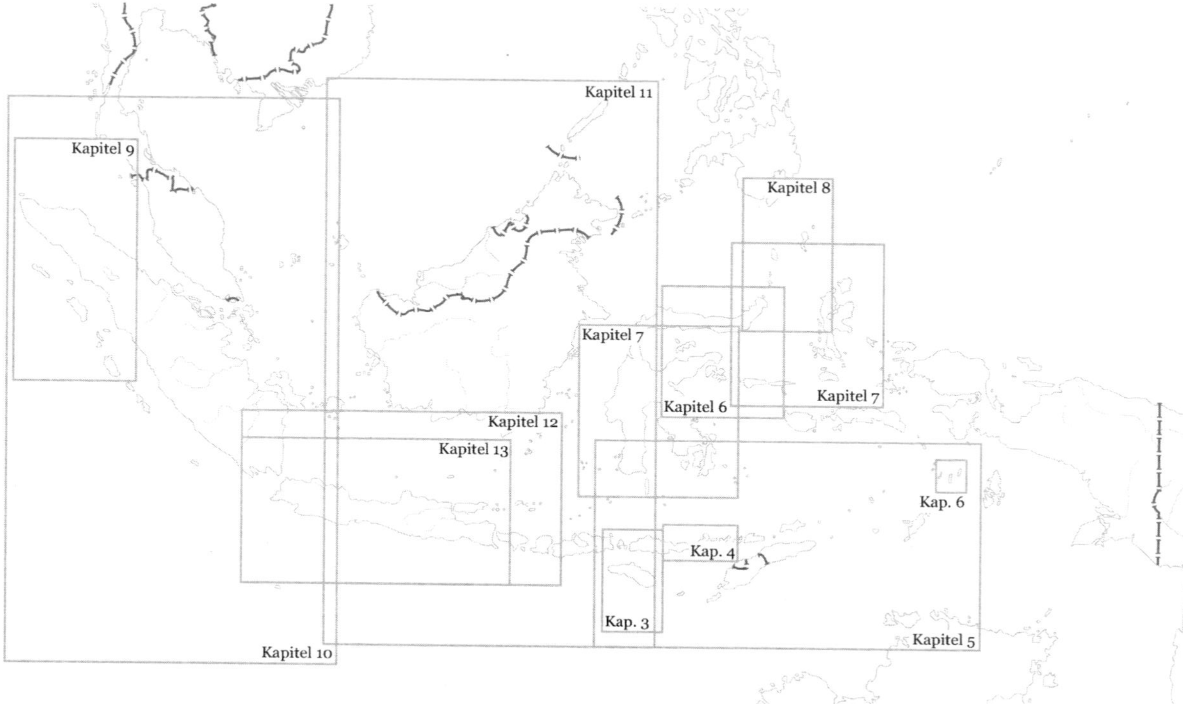
Kapitel 9
Kapitel 10
Kapitel 11
Kapitel 12
Kapitel 13
Kapitel 7
Kapitel 6
Kapitel 8
Kapitel 7
Kap. 6
Kap. 4
Kap. 3
Kapitel 5

Inhalt

Prolog

»Miss! Kommen Sie, ich möchte Ihnen meine Oma vorstellen!« Diese Einladung kam vor etwa zwanzig Jahren von einem lächelnden jungen Mann, der mich über eine unbefestigte Straße auf der wenig bekannten südostindonesischen Insel Sumba wandern sah. Es war brütend heiß, der Staub wie heiße Asche, und ich hatte fürchterlichen Durst. Seine Oma hatte wahrscheinlich Geschichten zu erzählen, und ein, zwei Gläser Tee waren mir mehr als willkommen. Warum also nicht? Ich kletterte die Leiter auf eine Bambusveranda hinauf, auf der ein paar Kinder mit Gongs und Trommeln herumlärmten, und duckte mich durch eine niedrige Tür in einen dunklen, fensterlosen Raum. Nach und nach ließ das durch die gewebten Bambuswände dringende Licht ein Plakat mit Jesus und seinem heiligen Herzen erkennen. Auf einem Bambusstuhl lag ein Sack mit schmutziger Wäsche, ansonsten war der Raum leer. Keine Oma.

»Einen Moment!« Der junge Mann ging zu dem Wäschesack, band ihn auf und schlug das oberste Tuch zur Seite, unter dem die Oma zum Vorschein kam. Sie war tags zuvor gestorben und würde bis zu ihrer Beerdigung vier Tage später Gäste empfangen, wie es der örtlichen Sitte entsprach. »Es ist eine Ehre für sie, Sie kennenzulernen«, sagte er, und wir setzten uns und tranken Tee.

Indonesien ist ein Land voller Unglaublichkeiten. Ein Präsidentschaftskandidat, der gleichzeitig Sultan ist und im Nebenberuf die Handelskammer des Landes leitet, hält an seinem Hof eine Gruppe zwergwüchsiger Albinos als Glücksbringer. Ein Polizeichef erklärt, man habe die Krokodile zusammengerufen, damit die Unschuldigen unter ihnen den Menschenfresser in ihrer Mitte benennen. Es ist ein Land, in dem man mit einem General ein Bier trinken kann, der frohgelaunt zugibt, einen Guerillakrieg zu verlängern, weil das seinem Budget gut tut - und in dem man zum Tee mit einer Leiche eingeladen wird.

Tatsächlich ist das Land selbst eine Unglaublichkeit. Es besteht aus 13 466 Inseln mit Menschen aus über 360 Ethnien, die 719 Sprachen sprechen.* In seiner heutigen Form existiert es, weil Vulkanasche und Seeluft von Europäern begehrte Gewürze wachsen ließen, und da die Europäer sich im Unterschied zu ihren arabischen, indischen und chinesischen Vorgängern nicht damit zufriedengaben, sie den örtlichen Prinzen und Sultanen abzukaufen, führten sie Monopole ein, die zu Auseinandersetzungen, Kolonisierungen, Kleptokratien und schließlich einem Unabhängigkeitskrieg führten. Aus den Trümmern all dessen wurde der moderne indonesische Staat geformt.

Als die Gründungsväter des Landes 1945 ihre Unabhängigkeit von der holländischen Kolonialmacht erklärten, taten sie das mit folgenden Worten: »Wir, die indonesische Nation, erklären hier-

* Diese Zahlen sind schwer festzumachen. 2012 sprach die nationale Statistikbehörde von 17 504 Inseln und berief sich auf Regierungsangaben. Dagegen belaufen sich in Zusammenarbeit mit den Vereinten Nationen ermittelte Zahlen für 2011, die nur bei Ebbe auftauchende Atolle ausschließen, auf die genannten 13 466 Inseln. Etwa 6 000 bis 7 000 davon sollen ganzjährig bewohnt sein.

mit die Unabhängigkeit Indonesiens. Die Angelegenheiten im Zusammenhang mit dem Machtwechsel usw. werden sorgfältig und so zügig wie nur möglich erledigt.«

Seitdem arbeitet Indonesien an diesem »Und-so-weiter«.

Viele entkolonisierte Länder hatten und haben Schwierigkeiten, ein Selbstverständnis zu finden, das über die von ihren ehemaligen Kolonialmächten gezogenen Grenzen hinausgeht, aber nur wenige müssen so viele unterschiedliche Elemente in sich vereinen wie Indonesien. Der moderne indonesische Staat schmiegt sich auf den Gürtel der Erde und überspannt dabei eine Entfernung wie von London bis Teheran oder von Anchorage in Alaska bis nach Washington D.C. Am äußersten nordwestlichen Ende auf Sumatra liegt Aceh, bewohnt von muslimischen Malaien, deren Züge einen leicht arabischen Einschlag haben und die stolz darauf sind, ihr Land die »Veranda Mekkas« zu nennen. 5 200 Kilometer östlich davon liegt die Provinz Papua, die den Großteil der westlichen Hälfte der riesigen Insel Neuguinea ausmacht und die Heimat schwarzhäutiger Menschen ist, von denen viele bei meinem ersten Besuch bis auf Penisköcher nackt waren. Im Übrigen haben sie einige der ausgeklügeltsten landwirtschaftlichen Anbautechniken des Archipels entwickelt. Die Menschen von Papua und die von Aceh ernähren sich unterschiedlich, beten zu unterschiedlichen Göttern, machen unterschiedliche Musik und gehören unterschiedlichen Rassen an. Und auch auf den Inseln dazwischen gleicht ein wildes Durcheinander weiterer Kulturen die alten Traditionen und völlig unterschiedlichen Lebensweisen den modernen Zeiten an.

Jeder dreißigste Mensch auf unserem Planeten lebt im heutigen Indonesien – bei der letzten Zählung waren es 240 Millionen. Das hebt das Land auf den vierten Platz unter den bevölkerungsreichsten Nationen der Welt. In Jakarta werden mehr Tweets verfasst als in jeder anderen Stadt der Erde, und etwa 64 Millionen Indonesier nutzen Facebook. Das sind mehr als die gesamte Bevölkerung des Vereinigten Königreichs. Aber etwa 80 Millionen leben ohne elektrischen Strom (was knapp der deutschen Bevölkerung entspricht) und 110 Millionen von weniger als zwei Euro pro Tag (so viele Einwohner hat Mexiko). Hunderttausende haben keinen Strom, keine zwei Euro pro Tag zum Leben zur Verfügung und sind dennoch bei Facebook.

Indonesien verfügt über etliche Superlative, wenn es um Größe im internationalen Vergleich, um Millionenzahlen und in die Höhe schießende Statistikwerte geht. Und doch sagte der indonesische Unternehmer John Riady erst kürzlich: »Indonesien ist wahrscheinlich das unsichtbarste Land dieser Welt.«

Als ich 1988 meinen ersten Posten in Indonesien übernahm, für die Nachrichtenagentur Reuters, wusste ich praktisch nichts über das Land. Fünf Jahre zuvor, mit neunzehn, war ich mit dem Rucksack durch Java und Bali gereist und hatte einen Abstecher ins nördliche Sumatra gemacht, um mir die Orang-Utans dort anzusehen, was mir zumindest ein paar erste Eindrücke verschaffte: Demnach war Indonesien ein freundliches, wenn auch irgendwie schizophrenes Land. Der Alltag verlief chaotisch und unvorhersagbar, aber überspannt wurde das allgemeine Durcheinander von einer angestrengt verfeinerten Kultur. Im Schatten exquisiter Tempelanlagen bewegten gewichtige Tänzer in zarten Batikgewändern ihre Hände zu den Klängen von Gamelan-Orchestern.

Diese Bilder waren klar javanisch. In meinem Denken jener Zeit, wie im Denken der meisten überhaupt über das Land nachdenkenden Ausländer, war Indonesien mehr oder minder gleich Java, und in gewisser Weise ergibt das auch einen Sinn. Obwohl Java nur ungefähr sieben Prozent der indonesischen Landmasse ausmacht, wohnen hier doch sechzig Prozent der Bevölkerung. Das sind 140 Millionen Menschen auf einer Griechenland vergleichbaren Fläche. Die Hauptstadt Jakarta liegt natürlich ebenfalls auf Java. Seit dem 12. Jahrhundert weiteten die javanischen Herrscher ihren Einflussbereich mit wechselndem Erfolg auf die vielzähligen Königreiche der Inseln aus. Als Reuters mir mitteilte, dass ich von Neu-Delhi nach Jakarta wechseln sollte, und das bereits zehn Tage später, wusste ich praktisch nichts über die das Land bestimmenden mehreren Hundert Kulturen. Ich sah Bilder des hinduistischen Bali mit anmutig sich wiegenden, Tempelgaben auf dem Kopf tragenden Frauen vor mir, das eine oder andere Korallenriff im Osten des Landes, den heißen Dschungel Sumatras oder Kalimantans und fast perfekte Brandungsbilder aus dem äußersten Westen. Sonst nichts.

Wann immer ich während der nächsten zweieinhalb Jahre der täglichen Tretmühle der Börsenberichterstattung entfliehen konnte, durchstreifte ich das Land, um einen wirklichen Begriff von diesem Indonesien zu bekommen. Ich verfolgte Orang-Utans und separatistische Rebellen, besuchte illegale Goldschürfer und illegale Einwanderer. In Jakarta selbst ging ich mit Bankern, Filmstars und ehemaligen politischen Häftlingen essen. Mein Indonesisch verbesserte sich, und damit wurden auch die Gespräche interessanter, aber alles, was ich lernte, machte mir nur immer noch mehr bewusst, wie undurchschaubar dieses Land war. Indonesien widerspricht immer wieder allen Erwartungen.

1991, nach diversen Meinungsverschiedenheiten mit dem Militär über die Wahrheit meiner Berichterstattung, besonders im Zusammenhang mit dem sich ausweitenden Bürgerkrieg in der nordwestlichen Provinz Aceh, verließ ich das Land. Nach meiner Abreise schickte mir der Militärsprecher, Brigadegeneral Nurhadi Purwosaputro, einen handschriftlichen Brief auf dem Papier des Sheraton-Tower-Hotels in Brisbane:

> *Ich würde sagen, unser Verhältnis war immer äußerst offiziell (professionell), da Sie als Journalistin in unserem Land waren. So sollte ich Sie denn wissen lassen, mit Respekt und als Sprecher der Streitkräfte, dass Sie Ihre Arbeit sehr gut gemacht haben. Sie haben ein tiefes Verständnis für die Men-*

> *schen, den Staat, die Regierung und die wirklichen Probleme bewiesen, denen sich Indonesien gegenübersieht.*
> *Jetzt hat sich Ihre Position geändert. Sie sind eine Privatperson, die, wie ich denke, eine große Zuneigung zu Indonesien verspürt.*

Im weiteren Verlauf des Briefes lud er mich in sein Haus in Jakarta ein, sollte ich die Stadt wieder besuchen. Nurhadi Purwosaputro war ein Mann, der mit unverschämten Lügen die Brutalität verneinte, mit der seine Kollegen die Bürger in den Unruheprovinzen Aceh, Papua und Ost-Timor überzogen. Wobei er es widerstrebend tat, fast schon unbeholfen. Mitunter verließ er sein Büro durch die Hintertür, um sich unseren Fragen nicht stellen zu müssen. Einmal rief er mich lange nach Redaktionsschluss an, um sich dafür zu entschuldigen, dass er nicht früher einen Kommentar zu einem kleineren Massaker habe abgeben können. Seine Entschuldigung: Ein heiliger Dolch seines Oberbefehlshabers habe, von sich aus, den Weg zurück in den Geburtsort des Mannes gefunden, worauf er, der Brigadegeneral, damit zu tun gehabt habe, ihn zurück nach Jakarta bringen zu lassen. So habe er keine Zeit gehabt, mit Journalisten zu sprechen.

Diese Art von Vernebelungstaktik konnte einen verrückt machen, doch ich fand sie auch durchaus charmant. Die Vorstellung, dass ein hoher Militär ausländischen Korrespondenten Geschichten über magische Dolche erzählte, um nicht noch mehr Lügen über die Grausamkeiten seiner Kollegen erfinden zu müssen, hatte etwas Sympathisches. Obwohl ich nicht selten den Wunsch verspürte, Brigadegeneral Nurhadi an die Kehle zu gehen, mochte ich ihn doch auch. Und er hatte recht: Trotz des üblen Verhaltens vieler seiner politischen Führer verspürte ich eine große Zuneigung zu Indonesien.

Diese Zuneigung brachte mich 2001, drei Jahre, nachdem protestierende Studenten das Parlamentsgebäude eingenommen und

Suhartos zweiunddreißigjährige Herrschaft beendet hatten, zurück ins Land. Zehn Jahre war ich nicht mehr hier gewesen, hatte den Beruf gewechselt, eine Ausbildung zur Epidemiologin mit dem Spezialgebiet HIV absolviert und sollte dem indonesischen Gesundheitsministerium bei der Bekämpfung einer Epidemie helfen, die es lieber ignoriert hätte und die sich unter im Land eher unwillkommenen Leuten ausbreitete, nämlich Drogenabhängigen, Transsexuellen und Schwulen, männlichen wie weiblichen Sexarbeitern und Häftlingen. Vier Jahre lang reiste ich viel herum und erlebte ein ziemlich anderes Indonesien. Die Hälfte meiner Zeit saß ich mit unteren Staatsbediensteten in Workshops fest, in Dreisterne-Hotels in der Provinz. Es war eine Welt mit Protokollen, PowerPoint-Präsentationen und zahllosen klebrigen Kuchenschachteln. So in der Innenschau erschien mir die indonesische Bürokratie weit weniger inkompetent, als ich gedacht hatte – aber nicht weniger eigennützig.

Einen großen Teil meiner übrigen Zeit verbrachte ich mit Drogenabhängigen in Seitengassen, mit auf Kunden wartenden transsexuellen Prostituierten und in den Glitzerclubs der erwachenden Schwulenszene des Landes. Es kam zu seltsamen Begegnungen (ein tätowierter Junkie, den ich auf einem schmuddeligen Bahnsteig ansprach, gab mir einmal eine Fanta aus: »Eigentlich wollten wir Sie ja ausrauben, Miss, aber Sie sind echt witzig«, sagte er) und ebenso seltsamen Freundschaften: Bis auf den heutigen Tag bekomme ich von einem Transvestiten, der früher einmal einer der bekanntesten Sexarbeiter der Hauptstadt war, online Ratschläge fürs Fotografieren.

2005 verließ ich Indonesien ein weiteres Mal, arrangierte es jedoch so, jedes Jahr ein paar Wochen im Land verbringen zu können: Ich wohnte im selben Haus, benutzte dasselbe Handy, lieh mir dasselbe Motorrad aus und reiste mit denselben alten Freunden durch die Provinzen des Landes. Nach und nach entstand das Gefühl, dass dieses Land ein riesiger, so wunderbarer wie dich enttäuschender Freund ist, der die Sinne anregt und das Denken weitet, dich zum Lachen bringt und jenes warme, verschwommene Gefühl in dir hervorruft, das eine vertraute und leicht verlegen machende Nähe begleitet. Aber dann vergisst er wichtige Geburtstage, beleidigt liebe Menschen und erzählt endlos miese Lügen. Gerade wenn du denkst, dass du ihn langsam kennst, lässt er ein verstecktes Geheimnis erkennen oder erfindet sich komplett neu. Bei dieser Art Freund weißt du genau, es wird schlimm enden, und doch kommst du zurück und willst mehr.

Noch etwas: Sosehr du diesen wilden, exotischen Kerl manchmal verprügeln willst, wünschst du dir doch auch, dass er von anderen bewundert wird und sie ihn besser kennenlernen. Wobei mir der leicht panische Blick der Leute nicht entgeht, der die Gesichter überzieht, wenn ich bei einer Cocktailparty in London oder New York auf Indonesien zu sprechen komme. Ich sehe, wie sie denken: »O Gott, Indonesien ... Ist das nicht der neue Name für Kambodscha, Vietnam, diese Länder um Thailand herum ...?«

Ende 2011 dann entschloss ich mich, meinen Freund der Welt vorzustellen. Ein Buch über Indonesien zu schreiben war eine Entschuldigung, um mehr Zeit im Land zu verbringen und es besser kennenzulernen. Verstehen zu lernen, wie es sich in den Jahren meiner mitunter frustrierten Hingabe verändert hatte. So legte ich meine Stelle als Leiterin einer öffentlichen Gesundheitsberatung in London auf Eis und brach ins große Inselreich auf. Im Südosten des Landes würde ich beginnen, dachte ich, und mehr oder minder gegen den Uhrzeigersinn zunächst die östlichen Inseln bereisen. Wenn alles gut lief, wollte ich dann links ab nach Sulawesi, Borneo und Sumatra. Eine Route in südöstlicher Richtung durch Sumatra sollte den Kreis schließen. Java, die Insel, auf der fast zwei Drittel der Bevölkerung leben und die das Indonesien-Bild der meisten Menschen prägt, wollte ich mir bis zuletzt aufheben.

Im Übrigen hatte ich die vage Vorstellung, vielleicht einige der Leute aufzusuchen, die mir in meinen früheren »Inkarnationen«, meinen früheren Reisen in anderer Funktion, begegnet waren, womöglich sogar den jungen Mann, der mich zum Tee mit seiner toten Großmutter eingeladen hatte. Nicht zuletzt wollte ich Teile des Landes besuchen, in denen keiner der mir bekannten Indonesier je gewesen war. So weit mein Plan. Die Dinge vorher noch genauer austüfteln zu wollen hat in Indonesien keinen Sinn. Schiffe kommen mit dreitägiger Verspätung oder gar nicht, Flüge ändern ihr Ziel noch nach dem Start, neue Visavorschriften lassen einen unerwartet zur nächsten Grenze eilen, und rein zufällige Begegnungen bringen einen immer wieder vom Kurs ab.

Und es gab noch einen Grund, nichts genauer zu planen: Ich wusste, dass ich nicht darauf hoffen konnte, ein wirklich umfassendes Bild dieser kaleidoskopischen Nation anzufertigen, scheinen deren vielfarbige Fragmente doch mit jedem Schütteln der Geschichte, jeder Änderung der Umstände ein neues Muster anzunehmen. Zwar wollte ich die Essenz des Indonesischen einfangen, wollte versuchen, den *benang merah*, den »roten Faden«, zu finden, der die verschiedenen Inseln und Kulturen zu einer einzigen Nation verbindet, doch ich wusste auch, dass sich dieses Land noch während meiner Reisezeit weiterentwickeln würde. Mein Porträt dieser Nation würde immer nur einzelne Fragmente betrachten können.

So verfiel ich denn auf eines der zentralen Prinzipien meiner Tagesarbeit als Epidemiologin: das Prinzip der Zufallsauswahl. Lässt sich eine Gesamtbevölkerung nicht studieren, besteht der beste Weg, herauszufinden, was in ihr vorgeht, in einer Zufallsauswahl. Statt also lange Planungen anzustellen, wohin ich fahren und mit wem ich vorab schon reden sollte, wollte ich mich vom Zufall leiten lassen. Wenn ich dieses Land nur durch die Augen von genug Leuten an genug Orten betrachtete, würde ich, darauf vertraute ich, in der Lage sein, ein Porträt der Gesamtnation zu zeichnen und zu begreifen, was sie in ihrer wunderbaren Verschiedenartigkeit zusammenhielt. Dabei hoffte ich darauf, auch einige Fäden ausmachen zu können, die meinen Schnappschuss in ein größeres historisches Album einfügten und einige der tieferen, dauerhafteren Eigenschaften Indonesiens erkennen ließen.

Ich hatte nur eine Regel: »Sag einfach Ja.« Da die Indonesier zu den gastfreundlichsten Menschen dieser Erde gehörten, würden sich eine Menge möglicher Jas ergeben. Tee mit dem Sultan? *Wie schön!* Bei einem Hochzeitszug mitmachen? *Ja, bitte!* Eine Leprakolonie besuchen? *Natürlich*. Mit einer Nomadenfamilie unter einem Baum nächtigen? *Warum nicht?* Hund zum Abendessen? *Huch, sicher.* Tatsächlich brachte mich diese Strategie auf Inseln, von denen ich nie zuvor gehört hatte. Bauern und Priester, Lehrer, Busfahrer, Soldaten und Krankenschwestern hießen mich in ihren Häusern willkommen. Meist reiste ich mit Schiffen oder fuhr mit altersschwachen, grellbunten Bussen, in denen Indo-Pop plärrte und Spucktüten von der Decke hingen. Manchmal jedoch landete ich auch mit etwas Glück in einem Charterflugzeug oder auf einem Ledersitz hinter dem getönten Glas einer Limousine. Die Gelegenheiten, in denen ich unfreundlich behandelt wurde, kann ich an einer Hand abzählen. Ebenfalls an einer Hand abzuzählen sind die Tage, an denen es *kein* Gespräch über Korruption, Inkompetenz, die »Pfeil' und Schleudern des wütenden Geschicks« gab.*

Am Ende bin ich etwas länger als ein Jahr lang über die Inseln gereist. Gelegentlich habe ich dabei die meistbesuchten Teile des Landes gestreift – eine Strandbar mit gut erhaltenen, aber leicht ledrigen weißen Männern und honigsüßen balinesischen Jungen, ein Restaurant in Jakarta, in dem Banker und Börsenmakler einen schnellen Drink nahmen, bevor die Wall Street öffnete und ihre BlackBerrys zu summen begannen. Einundzwanzigtausend Kilometer habe ich mit Motorrad, Bus und Schiff zurückgelegt und noch einmal zwanzigtausend mit dem Flugzeug – die Begegnun-

* Ein Hamlet-Zitat aus seinem »Sein oder nicht sein«-Monolog (3.1.), deutsch gemäß der Schlegel-Übersetzung. (Anm. d. Übers.)

gen mit der Welt von Bankern und Touristen blieben dabei verschwindend gering. Alles in allem habe ich sechsundzwanzig der dreiunddreißig Provinzen des Landes besucht. Obwohl dieses Buch mit einem Bericht über einen Ausflug in die Geschichte des Archipels und einige meiner eigenen frühen Begegnungen mit dem leicht problematischen Freund beginnt, beschreibt es weitgehend das Indonesien, wie ich es auf dieser letzten großen Reise erlebt habe. Verwirrender in seiner Vielfältigkeit, aber auch in vieler Hinsicht enger miteinander verbunden, als ich es erwartet hatte. Es ist ein Land, das sich ziemlich von dem unterscheidet, das ich zu kennen glaubte.

Kapitel 1

Die unglaubliche Nation

Als der flamboyante nationalistische Führer Sukarno die Unabhängigkeit Indonesiens erklärte, befreite er eine Nation, die es so nicht wirklich gab, und verband ein wahres Sammelsurium von Inseln, das nur mit dem äußeren Anschein einer einheitlichen Geschichte versehen war und kaum kulturelle Gemeinsamkeiten aufwies, zu einer vorgestellten Einheit. Die wenig genaue Erklärung mit ihrem *»usw.«* und dem *»so zügig wie möglich«* wurde nur zwei Tage nach der unerwarteten Kapitulation Japans zum Ende des Zweiten Weltkriegs herausgegeben. Japan war 1942 in Niederländisch-Ostindien einmarschiert und hatte die holländischen Kolonialherren von den Inseln vertrieben, was für die indonesischen Nationalisten ein Grund zum Feiern gewesen war. 350 Jahre holländischer Kleptokratie hatten sie mit tiefem Misstrauen weißen Herrschern gegenüber erfüllt. Aber die Japaner erwiesen sich als keinen Deut besser, so anders sie waren, und die hastige Erklärung Sukarnos und seiner nationalistischen Mitstreiter diente dem Zweck, die Inseln vor dem Zugriff irgendwelcher landhungriger Dritter zu schützen.

»Sie waren unvergesslich, diese Japaner«, sagte die Mutter eines Fischers in Ost-Indonesien, bei der ich Anfang 2012 ein paar Tage wohnte. War ihr Gesicht auch faltig wie eine getrocknete Backpflaume, musste sie in ihrer Jugend doch eine große Schönheit gewesen sein. »*Sooo* grausam«, sagte sie. »Alles, was sie wollten, waren unverheiratete Mädchen.«

Wir waren auf das Thema gekommen, als ich die Frau gefragt hatte, wie alt sie sei. Das wisse sie nicht genau, sagte sie, aber bei Ankunft der Japaner sei sie bereits erwachsen gewesen. Ich fragte sie, wie es damals war. Sie schüttelte den Kopf. »Sie befahlen den Männern eine Grube auszuheben, dann stellten sie zwei von ihnen an den Rand.« Die alte Frau kämpfte sich trotz ihrer Arthrose auf die Beine, um das Gesagte zu demonstrieren. »Sie verbanden ihnen die Augen mit einem weißen Tuch«, sagte sie und machte vor, was sie auch nach siebzig Jahren noch klar vor sich sah. »Und dann von hinten, rums, rums.« Sie schlug sich mit der runzligen Hand gegen den Nacken und schwankte zurück auf ihren Stuhl. »Die Köpfe fielen in die Grube, und einer der Körper blieb so da stehen, bis ihn ein japanischer Soldat umstieß. Dann lag er auch in der Grube.«

Jahrzehnte später richtete eine japanische Firma eine Perlenfarm in der Nähe des Hauses der alten Dame ein, und eine Gruppe von Managern aus Tokio unternahm eine Erkundungstour, um etwas von der Gegend zu sehen. »Ich saß auf dem Markt und verkaufte Fisch, begrüßte sie auf Japanisch und fing an zu handeln. Sie waren total überrascht. Diese Oma auf dem Markt verkaufte ihren Fisch auf Japanisch. Sie haben genommen, was ich hatte.« Sie grinste. »Ich habe sie das Vierfache des normalen Preises zahlen lassen.«

Die Europäer kamen lange vor den Japanern wegen der Perlen und der Kostbarkeiten auf den Märkten her, und das heutige Indonesien ist durch die Gier holländischer Händler zusammengewachsen. Aber bevor die Holländer kamen, trieben Araber und Asiaten mit den unabhängigen Lehnsreichen des Archipels Handel, jahrhundertelang und ohne das Bedürfnis zu verspüren, sie zu einem Ganzen zu bündeln. Geholfen wurde ihnen vom Wind, der während des Großteils der menschlichen Geschichte den Fernhandel antrieb. Zur Mitte des Jahres wechseln die Winde um den Äquator, sodass sie ein praktisches Förderband zwischen China und Indien schufen, den beiden Zentren der Produktion und des Konsums von Waren zu jener Zeit. Von Dezember bis März bliesen sie von China in südliche Richtung, von Juni bis September sorgten sie für eine schnelle Passage nach Indien. Wollte jemand Seide und Musselin, Keramik und Metallarbeiten, Tee und Silber zwischen Indien und China hin- und hertransportieren, musste er entweder über den Himalaya steigen oder die heute indonesischen Gewässer durchqueren.

Während der übrigen Monate herrschten um die Inseln herum launische Flauten, und die Händler blieben in den geschäftigen Häfen, die sich auf ihre Bedürfnisse eingestellt hatten. Sie entluden und beluden ihre Schiffe, überholten sie und statteten sie mit frischen Vorräten aus, heirateten in jedem Hafen örtliche Frauen und ließen sie zurück, damit sie bis zu ihrem nächsten Besuch für neue Ladung sorgten. Von den östlich gelegenen Molukken kamen Muskat und Gewürznelken, am anderen Ende der Inselkette, in den Sultanaten Aceh und Sumatra, nahmen sie Pfeffer auf. Die örtlichen Herrscher wetteiferten darum, Händler und Kapitäne zu ihren Inseln zu locken. Der eine Hafen bot den besten Zugang zu großen Pfefferreserven, der andere war für seine sicheren Lagerhäuser bekannt. Hier waren die Hafengebühren niedrig, und dort war es unwahrscheinlich, ausgeraubt zu werden. Marco Polo, der, wie es heißt, um die 1290er-Jahre auf seinem Rückweg von

China durch die hiesigen Gewässer kam, beschreibt das Treiben in den javanischen Häfen: »Diese Insel wird von einer großen Zahl Schiffe angesteuert, von Händlern, die teure Güter verkaufen und kaufen und große Gewinne machen. Tatsächlich sind die Schätze dieser Insel so groß, dass es sich nicht ausdrücken lässt.«

Geht man heute über den Markt einer indonesischen Handelsstadt, sieht und riecht man wahrscheinlich sehr viel, was auch Marco Polo vor mehr als sieben Jahrhunderten hier vorfand. Wacklige Stände drängen sich dicht aneinander, zusammengezimmert aus alten Kisten, ausrangierten Möbeln, einzelnen Brettern und, dieser Tage, den Wahltransparenten der letzten Saison. Niemand schert sich darum, wie sein Stand aussieht, auf die Waren kommt es an. Auf einem Stand erhebt sich nichts als ein riesiger Vulkan roter Chilis auf einem einfachen weißen Stück Sackleinen. Der Stand daneben ist ein Zauberwürfel aus Holzkistchen, von denen eines voller Muskat, ein anderes voller Pfeffer und ein drittes voller Gewürznelken ist. Die übrigen zweiundzwanzig Kistchen sind mit Kreuzkümmel und Ingwer gefüllt, mit Galgant, Koriander und allen möglichen anderen Gewürzen, die man leichter mit der Zunge als an ihrem Aussehen erkennt. Auf einer Steinplatte blasen Krebse Schaumperlen aus dem Maul, und ihre Scheren sind mit Bast zugebunden. In einer Ecke des Marktes gibt es das Gegenstück eines alten Gemischtwarenladens. Palmblatthüte für hart arbeitende Reisbauern hängen an einem Pfahl. Es gibt Besen aus Bambus und Kokosnussfasern, rundbäuchige Terrakottatöpfe für die Suppe von morgen balancieren auf kleinen Kohlebecken.

Heute gibt es auf diesen Landmärkten auch das volle Sortiment medizinischer Heilmittelverkäufer, die ihre Waren mit Beiwerk und Instrumenten verkaufen, wie es das zu Marco Polos Zeiten noch nicht gab. Auf einem Markt sah ich eine völlig gebannt einem Quacksalber lauschende Menschenmenge, der ein Allheilmittel-Kraut über ein knisterndes Disco-Sound-System anbot. Dabei sah das Modell eines zweigeteilten menschlichen Kopfes zu: auf der einen Seite realistisch, ein gut aussehender junger Mann, auf der anderen mit freigelegten Muskeln und Sehnen und einem hervorstechenden Augapfel. Nicht weit entfernt saß eine Frau ruhig über einige runde Scheiben von etwas gebeugt, das wie Erde aussah, voller Löcher und mit Fasern durchzogen. Ich nahm an, es sei eine Art Wurzelknolle, aber nein, es war tatsächlich nichts als mit Holz und Pflanzenteilen angereicherte Erde: ein Ameisennest. In einer Suppe aufgekocht, heile ein Stück qualitativ gutes Ameisennest Diabetes und hohen Blutdruck, versicherte mir die Frau. Neben ihr saß ein alter Mann mit Segelohren und einem unregelmäßigen Schnauzbart, der seinen Stand zweigeteilt hatte. Auf der einen Seite verkaufte er Cola-Flaschen voll mit *raja gunung*, dem »König der Berge«, einer dickflüssigen schwarzen Essenz aus Pflanzenwurzeln hoch von den Hängen der über uns aufragenden Vulkane. Die sei, erklärte er uns trocken hustend und spuckend, ein Heilmittel gegen Lungenkrebs. Auf der anderen Seite seines Standes bot er Tabak und getrocknete Palmblätter zum Drehen von Zigaretten an.

Die Händler sprachen mit mir und den anderen potenziellen Kunden in der nationalen, nicht in der örtlichen Sprache. Aus politischen Gründen als »Indonesisch« 1928 wiedergeboren, ist die Verkehrssprache der Inseln eine Form des Malaiischen, das über die Millennien die Sprache der Händler war. Ausländische Kaufleute bewegten sich in Wellen über die polyglotten Gemeinden entlang der Meerengen. Im 7. Jahrhundert dominierten die Perser, wurden dann aber von den Arabern in den Hintergrund gedrängt. Die wiederum wurden von den Indern aus Gujarat an der Westküste und der Koromandelküste im Osten herausgefordert, während die Chinesen verstärkt im 11. Jahrhundert kamen. Was alle gemeinsam hatten, war die Leidenschaft für den Handel. Damals wie heute feilschten Leute aller Farben und Rassen auf den Inseln und in ihrem weiten Umkreis auf Malaiisch um Körbe voller Perlmutt, Sandelholz, Käfige mit Paradiesvögeln und glibberige Seegurkenberge. Ihre Hinterlassenschaft ist für den Reisenden heute von großem Nutzen, denn obwohl überall auf den Inseln private Unterhaltungen für gewöhnlich in einer der mehrere Hundert zählenden lokalen Sprachen geführt werden, können praktisch alle Indonesisch. Es ist die Sprache des öffentlichen Diskurses, die auch im Alltagsleben der größeren Städte benutzt wird, wo Indonesier unterschiedlicher Herkunft zusammenkommen.

Der Handel formte nicht nur die Sprache des Archipels, sondern auch seine Religion. Vom 7. Jahrhundert an reisten Gelehrte mit indischen Händlern und begannen den Hinduismus und Buddhismus im Königreich Srivijaya im Süden Sumatras zu verbreiten, das das erste Reich der Bewohner der Region werden sollte. Die Herrscher Srivijayas verdienten so viel am Handel, dass sie Armeen aufstellen und benachbarte Inseln erobern konnten, wobei sie auch ihre Religionen über das Wasser nach Java brachten. (Bis nach Thailand und Kambodscha richteten sie Vasallenstaaten ein.) Auf den Ebenen und Erhebungen Zentral-Javas wurden prächtige Tempel errichtet. Borobudur, der größte buddhistische Tempel der Welt, entstand im 9. Jahrhundert. Eine rivalisierende Dynastie antwortete darauf mit der Prambanan-Tempelanlage, in der Hindus ihren Göttern huldigten.

Die nächste Welle Händler waren Muslime aus Südasien, Südchina und dem Nahen und Mittleren Osten, und da eine gemeinsame Religion die Räder des Handels ölt (die Männer konnten zusammen beten und essen), gehörten die Händler auf den Inseln zu den Ersten, die zum Islam übertraten. Mit der Zeit legten die javanischen Prinzen ihre Sanskrit-Namen ab und wurden zu Sultanen. Bis zum 16. Jahrhundert waren praktisch alle javanischen Herrscher zum Islam konvertiert, nur auf Bali, direkt östlich von Java, überdauerte der hinduistische Hof mitsamt seinem Kastensystem.

Die Menschen der verschiedenen Lehnsreiche des Archipels betrachteten sich nicht als Teil eines größeren Ganzen. Das ständige Kommen und Gehen von Händlern schuf jedoch auch unter den einfachen Leuten eine unbefangene Offenheit und Akzeptanz für Andersartiges, die bis heute fortbesteht. Daraus entwickelte sich eine fast schon ausschweifende Gastfreundschaft, die das Land zu einem höchst verlockenden Reiseziel macht.

Aber die Offenheit hatte auch einen Nachteil: Sie machte Indonesien verwundbar für den europäischen Ansturm, der die Art des Handels grundsätzlich veränderte.

***

Als Konstantinopel Mitte des 15. Jahrhunderts an die Türken fiel, konnten die christlichen Geschäftsleute nicht länger problemlos bei muslimischen Händlern einkaufen. Zu der Zeit waren Gewürze jedoch wesentliche Ingredienzen in den Vorratskammern reicher Europäer: Gewürze konservierten Fleisch, bevor es Kühlschränke gab, und sie übertünchten den Geschmack, wenn es zu verderben begann. Wollten die Europäer die Versorgung mit Pfeffer, Gewürznelken und Muskat aufrechterhalten, mussten sie direkt dorthin fahren, wo das alles angebaut wurde. Das wurde 1497 möglich, als der portugiesische Abenteurer Vasco da Gama um die Südspitze Afrikas segelte und den Seeweg nach Osten »entdeckte«. Schnell fanden die Portugiesen auf die Molukken, woher die wertvollsten Gewürze kamen. Zuerst landeten sie auf Ternate, einer in Gewürznelken gehüllten Vulkaninsel. Am Ortsrand hat die geschäftige Stadt heute Überbleibsel aus jener Zeit vorzuweisen: zwei portugiesische Festungen und einen Sultanspalast. Die größere der beiden Festungen wird zum Teil als Kaserne genutzt, zum Teil für Regierungsbüros. Soldatenfrauen breiten ihre Wäsche zum Trocknen über alte Kanonen, während SUVs mit den roten Nummernschildern des Staates dessen uniformierte Diener durch einen Triumphbogen zu ihren heruntergekommenen Büros bringen. Der Sultanspalast erhebt sich nicht unbedingt prunkvoll über dem Fußballplatz der Stadt – ein emporgekommenes Landhaus.

Der Palast war einmal prächtiger. Der britische Seefahrer Francis Drake beschrieb den Hof des Sultans von Ternate, als es ihn 1579 bei seiner Weltumsegelung zu einem seiner letzten Stopps auf die Insel geweht hatte. Obwohl der lizenzierte Freibeuter durchaus mit Reichtum vertraut war, beeindruckte ihn der Sultan (der »König«) sehr, der, wie Drake berichtet, von der Taille abwärts in Goldtuch gekleidet war. Er trug rote Pantoffeln, eine mächtige Goldkette und an sechs Fingern Ringe, zwei mit Diamanten, zwei mit Türkisen, einen mit einem Rubin und einen mit einem Smaragd.

> *So saß er auf seinem Thron, und zu seiner Rechten stand ein Page mit einem sehr teuren Fächer (reich bestickt und mit Saphiren besetzt) und fächelte ihm kühlende Luft zu, um den König zu erfrischen, war es doch sehr heiß.**

Selbst in Drakes Tagen war der Thron des Sultans nicht mehr der bequeme Platz, der er einmal gewesen war. Portugiesische Kanonen hatten Löcher in das Prinzip des Freihandels geschossen. Sie wollten nicht *einige* der Gewürze, sie wollten *alle*. Für die Portugiesen war der Handel ein Nullsummenspiel – allerdings keines, wie sich herausstellte, in dem sie sehr gut waren.

»Die Portugiesen …«, so Drake, »wollten eine tyrannische Regierung über die Menschen einrichten … und ermordeten grausam den König selbst.« Aber ihr Plan wandte sich gegen sie. Die Bewohner Ternates revoltierten und warfen die Eindringlinge hinaus. Es folgten andere Europäer: Spanier, Briten, Holländer. Sie konkurrierten darum, die Gewürze der Molukken zu kaufen und in Europa zu verkaufen, worauf die Preise auf den Molukken stiegen und die Gewinne in Europa fielen. Das gefiel den Finanziers der teuren

* Francis Drake: *The World Encompassed by Sir Francis Drake … Collected Out of the Notes of Master Francis Fletcher … and Compared with Divers Others* [sic] *Notes That Went in the Same Voyage*, ed. by Francis Fletcher. Nicholas Burne, London 1652

Expeditionen ganz und gar nicht, und so beschlossen die Kaufleute aus Holland im Jahr 1602, etwas dagegen zu tun. Sie verbündeten sich und gründeten die Niederländische Ostindien-Kompanie, die Vereenigde Oostindische Compagnie, kurz VOC.

Die VOC war die erste Aktiengesellschaft der Welt mit 1.800 Anfangsinvestoren. Der Hype um die Bildung der Kompanie führte auch zum ersten »Börsenparkett«. Frühe Investoren verkauften ihre Anteile, noch bevor das erste Schiff in See stach, und die Direktoren der Kompanie, die Heren XVII, standen unter großem Druck, den Aktionären Werte zu liefern. Der erste Schritt zu größeren Gewinnen bestand darin, den Gewürzmarkt unter Kontrolle zu bekommen und die Konkurrenz aus anderen europäischen Ländern zu eliminieren. Die Mittel dazu waren Bestechung, Kooption* und brutale Gewalt.

Im 17. Jahrhundert verbrachten viele Familien auf den nördlichen Molukken wie auch heute noch die Erntesaison damit, die rosa Knospen von ihren Nelkenbäumen zu schütteln. Die Kinder breiteten sie auf flachen, runden Palmblatt-Ablagen aus, und die Erwachsenen trugen sie zum Trocknen auf die Nipapalmdächer ihrer Häuser. Ein paar Tage von Sonne und Wind gestreichelt, wurden die Knospen zu den rundköpfigen schwarzen Nägeln, wie wir sie in unseren Glühwein geben. Wenn man während der Trockensaison im Juli gegen den Wind auf eine der kleineren Molukken-Inseln zusteuert, riecht es manchmal schon nach Weihnachten, bevor überhaupt Land in Sicht kommt.

Die VOC wollte jede einzelne Gewürznelke aufkaufen, doch das gelang ihr nicht. Fast jede Familie auf den nördlichen Molukken besaß Bäume, und die meisten verkauften ihre Nelken lieber an die muslimischen Händler als an die haarigen weißen Ungläubigen. Dann kamen die Heren XVII auf die Idee, sämtliche Nelken-

* Der Begriff taucht im Folgenden häufiger auf. Er bezeichnet den »Kauf«, die Korrumpierung der örtlichen Machthabenden.

bäume auf den Inseln zu vernichten, nur auf Ambon nicht. Sie bezahlten die örtlichen Sultane großzügig dafür und begründeten damit eine Tradition der Bestechung und Vereinnahmung örtlicher Führer, die über drei Jahrhunderte andauern sollte.

Der Markt für Muskat hätte leichter zu kontrollieren sein sollen, da die Nüsse damals nur an einem Ort dieser Welt wuchsen, nämlich auf den winzigen, abgelegenen Banda-Inseln, die aus einem der tiefsten Seegebiete des Planeten herausragen und auf den meisten Karten kaum erkennbar sind. Dort kamen die Holländer mit ihrer Vereinnahmungsstrategie jedoch nicht weiter. Die Inseln hatten eine alte Tradition dörflicher Demokratie, und es gab keinen Sultan, keinen König oder sonst eine zentrale Macht, die hätte bestochen oder bedroht werden können. Die Bewohner Bandas unterzeichneten Verträge mit den Holländern und verkauften ihr Muskat dann an die Briten. Als 1609 Truppen der VOC auf den Inseln landeten, um eine Festung zu bauen, lockten die Einheimischen sie in einen Hinterhalt und töteten einen holländischen Admiral und dreiunddreißig seiner Männer. Zwölf Jahre später antworteten die Holländer darauf mit brutaler Gewalt von einem bisher nicht dagewesenen Ausmaß.

Als ich am Neujahrstag 2012 über Banda wanderte, stieß ich überall auf den Geist der VOC. Der Mittelgang der Kirche ist gepflastert mit den Grabsteinen der von der Kompanie eingesetzten Gouverneure. Auf einer sandigen Nebenstraße der Stadt entdeckte ich einen verlassenen Obstgarten hinter einem doppelflügeligen schmiedeeisernen Tor in Form des Kompanie-Logos. Das Zeichen ist in Pflastersteine und Mauern gemeißelt, in Kanonen gegossen und schmückt die Zugänge verschiedener, über die Inseln verstreuter Befestigungen. Die beeindruckendste von ihnen, Fort Belgica, droht finster über dem Hafen, sie war eine Warnung an die hereinkommenden Schiffe: Legt euch nicht mit den Holländern an. Wer durch Banda Neira läuft, könnte leicht auf den Gedanken verfallen, dass die VOC ein militärisches und kein wirtschaftliches

Unternehmen war. Bestärkt werden dürfte er dabei durch ein Gemälde im Museum von Banda Neira, in dessen Zentrum ein fleischiger Samurai-Söldner zu sehen ist, nackt bis auf einen Lendenschurz, die Beine voll mit einem Jackson-Pollock-Gespritze aus Blut. Der Söldner steht in einem Minenfeld aus Körperteilen, unter einem Fuß quetscht sich ein Augapfel aus einem abgetrennten Kopf. Innereien drängen aus Brust- und Leibeshöhlen, aus purpurnen Lachen recken sich abgeschnittene Hände. Im Hintergrund klettert ein nacktes Baby auf den Schoß seiner weinenden Mutter. Gekleidet in historisch unwahrscheinliche islamische Gewänder, bettelt sie um Gnade, während sich der versteinert dreinblickende Samurai darauf vorbereitet, das Schwert auf einen weiteren bandanesischen Helden niedergehen zu lassen. Ein Holländer winkt mit seinem Gewehr und ermutigt den Söldner. Ein weiterer holländischer Soldat tritt einen Gefangenen, und in mittlerer Entfernung stecken die Köpfe von fünf bandanesischen Ältesten blindäugig auf Lanzen gespießt. Weit dahinter, in der Bucht, weht auf einem Kriegsschiff der VOC die holländische Flagge.

Das Bild jubelt fast in seiner Brutalität, aber die Geschehnisse, die es zusammenfasst, entsprachen dem auch. Das Massaker von 1621 wurde von Jan Pieterszoon Coen befehligt, dem ehrgeizigen neuen Generalgouverneur der VOC, der als junger Händler zwölf Jahre zuvor den Hinterhalt und den Tod seines Chefs durch die bandanesischen Herrscher miterlebt hatte. Er antwortete mit einem Genozid. Seine Männer töteten jeden, von dem sie nicht annahmen, dass er einen guten Sklaven abgeben würde, verschifften den Rest und reduzierten so die 15.000-köpfige Bevölkerung auf ein paar Hundert Seelen. Die Heren XVII tadelten Coen für seinen exzessiven Einsatz von Gewalt und zahlten ihm einen Bonus von dreitausend Gulden.

Viele Jahrzehnte lang trug das Gewürznelken- und Muskatmonopol überproportional zum Gewinn der VOC bei, doch die Kosten zu seiner Aufrechterhaltung waren ebenfalls hoch. Die Kompanie wurde in eine Reihe teurer Kriege zwischen den javanischen Prinzen hineingezogen und von ihrem profitablen Handel mit China abgelenkt. Die VOC begann Geld zu verlieren und ging 1798 bankrott. Zu dem Zeitpunkt, vier Jahre vor ihrem zweihundertjährigen Jubiläum, arbeiteten fünfzigtausend Menschen für die VOC, die über eine Flotte von fast einhundertfünfzig Handelsschiffen und einigen Dutzend Kriegsschiffen verfügte. Damit war die VOC zu groß, um zu scheitern, die holländische Krone übernahm Besitz und Schulden, und die solchermaßen gerettete Kompanie beherrschte die Kolonie Niederländisch-Ostindien bis zum Einmarsch der Japaner einhundertfünfzig Jahre später.

Es war jedoch unklar, was genau zu Niederländisch-Ostindien gehörte. Als die VOC zu scheitern drohte, standen Java und die Gewürze produzierenden Inseln der Molukken mehr oder weniger unter ihrer Herrschaft, zudem kontrollierte sie den geschäftigen Hafen Makassar auf Sulawesi und hatte ein, zwei Außenposten auf Sumatra. Bis zum Ende ihrer Herrschaft streckte die holländische Krone ihre Tentakel aber noch viel weiter aus, wenn auch nur nach und nach. Wie die VOC zuvor waren die Holländer weit mehr an Erträgen als an den Menschen interessiert, ihr Antrieb waren allein die Reichtümer der fernen Kolonie. Auf Sumatra holzten sie Teile des Dschungels ab, um Kautschuk und Kakao anzubauen, Java, Sulawesi und andere Inseln wurden für Kaffee-, Tee-, Zucker- und Tabakplantagen gerodet. Die Holländer gruben nach Zinn und Gold und bohrten nach Öl. Vermochte eine Insel oder eine Gegend nichts Interessantes zu produzieren, erlaubten die Kolonialherren den örtlichen Fürsten bis in die 1880er-Jahre ihre eigenen Regeln und Freiheiten.

***

Wer durch Indonesien reist, ob er Ausländer ist oder nur von einer anderen Insel stammt, hört vor allem und als Erstes eine Frage:

»*Dari mana?*« – Woher kommen Sie? Vielleicht ist es ganz natürlich für eine Handelsnation, dass man einzuschätzen versucht, was ein Fremder anzubieten hat, was sich von ihm kaufen lässt und wie er sich wohl verhalten wird. Es gestattet aber auch einen interessanten Einblick in das, was die Indonesier über andere Länder denken – ihre ehemaligen Kolonialherren eingeschlossen.

Ich hatte lange Schwierigkeiten mit der »*Dari mana?*«-Frage. Meine Mutter ist Schottin und wuchs in England auf, aber ich kam erst mit vierzehn ins Vereinigte Königreich und habe nur fünf der nachfolgenden fünfunddreißig Jahre ernsthaft dort gelebt. Mein Vater ist der Enkel eines italienischen Einwanderers nach New York. Meine Eltern lernten sich in einer Einreiseschlange kennen, als mein Vater durch die Welt und meine Mutter durch Europa trampte. Ich wurde in einer Stadt im amerikanischen Mittleren Westen geboren, deren Namen ich ständig falsch schreibe, und wuchs in Deutschland, Frankreich und Spanien auf. Tatsächlich habe ich länger in Indonesien gelebt als in jedem anderen Land. Aber jeden Tag reduzierte sich das Dutzende Male auf ein einfaches: »*Dari mana?*« – »Ich komme aus England.«

Wenn ich bei meinem ersten Aufenthalt in Indonesien gestand: »*Dari Inggris*«, lautete die Antwort unvermeidlich: »*Wah! Inggris! Lady Di!*« Heute, in Zeiten nahezu weltweiten Zugangs zum Fußball via Fernsehen, ist daraus geworden: »*Wah! Inggris! Manchester United!*«* Und auf diese erste Reaktion folgt mit bemerkenswerter Regelmäßigkeit etwas anderes: »Ich wünschte, wir wären von den Engländern kolonisiert worden und nicht von den Holländern.«

Wenn ich fragte, warum, nannten die Leute einen oder mehrere der folgenden Gründe. Erstens: Die Holländer haben sich

* Die internationale Marketingmaschine von Manchester United hat die Herzen wie die Brieftaschen der Indonesier für sich gewonnen. So gibt es von der örtlichen Bank Danamon Man-U-Kreditkarten mit dem Slogan: »*For sports fans with a modern lifestyle*«.

nur Dinge genommen, zurückgegeben haben sie uns nichts, während die Briten in ihren Kolonien staatliche Institutionen aufgebaut haben. (»Was ist mit den großen Ingenieurleistungen?«, fragte ich dann. »Den Bewässerungssystemen, den Häfen?« »Die waren nur dazu da, uns leichter ausnehmen zu können«, kam darauf die Antwort.) Zweitens: Die Holländer hielten die örtliche Bevölkerung bewusst dumm, während die Engländer die Leute ausbildeten. Drittens: Die Holländer hatten ein schiefes Rechtssystem, das von politisch Abhängigen verwaltet wurde und sich gegen die einfachen Leute richtete. Die Engländer dagegen hatten ein unabhängiges Gerichtswesen, und alle waren vor dem Gesetz gleich.

Diese Meinungen kamen nicht von Historikern oder Akademikern, sondern von den Menschen, die ich auf Schiffen und an Teeständen traf, von Lastwagenfahrern, Bauern und Hebammen. Was ich interessant fand, war, dass die Indonesier, obwohl sie es lieben, den Holländern die Schuld an vielen Dingen zu geben, während der letzten sieben Jahrzehnte kaum etwas unternommen haben, um diese Dinge zu ändern. Ich nehme an, dass die Holländer vor allem Verhaltensmuster ausnutzten, die bei ihrer Ankunft auf den Inseln bereits existierten.

Die Europäer änderten die Handelsregeln, das ist wahr, und sie erhöhten die Effizienz von Plantagen und Rohstoffgewinnung. Aber all die Könige und Sultane der Inseln hatten die bäuerliche Bevölkerung schon lange, bevor die Europäer kamen, mit Steuern und Zwangsarbeit überzogen, um ihre endlosen Kriege untereinander zu finanzieren. Die Ausbildung beschränkte sich in vorkolonialer Zeit auf Wanderlehrer aus Indien und dem Mittleren Osten und die hauchdünne Schicht Höflinge, die mit ihnen in Berührung kamen. Recht wurde nach Gutdünken des Herrschers gesprochen. Im javanischen Kernland vermochten die neuen Kolonialherren ihre Macht nur zu verfestigen, indem sie zänkische Aristokraten kauften und in Bürokraten verwandelten. Javas Granden war es nach wie vor erlaubt, ihren Besitz zur Schau zu stellen, unter sich drehenden goldenen Sonnenschirmen große Festzüge abzuhalten, auf den Boden zu stampfen, den Herrscher zu spielen und Steuern einzutreiben, wie sie es immer getan hatten. Aber wenn sie zurück in ihre Paläste kamen, mussten sie die Steuern an den König der Niederlande abtreten und nahmen dafür ein Gehalt entgegen.

Je mehr die Holländer verlangten, desto repressiver wurden die Granden. Von den 1830ern an mussten Bauern, die bis dahin angebaut hatten, was sie wollten, zumeist zur Versorgung der eigenen Familie, einen Teil ihres Landes für bestimmte Feldfrüchte reservieren, die ihnen die Regierung zu festgesetzten Preisen abkaufte. Darüber hinaus hatten sie eine bestimmte Anzahl Tage auf kommerziellen Plantagen zu arbeiten, um so Geld in die Schatullen der Kolonialmacht zu pumpen. Das ging so weit, dass die Hälfte des niederländischen Nationaleinkommens aus Indonesien abgezapft wurde. Zu Beginn des 20. Jahrhunderts erzwangen einige linksgerichtete Politiker in den Niederlanden eine »Ethische Politik« für die Kolonien, die der Regierung Niederländisch-Ostindiens eine Verantwortung für das Wohlergehen der 34 Millionen Menschen zuschrieb, die zu der Zeit unter holländischer Herrschaft lebten. Die Kolonisten waren gezwungen, Schulen für die Kinder der privilegierteren »Eingeborenen« einzurichten. Die neue Ethik hielt die Regierung in Batavia (dem heutigen Jakarta), der Hauptstadt der Kolonie, jedoch nicht davon ab, gegen andere Eingeborene Krieg zu führen.

Auf Java und in einigen Plantagengebieten anderer Inseln hatte es über die Zeit immer wieder Rebellionen gegen die Holländer gegeben, und zahllose Akte zivilen Ungehorsams stießen Löcher in das verhasste System der Zwangsarbeit. Die Kolonialherren reagierten mit Gewalt, und in den letzten Jahrzehnten des 19. Jahrhunderts schwand auch die Toleranz den auf manchen Inseln überlebenden quasi-autonomen Lehnsreichen gegenüber. Batavia unternahm Anstrengungen, der gesamten Inselkette seinen Willen aufzuzwingen, und einzelne lokale Herrscher setzten sich dagegen zur Wehr. In Bali, nur eine Kanufahrt vom völlig holländischen Java entfernt, widerstanden die örtlichen Führer dem Joch Königin Wilhelminas bis ins Jahr 1908. Aceh im äußersten Westen der Inselkette wehrte die Holländer bis 1903 ab. Am anderen Ende, in den Dschungeln und Sümpfen Niederländisch-West-Papuas, war die koloniale Präsenz noch abstrakter. Papua lag so weit vom Schuss, dass es nicht mal Teil der Nation war, die nach der Unabhängigkeit unter indonesische Herrschaft gelangte. Auf den östlichen Teil der Insel Timor setzten die Holländer nicht einen Fuß. Die Portugiesen hatten sich dort festgesetzt, nachdem sie im 16. Jahrhundert aus Ternate vertrieben worden waren. Ost-Timor blieb bis 1975 eine portugiesische Enklave, als Lissabon es nach der sozialistischen Revolution im Heimatland aufgab. Sofort schickte Indonesien Truppen und »integrierte« Ost-Timor als 27. Provinz in die Nation.

Ironischerweise war es die gut gemeinte ethische Politik, die den Samen für eine wirklich antikoloniale Bewegung ausbrachte. Zum ersten Mal wurde jungen »Eingeborenen« eine Schulbildung erlaubt, und das in einer europäischen Sprache, die ihnen Zugang zu Büchern und Zeitungen voller neuer Gedanken über Souveränität und soziale Gerechtigkeit verschaffte. Zum ersten Mal trafen sich junge Männer aus allen Teilen des Archipels in den großen Städten Javas und fanden zu einer gemeinsamen Sache gegen einen gemeinsamen Feind. In den Köpfen dieser jungen Männer wurde die Idee Indonesiens geboren. Konkret wurde sie 1928, als ein Kongress von Jugendgruppen aus dem ganzen Archipel im Namen der »Söhne und Töchter Indonesiens« ein Gelöbnis zum Kampf ablegte, für: »Ein Heimatland: Indonesien. Eine Nation: Indonesien. Eine Sprache: Indonesisch.«

Das wurde der Schlachtruf der Nationalisten in ihrem Kampf gegen die Holländer. Die, die ihn zu laut herausschrien, wurden von den Kolonisten in die vergessenen Ecken des Landes verbannt, wo sie keinen Schaden anrichten konnten.

***

Banda, das einmal von so zentralem Interesse für die Holländer gewesen war, gehörte mittlerweile zu diesen Randgebieten. Am Ende einer ruhigen Seitenstraße stieß ich auf ein Denkmal für die politischen Unruhestifter, die über die Jahre nach Banda abgeschoben worden waren. Die zwei prominentesten waren beide führende Denker des indonesischen Nationalismus: Sultan Syahrir, Indonesiens erster Premierminister, und Mohammad Hatta, der erste Vizepräsident, der zusammen mit dem ersten Präsidenten Sukarno die Unabhängigkeitserklärung unterschrieb.

Jeder Indonesier trägt das Datum der Unabhängigkeit, den 17. August 1945, fest in sein Gedächtnis eingeschrieben: Der 17. August ist ein nationaler Feiertag. Dorfbewohner bauen Triumphbögen aus Bambus und beschriften sie mit der Jubiläumsbotschaft: »Herzlichen Glückwunsch, Indonesien, zum 67. ... Geburtstag!« Selbst in den Slums von Jakarta malen die Leute weggeworfene Plastikbecher rot und weiß an und hängen sie an stinkenden Kanälen entlang auf – Girlanden aus selbstgemachten 3D-Wimpeln.

In Banda stolperte ich jedoch über ein Denkmal, das einen anderen Schöpfungsmythos nahelegte. »Errichtet von den Menschen Bandas, in Erinnerung an die Erlangung der Unabhängigkeit und Souveränität der Vereinigten Republik Indonesien am 27.12.1949«, steht darauf.

Um womöglich Näheres über diese unorthodoxe Datierung in Erfahrung zu bringen, ging ich zu dem Haus, in dem Mohammad Hatta zur Zeit seines Exils gewohnt hatte. Das Haus ist heute ein Museum, ein typischer Bungalow im Stil der Banda-Häuser: Drei Holztüren mit Jalousien führen auf eine lange Veranda hinaus. Es war niemand da, aber die Türen standen offen, und so ging ich hinein. In einer Ecke des großen Raumes sah ich ein mit Schnitzereien verziertes Zweiersofa, dessen typische Samtpolsterung durch ein kühles Korbgeflecht ersetzt war. Es stand hinter einem hölzernen Kaffeetisch, der von zwei weiteren Korbstühlen flankiert wurde. Ein Schild auf dem Tisch besagte: »Tisch und Sitzgruppe.« Einige leere Sprudelflaschen lagen auf dem Boden darunter. In einer gläsernen Eckvitrine waren ein Anzug, ein Hemd, eine Brille und ein paar Schuhe ausgestellt, und es gab einen Schreibtisch mit einer Schreibmaschine. Das war alles. Keine Information dazu, warum Hatta nach Banda verbannt worden war, ganz zu schweigen von den sich widersprechenden Daten der Unabhängigkeit.

Tatsächlich brauchten die Holländer die gut Jahre zwischen den beiden Datierungen, dem 17. August 1945 und dem weit seltener genannten 27. Dezember 1949, um zuzugeben, dass sie ihre Kolonie verloren hatten.

Während der 1930er-Jahre war die indonesische Nationalbewegung mit Ermutigung linker holländischer Parteien gewachsen, aber sie hatte sich auch auseinanderentwickelt. Ein Teil glaubte, Hammer und Sichel von Arbeitern und Bauern würden die Kolonialherren vertreiben, ein anderer hielt den Koran für die stärkste Waffe, um den Holländern entgegenzutreten. Wahrscheinlich wäre der innere Streit ewig so weitergegangen, wäre nicht der Zweite Weltkrieg dazwischengekommen.

Die japanische Besatzung war schließlich der eigentliche Katalysator für die indonesische Unabhängigkeit. Indem sie die Holländer so schnell verdrängten, zerstörten die Japaner den Mythos europäischer Überlegenheit und ermutigten Sukarno und andere Nationalisten durch ihr Eintreten für ein »Asien den Asiaten«, sich auf eine eigenständige Regierung in einem asiatischen Commonwealth vorzubereiten. Und da sie, die Japaner, eine Invasion der Alliierten vorausahnten, machten sie sich daran, die Indonesier zu militarisieren und bildeten viele junge Männer im Gebrauch von Waffen und Guerillataktiken aus.

Dann kamen Hiroshima, die japanische Kapitulation und die hastige Unabhängigkeitserklärung, und der erste Punkt auf der langen indonesischen Liste der »Und-so-weiter« war, dafür zu sorgen, dass die alte Kolonialmacht nicht zurückkehrte. Zwar waren die australischen, britischen und amerikanischen Truppen, die kamen, um Indonesien von den geschlagenen Japanern einzufordern, nicht begeistert von der Idee, das Land den Holländern zurückzugeben, doch da die Souveränität niemand anderem übertragen worden war, erkannten die Alliierten die Niederlande nach wie vor als legitime Autorität auf dem Archipel an. Und die Holländer wollten ihre Kolonie zurück.

Die Nationalisten waren sich nicht einig, wie sie das verhindern sollten. Viele waren dafür, die Unabhängigkeit auf dem Verhandlungsweg zu erreichen, aber Sukarno, eindeutig die charismatischste Führungspersönlichkeit unter ihnen, war für den Kampf. Er machte sich daran, die Inseln durch Aufstände unregierbar zu machen. Es folgten vier Jahre aufflammender Kämpfe und gereizter Diplomatie.

Ganz ähnlich wie die Gründerväter der Vereinigten Staaten im späten 18. Jahrhundert konnten sich die jungen politischen Führer Indonesiens nicht auf die beste politische Ordnung des neuen Staates einigen: Sollte es ein Bundesstaat oder ein Einheitsstaat mit einer starken Zentralregierung sein? Hatta und Syahrir, die Vizepräsident und Premierminister werden sollten, kamen beide aus West-Sumatra. Sie fürchteten, in einem Zentralstaat würden die holländischen Kolonialherren einfach durch javanische ersetzt, um den anderen Inseln und Kulturen ihren Willen aufzuzwingen. Sukarno, der spätere Präsident, dagegen glaubte, die so unterschiedlichen Elemente der Nation könnten nur durch ein starkes Zentrum zusammengehalten werden. Er beschwor eine mythische Vergangenheit herauf, in der die Srivijaya- und Majapahit-Reiche das gesamte Territorium umfassten, das auf der Karte holländisch eingefärbt war. Tatsächlich waren die vorkolonialen Reiche weit begrenzter gewesen, als Sukarno behauptete, und ihre Einflusssphäre hatte hauptsächlich in einem losen Tributsystem bestanden, doch indem er die Geschichte im Nachhinein passend machte, fand Sukarno die Rechtfertigung, um das Reich von der Kolonialmacht zurückzufordern und als Republik neu einzurichten, mit einer Zentralregierung auf Java.

Sukarno bekam nicht sofort seinen Willen, die Niederlande verweigerten ihm einen Platz am Verhandlungstisch zur Übergabe der Souveränität. Sie warfen ihm vor, mit den Japanern kollaboriert zu haben. Als die Holländer die Bildung von sieben individuellen, selbstregierten, verbündeten Staaten innerhalb einer Vereinigten Republik Indonesien anboten, einem von der holländischen Krone geleiteten Commonwealth, unterschrieben Hatta und Syahrir. Innerhalb eines Jahres aber fiel der Rückhalt für eine Föderation in sich zusammen, und Sukarno brachte erneut seinen aus Jakarta regierten Einheitsstaat in die Diskussion.

Sukarno war ein Demagoge, dessen politische Strategie aus einem Viertel Populismus und drei Vierteln Theater bestand, gewürzt mit Doppelbödigkeit und serviert mit einem großen Glas Charisma. Er war scharfsinnig und wusste, wie zerbrechlich die Idee eines vereinten Indonesien war. Aufstände auf den Molukken, in West-Sumatra, West-Java und auf Sulawesi in den frühen 1950er-Jahren unterstrichen die Tatsache, dass nicht alle Indonesier seine Vision eines Zentralstaates teilten.

So entwickelte Sukarno eine politische Philosophie, die in seinem Einheitsstaat Raum für jeden schaffen sollte. Sie ist unter dem Namen Pancasila bekannt, was »Fünf Prinzipien« bedeutet, und zeigt das indonesische Talent für nebulöse Philosophien, die sich für jedes Ziel einsetzen lassen. Die Prinzipien lauten:

1) »Glaube an den einen und einzigen Gott« – indem er nicht sagte, an welchen Gott, wollte Sukarno das Prinzip

der Religionsfreiheit verankern. Von Suharto, Sukarnos Nachfolger als Präsident und dessen politisches Gegenstück, wurde dieses erste Prinzip als Bollwerk gegen den Kommunismus gesehen.

2) »Eine gerechte und zivilisierte Menschlichkeit« – ein vages Konzept, das durch die javanische Vorstellung eines aufgeklärten und freigiebigen Herrschers eingefärbt war und von vielen Herrschern unterstützt wurde, die weder das eine noch das andere waren.

3) »Die Einheit Indonesiens« – in Sukarnos Auslegung schützte sie vor dem Föderalismus, für Suharto rechtfertigte sie es, jeden Aspekt des nationalen Lebens militärisch zu durchsetzen.

4) »Demokratie geleitet durch die innere Weisheit einer Einstimmigkeit, die aus den Beratungen der Repräsentanten hervorgeht« – für Sukarno sollte dieses Prinzip vor der westlich konfrontativen Demokratie Schutz bieten, Suharto nutzte es, um sich vor der Demokratie überhaupt zu schützen.

5) »Soziale Gerechtigkeit für alle indonesischen Völker« – für den Sozialisten Sukarno bestätigte das die staatlichen Interventionen in der Wirtschaft, während es für den Kapitalisten Suharto nahelegte, dem freien Markt zu erlauben, alle Schichten der Gesellschaft zu durchdringen.

Jeder Indonesier kann die fünf Prinzipien auf eine Weise aufzählen, wie selbst ein völlig nichtaktiver Christ das Vaterunser herunterzubeten versteht, aber sie entfesselten keine großen nationalistischen Strömungen. So wandte sich Sukarno denn Kanonenbooten und seiner Selbstdarstellung zu. Um die nationale Einheit zu sichern, brauchte er einen gemeinsamen Feind, der die Holländer ersetzte, und er hielt nach möglichen Kandidaten Ausschau.

Am Ende war es eine ungelöste Frage mit den Holländern, die das erste Schlachtfeld eröffnete. Die Niederlande wollten im Nachhinein das an Bodenschätzen reiche West-Papua von den Inseln ausnehmen, die sie den Nationalisten übergeben hatten. West-Papua gehört uns, sagte Sukarno und zog vor die Vereinten Nationen, was ein mutiger Schritt für eine neu entstandene Nation war. Die meisten Länder der UNO schlugen sich auf die Seite des extravaganten, polyglotten Staatsführers, aber nicht genug, um die UNO zum aktiven Eingreifen zu bewegen. Das erlaubte Sukarno, seine nationalistische Streitlust zu pflegen, und so schickte er 1961 Fallschirmjäger nach Papua, um zurückzuholen, was nach Meinung der meisten Indonesier, aber nur weniger Papuas zur Republik gehörte.*

Danach wandte sich Sukarno mit Drohgebärden den im Norden liegenden ehemaligen britischen Kolonien zu, die sich zum neuen Staat Malaysia verbinden wollten. Wieder benutzte er die Vereinten Nationen und kündigte die indonesische Mitgliedschaft in der Weltvereinigung aus Protest gegen den malaysischen Sitz im Sicherheitsrat auf.

Schrieb Sukarnos Theatralik den indonesischen Nationalismus auch tief in die Weltsicht seiner Generation ein, konnte das doch nicht vom Zusammenbruch der Wirtschaft und der Schwä-

* 1962 willigten die Holländer ein, West-Papua nach einer Übergangszeit unter UN-Verwaltung indonesischer Herrschaft zu unterstellen, wobei den Bewohnern West-Papuas das Recht zuzugestehen war, ihre Zukunft am Ende selbst zu bestimmen. 1963 übernahm Indonesien die Verwaltung und setzte 1969 einen »Akt der Selbstbestimmung« in Szene. Eine Handvoll Stammesältester, ermuntert von starker indonesischer Militärpräsenz, stimmte für die Integration, und das Territorium wurde zu einer indonesischen Provinz. Die rassisch und kulturell nicht zu den Völkern auf den Inseln östlich von ihnen gehörenden Papuas fechten die »Integration« seitdem an. Der Streit wird durch die jüngeren wirtschaftlichen und politischen Entwicklungen noch komplizierter und bleibt eine schwärende Wunde.

che der politischen Strukturen ablenken. In der Zeit zwischen der Unabhängigkeitserklärung und den ersten Parlamentswahlen 1955 wurde die Republik von vierzehn verschiedenen Kabinetten regiert, und nach den Wahlen zogen achtundzwanzig Parteien ins Parlament ein. Sukarnos nationalistische Partei schlug die großen islamistischen Parteien nur knapp, die an zweiter und dritter Stelle folgten. Obwohl sich die Kommunisten durch eine Serie schlecht geplanter Aufstände bei der jungen Armee des Landes unbeliebt gemacht hatten, schnitten sie bei den Wahlen gut ab, gewannen eine von sechs Stimmen und belegten Platz vier. Die Wahlen trugen wenig dazu bei, die Stabilität zu erhöhen, im Parlament ging es höchstens noch lauter zu.

Am Ende verlor der sprunghafte Sukarno die Geduld. Er war sowieso nie ein großer Anhänger konfrontativer Parlamentspolitik gewesen. Es sei weitaus besser, sagte er, sich an die javanische Dorftradition zu halten, in der die Leute in einer von einem weisen Dorfältesten geführten Diskussion zu einem Konsens fanden, was der vierten Säule seiner Pancasila-Philosophie entsprach. 1957 erklärte er, als Dorfältester für die Nation zu agieren. Mit dem für einen Javaner so charakteristischen Talent für Euphemismen nannte er seine Diktatur eine »geführte Demokratie«.

Sukarno war ein kühner Denker und ein wahrer Visionär, und die Leute erinnern sich bis heute mit größter Sympathie an ihn. Aber er betrieb Politik, als wäre er Cecil B. de Mille, wahrscheinlich der kommerziell erfolgreichste Regisseur Hollywoods. Er wollte die Indonesier zu Statisten in einem politischen Prunkfilm unter seiner Führung machen, koste es, was es wolle. Die Handlung war antikolonial, und da die Holländer Profite hatten machen wollen, war antikolonial gleichbedeutend mit antikapitalistisch. Die Verfassung von 1945 ist dem privaten Sektor gegenüber klar feindlich gesonnen und bestimmt, dass der Staat alle Rohstoffe und natürlichen Reichtümer sowie die strategisch wichtigen Zweige der Produktion kontrollieren soll.

Das war für alle von einem gewissen wirtschaftlichen Stand auf den äußeren Inseln quälend. Sie lebten vom Handel, er *war* ihr Leben. Aber auch Java half es nicht. Die Wirtschaft stagnierte, und die jungen Javaner wandten sich zunehmend Sukarnos politischem Schauspiel zu, organisierten Kundgebungen und hielten Paraden ab. Als sich junge Muslime jungen Kommunisten auf den Straßen entgegenstellten, spornte Sukarno, nach dessen Überzeugung Indonesien ein säkularer Staat bleiben musste, die Kommunisten an. Mitte der 1960er-Jahre behauptete die Partai Komunis Indonesia (PKI), zwischen zwei und drei Millionen Mitglieder zu haben, was sie zur drittgrößten kommunistischen Partei der Welt machte, nach der Chinas und Russlands.

Das tiefkonservative Militär, das der »geführten Demokratie« seine Unterstützung gab, mochte sowohl die Kommunisten wie auch die Islamisten nicht. Die Generäle verfolgten das wachsende politische Chaos mit Entsetzen. In der Nacht des 30. September 1965 spitzte sich die Lage zu. Die seit Jahren akzeptierte offizielle Version der Geschehnisse damals widerspricht aller Logik, und das in praktisch jeder Hinsicht. Sie besagt, eine Gruppe Offiziere habe zusammen mit der PKI einen Coup gegen Sukarno geplant, was wenig überzeugend scheint: Die Armee hasste die PKI, während Sukarno ein großer Unterstützer der Kommunisten war. Die »aufständischen« Offiziere töteten sechs Generäle und besetzten das nationale Radio. Suharto, damals Oberbefehlshaber der Strategischen Reserve, ging dazwischen, vertrieb die Verräter, stellte die Ruhe wieder her und sorgte für die Sicherheit von Präsident Sukarno – so wird es den Schulkindern beigebracht. Nicht erzählt wird ihnen, dass Suharto seinen Vorgänger später unter Hausarrest stellte.

Es gibt vielzählige andere Theorien, die zumeist von Ausländern veröffentlicht wurden, zum Beispiel, dass Suharto das Ganze eingefädelt oder doch wenigstens vorher davon erfahren habe. Oder dass es interne Auseinandersetzungen in der Armee gab und

Suharto einfach zur richtigen Zeit am richtigen Ort war und das Beste daraus machte. Oder dass die CIA oder der britische MI6 hinter dem versuchten Coup steckte, vielleicht auch beide gemeinsam.

Wie auch immer es sich wirklich verhielt, die Ereignisse jener Nacht entfesselten einen wahren Tsunami von Anti-PKI-Propaganda, gefolgt von Rachemorden. Die Armee selbst fing damit an, und viele gewöhnliche Indonesier folgten ihr voller Begeisterung. Verschiedene Gruppen nutzten die entstandene Gewaltorgie, um diverse Rechnungen zu begleichen. Auf Ost-Java zahlten es Muslime ihren langjährigen kommunistischen Rivalen heim. Auf Bali fiel jeder zwanzigste Bürger den Tötungen zum Opfer, was die höchste Rate in ganz Indonesien darstellte. Obwohl die Rhetorik besagte, dass es darum ging, die Hindus vor den »dreckigen Atheisten« zu schützen, stellte die PKI wohl eher eine Bedrohung für die Privilegien und den Landbesitz der der oberen Kaste angehörenden Aristokratie der Insel dar als für deren Gottesfurcht. Im Norden Sumatras entwickelten mit Wirtschaftsinteressen verbundene Verbrecherorganisationen ein Programm zur Garrottierung von Kommunisten, die versucht hatten, Plantagenarbeiter zu organisieren. Die Dayak in West-Kalimantan nutzten die behauptete Niedertracht der PKI, um die chinesischstämmigen Bewohner aus dem Land zu vertreiben.

Das Gemetzel vernichtete eine ganze Generation sozial engagierter Aktivisten und riss die Wurzeln aus, aus denen neue hätten aufkeimen können. Es lähmte die Entwicklung politischer Debatten und ließ die indonesischen Bürger vorsichtig werden, sich politisch zu binden. Und vor allem nützte es Suharto.

Kapitel 2

Die bindenden Kräfte

Das Hotel *Vier Jahreszeiten*, Jakartas nobelste Herberge, erhob sich wie ein rajasthanischer Wasserpalast aus einem zeitweiligen See. Vor dem uniformierten Portier, auf dem Wasser, das zwischen der Schnellstraße und dem erhöhten Eingang des Hotels hindurchströmte, tanzten zwei riesige blaue Wäschekübel dahin. Sie waren voller leicht nervös wirkender Gäste von gepflegtem Äußeren. Mithilfe einer aus der Werkstatt entwendeten Leiter waren sie in die blauen Dinger hineingeklettert. Es war wieder Überschwemmungszeit in Jakarta, und geschäftstüchtiges Hotelpersonal hatte einen inoffiziellen Transferservice hinüber auf trockenen Grund eingerichtet. Der Preis fürs Übersetzen, nicht im Zimmerpreis von 250 US-Dollar pro Nacht enthalten, wurde mitunter mitten auf dem Wasser festgesetzt.

Jakarta ist keine leicht zu liebende Stadt, sondern ein riesiges, chaotisches, selbstsüchtiges, übellauniges Monument des Ehrgeizes und Konsums, eine Stadt, die keine Grenzen zu kennen scheint. Sie ist überfüllt, schmutzig und laut, steht auf einem Sumpf und wird jedes Jahr überflutet. Dennoch haben die Bürger Jakartas ein bemerkenswertes Talent, die Launen der Stadt in Tugenden zu verwandeln. Und es gibt viele Bürger. Als die Holländer das Land verließen, zählte Jakarta sechshunderttausend Einwohner, aber in den nachfolgenden Jahren sprengte die Stadt alle Grenzen und breitete sich auf 661 Quadratkilometer aus, wovon vierzig Prozent unter dem Meeresspiegel liegen. Als ich im Jahr 2011 meine Reise begann, lebten siebzehnmal so viele Menschen in Jakarta wie zur Zeit der Unabhängigkeitserklärung, und die Metropole schluckte immer noch mehr der sie umgebenden Städte. Heute leben in Groß-Jakarta an die dreißig Millionen Menschen, womit es weltweit die zweitgrößte städtische Agglomeration nach Tokio ist. Wasserstraßen und Entwässerungskanäle wurden mit in die Höhe stoßenden Wolkenkratzern und marmornen Malls überbaut. Die verbliebenen Kanäle werden von provisorischen Hütten gesäumt und liegen voller Müll.

Im Gegensatz zu Tokio verfügt Jakarta über kein wirkliches öffentliches Verkehrssystem, und so sind die Staus auf den Straßen legendär. Die Superreichen erheben sich über das Problem: Als Kind wurde einer meiner Bekannten jeden Tag mit dem Familienhubschrauber zum Kindergarten gebracht. Jeder leidet in unterschiedlichem Maß. Die untere Mittelklasse kämpft sich in unregelmäßig fahrende, altersschwache Züge und heruntergekommene, schäbige Busse oder schlängelt sich auf Motorrädern durch das Verkehrschaos und träumt davon, sich eines Tages ein Auto leisten zu können. Jedes Jahr drängen sich zweihunderttausend zusätzliche Autos durch die Straßen der Stadt, was noch mehr Verkehr und längere Fahrten zur Arbeit bedeutet. Die Reichen mit Chauffeur machen ihre Autos zu mobilen Büros, um die Zeit in den verstopften Straßen produktiver zu verbringen. Vor ein paar Jahren beschloss die Stadtregierung, den Staus entgegenzuwirken, indem sie vorschrieb, dass auf den Durchgangsstraßen zu den Hauptverkehrszeiten mindestens drei Leute in einem Auto sitzen mussten. Wieder machten Jakartas unendlich kreative Bewohner das Beste aus der Neuerung: Innerhalb von Tagen standen die Ränder der Zugangsstraßen voller arbeitsloser Leute, die sich als »Jockeys« anboten, als zusätzliche Passagiere für die eleganten, klimagekühlten Wagen der Reichen.

Es ist diese Art von Erfindungsreichtum, die mich die Stadt trotz allem lieben lässt. Als ich in den späten 1980ern zum ersten Mal in Jakarta lebte, verfügte die Stadt bereits über eine ziemliche Anzahl glitzernder Bürotürme und verstopfter Schnellstraßen. Aber sie drängten sich tröstend aneinander und bildeten Inseln gehemmter Modernität in einem Meer aus Blechdächern und unkonventionellen Behausungen, wirren Straßen und stechend riechenden Märkten. In den ersten Jahren nach Suharto dann, als ich für das Gesundheitsministerium arbeitete, wuchsen die Inseln, und das Meer schrumpfte. Aber wenn ich mit meinem Motorrad auf Schleichwegen von einem Atoll mit Klimaanlagen ausgestatteter Bürohäuser zum nächsten fuhr, konnte ich in den niedrigen, engen Vierteln immer noch das Herz und die Seele der Stadt erkennen, die ich vor allem liebte. Ein Schuljunge starrte in ein Buch und hielt sich die Ohren zu, um das Gezanke seiner drei jüngeren Geschwister nicht zu hören, mit denen er sich sein Zimmer teilte. Ein junger Vater badete seinen kleinen Sohn in einem Eimer auf der Straße. An ihm vorbei fuhr ein Schneider mit einer auf eine Werkbank geschweißten Singer-Nähmaschine hinten auf seinem Rad. An der Lenkstange hing ein Schild mit der Aufschrift: »LEVIS.«

Heute vermag ich kaum noch etwas von diesem Jakarta zu finden. Als ich 2011 in der Stadt herumwanderte, um mich auf meine Reise vorzubereiten, sah ich einen ähnlichen Wanderschneider auf einem meiner früheren Schleichwege – mit einer alten Singer-Nähmaschine und einer Levis-Reklame. Doch die Gassen und die Menschen, die sie mit Leben erfüllt hatten, waren nicht mehr da. Der Mann fuhr langsam über ein Stück Schnellstraße zwischen der Börse und einem Wald von Fünf-Sterne-Hotels und wurde von allen Seiten von Geschäftsleuten in ihren Luxus-SUVs beschimpft, die sich auf dem Weg zu ihrem nächsten Geschäftsabschluss um dieses Relikt aus einer anderen Zeit herumdrängen mussten. Es war ein trauriger Anblick.

Heute ist die Hauptstadt Indonesiens eine Ansammlung aus Einkaufszentren und Blöcken mit Eigentumswohnungen, aus Fastfood-Restaurants und Indomarets, jener schrecklichen, viel zu weit heruntergekühlten, sich im Pesthauch sanft angewärmter Hähnchen-Hotdogs suhlenden Gemischtwarenläden, die es an jeder Straßenecke zu geben scheint. Es ist eine Stadt teurer Sushi-Läden, protziger Nachtclubs und selbstbewusst aufragender, den Wohlstand der Nation verkörpernder glitzernder Wolkenkratzer. Seit McDonald's, Indomaret und bewachte Wohnanlagen das alte von Gassen durchzogene Jakarta verdrängt haben, hat die Stadt etwas Verwildertes. Als ich mich Ende 2011 auf meinem Motorrad durch die Straßen kämpfte, um vor meiner Reise Fährfahrpläne zu erkunden und Moskitonetze zu kaufen, fand ich Jakarta immer weniger liebenswert. Es unterschied sich sehr von der Stadt, in die ich fünfundzwanzig Jahre zuvor gekommen war, und aller Wandel ließ sich auf eine grundsätzliche Änderung zurückführen: Suharto hatte die Macht abgegeben.

***

Ich war 1988 für Reuters nach Jakarta gekommen. Damals stand Suharto im einundzwanzigsten Jahr seiner Präsidentschaft. Als ich die Redaktion, einen düsteren grauen Raum voller klobiger Bildschirme mit grüner Schrift auf schwarzem Grund, zum ersten Mal betrat, hatte ich von dem Mann dennoch kaum etwas gehört. Suharto stach unter den Diktatoren seiner Zeit vor allem dadurch hervor, dass er so unauffällig war, ein ruhiger, methodisch denkender Mann mit bescheidenem Lebensstil, der Stabilität über alles andere stellte. Hatte sich Sukarno auf Großkundgebungen als der visionäre Retter seines Volkes präsentiert, besuchte Suharto Familienplanungskliniken und gab den besorgten Onkel. Rief Sukarno die Führer der postkolonialen Welt zusammen und kurbelte die Bewegung der Blockfreien Staaten mit an, so versammelte Suharto Bauern um sich und startete Feldzüge gegen Ratten in Reisfeldern. Sukarnos Flirts und seine vier Ehen, die letzte mit einer blutjungen Hostess, die er in einer Bar in Japan kennengelernt hatte, boten ständig neuen Stoff für die Gerüchteküche, während sich über die fünfzig Jahre währende Ehe Suhartos mit Ibu Tien nicht viel sagen ließ.

Suharto hatte nichts Glamouröses an sich, dennoch war der »Alte Mann«, wie wir ihn nannten, eine Quelle nicht enden wollender Faszination und bot auf dem Karussell diplomatischer Cocktailpartys, die unsere Abende in der Stadt füllten, reichlich Gesprächsstoff. Ich gewöhnte mich schnell an diese seltsame Art Leben. Im grünen Stadtteil Menteng hatte ich eine winzige Villa aus der Zeit der Holländer gemietet, die etwas zurückgesetzt an einer schmalen Straße lag. Hier kamen hauptsächlich fliegende Händler durch, die kleine überdachte Karren aus Holz vor sich herschoben und alle ihren speziellen Ton hatten, mit dem sie ihre Waren annoncierten: *»Ting-ting-ting«* hieß, dass es gebratene Nudeln gab, *»tock-tock-tock«* signalisierte *bakso*, eine Suppe mit Fleischbällchen. Gesang kam vom Satay-Mann oder dem Gemüsekarren: *»Te-EH, Te-EH, SAA-tay!«, »UUuuu, UUuuu, Say-ur ...!«*

Die wandernden Restaurants boten die Hintergrundmusik für die Essen unter dem mit Kerzen beleuchteten Frangipani-Baum in meinem Garten, der meine javanischen Freunde verwirrte, gehörten Frangipanis für sie doch auf Friedhöfe. Die Journalisten, Diplomaten und mutigeren indonesischen Intellektuellen rund um den Tisch erläuterten ihre Theorien, wer im Geschäft und wer draußen war und ob das Fehlen dieses oder jenes Ministers bei einer Party bedeutete, dass der Alte Mann mit einem Lager im Militär unglücklich war. Oder musste es als Warnung eines bestimmten Wirtschaftskonglomerats verstanden werden? Da nichts sicher war, war alles plausibel.

Ein junger britischer Diplomat namens Jon Benjamin, superklug und sehr realistisch, sprach sich oft dafür aus, den »Idiotenfaktor« nicht zu vergessen. Hinter all dem Schall und Rauch verberge sich wahrscheinlich nur, dass der Herr Minister nicht gekommen sei, weil sein Fahrer zu tanken vergessen habe. Die Absage einer gemeinsamen Militärübung mit Singapur, die Verschiebung der Eröffnung einer Handelsmission in den USA, der Radio-Blackout, als die Rede des Vizepräsidenten ausgestrahlt werden sollte: Wieder und wieder kam Jon mit seiner Theorie, dass da irgendeiner irgendwo etwas verbockt hatte. Und oft stellte sich heraus, dass er damit richtig lag.

Sukarno hatte versucht, Indonesien durch die Kraft seiner Persönlichkeit zusammenzuhalten, Suharto benutzte die stählernen Züge der Bürokratie. Der ruhige General bekannte sich immer wieder zum Motto auf dem Landeswappen: »Einheit in der Verschiedenheit.« Aber er machte auch über die Maßen klar, dass er mehr für eine geordnete Einheit als für eine schwierige Vielfalt war. Seine Lakaien mühten sich, die »Vielfalt« in annehmbare Formen zu pressen: Lokale Trachten wurden sittsamer gestaltet, traditionelle Tänze ihrer Koketterien beraubt.

Suhartos Version von Vielfalt wurde mir am zweiten Tag in meinem neuen Job für Reuters vor Augen geführt. »Komm, wir zeigen dir das Land!«, erklärten meine indonesischen Kollegen. Sie fuhren mit mir eine breite, von gläsernen Bürogebäuden gesäumte Straße hinunter, vorbei an einigen der enormen Statuen im Stil des sozialistischen Realismus, mit denen Sukarno das Proletariat hatte inspirieren wollen, hinaus nach Mini-Indonesien, einen von Suhartos Frau Tien entworfenen nationalistischen Themenpark. Bald schon schipperten wir in einer Gondel über einen riesigen künstlichen See mit Inseln in Form der größeren Landmassen Indonesiens und zogen pflichtbewusst durch einige der Pavillons, die dazu dienten, die vielen Hundert Kulturen der Nation widerzuspiegeln. Pro Provinz gab es einen Pavillon, damals siebenundzwanzig, jeder ein Beispiel der traditionellen Architektur, jeder mit Dioramen von Menschen in der traditionellen Kleidung der Region (wobei keine der Puppen barbusig war, wie es die Frauen auf Bali zu sein pflegten, keine einen Lendenschurz wie die Krieger auf Sumba trug, auf denen typischerweise abgeschlagene Köpfe als Motive aufgebracht sind). Es gab auch je ein Haus des Gebets für die anerkannten Glaubensrichtungen Indonesiens, eine katholische und eine protestantische Kirche, einen Hindu-Tempel, eine buddhistische Stupa und, natürlich, eine Moschee. Von den Hunderten Volksreligionen, die, wie ich später herausfand, neben den von Suharto sanktionierten ein reges Eigenleben führten, war nichts zu sehen. In Mini-Indonesien gab es keine rituellen Büffelschlachtungen und auch keine mitternächtlichen Nachgeburtsopfer bei Vollmond.

***

Während seine Frau die »primitiveren« Kulturen der Nation für ihre Zurschaustellung in Mini-Indonesien präsentierbar machte, zwang Suharto dem ganzen Land uniforme nationale Symbole und Institutionen auf. Wenn er in seiner Rhetorik auch immer die ganze Nation einschloss, war sein Symbolismus doch in vieler Hinsicht javanisch, und fast alles bestimmte der Staat. Jeden Montagmorgen sangen die Schulkinder die Nationalhymne, während der Schülersprecher und die Schülersprecherin feierlich die Flagge hissten. Es gab noch weitere Einheitshymnen, einschließlich eines Liedes, das die Union der Inselkette zwischen der Stadt Sabang im Nordwesten und Merauke im Südosten glorifiziert. »Ich war immer so stolz, wenn ich in meinen kleinen roten Shorts dastand und *Von Sabang nach Merauke* sang, bevor wir mit Java vollgestopft wurden«, erzählte mir ein balinesischer Freund.

Während der gesamten Suharto-Jahre hielten die Staatsbediensteten vom arabisch eingefärbten Aceh bis zu den Melanesiern Papuas (fünftausend Kilometer und drei Zeitzonen voneinander entfernt) samstags ihre eigene Version der schulischen Flaggenzeremonie ab, alle in die gleiche javanische Batik mit dem nationalen Motiv des Pancasila-Adlers gekleidet. Aus der Sicht eines Außenstehenden hatten diese erzwungenen Zurschaustellungen nationaler Einheit etwas vage Behagliches. Durch sie gab es in jeder noch so fernen Stadt Dinge, die man wiedererkannte. Ich wusste, an jedem offiziellen Gebäude, jeder Schule, jedem Gebetshaus hing vorn eine weiße Anschlagtafel, die seine Funktion erläuterte und die Adresse aufführte. Am Eingang jedes Dorfes verkündeten sorgfältig von Hand bemalte bunte Holzleisten die »Zehn zentralen Ziele der Familien-Wohlfahrtsunion«, angeblich einer im ganzen Land verwurzelten Frauenorganisation, die tatsächlich jedoch in Zentral-Java erfunden worden war und unter den aufmerksamen Augen der Provinzgouverneursgattinnen überall Ableger gründete. Diese Frauen, die *Ibu-Ibu* genannt wurden (»die Damen«), repräsentierten in ganz Indonesien eine bestimmte Schicht Ehefrauen der oberen Mittelklasse. Suhartos Ibu Tien nachstrebend, trugen sie das Haar hochgesteckt und mit Spray zu massigen Kugeln geformt, runder als die klassische Hochfrisur, voluminöser als der traditionelle Konde-Knoten. Die Gesichter waren dick gepudert, es gab viel Seide und Brokat, und die Fingernägel konnten kleine Kinder mit Schrecken erfüllen. Der Look war eine Mischung aus Cruella de Vil aus Disneys *Hundertundein Dalmatiner* und Gilberts und Sullivans Japan-Operette *Der Mikado*. Die »Zehn Ziele« waren jedoch häuslicher Natur und feierten die Pflichten einer guten Hausfrau und Mutter. Sie befassten sich mit grundsätzlichen Themen wie »Gesundheit« und »Essen«, aber auch esoterischeren wie »Verständnis und Praxis Pancasilas«.

Um regionale Unterschiede auszubügeln und die Bürokratie zu modernisieren, zwang Suharto dem ganzen Land in den 1970ern feste Regierungsformen auf. Bis dahin hatten sich die örtlichen Gemeinden gemäß ihrer verschiedenen Traditionen organisiert – so versammelten sich die Dayak in Kalimantan unter der Aufsicht eines angesehenen Ältesten in ihren Langhäusern, während die Clans West-Sumatras auf Gemeindeland zusammenkamen. Indem er diese Unterschiede wegwischte, unterminierte Suharto die Grundfesten etlicher indonesischer Kulturen und hoffte sie mit Bausteinen zu ersetzen, die landesweit identisch waren. Es gab fünf Hauptebenen der Regierung: die Nation, die Provinz, den Distrikt, den Subdistrikt und das Dorf.* Zwischen ihnen bestand eine klare Befehlskette. Suharto nahm den Provinzen jede Entscheidungsgewalt und ernannte Gouverneure, viele von ihnen Militärs, etliche Javaner, alle ihm treu ergeben, alle ausgewählt, um Jakartas Anweisungen auszuführen. Er stützte sie mit zwei uniformierten Armeen, die beide weitgehend javanisch waren. Die erste bestand aus Soldaten, die laut einer »Doppelfunktions«-Doktrin dazu berechtigt waren, sich bis auf Dorfebene in das zivile Leben einzumischen. Die zweite bestand aus Beamten. Die Unterscheidung zwischen beiden war nicht immer klar.

Wenn ich in den Suharto-Jahren durch Ost-Indonesien reiste, fand ich kaum einmal einen Beamten, der die örtliche Sprache beherrschte oder die dunkle Haut und das krause Haar der trockenen, vernachlässigten, an Australien angrenzenden Inseln hatte. Die meisten Bürokraten kamen aus Java oder anderen Gebieten, in denen die Kolonialgeschichte zufällig bessere Schulsysteme als

* In städtischen Gebieten wird der Distrikt durch die Stadt ersetzt, das Dorf durch ein Stadtviertel. Die indonesischen Begriffe lauten: *Nasional, Propinsi, Kabupaten/Kota, Kecamatan, Desa/Kelurahan.*

anderswo hinterlassen hatte. Die einheimische Bevölkerung behandelten sie wie eine andere Spezies. Bei einem Abstecher auf die winzige, dürre Insel Sawu, direkt nördlich von Australien – es war das Jahr 1991 – notierte ich mir den Kommentar eines Bauern: »Wir essen hier einmal am Tag, ansonsten trinken wir Palmzucker. Nur die Beamten, die essen dreimal am Tag.«

Und es gab noch eine weitere Spezies, die von der örtlichen Bevölkerung als fremd betrachtet wurde: Gemeint sind die javanischen »Transmigranten«, arme Bauern, die von der Regierung dafür bezahlt wurden, aus dem überfüllten ländlichen Kernland auf geräumigere Inseln umzuziehen. Das Programm datiert tatsächlich noch aus holländischen Zeiten, als es »Kolonisierung« genannt wurde. Umsichtigerweise gab Sukarno ihm einen neuen Namen und plante, jedes Jahr anderthalb Millionen Javaner mit ihren gehorsamen, kollektivistischen Werten auf andere Inseln zu schicken, um die Nation durch diese »Transmigration« zu homogenisieren. Immer besser als Visionär denn als Praktiker, gelang es ihm innerhalb von fünfzehn Jahren jedoch gerade mal, ein Tausendstel seiner Planzahl auf die Reise zu schicken.

Suharto teilte die Hoffnung seines Vorgängers, regierungsfinanzierte Transmigration könne die nationale Einheit fördern. Er intensivierte das Programm und sandte jährlich rund dreihunderttausend Menschen aus Java und Bali auf andere Inseln. Etwa nach der Hälfte von Suhartos Präsidentschaft sagte sein Minister für Transmigration: »Durch die Transmigration werden wir versuchen ... alle ethnischen Gruppen in eine Nation zu integrieren, die indonesische Nation. Die verschiedenen ethnischen Gruppen werden durch die Integration auf lange Sicht verschwinden, und es wird nur noch einen Mann geben, den Indonesier.«*

* Zitiert nach Brian A. Hoey: *Nationalism in Indonesia: Building imagined and intentional communities through transmigration*, in: *Ethnology* 42, Nr. 2, Spring 2003, S. 112

Falls der Minister annahm, die Transmigranten flirteten in Coffee-Shops fröhlich mit der örtlichen Bevölkerung und richteten sich darauf ein, wahrhaft »indonesische« Babys in die Welt zu setzen, täuschte er sich. Stattdessen hingen sie wie Klebreis in Dörfern aneinander, denen sie die Namen ihrer Heimatorte gegeben hatten. Anfang der 1990er-Jahre besuchte ich ein Transmigrationsgebiet in der nordöstlichen Provinz Aceh. Es war einer der elendesten Orte, die ich je in Indonesien gesehen habe. Sidomulio hieß er, javanischer ging es nicht. Es war ein winziger, in den Dschungel gebauter Flecken, direkt neben einer Kautschukplantage. Die wenigen wackligen, nach den großen Städten Javas benannten Läden (wie »Solo-Agrarprodukte« oder »Friseur Malang«) waren mit Brettern vernagelt. Aus den meisten Häusern waren die wertvolleren Gegenstände entfernt worden, an den Türen hingen Vorhängeschlösser, und es war niemand zu sehen. Wo ich hineinlinsen konnte, sah ich auf dem Boden verstreute Spielzeuge und halbvolle, auf Tischen zurückgelassene Teegläser. Leben verbreitete allein eine Meute hungriger Hunde.

Ein alter Mann auf einem prähistorischen Motorrad kam herangefahren, ein Achinese. Ich fragte ihn, wo denn all die Dorfbewohner seien. Die seien wieder weg, weil sie unwillkommen waren, antwortete er. Rebellen aus Aceh beschuldigten Jakarta, Aceh seiner Schätze berauben zu wollen, und so hatten sie einen Guerillakrieg gegen die Zentralregierung vom Zaun gebrochen. Die Leute, die dabei hauptsächlich von ihrem Zorn getroffen wurden, waren die ungebildeten, landlosen Bauern, die man in dem verfehlten Versuch hergeschickt hatte, nationale Einheit zu schaffen. Die Bewohner Sidomulios hatten die Flucht ergriffen, nachdem ihr Vorsteher nachts erstochen worden war, wahrscheinlich von Guerillakämpfern.

Die Vertreibung der Transmigranten in Aceh war ein extremer Fall lokaler Unzufriedenheit. Es gab auch Transmigranten, die sich gut mit ihren neuen Nachbarn verstanden, aber auch die sprachen weiter ihre Muttersprache, bauten die gleichen Feldfrüchte wie zu Hause an und bildeten Gamelan-Orchester genau wie auf Java oder Bali. Es war eher eine Transplantation als eine Transmigration und kaum eine einheitsstiftende Kraft.

***

Die Transmigration war einer der seltenen Misserfolge Suhartos bei seinen Bestrebungen, die Ausbildung einer einheitlichen Nation voranzutreiben. Erfolgreicher, und vielleicht überraschender für einen Mann, der im Herzen ein Bauer war, entwickelte sich sein Vorstoß in die Welt des Fernsehens.

Suharto wusste, wenn er die Unruhe der Sukarno-Jahre durch einen beständigeren Fortschritt ersetzen wollte, musste er Gesundheitsversorgung, Ausbildung und Landwirtschaft voranbringen. Und er brauchte eine Plattform, um den Indonesiern, *allen* Indonesiern, zu erklären, welche Rolle ihnen beim Aufbau dieser glorreichen Nation zukam. Das Fernsehen sollte diese Plattform sein, entschied er. Mitte der 1970er-Jahre schickte Indonesien einen Satelliten ins All, dessen Signal das ganze Land erreichte (und darüber hinaus den Großteil Südostasiens). Das war ein kühner Schachzug und zudem einer, den sich Indonesien kaum leisten konnte. Bisher waren die USA und Kanada die einzigen anderen Länder weltweit mit eigenen Satelliten. Aber das Fernsehen verschaffte Suharto ein Megafon, mit dem er allen Indonesiern die Heilsbotschaft der Entwicklung nahebringen konnte. Zudem signalisierte es der Welt, dass es mit dem Durcheinander im Stile Sukarnos ein für alle Mal vorbei war und das Land die Tür zur Modernisierung aufgestoßen hatte.

Als der Satellit in Position war, begann die Regierung, »öffentliche« Fernsehapparate zu verteilen, fünfzigtausend jedes Jahr. Für gewöhnlich kamen sie ins Haus des Dorfoberen. Das ganze Dorf drängte sich dort abends zusammen. Es gab nur einen Kanal, TVRI, und die Luft selbst noch über den äußeren Inseln war plötzlich voller Bilder der nationalen Entwicklung. Und voller Reklame. Viele in

Jakarta machten sich deswegen Sorgen. Es war eine Sache, den wenigen Privilegierten mit einem eigenen Fernseher in städtischen Gebieten Werbung für Konsumgüter ins Haus zu schicken, aber eine andere, den Habenichtsen auf fernen Inseln das Füllhorn an Gütern vorzuführen, das sich die Habenden auf Java leisten konnten. Das Satellitenfernsehen sollte die Bevölkerungsgruppen fernab zu Indonesiern machen und nicht zu einer Armee verdrossener Neider.

1981 verbot Suharto die Fernsehwerbung, »um schädliche Auswirkungen zu vermeiden, die nicht den Geist der Entwicklung vorantragen«. Das schuf mehr Zeit für seine eigenen Botschaften, und unerbittlicher denn je verbreiteten die schrecklich langweiligen Nachrichten den Geist sinnvoller Familienplanung, pflichtbewussten Bürgertums und Stolzes auf das glorreiche Wachstum der Nation. Etliche ernsthafte Forscher stellten Regressionsanalysen an, die zeigten, dass das Thema Familienplanung besonders erfolgreich war. Die Geburtsraten fielen, sobald ein Dorf einen öffentlichen Fernseher bekam. Allerdings war ich nicht die Einzige, die sich fragte, ob das Fernsehen nicht einfach nur etwas war, mit dem man seine Abende verbringen konnte, ohne Babys zu produzieren.

1989 dann wurde das Monopol von TVRI gebrochen. Suharto gab Lizenzen für private Sender aus, zuerst an seinen Sohn Bambang, dann, in schneller Folge, an seinen Cousin Sudwikatmono und seine Tochter Tutut. Suharto erlaubte seiner Familie, Seifenopern aus Südamerika zu importieren und großzügig mit Werbung zu durchsetzen. Niemand musste mehr den Anschein wahren, Fernsehen diene einem sozialen Zweck. Zunächst erreichten die neuen Sender nur eine städtische Elite, mit der Zeit jedoch fanden sie ihren Weg über den Satelliten auch in die Häuser und Hütten von Menschen, die kaum Geld zur Verfügung hatten und an Orten lebten, die keines der Kinder Suhartos jemals besuchen würde. Von Menschen wie Suharto selbst in seinen jüngeren Jahren.

***

Suharto wuchs so arm wie der normale Dorfbewohner auf, verließ die Mittelschule und gab eine Stelle in einer Bank auf, nachdem er vom Fahrrad gefallen und seine einzigen ansehnlichen Kleider zerrissen hatte. Er ging zur Armee, stieg auf und griff nach der Macht. Dabei blieb es ihm wichtig, die Lebenssituation der javanischen Bauern zu verbessern, was er an der Spitze des Staates dann auch mit Überzeugung tat. Für die meisten Belange von Staat und Gesellschaft machte er die Generäle verantwortlich; dabei war er aber klug genug, die Belange der Wirtschaft in die Hände einer Gruppe kompetenter, vorsichtiger Ökonomen zu legen, die als die »Berkeley-Mafia« bekannt wurde, weil viele von ihnen mit Stipendien der Ford-Stiftung in Kalifornien studiert hatten. Als Erstes ergriffen sie Maßnahmen, mit denen sie die Landwirtschaft wieder auf die Beine brachten, was Indonesien vom weltweit größten Reisimporteur zu einem Netto-Exporteur werden ließ.

Sich am Beispiel Südkoreas und anderer Länder orientierend, die dadurch prosperierten, dass sie Privatunternehmen halfen, Dinge zu produzieren, die andere Länder kaufen wollten, hieß die Berkeley-Mafia ausländische Investoren willkommen und förderte die Produktion für den Export. Die Wirtschaft boomte. Die Schülerzahlen verdoppelten sich, und die Anzahl der Menschen mit Zugang zu einer grundlegenden Gesundheitsversorgung schoss ebenfalls in die Höhe. In den ersten zwei Jahrzehnten seiner Präsidentschaft hielt Suharto das Land auf einem geradlinigen Kurs, indem er genug dafür tat, dass alle an Bord blieben und den Befehlen des Kapitäns folgten. Es war ein riesiger Balanceakt. Wurde der Einfluss der Katholiken im Militär beunruhigend, machte Suharto den muslimischen Intellektuellen Zugeständnisse. Er erlaubte der Armee, ihre Finger in den meisten großen Staatsunternehmen zu halten, die ein Erbe der holländischen Herrschaft waren, wofür die Armee die Arbeiter der entstehenden verarbeitenden Industrie im Zaum zu halten hatte. Der Präsident lud ausländische Firmen ein, in Indonesien zu investieren, und brachte sie dann mit den Geschäftsleuten zusammen, die seine eigenen politischen Unternehmungen finanzierten.

Das führte zu etwas, was die Experten der Weltbank »hohe Transaktionskosten« nannten und alle anderen Korruption. Dennoch *wollten* Ausländer von den frühen 1980ern an in Indonesien investieren, und zwar gerade wegen der Stabilität, die dieses Netz des »Ausgleichs« schuf. Viele Leute sahen die Zahlungen an Generäle und ihre Kumpane als einen vernünftigen Preis für die daraus resultierende Sicherheit. Vor dem anderen Preis verschlossen die Investoren die Augen, dem Preis, den die Gemeinden zu leisten hatten, deren Einwände gegen Abholzungen oder Bergbau mit Gewehrfeuer zum Verstummen gebracht wurden, dem Preis, den die Arbeiter zahlten, die einen Mindestlohn verlangten und im Krankenhaus landeten. Und auch die Journalisten, die von diesen Dingen berichteten, fanden sich hinter Gittern wieder.

Viele Jahre lang verschlossen auch die Indonesier die Augen vor dieser Realität, weil sich die Stabilität, die Suharto ihnen bot, für sie auszahlte. An meinem allerersten Tag als Korrespondentin für Reuters in Jakarta kam Suhartos Autobiografie in englischer Sprache heraus. Der Reporter, dessen Stelle ich einnehmen sollte, warf das Buch auf meinen noch leeren Schreibtisch. »Holen Sie uns da ein paar beachtenswerte Dinge heraus«, sagte er und fügte, als er meinen Schrecken sah, hinzu: »Wahrscheinlich sind es die außergerichtlichen Hinrichtungen.« Und tatsächlich erwähnte der amtierende Präsident in seiner Autobiografie fast schon beiläufig, dass er den Verteidigungsminister einige Jahre zuvor angewiesen habe, über zweitausend gewöhnliche Kriminelle ohne Prozess zu exekutieren. »Schocktherapie« nannte Suharto das. Ich ging in ein nahes Restaurant, um die Stimme des Volkes dazu zu hören, Indonesier, die mir, auf Englisch, sagen würden, was sie von diesem Eingeständnis des Präsidenten hielten. »Vorher konnte meine Tochter abends allein nicht auf die Straße«, sagte einer und zuckte die Schultern. »Jetzt kann sie es.« Seine Tochter und die

Söhne und Töchter Millionen anderer einfacher Indonesier gingen in die Schule, wurden gesundheitlich versorgt, legten sich abends mit einem vollen Magen ins Bett und konnten davon träumen, was sie einmal sein würden, wenn sie erwachsen waren. Für ihre Eltern war nichts von alledem selbstverständlich gewesen.

Wie die meisten Diktatoren regierte Suharto über sein Verfallsdatum hinaus, die Welt erinnert sich an seine hässlichen letzten Jahre, und es ist nicht angesagt zuzugeben, dass er überhaupt etwas Gutes getan hat. Ja, Suharto hat jede Form politischen Ausdrucks unterdrückt. Ja, er hat versucht, die großartige Vielfalt der indonesischen Kulturen in eine einheitliche javanische Form zu pressen. Ja, er hat große Teile der Reichtümer des Landes erst seinen Generälen und Geschäftsfreunden und dann seinen zunehmend habgierigen Kindern zugeschanzt. Aber während der ersten zwei Jahrzehnte seiner Präsidentschaft, nach der hässlichen Machtergreifung, hat er die Lebensumstände von Abermillionen Indonesiern deutlich spürbar verbessert. Er war ehrlich beliebt.

Es war etwa in der Zeit, als ich in den späten 1980ern nach Indonesien kam, dass die Dinge übel schiefzulaufen begannen. Zum Teil lag das daran, *dass* sich die Lebensumstände so sehr verbessert hatten. Jetzt, da ihre Grundbedürfnisse befriedigt waren und sie eine bessere Ausbildung genossen, wollten die Leute mehr. Sie sahen, wie die Wirtschaft boomte und wie all das Wachstum eine Handvoll Taschen füllte, zunehmend die Taschen von Suhartos älter und gieriger werdenden Kindern. Arbeiter, die Minister vom Trickle-down-Effekt des Wirtschaftserfolgs reden hörten, hatten das Gefühl, dass die Gewinne von den Barbie-Puppen und Nike-Schuhen, die sie produzierten, nicht schnell genug zu ihnen durchsickerten, und fingen an, dem auch Ausdruck zu geben. Und die Generäle, die ihrerseits sahen, dass die wichtigen Joint Ventures zunehmend mit Suharto-Kindern und nicht mit dem Militär gemacht wurden, taten weniger dafür, die Proteste der Arbeiter zum Verstummen zu bringen.

Ich will damit nicht sagen, dass sich Indonesien plötzlich in einen Hexenkessel des Dissenses verwandelte. Bis heute besitze ich ein Hemd aus kratzigem hellblauem, mit Zahlen bedrucktem Nylon. Es ist aus einem Transparent gemacht, das eine Gruppe Arbeiter der einzigen staatlich sanktionierten Gewerkschaft vor einer Schuhfabrik in einem Vorort von Jakarta aufgehängt hatte. Darauf gedruckt stand der Artikel des Arbeitsgesetzes, der die Regelungen zum Mindestlohn ausführte. Das war alles, kein Ruf zu den Waffen, kein Kommentar, nur der Lohn, den die Firmen ihren Arbeitern nach dem Gesetz zahlen sollten. Das Transparent hing dort nur einen halben Tag, bis die Armee einschritt und es herunterholte. Meine Freunde von der Gewerkschaft zerschnitten es daraufhin und machten Hemden daraus.

Indonesien war nicht Südkorea mit seinen Massenprotesten und Straßenschlachten. Es war auch nicht Indien mit seiner großmäuligen demokratischen Opposition und seinen millionenstarken Sit-ins. Trotzdem gab es 1988, als ich ins Land kam, genug Transparente-Aufhängen und gewaltsames Wieder-Herunterholen, genug Wutausbrüche, Plünderungen japanischer Läden und Anti-Jakarta-Gerangel in unruhigen Provinzen, um einen Journalisten beschäftigt zu halten.

Vor meiner Villa in Menteng, einem ehemaligen holländischen Vorort, der immer noch das grünste Viertel Jakartas ist, sprang ich auf mein Motorrad und erkundete die weniger angenehmen Gebiete der Stadt. Ich redete mit den Decksmännern, die in den nördlichen Hafenanlagen zusammenkamen und darauf warteten, mit herrlichen hölzernen Lastkähnen zu Häfen aufzubrechen, die zu klein für die großen Containerschiffe waren. Ich lief durch den alten holländischen Teil Jakartas, ein Mini-Amsterdam mit gepflasterten Plätzen und eleganten Fassaden, die sich hoch und schmal über Kanälen erhoben. Das Viertel war heruntergekommen, die Kanäle waren verstopft und stanken, und die kolonialen Handelspaläste befanden sich in der Hand von Kleinhändlern und

Kleinkriminellen. Unter einer Kolonnade, die einstmals blasse Frauen vor der Tropensonne geschützt hatte, drehte sich eine Gruppe Prostituierter mit ihren Freiern zu blecherner Musik aus einem billigen Kassettenrekorder.

Um mir die Arbeit zu erleichtern, fing ich an zu rauchen. Nette Mädchen rauchten damals nicht, aber eine einzelne Zigarette zu kaufen oder sich ein Feuerzeug zu leihen, war eine gute Möglichkeit, mit einem der Straßenhändler ein Gespräch anzufangen, denen jede Veränderung im Verkehr rund um den Präsidentenpalast auffiel und die genau wussten, welche Ladenbesitzer an welchen Teil der Polizei oder des Militärs Schutzgeld bezahlten.

Ziemlich oft war ich mit der Reuters-Fotografin Enny Nuraheni zusammen, meiner Partnerin bei allen Arten von Straftaten. Meist verschworen wir uns zu unerlaubten, versteckten journalistischen Unternehmungen, durchbrachen Polizeiabsperrungen nach einem Bombenanschlag auf eine Kirche oder schmeichelten uns in ein Flüchtlingslager ein, zu dem die Presse eigentlich keinen Zutritt hatte. Wir müssen einen komischen Anblick geboten haben, zwei kleine Frauen, eine weiß, eine braun, die auf einem verrosteten Motorrad durch abseitige Teile der Stadt rollten. Die scharfäugige Enny stieß mich an, sobald sie etwas Interessantes erspähte. Ohne zu fragen, hielt ich an, und sie richtete ihre Kamera auf einen zur Musik eines Akkordeons tanzenden Affen in einem Tutu oder auf ein paar Anzugträger, die sich vor der Börse an den Kragen gingen. Ihr Streit war Teil der Hysterie, die das Wachstum des Aktienmarkts Jakartas umgab. Bei meiner Ankunft 1988 waren ganze vierundzwanzig Firmen an der Börse gelistet, und Ausländer durften sich nur in acht von ihnen einkaufen. Ich kaufte an einem Tag eine Handvoll Aktien von drei gelisteten Unternehmen, nur so zum Spaß, und war damit fast für ein Viertel des Tagesumsatzes an der Börse verantwortlich. Ein Jahr später, nachdem die Technokraten die Deregulierungen durchgebracht hatten, die das antiwestliche Erbe der Sukarno-Jahre endgültig beseitigte, gab es dreimal so viele Unternehmen zu kaufen, und Dutzende standen an, um sich notieren zu lassen. Plakate in den Durchgangsstraßen Jakartas riefen: »GO PUBLIC!« Männer in Anzügen kämpften darum, die neu ausgegebenen Aktien in die Hände zu bekommen, und die Antragsformulare allein kosteten bereits 170 US-Dollar. Währenddessen rissen Soldaten Transparente herunter, die Fabrikarbeiter daran erinnerten, dass sie das Recht auf einen Verdienst von neunzig Cent pro Tag hatten.

***

In einer entzückenden Wiederholung der Kolonialgeschichte war es das Gewürznelkenmonopol, das den öffentlichen Blick am nachdrücklichsten auf die Fäulnis im Herzen des Suharto-Staates richtete.

Der größte Konsument indonesischer Nelken sind heute die indonesischen Raucher, die ihre Zigaretten gern damit würzen, nicht zuletzt, weil es eine betäubende Wirkung hat und die Aufnahme der Giftstoffe in die Lunge erleichtert. Im Land werden pro Jahr 223 Milliarden Nelkenzigaretten, oder Kreteks, geraucht, dreizehn Mal mehr als gewöhnliche »weiße« Zigaretten. Viele Kreteks werden noch von Hand gedreht, einige in kleinen, nur von schwachen (damit sie die Tabakkrümel nicht davonblasen) Deckenventilatoren gekühlten Schuppen, andere in schrill modernen Fabriken, in denen uniformierte Frauen in klimagekühlter Makellosigkeit arbeiten. Da sie für eine erhöhte Produktivität Boni bekommen, arbeiten sie so schnell, dass es aus der Vogelperspektive wirkt, als sähe man einen zu schnell laufenden Film.

Indonesien produziert fast achtzig Prozent der Gewürznelken weltweit, und seine Zigarettenindustrie lässt sie zu dem dichten, trägen Rauch werden, der im ländlichen Indonesien praktisch jedes Gespräch über Politik, Familienangelegenheiten oder den Kautschukpreis einhüllt. Tommy, der jüngste Sohn des Präsidenten, beschloss, es mit der gleichen Strategie zu versuchen, die schon die VOC drei Jahrhunderte zuvor reich gemacht hatte: mit einem Nelkenmonopol. Gewürznelkenbäume sind launisch wie Teenager: In einem Jahr bringen sie großzügigste Erträge, dann schmollen sie sich durch Phasen niedriger Produktivität, die so qualvoll wie unvorhersehbar lange andauern können. Tommy behauptete, sein verordneter Festpreis für sämtliche Nelken des Landes sei eine Möglichkeit, die Einkommen der Bauern zu stabilisieren – wobei er die Nelken für das Dreifache des Einkaufspreises weiterverkaufte.

Präsidentensohn Tommy glaubte zweifellos, damit durchzukommen, weil die Zigarettenfirmen einer Handvoll überreicher chinesischstämmiger Familien gehörten. Die Chinesen im modernen Indonesien leben auf Messers Schneide. Sie gelten als durchweg wohlhabend und werden von vielen als Blutsauger betrachtet, aber sie bringen das Kapital und das ökonomische Wissen, um die Wirtschaft auf Wachstumskurs zu halten. So wird ihr Wohlstand denn toleriert, solange sie sich aus der Politik heraushalten, und für gewöhnlich vermeiden sie Kontroversen. In diesem Fall jedoch weigerten sie sich zu tun, was man ihnen sagte. Viele ihrer Fabriken verfügten über riesige Nelkenlager, und sie kauften Tommy einfach nichts ab. Am Ende musste, auf Befehl des Präsidenten, der indonesische Steuerzahler Tommy Suharto aus der Klemme helfen.

Die Kretek-Affäre setzte Unmut frei, der bereits seit einiger Zeit gärte und Druck aufgebaut hatte. Sich in Indonesien an Kreteks zu vergreifen ist so ähnlich, als wollte man den Engländern ihren Tee nehmen. Rauchen ist eine soziale Aktivität, und jede entzündete Kretek bot den Anlass, sich über die Exzesse der Ersten Familie zu ereifern. Das waren landesweit sechshunderttausend Anlässe pro Tag. Die normalerweise stumme Presse begann sich über Tommys tollpatschige Gier lustig zu machen, und selbst die Weltbank, die Indonesien als einen ihrer besten Kunden betrachtete und kaum einmal ein Wort gegen Suharto hören ließ, verfasste einen Bericht, der die Idiotie des Vorgehens benannte. Es ist schwer, solch einen Geist zurück in die Flasche zu zwingen.

Suharto hatte wenig mit den lockigen, flachnasigen, einfach sprechenden Männern und Frauen auf den fernen östlichen Inseln Indonesiens gemeinsam, auf denen die Nelken angebaut wurden, und er tat wenig, um ihre Interessen zu vertreten. Die javanischen Bauern standen dem Alten Mann da weitaus näher. Kaum einmal wirkte er glücklicher, als wenn er auf einem Reisfeld nahe bei seinem Geburtsort stand, Javanisch sprach und die Metaphern aus den Wayang-Schattenspielen benutzte, die im ländlichen Java jeder auswendig kennt. Das war sein Volk, und wenn die Gier seiner Kinder das Wohlergehen der javanischen Bauern bedrohte, war er auf deren Seite.

Ich verbrachte 1990 einen ganzen Tag damit, um die Reisfelder bei einer der Feldschulen herumzuwaten, die Suhartos Regierung eingerichtet hatte, um den Bauern zu helfen, mehr anzubauen. Wenn man zum ersten Mal in ein Reisfeld tritt, hat man das Gefühl, hineingezogen zu werden. Die Erde drückt sich zwischen den Zehen hoch, über die Fußgelenke, Wasser steigt die Waden hinauf, und der Fuß versinkt immer weiter. Dann plötzlich trifft er auf Grund, nicht unbedingt hart, aber doch federnd fest. Die Angst einzusinken schwindet, man zieht seinen Fuß aus dem Schlick und setzt ihn ein Stück weiter vor. Wieder quillt der Matsch zwischen den Zehen hoch. Ein Anfänger kommt nur langsam voran, aber es macht Spaß. Natürlich war niemand sonst hier in der Schule in Zentral-Java ein Anfänger. Sie waren alle auf Reisfeldern groß geworden und hatten die breiten Füße von Leuten, die Schuhe als eine Belastung betrachten. Sie waren hier, um mehr über Ungeziefer zu erfahren.

1986 war die javanische Reisernte durch ein winziges Insekt zerstört worden, die Braunrückige Reiszikade. Die Zikade gedieh mithilfe eines weiteren Suharto-Unternehmens (eines weiteren Sohnes), das sämtliche staatlich subventionierten Pestizide im

Land vertrieb, mit einem jährlichen Volumen von einhundertfünfzig Millionen Dollar. Die Pestizide töteten die größeren Insekten, die Spinnen und Wasserläufer, die die Reiszikade fraßen. Den Zikadeneiern taten sie jedoch nichts an, und nachdem ihre natürlichen Feinde ausgeschaltet waren, schlüpften die Zikaden in eine herrlich gefahrlose Welt, fraßen den Reis und verbreiteten Viren. Die Bauern reagierten natürlich mit noch mehr Pestiziden, was noch größere Profite für Suhartos Sohn bedeutete, aber die Viren nicht tötete. So verlor Indonesien 1986 seinen hart erarbeiteten Status eines Reis-Selbstversorgers. Das betraf Suharto mehr als die Sorge um das Familieneinkommen. Er strich sofort alle Subventionen, verbot Breitbandpestizide und richtete Tausende Feldschulen ein, um den Bauern zu zeigen, wie sie gute von schlechten Insekten unterscheiden und den Pestizidverbrauch senken konnten.

Indonesien war das erste Land der Welt, das landesweit ein ökologisch fundiertes integriertes Schädlingsmanagement einführte. Aber diese Beispiele vernünftiger Regierungspolitik wurden mit zunehmendem Alter Suhartos seltener. Während ich das hier schreibe, zwei Jahrzehnte später, bin ich immer noch schockiert, wie ein großer Teil der indonesischen Wirtschaft damals in den 1990ern zu ordentlichen weißen Linien auf einem Spiegel zusammengeschoben wurde, um von der kleinen Handvoll Gäste, die noch auf der Suharto-Party weilte, weggeschnupft zu werden. Sicher gibt es auch heute noch viel Korruption, aber wenigstens funktioniert der Großteil davon auf der Basis von »Ich-brauche-etwas-und-bezahle-dafür«. Jemand nimmt eine Gebühr dafür, beim Erwerb einer neuen Schürflizenz geholfen zu haben, eine Genehmigung für eine weitere Provinz zu bekommen, eine fünfzehnjährige Gefängnisstrafe auf drei oder vier Jahre zu verkürzen. Es ist nach wie vor zerstörerisch, scheint aber dennoch weniger verachtend als der Großteil des dreisten Plünderns der Suharto-Jahre, als Bauern und Firmen Geld abgenommen wurde, um damit die Taschen der Präsidentenkinder zu füllen, einfach so.

Bevor ich Indonesien Mitte 1991 wieder verließ, gab ich ein großes Fest in dem Anwesen am zentralen Platz der alten holländischen Stadt, in dem während der Zeit von Niederländisch-Ostindien Batavias Rathaus untergebracht gewesen war. Mittlerweile war es ein Museum, immer noch gefüllt mit schwerem holländischem Mobiliar, vergoldeten Porträts und verstaubten Kerzenständern. Der Museumsleiter war ein Freund von mir, und er ließ mich unter der Voraussetzung in seinem Haus feiern, dass weder er noch seine Leute etwas zu organisieren oder hinterher zu säubern hatten. Ich verbrachte einen ganzen Nachmittag damit, die Klos zu putzen und den marmornen Springbrunnen im Hof mit Eisblöcken zu füllen, um den Alkohol zu kühlen. Die Straßenverkäufer, die jeden Abend an meinem Garten vorbeitingtingten und -tocktockten, hatte ich engagiert, für die Bewirtung zu sorgen. Sie schoben ihre Karren in den Hof des Generalgouverneurs und machten sich daran, Nudeln zu braten und Satay zu grillen.

Ich hatte alle eingeladen, die ich kannte, Minister und Generäle, Dissidenten und Aktivisten, Filmstars und Designer, Anwälte und Ökonomen, und verbrachte den Abend damit, zwischen den Leuten hin und her zu wechseln und Colonel X dem ehemaligen politischen Gefangenen Y vorzustellen und ihnen zuzusehen, wie sie zusammen Sangria tranken und freundlich miteinander schwatzten. Das Gästebuch des Abends habe ich noch, und als ich das nächste Mal nach Jakarta kam, saßen einige der darin Verzeichneten, die zur Zeit meines Festes dem Kabinett angehört hatten, hinter Gittern, während einige der Dissidenten zu Regierungsmitgliedern geworden waren.

***

Nachdem das Nelkenmonopol die Leute dazu gebracht hatte, über die bis dahin nicht öffentlich zur Sprache gebrachte Maßlosigkeit der Präsidentenfamilie zu reden, verschlimmerten sich die

Dinge immer weiter, und die eher ruhigen Getränkestand-Tiraden wurden lauter. Der Fallout der asiatischen Finanzkrise trieb die Dinge zu einem Crescendo. In den sechs Monaten von Juli 1997 bis Januar 1998 fiel die Rupiah von zweitausendfünfhundert für einen Dollar auf zehntausend. Die Einfuhren schwanden, die Preise für täglich benötigte Dinge schossen in die Höhe. Suhartos Unterstützer versuchten die Wut der Menschen wegen der Exzesse seiner Familie von ihm abzuwehren, indem sie den Volkszorn auf die reichen chinesischen Indonesier lenkten. Glodok, Jakartas Chinatown, ging in Flammen auf und Hunderte chinesischstämmige Frauen wurden vergewaltigt, aber damit riss die Wut nicht ab, und am Ende fand sie ihr eigentliches Ziel: Suharto. Studenten füllten die Straßen und besetzten das Parlamentsgebäude, und da der Präsident seit einigen Jahren seiner Familie erlaubte, den Kuchen zu verspeisen, der einmal die Generäle genährt hatte, stand das Militär dabei und sah zu.

Im Mai 1998, zweiunddreißig Jahre nach seiner Machtübernahme, trat Suharto zurück. Ein neues Indonesien wurde geboren, nur hatte niemand auch nur die geringste Vorstellung davon, wer es großziehen sollte.

Drei Jahre nach Suhartos Rücktritt und eine volle Dekade nach meiner Abschiedsparty im ehemaligen Rathaus von Batavia kam ich zurück nach Jakarta, um für das Gesundheitsministerium zu arbeiten. Am Wochenende meiner Ankunft unternahm ich mit einer Freundin einen Spaziergang durch Glodok. Einige der Läden Chinatowns waren immer noch verlassen, die Schaufenster zerschlagen, einige Hauswände grau verfärbt, wo Flammen an ihnen geleckt hatten. Wir gingen in eine Buchhandlung, und ich fand mich vor einem Tisch voller Bücher zum Aufstieg des kommunistischen China und der Geschichte des Sozialismus wieder. Ich staunte: Zu Suhartos Zeit hätte solch ein Angebot den Buchhändler ins Gefängnis gebracht. Ich ging zu meiner Freundin, um sie darauf aufmerksam zu machen, sie stand vor einem anderen Tisch voller unvorstellbarer Bücher und blätterte durch eines davon: *Die multiplen Orgasmen der Frau*.

Andere Veränderungen, die mir auffielen, waren die Vielzahl an Fernsehkanälen, die geistlose Gameshows zeigten, die laute Presse, die Bereitschaft von allen und jedem, politische Meinungen zum Ausdruck zu bringen, die stark zurückgegangene Präsenz militärischer Uniformen (es war fast schon eine Abwesenheit) und die riesige Zunahme an Frauen, die ein Dschilbab trugen (das ist der indonesische Ausdruck für das auf Arabisch *hidschāb* genannte Kopftuch). Ich kam gerade rechtzeitig zu einer der großen Nagelproben der Zeit der Reformasi, der »Reformation«. Papst Suharto war sein Vizepräsident B. J. Habibie nachgefolgt, der zwar in Deutschland Ingenieurswissenschaften studiert, aber nichts Teutonisches angenommen hatte. Regelmäßig erlaubte er extravaganten Versprechungen, seinen Mund zu verlassen, ohne dass sie auch nur einen Moment in seinem Hirn verbracht hätten. So hatte er, ohne seinem Außenminister ein Wort davon zu sagen, öffentlich versprochen, die Menschen im widerspenstigen Ost-Timor könnten in einem Referendum über ihre Unabhängigkeit entscheiden.

Die Portugiesen, die verglichen mit den Holländern geradezu wunderbare Kolonialherren gewesen waren, hatten Ost-Timor in einem bedauernswerten Zustand zurückgelassen. Als Indonesien 1975 einmarschierte, machte es sich begeistert daran, seine siebenundzwanzigste Provinz aufzubauen. Jakarta schickte Tausende Beamte (zumeist javanische Muslime), um die (komplett katholischen) Staatsgeschäfte zu führen. In den Augen Suhartos und seiner Unterstützer taten sie den Menschen von Timor damit einen Gefallen.

In meinen Korrespondententagen war ich oft zu einer Neuunterrichtung über Timor ins Hauptquartier der Armee bestellt worden. Gab es unter den Timorern eine weit verbreitete Unzufriedenheit? Wie um alles in der Welt konnte man nur auf diese Idee kommen! Eine sengende Wut auf das Militär, das schnell mit Gewehrkolben und stählernen Stiefelspitzen zu Werke ging? Jetzt hör aber mal auf, Elizabeth! Vereinzelte Soldaten mögen bei seltenen Gelegenheiten etwas unglücklich mit den Einwohnern umgegangen sein, gab Brigadegeneral Nurhadi zu, dessen Schicksal es war, mich korrigieren zu müssen. Aber die Regierung hatte Straßen und Gesundheitszentren gebaut, sich um Schulen und Empfängnisverhütung gekümmert. Sie hatte Ost-Timor vorangebracht, im Suharto-Stil. Bald schon wurde das »Erzähl-ihnen-von-den-Straßen« im Pressekorps zur Kurzformel für das Leugnen der Realität, wie es der Jakarta-Elite eingeimpft worden war.

Habibie schien gleich mehrfach geimpft zu sein und war wohl ehrlich überrascht, als im August 1999 acht von zehn Ost-Timorern für die Trennung von Indonesien und die Unabhängigkeit stimmten. Und er war nicht in der Lage, das Militär von dessen boshaftem Rachefeldzug abzuhalten, dem der Großteil der von Indonesien gebauten Infrastruktur zum Opfer fiel. Obwohl Habibie einige ziemlich radikale Reformen in Gang setzte, distanzierte er sich nie von seinem Vorgänger und versäumte es, sich der Unterstützung durch das Militär zu versichern. Bei den letzten Wahlen der Suharto-Ära, die 1997 unter nur drei staatlich zugelassenen Parteien stattfanden, hatte die herrschende Golkar-Partei drei Viertel der Stimmen gewonnen. Ein Jahr nach Suhartos Rücktritt, mit achtundvierzig Parteien auf der neuen demokratischen Wandtafel, vermochte Golkar gerade noch ein Fünftel der Stimmen auf sich zu vereinigen. Habibie war raus.

Auf ihn folgte ein kränkelnder, halbblinder muslimischer Gelehrter namens Adurrahman Wahid, alias Gus Dur. Gus Dur war ein mutiger, aber völlig exzentrischer Mann ohne jede Regierungserfahrung. Nachdem seine Partei auf gerade mal dreizehn Prozent der Stimmen gekommen war, feilschte er sich an die Macht und ging fragile Allianzen mit unwahrscheinlichen Partnern ein. Als er im Mai 2001 eintraf, hatte das für gewöhnlich eher sanftmütige Parlament bereits ein Amtsenthebungsverfahren gegen ihn eingeleitet. Der offizielle Grund dafür war ein zwielichtiges Darlehen, das mit Gus Durs Masseur zu tun hatte, tatsächlich jedoch hatte der Präsident unverblümt und stur all jene beleidigt, auf deren Unterstützung er angewiesen war.

Es war eine äußerst seltsame Zeit für mich. Ich war zurück in einer Stadt, die von politischen Protesten erschüttert wurde, und doch ging mein Leben, umgeben von Demonstranten, wie gewöhnlich weiter. Wenn denn mein Zusammentreffen mit transsexuellen Sexarbeitern, Mietjungen und Schwulen, die halb so alt waren wie ich, überhaupt »gewöhnlich« genannt werden konnte – mein Job stand in direktem Zusammenhang mit einer Studie über HIV und das Risikoverhalten in diesen Gruppen. Das Ganze hatte etwas Desorientierendes für mich. Massagesalons, in denen Männer anderen Männern Sex verkauften, waren neu in Jakartas Unterhaltungslandschaft, und als ich zuletzt in der Stadt gelebt hatte, hatte es auch keine Schwulenbars gegeben. Die Transsexuellen, oder Waria, dagegen gab es in Jakarta, solange ich zurückdenken konnte.

Auch wenn das Wort eine Verbindung von *wanita*, Frau, und *pria*, Mann, ist, leben die Waria doch gänzlich als Frau, manchmal auch mit einem Ehemann. Die meisten verfügen noch über ihre männliche Anatomie, obwohl viele weibliche Hormone nehmen und Brustimplantate immer üblicher werden. Kulturell spielen die Waria eine einzigartige Rolle. Zum Teil werden sie wegen ihrer weit zurückreichenden Geschichte akzeptiert, die auf die Bissu-Priester zurückgeht. Die Bissu segelten oft auf großartigen, von den Bugis in Süd-Sulawesi gebauten Handelsschonern zwischen den Inseln hin und her und werden immer wieder als »zwischengeschlechtlich« beschrieben. Es heißt auch heute noch, dass sie in Trance fähig sind, die Götter heraufzubeschwören. Wenn die Bugis als ethnische Gruppe auch streng islamisch sind, haben sie die Dualität doch immer akzeptiert. »Ja, natürlich sprechen die Götter durch die Bissu«, erklärte mir die Frau eines Subdistrikt-Chefs in ihrem Kernland.

»Denn Gott hat kein Geschlecht. Allah ist weder ein Mann noch eine Frau.« Minuten später saßen wir in ihrem reich dekorierten Wohnzimmer, sie trug einen hübschen seidenen Sarong, und der oberste Bissu der Gegend beschrieb, wie er/sie weißen Ausfluss aus dem Penis mit roten Zwiebeln kuriere. Dann bat er/sie um meinen Rat, wie man mit Genitalgeschwüren umgehen solle.

Während die Bissu immer noch quasireligiöse Zeremonien abhalten, treten die meisten einfachen Waria heute eher in Cabarets auf. Ihr »Weder-wirklich-das-eine-noch-das-andere«-Status ermöglichte ihnen einst eine politische Rolle. Nicht unähnlich dem Narren in Shakespeare-Stücken, konfrontierten die Waria die Mächtigen mit der Wahrheit, wenn niemand sonst es durfte. Oder wenigstens die Frauen der Mächtigen. Eine meiner bleibenden Erinnerungen an die Suharto-Jahre ist ein Cabaret, in dem sich eine Gruppe Waria in der Kulisse eines Salons um ihre »Kundinnen« kümmert, ihnen das Haar zu Matronenhelmen aufbauscht, sie dick pudert und zu perfekten Ibu-Ibu macht: Kopien von Tien Suhartos Kreis. Das Gespräch unter den Kundinnen des Salons drehte sich um die Frau eines Ministers, die eine Affäre mit einem Oligarchen hatte, darum, welche ausländischen Unternehmen am besten für korrupte Deals zahlten, und um Tipps und Tricks, die ihre Männer entwickelt hatten, um Geld aus den Kindern Suhartos herauszuquetschen. Über derartige Dinge sprach zu der Zeit sonst niemand öffentlich. Das Publikum brüllte vor Lachen und klatschte in entzückter Anerkenntnis in die perfekt manikürten Hände, wobei fast alle in der Vorstellung sitzenden Frauen selbst waschechte Ibu-Ibu waren.

Als ich anfing, meine HIV-Untersuchung zu planen, war der Sonderstatus der Waria durch die Kakofonie der durch die demokratischen Reformen entfesselten freien Meinungsäußerungen ausgehöhlt worden. Die Cabaret-Shows gingen zwar weiter, aber die meisten Waria lebten jetzt davon, tagsüber in Salons oder nachts nach Einbruch der Dunkelheit auf den Straßen Sex zu verkaufen. So zog ich denn nächtens mit einer Gruppe Interviewer, darunter drei Waria »außer Dienst« los, klapperte die Straßen ab und lud die Leute ein, sich an unserer Untersuchung zu beteiligen. Die Waria draußen auf den Straßen werfen einem Kusshände zu, lassen kurz verdeckte Körperteile aufblitzen, kreischen und reizen mögliche Kunden, die in Autos oder auf Motorrädern vorbeifahren. Auch mich versuchten sie anzumachen, diese Männer, die Frauen sein wollten, womöglich beleidigt durch meine fehlende Weiblichkeit. Warum trug ich keine Stöckelschuhe? Warum waren meine Nägel nie richtig gemacht? »Hier, lass mich mal ...« Sie holten Nagellack aus ihren Täschchen, und ich fand mich, weit nach Mitternacht, auf einem Bürgersteig sitzend wieder, wo mir ein transsexueller Sexarbeiter die Nägel lackierte. Mitunter wurde es hochdramatisch, da der Bürgermeister kurz vor den Wahlen zeigen wollte, wie streng er gegen unmoralisches Verhalten vorging. Die Sexarbeiter wurden von der Straße geholt, und mein halbes Befragungsteam landete in Polizeigewahrsam. Es gab »Zickenkämpfe« zwischen Waria, die bestimmen wollten, wer sich in ihrer Gegend an der Studie beteiligen sollte, Befragte liefen mitten im Interview mit Kunden davon, und einmal hätte ich beinahe sämtliche Blutproben verloren, die wir gesammelt hatten, weil die Polizei an einer Straßensperre die gebrauchten Spritzen sah, mich für einen Drogendealer hielt und alles konfiszieren wollte.

Es waren anstrengende Nächte, die für gewöhnlich damit endeten, dass wir gegen drei, vier Uhr morgens unsere Blutproben ins Labor brachten. Um acht Uhr saß ich bereits wieder auf dem Motorrad und machte mich an den Tagesteil meines Jobs. Unterwegs wurde ich oft von einem weiß gewandeten Teenager mit einem karierten Turban angesprochen, einem der Laskar Jihad, einer fundamentalistischen Gruppe, die zu der Zeit offen zum Krieg gegen die Christen im Osten auf den Molukken aufrief. Er rasselte mit seiner Sammeldose und verteilte Flugblätter, auf denen von Christen gereinigte Molukken versprochen wurden. Das war weit schockierender als die Schwulenkneipen und Buchhandlungen, in denen es Bücher über den Sozialismus und multiple Orgasmen zu kaufen gab. Ließen sich über die vage formulierten Prinzipien der Pancasila auch leicht Witze machen, hielt ich es doch für selbstverständlich, dass die religiöse Toleranz einen zentralen Bestandteil der fortwährenden Existenz Indonesiens darstellte. Dennoch brachten sich im Kampf um die Macht seit Suhartos Fall Indonesier der verschiedenen religiösen Lager gegenseitig um, und die Behörden sahen zu.

Nachdem Gus Dur abgesetzt war, übernahm Sukarnos Tochter Megawati Sukarnoputri das Präsidentenamt. Sie teilte den festen Glauben ihres Vaters an die nationale Einheit, hatte aber nicht sein Charisma, sah aus wie die typische gut gepolsterte Ibu-Ibu der Suharto-Zeit und war für ihre zurückhaltende Distanziertheit bekannt. Ihre Präsidentschaft blieb farblos, doch sie vergrätzte das Militär nicht so wie ihr Vorgänger und ging nach einem Bombenanschlag auf einen Nachtclub auf Bali 2002, bei dem zweihundert Menschen umkamen, ernsthafter gegen den islamischen Fundamentalismus vor. Nach und nach beruhigte sich das Land.

2004 wurden in Indonesien die ersten direkten Präsidentschaftswahlen abgehalten, bis dahin hatte die Legislative den Präsidenten bestimmt. In mehr als einer halben Million Wahllokale im ganzen Land stachen Wähler einen Nagel durch einen Stimmzettel, um ihrer Wahl Ausdruck zu geben. Eines der Wahllokale befand sich direkt vor meinem Haus mitten in Jakarta. Im Morgengrauen kamen Freiwillige, Offizielle und die Wahlurnen, und bis zum frühen Abend, bis die letzte Stimme abgegeben war, lag ein Fiebern in der Luft. Die Wahlen waren besser organisiert als alles, was ich je in Indonesien erlebt hatte, und es waren bewegende Stunden. Fünf Jahre zuvor hatte Jakarta gebrannt, und die Wirtschaft war zusammengebrochen. Seitdem hatten die Indonesier verschiedene Traumata erlitten, hatten Ost-Timor verloren, worauf ein Massaker der Armee gefolgt war, auf den Molukken war es zum Bürgerkrieg gekommen und in Aceh und Papua zu blutigen Erhebungen. Die Indonesier hatten einen Präsidenten abgesetzt und einen neuen installiert, und es ging ihnen materiell immer noch weit schlechter als vor 1997. Dennoch gingen 140 Millionen Wahlberechtigte an einem einzigen Tag friedlich zu den Wahlurnen und wählten einen neuen Präsidenten. Es gab kaum einen Zwischenfall. Das war eine ziemliche Leistung.

Bei ihrer ersten direkten Präsidentenwahl entschieden sich die Indonesier für einen General aus Suharto-Zeiten, der allgemein als SBY bekannt war und eine erst vier Jahre alte Partei vertrat.

***

Ein Jahr später verließ ich Jakarta zum zweiten Mal. Als ich 2011 zurückkam, um die Reise zu unternehmen, die den Großteil dieses Buches ausmacht, war SBY für eine zweite Amtszeit wiedergewählt worden. Während meiner Abwesenheit hatte Jakarta den Übergang von einer Ansammlung ungepflegter, aber freundlicher Viertel zu einer grandiosen, wenn auch mürrischen Megalopolis vollzogen. Durch die paar verbliebenen Gassen klingt nach wie vor das Ting-Ting der Nudelverkäufer, und die Gemüsehändler verkünden immer noch singend ihr Angebot, aber sie müssen mit den neonhellen Indomaret-Minimärkten und den »Füge-nur-etwas-Wasser-hinzu«-Indomie-Fertigsuppen des neuen Indonesien konkurrieren. Das Land wird von der gleichen Kraft homogenisiert, die schon die Holländer die Inseln zu einer Nation hat zusammenfassen lassen: dem Handel. Seit SBY an der Macht war, war die indonesische Wirtschaft pro Jahr durchschnittlich um 5,7 Prozent gewachsen. Das war fast fünfmal mehr als Großbritannien und fast viermal mehr, als die USA im gleichen Zeitraum zugelegt hatten. Die Indonesier waren mittlerweile dreimal reicher als bei meinem ersten Aufenthalt im Land, und der neue Wohlstand hatte eine mit Handys und Satellitenfernsehen ausgestattete Armee neuer Konsumenten geschaffen. Dieser wirtschaftliche Aufschwung mag mehr dazu beigetragen haben, Indonesien zu vereinen, als alles Fahnengeschwenke und die uniformierende Bürokratie Suhartos.

Ich kaufte mir eine riesige Karte des Landes und steckte sie zu dem Fahrplan der nationalen Personenschifffahrt in meinen Rucksack, ließ die Kakofonie und die Annehmlichkeiten Jakartas hinter mir und machte mich daran, meinen unsteten Freund besser kennenzulernen. »An jeder Ecke wirst du einen Indomaret finden«, ärgerte mich meine Freundin Gouri, als ich nach Sumba aufbrach, die wenig bekannte Insel im Südosten, auf der ich vor all den Jahren mit einer toten Oma Tee getrunken hatte. »Zu Tode langweilen wirst du dich und in kürzester Zeit zurückkommen!«

0
30 km
Sumbawa
Flores
Komodo
Rinca
Savu-See
von Jakarta
Tambolaka
Anakalang
nach Flores
Waikabubak
Dorf Tarung
Gaura
Wanokaka
Waingapu
Sumba
Indischer Ozean

Kapitel 3

Eine klebrige Kultur

Ich war noch keine zehn Minuten auf Sumba, als mir ein junger Mann ein Handy entgegenreckte. Auf dem Bildschirm war das Bild einer Leiche zu sehen, die auf dem Marktplatz lag. Das war eindeutig keine Einladung zum Tee. »Sehen Sie, seine Hand liegt da drüben.« Der junge Mann zoomte näher heran, damit ich den Körperteil besser sehen konnte, der da wenige Wochen zuvor bei einer wilden Machetenattacke von diesem Körper abgetrennt worden war. »Das geht hier ständig so.« Der junge Mann stellte sich als Fajar vor. Er war ein javanischer Arzt, der im Rahmen eines Regierungsprogramms hergeschickt worden war, das frisch qualifizierte Mediziner dazu verpflichtet, kurzzeitig gegen gute Bezahlung in entlegenen Gegenden zu arbeiten.* »Sumba ist nicht wie Java«, sagte er.

* Die Regierung klassifiziert die Stellen nach ihrer Lage: *biasa*, *terpencil* und *sangat terpencil*, »normal«, »entlegen« und »sehr entlegen«. Die

Sumba befindet sich etwa in der Vier-Uhr-Position des zusammengedrückten ovalen Zifferblatts Indonesiens, nicht weit vom Norden Australiens entfernt. Auf der Insel gibt es keine steil terrassierten Reisfelder, keine Vulkane, keine Schattenspiele und keine mehrstufigen Tempel. Einige Hundert Jahre lang war Sumba für die Welt interessant, da es mit Sandelholzbäumen bedeckt war. Als die alle abgeholzt und verkauft waren, blieb hügeliges, wegen der erbarmungslosen südlichen Sonne während eines Großteils des Jahres braun verbranntes Grasland zurück. In der Trockenzeit erinnert das Land vage an die Meseta Central, die spanische Hochebene, nicht zuletzt, weil es eine gute Pferdelandschaft ist und Turnierkämpfe ein beliebter Sport sind. Es ist nicht ungewöhnlich, abends vor dem Horizont die Silhouette eines Mannes auf einem stämmigen Pony zu sehen, der eine Lanze in Händen hält wie Don Quixote.

Kommt man heute aus Jakarta nach Sumba, hat man das Gefühl, durch Zeit und Raum gereist zu sein. Auf Sumba ist ein zweistöckiges Haus bereits ein Hochhaus, und auch die gibt es nur in den beiden größeren Städten der Insel. Die Landschaft ist überzogen mit megalithischen Gräbern, man findet sie entlang der Straßen, vor modernen Bungalows und neben Marktplätzen. Die meisten von ihnen, selbst die ganz neuen,* bestehen aus riesigen quadratischen Steinplatten, auf denen oben, wie auf einem Pilz, ein noch größerer, aus Steinbrüchen an der Küste antransportierter Deckstein liegt. Aber es gibt auch eine moderne Version der Gräber, aus gekacheltem Beton, was Sumba wie überversorgt mit öffentlichen Toiletten erscheinen lässt. Geschäftsanzüge wie in Jakarta finden sich auf Sumba keine. Hier trägt ein gut gekleideter Mann ein um den Kopf gebundenes Tuch und dazu ein großes selbst gewebtes Tuch um Taille und Beine. Der Stoff wird, wie

---

Entlohnung in sehr entlegenen Gegenden ist fast viermal so hoch wie in normalen.

* Die Grabstätten werden auch heute noch so gestaltet.

auch viele einfache Hosen, von einer Schlinge gehalten, in der eine Machete hängt, eine lange, gerade Klinge mit einem hakenförmigen Griff aus Holz oder Büffelhorn. Die Scheide ist aus Holz. Im Flughafen Tambolaka im Nordwesten der Insel fiel mein Blick nach meiner Ankunft als Erstes auf ein Plakat mit der Aufschrift »Stoppt die Gewalt!«, mit einem Ghostbuster-artigen Stopp-Zeichen über zwei Macheten. Darunter stand eine große Gruppe Männer mit Waffen am Gürtel.

Das amüsierte mich, doch dann zeigte mir Fajar im Sammeltaxi zur Hauptstadt Waikabubak auf seinem Handy die abgehackte Hand. »Die Gewalt ist hier Teil des täglichen Lebens.«

Er war nicht der Erste, der diese Beobachtung machte: Der einsame Verwalter, der in den 1870er-Jahren nach Sumba geschickt wurde, um dort für die Holländer Stellung zu beziehen, schrieb seinen Vorgesetzten in Batavia, der Hauptstadt der Kolonie, dass »hier allein das Recht des Stärkeren gilt«. Kopfjägertum und Versklavungen, sagte er, hätten »den Wert eines menschlichen Lebens auf ein sehr niedriges Niveau reduziert, oft noch unter dem eines Pferdes«. Die Holländer sicherten ihren Zugriff auf Sumba erst 1913, nach einem zweijährigen blutigen Kampf gegen den berühmten Kopfjäger Wono Kaka. Er provozierte die Holländer, indem er Soldaten köpfte und ihre Skalps zu denen anderer Feinde an den heimischen Schädelbaum hängte.

Nach den holländischen Soldaten kamen protestantische Missionare. Die meisten Indonesier auf den dicht besiedelten Inseln Java, Sumatra und Sulawesi sind Muslime, aber dort draußen in den östlichen Dörfern sah ich kein einziges Dschilbab. Die Bevölkerung Sumbas ist dem Papier nach christlich, bei meinen früheren Besuchen hatte ich jedoch festgestellt, dass viele noch an der alten Marapu-Religion festhielten und eher dem folgten, was sie aus den Innereien eines Huhnes herauslasen, als der Bibel.

Sumba hatte ich als erste Station nach Jakarta unter anderem deswegen gewählt, weil es 1991 noch eine vergessene Ecke des

Landes gewesen war, an der die Veränderungen durch die Suharto-Ära vorbeigegangen waren. Weiter hatte man sich damals nicht von Jakarta entfernen können, und ich war neugierig zu sehen, ob sich mittlerweile auch Sumba weiterentwickelt hatte oder ob die Kluft zum zunehmend ungestümen Indonesien, wie es sich in Jakarta darstellte, einfach immer noch weiter wuchs. Auf den ersten Blick war Sumba moderner geworden. Auf dem Markt waren Leute aller Altersklassen mit Handys am Ohr zu sehen, und selbst noch auf den Grasdächern der traditionellen Bambushäuser standen Satellitenschüsseln. Leute, die bis vor Kurzem noch alle Wege zu Fuß zurückgelegt hatten, fuhren auf glitzernden Motorrädern umher. Hatten dennoch einige der obskuren Traditionen überlebt, denen ich bei meinen früheren Besuchen begegnet war?

Zwanzig Jahre, nachdem ich mit einer toten Großmutter Tee getrunken hatte, trug ich meine Taschen in ein düsteres Hotelzimmer, bat das Personal, die toten Kakerlaken zusammenzufegen, und machte mich auf einen ersten Erkundungsgang. Obwohl Waikabubak die größte Stadt West-Sumbas ist, lässt sie sich zu Fuß in zwanzig Minuten durchqueren. Das eindrucksvollste Gebäude der Stadt ist eine Kirche mit einem Gewölbeeingang, der wie eine Miniaturausgabe des Sydneyer Opernhauses wirkt. Darüber hinaus gibt es noch ein Krankenhaus, das aussieht, als stammte es aus den 1930ern, besonders innen. Abgesehen davon besteht Waikabubak hauptsächlich aus Betonsteinläden und kleinen Bungalows. Ich lief die Hauptstraße entlang und suchte nach einem Paar Schuhe. Jakartas marmorne Einkaufspassagen waren mir zu viel geworden, und so war ich ohne jedes vernünftige Schuhwerk geflohen. Die Straße wurde von kleinen familiengeführten Läden gesäumt, in denen es so gut wie alles zu kaufen gab, in fünfhundert verschiedenen Grauschattierungen. Ein enthusiastischer Bauunternehmer hatte einige Monate zuvor die Hauptstraße aufgerissen und die Bürgersteige entfernt, dann war ihm das Geld ausgegangen, und jetzt schickte jeder vorbeikommende Minibus eine

Staubwolke in die vorn offenen Läden, die sich auf Reisbehälter, Plastikstühle, Wasserbälle, Kokosnussreiben, Sarongs, Batterien, Zwiebeln, Sojasoße, Salzcracker, Trockenfisch, Motorteile, Dachpappe, Flipflops, Zahnpasta, Batterien, Angelschnur, Backwaren, Kreteks, Motorradreifen und all die unzähligen anderen Dinge niedersenkte, wegen derer die Menschen aus den Dörfern ringsum in die große Stadt kamen. Die Besitzer dieser aladinischen Höhlen, allesamt chinesischstämmige Männer, und oft auch Frauen, verfügten über die bemerkenswerte Fähigkeit, die Hand in einen der grauen Erdrutsche zu versenken und genau das daraus hervorzuholen, was der Käufer wünschte. Selbst während der Stromausfälle, wenn sich das Grau in einer suppigen Dämmerung verlor, steckten die Ladenbesitzer die Hand in einen Haufen und holten das gewünschte Taschenmesser, Stück Band oder Notizbuch heraus. Ich kaufte mir ein graues Paar Schuhe. Als es das erste Mal auf sie regnete, stellte sich heraus, dass sie grün waren.

Indomarets gab es in Waikabubak definitiv nicht.

Hebe die Augen von den Straßen Waikabubaks, und du siehst den Rest West-Sumbas. Viel von diesem Inselteil besteht aus klobigen, felsigen Erhebungen, die aus dem flacheren Land aufwachsen. Auf diese Anhöhen bauten die zerstrittenen Clans Sumbas ihre Zitadellen, und bis heute stehen dort ihre traditionellen Dörfer. Das moderne Waikabubak ist bis in die flachen Teile zwischen den Erhebungen gewachsen, und die Dörfer thronen stolz über seinen Betonwucherungen, ohne Teil davon geworden zu sein.

Das erste dieser Dörfer, das ich sah, war Tarung. Von der Straße, auf der ich stand, war nicht mehr als Stroh zu erkennen – ein paar spitze Dächer, die sich aus einem Stück Dschungel reckten. Ich stieg den felsigen Weg hinauf ins Dorf, und aus dem Stroh wurde eine Gruppe auf dicke hölzerne Pfähle gebauter Bambushäuser. Jedes von ihnen hatte zwei Türen, die auf eine breite Bambusveranda hinausgingen, darüber erhob sich ein mächtiges Dach, das breit und niedrig über der Veranda anfing, sanft zur

Mitte des Hauses hin anstieg und dort hoch in die Luft schoss. Die Häuser ließen mich an Kinder mit tief über einen dichten Pony gestülpten Narrenhüten denken. Ich kletterte weiter, wand mich an frei herumlaufenden Hühnern, Ferkeln und Kindern vorbei und stand auch schon im Zentrum des Dorfes. Ein Kreis Häuser, mit den Schädeln lange toter Büffel geschmückt, wachte über eine große ovale, mit megalithischen Gräbern gespickte Lichtung. Oben auf einem der Gräber tobte ein Feuer, wohl mit einem Tier in der Mitte.

Als die Flammen zurückgingen, sah ich, dass es ein Wildschwein war. Das Tier lag auf dem Rücken, die vier Beine ragten steif in die Luft, und ein glatter grauer Stein steckte im Maul, wo die Zunge sein sollte. Ein Dorfältester mit einem Kopftuch aus weich geschlagener Rinde sprang auf das Grab. Er zog seine Machete, schnitt dem Wildschwein den Bauch auf, griff hinein und fing an, die Innereien auf ein Bananenblatt zu klatschen. Von einem höheren Grabmal über ihm dirigierte ein stolzer hakennasiger Mann mit einem rosa schillernden Tuch um den Kopf und einem wunderbar gewebten Ikat-Tuch um die Taille die Verteilung der einzelnen Teile. Ein Ohr für diese Familie, der Schwanz für jene. Das klebrige gelbliche Ding aus der Nähe der Leber war für jemand Besonderen.

Völlig zufällig war ich in die Festlichkeiten geplatzt, die den Beginn von Wulla Poddu, dem »Monat der Bitternis«, markierten. In der Marapu-Religion, Sumbas besonderer Form des Animismus, ist der »bittere Monat« das Gegenstück zur Fastenzeit der Christen und zum Ramadan der Muslime. Es ist ein Monat der Zurückhaltung, ein Monat, in dem Frauen nach dem Dunkelwerden keinen Reis mehr stampfen dürfen, in dem sich niemand herausputzt oder laute Musik spielt. Das Schlagen von Gongs, Tieropfer und rituelle Feiern sind komplett verboten – ausgenommen natürlich die Gongschläge, die Opfer und Feiern, die zum Poddu selbst gehören.

Davon gibt es viele. An jenem ersten Abend saß ich bis weit nach Mitternacht auf einem der Steingräber im Zentrum des Dorfes, eingeschläfert vom Wechselgesang zwischen Priestern und jungen Männern. Die Frauen blieben während der meisten Zeit in ihren Häusern, aber niemand schien etwas dagegen zu haben, dass ich da war, oder mich auch nur zu bemerken. Ich wusste nicht wirklich, was vorging: Ich spreche kein Loli, das örtliche Idiom, und wie ich später erfuhr, vollzog sich ein Großteil des Gesangs sowieso in einer heiligen Sprache, die nur Marapu-Priester verstanden. So lauschte ich denn dem heiligen Gong, einem Instrument, das nur im Wulla Poddu herausgeholt wird, und sah zu, wie die Oberhäupter der einzelnen Haushalte eines nach dem anderen auf die Lichtung zwischen den Gräbern traten und den Vorfahren eine Schüssel Reis darbrachten.

Es hatte etwas ziemlich Hypnotisches, das schwache Licht, das beständige Singen, die langsam sich wiederholenden Bewegungen. Und plötzlich ein Schrei, der einem das Blut in den Adern gerinnen ließ. Ich fuhr zusammen und sah, wie die jungen Männer des Dorfes in einer Rotte mit erhobenen Lanzen in meine Richtung liefen. Doch schon teilte sich die Gruppe, floss um das Grab, auf dem ich saß, und lief in den hinteren Teil des Dorfes. Dort warfen die jungen Männer ihre Lanzen ins Dickicht unter ihnen, wodurch das Dorf symbolisch von den Sünden des letzten Jahres befreit wurde. Der Monat der Meditation konnte beginnen.

Am nächsten Morgen stieg ich noch einmal hinauf nach Tarung. Eine alte Dame mit einer breiten, flachen Nase und einem Gesicht voller Lachfalten winkte mich herüber zu ihrer Veranda, auf der sie saß und Bohnen schälte. Sie trug einen alten, mit blauen Blumen bedruckten Baumwoll-Sarong und ein spitzenbesetztes Top mit tiefem V-Ausschnitt, das wohl eher für eine fünfzig Jahre jüngere Frau gedacht war. Als ich meine Schuhe auszog und auf ihre hüfthohe Veranda kletterte, um mich zu ihr zu setzen, verschwand sie ohne ein Wort im Haus und kam mit einem blumenbedruckten Blechtablett zurück, auf dem ein Glas so süßer Tee stand, dass meine Zunge ganz taub wurde. In der anderen Hand, halb hinter dem Rücken, hielt sie einen kleinen geflochtenen Korb mit billigem Schmuck: falschen Korallenperlen, goldenen Ohrringen in Form eines Mutterleibes zur Förderung der Fruchtbarkeit und Stoffstreifen mit einem hineingewebten »Sumba«. Nicht viele Touristen kamen nach West-Sumba, und sie sah enttäuscht aus, als ich ihre Angebote ablehnte und ihr mit meinem harten Jakarta-Akzent erklärte, dass ich nicht wirklich ein Tourist sei, sondern in der Hauptstadt lebte und am Anfang einer langen Reise stünde, weshalb ich nichts zusätzlich mitnehmen könne. Dann fragte ich sie nach der Zeremonie der letzten Nacht.

Mama Lakabobo klatschte erfreut in die Hände. Sie schob den Korb mit dem Schmuck zur Seite und machte sich im schönsten Sing-Sang-Indonesisch der östlichen Inseln daran, mir einen Vortrag über die Kultur West-Sumbas zu halten. Das ist keine leichte Aufgabe. *Alles* in Sumbas traditionellen Dörfern hat eine Bedeutung, erfuhr ich: Wer welchen Gong an welchem Ort schlägt, wer durch welche Tür in welches Haus geht ... Ich lernte, dass es in der Sprache von Tarungs Loli-Gruppe ein bestimmtes Wort für Reis gibt, für Machete und das Kopftuch, wenn diese Dinge im Dorf sind. Sind sie jedoch mit den Männern, die ein Wildschwein für ein rituelles Opfer jagen, im Wald, haben sie einen anderen Namen. Der heilige Speer wohnt in dem Haus dort, der heilige Gong in dem dort drüben. Frauen dürfen auf der Veranda dort weben, aber nicht auf der daneben. Auf meine zahllosen »Warums?« bekam ich immer die gleiche Antwort: »*Ya, adat memang begitu.*« – Das ist unser *adat*.

Adat ist eines der indonesischen Wörter, die sich nicht übersetzen lassen, ziemlich spezifisch und irgendwie schwer zu fassen, wie eine Wolke. Grob gesagt, ist Adat eine kulturelle Tradition, doch bevor Suharto und seine Frau den Begriff zu reduzieren und glattzuschrubben versuchten, um ihn in die Pavillons von Mini-Indonesien zu bekommen, stand er für viel, viel mehr. In den großen Städten wie Jakarta wird kaum einmal vom Adat gesprochen, doch auf vielen Inseln werden die Maschinen des Gemeindelebens – Geburt und Tod, Ehe und Scheidung, Erbe, Erhaltung, Erziehung – von der Gesamtheit aus Überlieferung und weitergegebener Weisheit angetrieben, die das Adat ausmacht. Die Leute in West-Sumba sagen mit Stolz, dass ihre Tradition, ihr Adat, »dick« oder »klebrig« ist, wie Kondensmilch oder Melasse, wobei es Suhartos Bemühungen, ein bloßes anmutiges Drehen der Handgelenke und ein Klimpern von Fußkettchen daraus zu machen, wahrscheinlich deswegen überlebt hat, weil Sumba so weit entfernt liegt und unwichtig für die nationale Wirtschaft ist. Auf dieser Insel, wo das Adat so tief in die örtliche Marapu-Religion verwoben ist, nimmt es die Rolle von etwas Heiligem an. Aber es kann auch unheilvoller sein. In den Jahren direkt nach Suharto wurde das Adat als Werkzeug der Politik und zum Stimmenfang und ebenso als Waffe im Kampf um Ressourcen wie Land benutzt und geschärft.

In Tarung ist das Adat so klebrig, dass es sich nicht bewegen lässt. Während des stillen Monats Wulla Poddo verlief das Leben geruhsam. Zu welcher Zeit des Tages ich auch kam, Mama Bobo saß auf ihrer Veranda, als wartete sie auf einen Kaffee und etwas Geklatsche. Weiter oben im Dorf saßen noch mehr Leute auf ihren Veranden und erfüllten die Aufgaben des Lebens, methodisch und ohne Hast. Auf einer flochten Frauen Palmblätter zu spitzhaubigen Körben, in die zu Ende des Monats der heilige Reis kommen würde. Nicht weit von ihnen entfernt schnitzte ein Ältester eine Trommel. Der stolze, hakennasige Mann mit dem rosa Tuch war im Moment von seinen Pflichten als Hohepriester befreit, er spielte eine Partie Congklak und bewegte getrocknete Bohnen zwischen den Mulden eines hölzernen Spielbretts hin und her.

Als der Priester eine Gruppe kleiner Kinder wegschickte, die mir alle möglichen erfundenen Geschichten über das Trockene-Bohnen-Spiel erzählten, bemerkte ich, das Regierungsprogramm zur Familienplanung komme hier in diesen Breiten wohl nicht besonders voran.

»Gott sei Dank«, sagte er. »Wenn Sie nur ein paar Kinder haben, wollen Sie, dass sie zur Schule gehen, und dann ist das alles hier …«, er machte eine Geste zu den Hexenhuthäusern, den behauenen Grabsteinen, den Blutflecken von der Zeremonie der vorangegangenen Nacht und dem an seiner Trommel schnitzenden Ältesten hin, »dann ist das alles hier verloren.«

Das Adat, das er mit der Bewegung seiner Hand umschloss, hielt die Dorfbewohner sicher beschäftigt, wenn auch nicht so beschäftigt, dass sie nicht die Zeit für eine Tasse Tee oder Kaffee mit mir gehabt hätten, um die Aussichten der verschiedenen Gruppen zu diskutieren, die auf Wildschweinjagd waren, und mir zu erklären, warum man für einen Schild Büffelleder (fest) und für eine Trommel Pferdeleder (wohlklingend) verwenden sollte.

Es war zwar schon ein paar Jahre her, dass ich wirklich Zeit im ländlichen Indonesien verbracht hatte, doch ich fand mich schnell wieder ein in das Leben des neugierigen, aber doch generell harmlosen Außenseiters. Ich versuchte mit auszuhelfen, was immer gerade getan wurde. Wenn keine Bohnen zu pulen waren, wurden Maiskörner zum Trocknen ausgebreitet, Perlen für billigen Schmuck sortiert und Erdnüsse in winzigen Portionen abgepackt, um sie hungrigen Jugendlichen zu verkaufen. Auf der einen wie anderen Veranda schlurften die Leute heran, um mich bei etwas helfen zu lassen, von dem sie dachten, ich sei dazu fähig. Wenn nicht, redeten sie nicht lange um den heißen Brei herum. Es dauerte keine fünf Minuten, um vom Korbflechter zum Zwiebelschneider degradiert zu werden. In jedem Haushalt ging es mit dem üblichen Geplänkel auf Indonesisch los, und damit die Leute mir einen Platz im Universum zuweisen konnten, erzählte ich ihnen von meinem erfundenen Mann, meinem nicht existenten Job und dem Dorf meiner Eltern. Bald darauf schon betrachteten sie meine Anwesenheit als gegeben und nahmen ihre Gespräche auf Loli wieder auf. Ich verfiel in geselliges Schweigen.

Mama Bobo hatte als Erste versucht, mich als Gast zu behandeln. Ich wurde durch die Tür rechts ins Haus eingeladen, die Tür auf der Männerseite, und trat über eine Schwelle, die aus dem Schädel und den gespreizten Hörnern eines Büffels gemacht war. Viele weitere Schädel hingen in ordentlichen Reihen an der Fassade des Hauses. Sie waren das Vermächtnis vergangener Beerdigungen und Opferrituale. Mit diesem Wald aus Erinnerungen an Gemetzel preist der Clan Fremden gegenüber seine Stellung an.

Die Männerseite ist der Teil des Hauses, der für formelle Gelegenheiten reserviert ist und, wenn es die Stromversorgung erlaubt, auch fürs Fernsehen. Obwohl die Geister oben im spitz aufsteigenden Dach gleichermaßen über beiden Hälften des Hauses schweben, scheint die Männerseite ohne Leben. Das findet hinter der brusthohen Abtrennung auf der Frauenseite statt, wo Rauch vom Feuer unter dem Kochkessel aufwallt und Futter durch die Ritzen im Bambusboden zu den Schweinen und Hühnern gedrückt wird, die unter dem Haus leben. Über dem Herd hängt ein großer hölzerner, rußverkrusteter Käfig. In ihm werden die heiligen Objekte aufbewahrt: Schöne Ikat-Stoffe, die sechs Monate eines Weberinnenlebens verschlingen und erst hervorgeholt werden, wenn es einen Leichnam einzuwickeln und in der Erde zu versenken gilt. Daneben gibt es schwere, über Generationen rissig gewordene Elfenbeinarmbänder, ohne die kein Mädchen einer guten Familie heiraten kann, Trommeln und Gongs, die nur bei Hochzeiten und Beerdigungen benutzt werden. Und alles verräuchert mit jedem neuen Essen noch etwas mehr.

Mama Bobo wollte mir all diese Dinge zeigen, doch sie durften nicht ohne Grund aus dem Käfig geholt werden. »Du musst bleiben, bis jemand stirbt«, sagte sie.

Nach langem Knoblauchpellen und Kleiderflicken hörte ich auf, ein Gast zu sein, und unsere Unterhaltung veränderte sich.

Die Feinheiten des örtlichen Adat wurden durch allgemeinere Themen ersetzt. Mama Bobo nahm mich bei der Hand und zog mich zu sich heran. Sie trug ihr Haar immer zu einem Knoten gebunden, aus dem sich ein paar graue Strähnen lösten und ihr freundliches Gesicht einrahmten. Wenn sie aufgebracht war, konnten sich ihre zwinkernden Augen aber auch verdunkeln. Sie machte sich Sorgen um ihre Schwiegertochter, die nicht schwanger wurde. Sie ärgerte sich über ihren Enkel, der nicht genug auf den Reisfeldern mitarbeitete. Sie wünschte, die örtliche Regierung würde aufhören, Dinge zu versprechen, die sie nicht hielt. Sie meinte, die zahlreichen Enkelkinder, die sie auf ihrer Veranda besuchten, verbrachten zu viel Zeit mit ihren Handys und zu wenig mit den Schulbüchern.

Diese winzige Frau war der stählerne Kern eines wachsenden Clans, der in Habachtstellung ging, wann immer sie ihre ruhige Autorität ausübte. Ich folgte ihr ebenso. »Morgen früh gibt es eine Überraschung, sei um acht hier«, sagte sie, und ich kämpfte mich früh aus dem Bett und den Hügel hinauf, um festzustellen, dass Mama Bobo die Nacht in einem anderen Dorf verbracht hatte und noch nicht zurück war. Trotzdem, ich war herbeordert worden und gehorchte, saß da, tat, was immer getan werden musste, und wartete, bis die Matriarchin drei Stunden später mit einem Lächeln und ohne eine Erklärung erschien.

***

Der ruhige Monat schließt mit dreitägigem Feiern, unterbrochen von einem Massenmord. In der Marapu-Religion sprechen die Geister durch die Natur, und ihre Botschaften werden von Ratos interpretiert, die mehr oder weniger Priester sind. Einmal im Jahr verkünden die Geister unser Schicksal durch die Innereien von Hühnern. Am Ende des Wulla Poddu bringt jeder ein Huhn mit zum Haus seines Clans. Dort wird den Hühnern einem nach dem anderen der Hals umgedreht und die Kehle aufgeschlitzt, eines nach dem anderen wird auf einen Spieß gesteckt und über das Feuer gehängt, um die Federn abzuflämmen. Anschließend haben ein paar Burschen die Aufgabe, ihnen mit einem Machetenschlag die Brust zu öffnen und die Innereien freizulegen. Die halbierten Hühner werden in Reihen ausgebreitet. Sind sie lebend schon schwer genug zu unterscheiden, so sehen sie aufgespießt und abgeflämmt nahezu identisch aus, dennoch verliert niemand seinen Vogel aus den Augen. Wenn der Rato sich einem Huhn nähert, kommt der Besitzer ernst und nervös dazu. Der Rato nimmt seine eigene Machete, schneidet vorsichtig in den Bauch des Tieres und legt einen Streifen Fettgewebe frei. Ist es dick und gelb, hat der Besitzer ein wunderbares Jahr vor sich. Ist der Streifen unterbrochen, dünn und weiß, geht der Besitzer weinend davon.

Die Hühner sagen uns unser individuelles Schicksal voraus, ihre Summe das Schicksal des Clans. In traditionellen ländlichen Gesellschaften liegt die Stärke eines Clans in der Anzahl der Arbeiter, über die er verfügt. In Gesellschaften, in denen Stammeskriege üblich sind, bedeuten mehr Männer stärkere Armeen. Auf Sumba, wo Landwirtschaft und Krieg gemeinsam die Gesellschaft geformt haben, ist der Wohlstand ein Zahlenspiel. Ich vergrößerte die relative Stärke von Mama Bobos Clan, indem ich mein Huhn zum Schlachten zu ihrem Haus brachte. Am Ende des Tages hatte sie mehr als hundert Vögel in enorm großen Plastikwannen. Sie würden für das Festmahl des nächsten Tages geschmort werden.

Anfangs waren einige andere Familien im Dorf verärgert, dass ich mein Huhn zu Mama Bobo gebracht hatte, doch das verging schnell. Das Wichtigste war, dass ich überhaupt irgendwo »dazugehörte«. Eine der Hauptfunktionen derartiger Rituale besteht darin, die Leute an ihrem Platz in der örtlichen Kosmologie zu fixieren und dafür zu sorgen, dass alle wissen, wo sie selbst und die anderen hingehören.

Ich hatte mir mein Huhn auf dem Markt ausgesucht, einen Hahn mit zimtbrauner, schwarz gesträhnter Halskrause und einer wahren Kaskade glänzender Schwanzfedern. Ein vielversprechendes Federvieh, wenn man das denn sagen kann. Der Verkäufer band dem Hahn die Füße zusammen, ich hängte ihn an die Lenkstange meines Fahrrads und fuhr mit dem wütend kreischenden Vogel davon.

Auf dem Weg nach Tarung hielt ich beim Postamt und nahm den Hahn zur Vorsicht mit hinein. Selbst noch in der kleinsten Stadt in Indonesien ist das orange livrierte Postamt eine Insel der Effizienz. Die Angestellten sind gut ausgebildet, freundlich und fast schon beschämend hilfreich. Sie halten das Amt offen, während du zum Markt läufst, um einen Reissack zu kaufen, in den du dein Paket stecken kannst, und dann helfen sie dir auch noch beim Zunähen mit einem Faden aus, den sie aus ihrer eigenen Handtasche gegraben haben. Sie rufen dich an, um dir zu sagen, dass das Schiff diese Woche nicht kommt und dein Paket deshalb erst in zehn Tagen auf die Reise geht. »Wenn sich die indonesischen Institutionen an der Himmelstür aufstellen, wird die Post zuerst hineingelassen«, hat mir mal ein Postmeister gesagt, und ich stimmte ihm zu.

Der Hahn und ich mussten feststellen, dass das Postamt von Waikabubak überfüllt war. Familien mit Armutskarten bekamen heute ihre Unterstützung ausgezahlt. Die Armutskarten sind der Schlüssel des entstehenden indonesischen Sozialsystems und verschaffen Zugang zu subventioniertem Reis, kostenloser Gesundheitsversorgung und auch direkter finanzieller Unterstützung. Sie werden hochgeschätzt, erreichen wegen einer kleinen Zahlung hier oder einem Gefallen da allerdings nicht immer die ärmsten Familien. Dennoch, die Schlange heute bestand hauptsächlich aus Leuten, die aussahen, als kämen sie aus den traditionellen Dörfern auf den Hügeln rund um die Stadt. Da es das Ende des Wulla Poddu war, waren die meisten bereits für die bevorstehenden

Festlichkeiten gekleidet, die Frauen in selbstgewebten Sarongs, die Männer in ihren traditionellen um die Taille gebundenen Stoffen und mit Kopftüchern. Niemand zuckte auch nur mit der Wimper, als ich mit meinem protestierenden Hahn auftauchte.

Dann kam Fajar herein, der javanische Arzt, den ich im Sammeltaxi vom Flughafen in die Stadt kennengelernt hatte. Ich hatte ein oder zwei Mal mit ihm zu Abend gegessen, und es freute mich, ihn zu sehen, weshalb ich ihn freudig begrüßte. Er musterte mich von oben bis unten. Wie die meisten anderen Leute in der Post war ich für das Fest in Tarung gekleidet und trug meinen besten Sarong. Über der Schulter hatte ich einen Palmblattbeutel mit *sirih pinang* hängen, Betelnuss und Kalksteinpaste. Die Kombination verfärbt den Mund zu einer purpurnen Wunde, lässt Zähne zu schwarzen Stümpfen werden und ist im ländlichen Sumba die übliche Währung höflichen Austauschs. Man kann auf keine Veranda klettern, ohne dass einem *sirih pinang* angeboten wird, und man sollte dort auch nicht hinaufklettern, ohne selbst etwas dabeizuhaben. In der einen Hand hielt ich das Päckchen, das ich nach Jakarta schicken wollte, in der anderen den flatternden Hahn. Fajar wandte sich peinlich berührt ab.

Es war, als hätte ich mich auf die andere Seite geschlagen. Und ich machte mich dadurch, dass ich so schnell die örtlichen Sitten annahm, nicht nur lächerlich, es war weit schlimmer. Zusammen mit all den gefährlichen, unwissenden Bauern, die hier ruhig saßen und auf ihre Sozialhilfe warteten, besudelte ich das Postamt. Wir brachten die widerliche alte Welt primitiven Glaubens und undurchsichtiger Traditionen in den Raum des modernen, funktionierenden Indonesien. Ich begann mich ungeheuer unwohl zu fühlen, und mein nach unten hängender Hahn schaffte es auch noch, auf den Boden zu scheißen.

Eine ähnliche Reaktion erfuhr ich, wenn ich in einen der vielen Fotoläden Waikabubaks ging, um ein paar Aufnahmen für meine neuen Freunde ausdrucken zu lassen. Ich gab dem stachelhaarigen chinesischen Jungen oder dem Teenager im lila Dschilbab meinen USB-Stick, er oder sie öffnete die Porträts von Mama Bobo und ihrer Familie, Fotos von mir und einer Gruppe Ratos, Bilder von in ihrem eigenen Blut liegenden Hühnern oder Büffeln, und sah mich fragend an: »Von diesen Fotos? Wollen Sie wirklich Ausdrucke von diesen Fotos?« Es war okay, bizarre traditionelle Häuser zu fotografieren, die megalithischen Gräber in den Dörfern und natürlich die Landschaften Sumbas, aber diese Leute, diese Rituale ... Das sind Relikte einer primitiven Vergangenheit, die wir lieber vergessen. Das hat nichts mit *unserem* Indonesien zu tun.

***

Ich dachte an mein erstes Zusammentreffen mit Fajar zurück, als ich über die Männer mit ihren Macheten unter dem Plakat gelacht hatte, das an das bestehende Waffenverbot erinnerte. Seitdem hatte ich gesehen, wie mit Macheten Tiere geschlachtet, Trommeln gebaut, Kokosnüsse geöffnet und Bleistifte gespitzt wurden.

Darüber hinaus war mir klar geworden, dass die Leiche mit der abgetrennten Hand, die Fajar mir gezeigt hatte, kein Einzelfall war.

Gewalt scheint in die Textur dieser Insel eingewoben, trotz aller Versuche von Soldaten, Missionaren und Bürokraten, die seit den Zeiten der Holländer hergekommen sind, etwas dagegen zu tun. Darin liegt einer der Gründe, warum sich die Bewohner Sumbas immer noch an ihre befestigten Dörfer oben auf den Felserhebungen klammern, so unangenehm es für die Frauen ist, jeden Tag drei, vier Stunden damit verbringen zu müssen, Wasser aus dem Tal zu holen. Aber sie können sich dort oben so viel besser verteidigen als in Dörfern in der Ebene. Bis auf den heutigen Tag können sich einige Dörfer nicht ausstehen, Loli Weyewa nicht, Lamboya hasst Ede, und keiner mag Kodi. Der kleinste Vorfall kann einen Konflikt auslösen. 1998 wurden Dutzende zu Tode gehackt und Hunderte vertrieben, als sich eine Beschwerde wegen Vetternwirtschaft in der Verwaltung zu einem ausgewachsenen Clan-Krieg hochschaukelte. Mittlerweile bleiben die Ausbrüche kleiner, aber es kommt weiter regelmäßig dazu. Eines Tages, als ich mit dem Motorrad auf dem Weg hinauf nach Kodi war, bekam ich eine SMS von Doktor Fajar: »5 Tote in Kodi. Offenbar wegen eines weggelaufenen Mädchens. Vorsicht Krieg.«

Ich sah an dem Tag keine Toten, zweifelte jedoch nicht daran, dass es welche gegeben hatte. Um die verhängnisvollen Ausbrüche zu vermindern, hat die örtliche Regierung Macheten in der Stadt und bei vielen traditionellen Zeremonien verboten, Ausnahmen gibt es nur für die Dorfältesten. Das Plakat auf dem Flughafen erinnerte daran, dass man nach dem Gesetz 12 von 1951 wegen des Tragens einer scharfen Waffe ohne Erlaubnis bis zu zehn Jahre im Gefängnis landen konnte. Das Gesetz war in Jakarta von einem Parlament beschlossen worden, das während des fünfjährigen Guerillakriegs gegen die Holländer Feuer zu löschen versuchte. Es war ein Gesetz für einen modernen, vereinigten Staat, in dem sich die Menschen nicht länger selbst gegen Kopfjäger-Nachbarn oder wilde Tiere verteidigen mussten.

So augenfällig Macheten sind, gegen sie anzugehen gleicht ein wenig den Bestrebungen zur Waffenkontrolle in den USA. Ja, tödliche Waffen waren während der Gründerjahre der Vereinigten Staaten, als die frühen Pioniere wilde Tiere jagten und gegen Indianer kämpften, ein wesentlicher Bestandteil der nationalen Kultur. Heute sind sie kaum noch nötig, da wir in Supermärkten jagen und unsere Territorien vor Gericht ausweiten. Natürlich dienen Macheten noch ganz anderen Zwecken, als es Gewehre und Pistolen tun, und die meisten von Mama Bobos Söhnen und Enkeln benutzten ihre täglich, ohne ihres oder meines Wissens damit jemanden in Stücke zu hacken. Aber mit der Zeit lässt das moderne Leben auch den gewöhnlichen Alltagsnutzen der Macheten schwinden, der sie heute im ländlichen Sumba noch unersetzlich macht. Im Großteil Indonesiens ist das Ausweiden von Tieren nach rituellen Opfern keine gewöhnliche Freizeitbeschäftigung mehr, und selbst in Sumbas größter Stadt Waingapu und im modernen Teil Waikabubaks haben die Leute anderes gefunden, womit sie die häusliche Machete ersetzen. Bleistiftspitzer zum Beispiel. Oder Schlachthöfe.

Indonesiens Vielfalt ist nicht einfach nur geografischer, sondern auch kultureller Natur, verschiedene Gruppen leben in verschiedenen Stadien der menschlichen Geschichte, und das gleichzeitig. Im frühen 21. Jahrhundert sind einige Teile des Landes hypermodern, in anderen verbringen die Leute ihre Tage noch ganz so, wie es ihre Vorfahren getan haben, und oft koexistiert das mehr oder minder Alte mit dem relativ Modernen an einem Ort. Bauern fahren mit dem Motorrad zum Reisfeld, und Dorfbewohner filmen rituelle Opfer mit ihren Handys.

In Waikabubak, wo die Modernität verschleppt Einzug hält, beginnen die beiden Extreme gerade erst aufeinanderzutreffen. In anderen Teilen des Landes stehen die Erwartungen der sich in einer immer moderner werdenden Wirtschaft orientierenden jungen Leute schon seit hundert Jahren mit den Forderungen von Familie und Tradition im Widerspruch. Tatsächlich handelt der erste moderne indonesische Roman, Marah Rulis *Sitti Nurbaya*, von dieser Spannung. Er kam 1922 heraus.

Den Führern des Landes bereitet das Kopfschmerzen. Wenn es gleichzeitig ein altes und ein neues Indonesien gibt, für wen sollen sie dann Gesetze machen?

***

Als ich mich 2011 darauf vorbereitete, zurück nach Indonesien zu gehen, stieß ich auf Fotos, die ich bei meinem ersten Besuch Sumbas zwei Jahrzehnte zuvor gemacht hatte. Ich scannte sie ein, speicherte sie auf meinem iPad, und in einer Situation der Muße, während es draußen vor der Veranda regnete, zeigte ich sie einem jungen Mann namens Lexi, mit dem ich ins Gespräch gekommen war. Lexi war genauso sehr von meinem iPad fasziniert wie von den Fotos und wischte von einem zum anderen. Beim Foto eines kleinen Jungen in Grundschuluniform und mit einem Kriegerkopfputz, der sein Pony hielt und direkt in die Kamera sah, hielt er inne. Das Kind strahlte Trotz aus. »So jung, aber so grimmig«, sagte ich. Lexi nickte. »Er hat diesen ›Leg-dich-nicht-mit-mir-an‹-Ausdruck, genau wie unser Dorfvorsteher, Pak Pelipus.« Er wischte weiter.

Und wieder zurück.

»Halt«, sagte er. »Das *ist* Pak Pelipus.« Ich lachte. Das schien kaum möglich. Abgesehen von allem anderen waren wir fünfundzwanzig Kilometer von Gaura entfernt, wo ich das Foto gemacht hatte. In West-Sumba ist das wie ein anderer Planet: eine andere Sprache, ein anderer Clan, andere Zugehörigkeiten. Und der Junge auf dem Foto konnte heute nicht älter als dreißig sein, also auch nicht annähernd alt genug, um die ehrbare Position eines Dorfchefs zu bekleiden. Aber Lexi, dessen Frau, wie sich herausstellte, aus Gaura stammte, bestand darauf. »Er ist es, ich schwöre es!« Und so machten wir uns auf, Pelipus zu finden.

Gemäß der einheitlich für alle geltenden Regierungsstruktur aus Suhartos Zeiten, sollen Dorfchefs Bürozeiten einhalten. Zwar hatte ich noch nie erlebt, dass dem tatsächlich einer folgte, trotzdem schien das Büro durchaus ein geeigneter Ort, um mit der Suche zu beginnen. Es war etwa halb elf Uhr morgens. Ein verschlafener Wachmann sagte uns, Pelipus sei bei einer Adat-Zeremonie, wusste aber nicht zu sagen, wo.

In der Hoffnung, mehr zu erfahren, zogen Lexi und ich von einer Siedlung zur nächsten. Am Ende sagte uns jemand, Pak Pelipus sei einen Ort weiter und verhandele den Preis für eine Braut. Wir bewegten uns über einen hohen Grat auf eine Ansammlung Grün zu und parkten das Motorrad neben dem Schweinekoben des Dorfes, in dem eine Sau und jede Menge Ferkel schnaubten und quiekten.

Über uns erhob sich ein Spitzdachhaus, mit der Familie der zukünftigen Braut auf der knarzenden Veranda. Sie warteten auf Abgesandte der Familie des Bräutigams, begrüßten aber auch die anderen, unerwarteten Gäste. Grauhaarige Männer rückten sich die Kopftücher zurecht und holten Säckchen mit Betelnüssen heraus, um uns welche anzubieten. Eine alte Frau hockte ruhig vor einer Wand und rollte ein golfballgroßes Stück Tabak hinter ihrer Oberlippe hin und her. Es gab den gewohnten Anteil von Jungen im Teenager-Alter mit für den Anlass sorgfältig gegeltem Haar. Sobald sich ein Erwachsener bewegte und einen Platz freigab, wurde er von einem Kind eingenommen. Die Kinder waren ungewöhnlich sauber und trugen ihre besten »Beeindrucke-den-Nachbarn«-Kleider. Den Verkauf einer Schwester zu verhandeln ist eine ernste Sache.

Mitten im Gedränge saß Pelipus. Er war halb so alt wie die meisten Männer hier, drückte der Versammlung aber eindeutig seinen Stempel auf. Obwohl es nicht sein Haus war, war er es, der uns auf die Veranda einlud und den Frauen zunickte, sie sollten eine weitere Runde Kaffee kochen. Er tat es freundlich, aber eindeutig stolz, und es bestand kein Zweifel, dass er das trotzige Kind war, das ich vor zwanzig Jahren fotografiert hatte.

Pelipus und die Familienältesten besprachen die Verhandlungsstrategie. Es war eine Anzahl von Nettigkeiten zu beachten, bevor sie zur Sache kommen konnten. Als Erstes, erklärte mir Pelipus, würden sie einen Hund töten müssen, den die Familie der Braut aussuchte. Ein Rato von beiden Seiten las dann das Herz des Hundes, um zu sehen, ob das Paar zueinander passte. Später würde der Hund zum ersten Gang eines gemeinsamen Essens, für das ein Schwein geröstet wurde, als Zeichen gegenseitigen Vertrauens.

Während er all das erklärte, begriff ich, dass es auf Sumba spezifische Ausdrücke für das Schlachten gab: Büffel und Schweine wurden »aufgeschlitzt« (*potong*: ihre Kehle wird zerschnitten). Ebenso erging es Hühnern, wurden sie jedoch für Omen getötet, wurden sie »zerteilt« (*belah*: in der Mitte aufgeschnitten, damit man die Innereien sieht). Hunde dagegen wurden »geschlagen« (*pukul*: was tatsächlich eher niederknüppeln bedeutet), was immer das bezwecken mochte.

Es ist unwahrscheinlich, dass eine arrangierte Ehe abgesagt wird, weil das Hundeherz eine traurige Geschichte erzählt, aber es beeinflusst den Preis, den die Braut erzielt. Ein schlechtes Omen bedeutet eine mögliche Trennung, und kein vernünftiger Bräutigam will zu viel für eine Frau zahlen, die womöglich weinend zurück zu ihrer Familie läuft. Das ist ein Verlust von Eigentum, Diebstahl fast, und die Seite des Bräutigams wird das verräterische Herz des Hundes nutzen, um den Preis des Mädchens zu drücken.

Da ihnen mein Interesse gefiel, vollführten die Männer auf der Veranda ein Rollenspiel zur bevorstehenden Schlacht der Willen. In ihren erdachten Verhandlungen äußerte sich das Hundeherz großzügig, und Pelipus forderte vierzig Stück Vieh (Büffel, Kühe, Pferde). Die beiden älteren Männer übernahmen die Seite des Bräutigams und boten fünfzehn an. Pelipus schnaubte empört. Auf so etwas antwortete er nicht einmal. Es entstand ein langes Schweigen. Okay, okay, zwanzig, sagte dann einer der Ältesten. »Gut«, sagte Pelipus. »Zwanzig jetzt und wann die nächsten zwanzig?« Das Angebot ging hoch auf fünfundzwanzig. Pelipus tat so, als schüttele er eine Schlafmatte aus. Er sagte seinen Kontrahenten, sie sollten sich schlafen legen: »Wir haben gut gegessen, aber es hat keinen Sinn, weiter darüber zu reden. Ruhen wir uns aus.« »Was dann?«, fragte ich. »Tags drauf werden sie für gewöhnlich vernünftig.«

Als ich am nächsten Tag zurückkam, waren die Gäste da gewesen. Die Sau und die Ferkel vom Vortag waren noch in ihrem Pferch, aber da waren auch fünfzehn Büffel, zwei Kühe und drei

Pferde, und laut Abmachung gab es feste Termine für zwanzig weitere Tiere. Pelipus ist ein Mann, mit dem zu rechnen ist.

Da der Preis für Bräute so hoch ist, sollte man annehmen, dass sich Familien über Töchter freuen, doch das ist nicht der Fall. Zum einen ist der Handel nicht so einseitig, wie es erscheinen mag. In diesem Fall musste die Familie der Braut nicht nur den Hund für das Omen liefern, sondern auch zwanzig Frauen-Sarongs und zwanzig Hüfttücher für Männer (»aus handgewebten Stoffen, keine billige Marktware«). Und es gibt weitere Verpflichtungen: Silberarmbänder (oder, in den besten Familien, aus Elfenbein) und Küchengeräte, dazu ein gerade zugerittenes Pferd.

Ich wusste, dass Reitpferde weit wertvoller waren als gewöhnliche Pferde, die für rituelle Opfer und als Schlachttiere genutzt wurden. Aber die im Pferch sahen sich alle ziemlich ähnlich. Ich fragte den Vater der Braut, welches denn das Reitpferd sei, und er zeigte auf ein nagelneues Motorrad, das in der Nähe von meinem bei einem Baum parkte, mit Tüchern und Bändern geschmückt, als wäre es das Meisterpferd bei den immer noch jährlich stattfindenden Turnierkämpfen. »Wir sind in diesem Dorf schon modern«, sagte er.

Die Tochter zu verkaufen bedeutet also nicht nur Gewinn. Und da ist noch etwas. Wenn eine Frau heiratet, ist sie nicht mehr Teil ihrer Familie, sondern gehört zu der ihres Mannes. Die Kinder automatisch auch, und diese Zuordnung hört auch nicht mit dem Tod auf. Wie ich bald erfahren sollte, tragen Tote, Beerdigungen und alle Opfer, die dabei erbracht werden, auf ewig zum Ruhm eines Clans bei – zu dem des Mannes.

Einmal machte ich den Fehler, einen von Mama Bobos Söhnen zu fragen, ob seine Mutter in Tarung oder ihrem Geburtsort begraben werden würde, der auf einer drei Kilometer entfernten Erhebung lag. Im Bruchteil einer Sekunde huschten drei Stimmungen über sein Gesicht: Verwirrung, Wut und endlich Nachsicht. Was für eine Frage ist *das*? Wie kann sie es *wagen*? Ach, natürlich, sie ist nicht von hier. Und er erklärte es mir so einfach, wie er konnte: »Wir haben sie gekauft, richtig? Sie kommt in unser Grab.«

***

In der allgemeinen Unterhaltung über die Eheverhandlungen in Gaura erwähnte ich Pak Pelipus und einigen anderen gegenüber, dass ich vor zwanzig Jahren schon in der Gegend gewesen sei, um die Pasola zu sehen, eine Turnierform, die zu einem rituellen Ersatz von Menschenopfern geworden ist.

Ich zog mein iPad hervor, ein glitzerndes Juwel im dunklen Schatten der Veranda, und holte das Foto des jungen Pelipus auf den Schirm. Die Leute drängten heran, Gesichter erschienen in Türen, junge Köpfe reckten sich über ältere. Keiner von diesen Leuten hatte schon einmal einen Touchscreen gesehen, aber innerhalb von Sekunden blätterte Pelipus durch die Bilder aus der Vergangenheit, zoomte hinein und hinaus und kam immer wieder zurück zu seinem eigenen Porträt, wie ein sein Spiegelbild in einer Pfütze betrachtender Narziss.

Ich fragte ihn, wie er von dem trotzgesichtigen Elfjährigen in nur zwanzig Jahren zum gewählten Oberhaupt Gauras geworden sei. Er erzählte mir, dass er mit dreizehn die Schule abgebrochen hatte, als seine Eltern gestorben waren. »Ich geriet auf die schiefe Bahn. Viehdiebstahl, Diebstahl, was immer.« Erst als er geheiratet hatte und der erste Sohn da war, wollte er ein achtbares Leben führen. »Ich wagte es, mich bei der Wahl zum Dorfoberhaupt zur Wahl zu stellen, und die Leute haben ihr Vertrauen in mich gesetzt.«

Einige der Fotos riefen bei den älteren Zuschauern, die damals schon erwachsen gewesen waren, ein Wiedererkennen hervor. *Wisch, wisch* ... Oh, seht doch! Das ist So-und-So. *Wisch, wisch, wisch* ... Tss, tss, ha! Erinnert ihr euch? Der ist aus Kodi! *Wisch, wisch* – und plötzlich tödliches Schweigen.

Das Foto, das alle zum Schweigen brachte, war das eines Kriegers mit wildem, lockigem Haar und einem furchterregenden Schnauzbart, eines jungen Mannes, an den ich mich als den Helden jener lange vergangenen Pasola erinnerte. Selbst die Kinder verstummten angesichts seines Bildes. Pelipus verlor seine spöttische Miene, und einen langen Moment hing alles in der Luft.

»Kurahaba!«, sagte Pelipus endlich. »Er war der Mutigste von allen.«

Kurahaba war nicht länger unter uns. In einem der Clan-Kriege Mitte der 1990er tötete er jemanden, kam ins Gefängnis und siechte in seinen Tod. Nach den Beschreibungen seiner letzten Monate nehme ich an, dass er an Tuberkulose starb. Aber viele auf der Veranda glaubten, seine Feinde hätten ihn mit einem Fluch belegt. Flüche sind ein weiterer Teil des großen sumbanesischen Austauschnetzes.

Nachdem Pelipus und seine Freunde erzählt hatten, wie die Heiratsverhandlungen gelaufen waren, wurde ich ausgefragt. »Was musste die Seite der Braut in meinem Land stellen?«, wollten die alten Männer wissen. »Nun, der Vater der Braut bezahlt die Hochzeitsfeier«, sagte ich. »Ja, aber die Mitgift?« Ich erklärte, dass es so etwas bei einer Heirat im Westen nicht mehr wirklich gebe. »*Waaah!* Habt ihr das gehört?« Die Überraschung erfasste die Veranda und dann auch die Frauen drinnen.

Ich scherzte, dass ich wünschte, jemand hätte auch vor meiner Ehe ein Hundeherz gelesen. Dann hätte ich vielleicht nie geheiratet. Ein erleichtertes Seufzen wurde hörbar. »Ihr erschlagt also auch Hunde?«

Und nach langer Diskussion: »Aber wenn es keine Mitgift gibt, warum sind dann nicht alle *geschieden*?« Eine gute Frage. Auf der einen Seite schaffen die rituellen Austausche Netze, durch die Leute miteinander verbunden und weit enger in ihre Gruppen eingebunden werden als durch alle »Unterschreib-ein-Stück-Papier-und-feiere-ein-Fest«-Zeremonien der »modernen« Welt, auf der anderen haben die jüngeren, gebildeten, städtischen Indonesier, die den Großteil meiner Freunde in Jakarta ausmachen, weit mehr Freiheit bei der Wahl ihres Partners und verlassen ihn auch wieder, wenn es sein muss. Beide Systeme haben ihre Vor- und Nachteile, denke ich. Da, wo sie aufeinandertreffen, wird es schwierig.

Auf unangenehme Weise zwischen beide Welten geraten war Delsi, die in einem Hexenhaus in einem Dorf auf einer weiteren Erhebung im See von Waikabubak lebte, direkt über dem Krankenhaus. Als ich das erste Mal in ihr Dorf kam, maßen sich gerade zwei Jungen auf dem rauen Grund zwischen den Gräbern des Dorfes. Ihre Waffen waren zwei rübenförmige hölzerne Kreisel. Der Trick schien darin zu bestehen, wie sie den Kreisel starteten: Die Jungen stellten sich auf, gespreizt wie Seesterne, lehnten sich auf ein Bein zurück und schossen vor, wobei sie den Kreisel erst freigaben, wenn der Arm völlig gestreckt war. Das Ziel war, den Kreisel des Gegners aus dem Gleichgewicht zu bringen, sodass er zu taumeln begann, während sich der eigene noch stolz aufrecht drehte.

Dewa, der einzige Junge und der Jüngste der vier Geschwister Delsis, war der klare Meister der Kreisel, ein bezauberndes Kind mit einem scheuen Lächeln und einer ruhigen Neugier. Geduldig unterrichtete er mich eine Weile, aber ich bin kein Kreisel-Mensch. Bevor er verzweifelte, wurde er von seiner ältesten Schwester Delsi gerettet. Sie lud mich zu einem Kaffee auf ihre Veranda ein und begann ein Gespräch über die Rolle Indonesiens in der Welt und seine Zukunftsaussichten. Ich war natürlich nicht überrascht, in einem traditionellen Dorf auf intelligente Frauen zu treffen. Wenn die Männer auf Sumba auch den Großteil des Singens, des Posierens und selbst noch der öffentlichen Verhandlungen übernehmen, regeln die Frauen doch die komplexen Finanzen der Familie und sind dafür verantwortlich, dass alle ihren Platz im lokalen Kosmos haben. Dennoch erstaunte es mich, hier eine so weltoffene Person wie Delsi anzutreffen.

Sie und Ira, die Zweitälteste, waren beide Anfang zwanzig und Sekundarschullehrerinnen. Delsi spielte die verantwortungsbewusste Ältere und sprach in gemessenem Ton über allgemeine politische Fragen und die Erziehungspolitik. Ira gab den gut gelaunten Rebell und spießte mit ihrem scharfen Verstand jede neue Dummheit auf, die von der Regierung vorgeschlagen wurde. Die beiden hatten in der Provinzhauptstadt Kupang studiert, eine zweitägige Schiffsreise entfernt, und waren per Facebook und Handy immer noch mit Studienfreunden in Kontakt.

Delsis Familie schenkte mir am Ende ein zweites Zuhause in West-Sumba. Manchmal ging ich auf den »unteren« Markt und ergänzte die Vorräte an unbekannten Gemüsen. Dann saßen wir zusammen um den verräucherten Kochtopf auf der Frauenseite in Delsis Haus, und die jungen Frauen zeigten mir, wie man Papayablüten kocht und ihnen dabei das Bittere nimmt. Abends redeten wir über dies und das, während Paulina, die verwitwete Mutter der beiden, Zierdeckchen knüpfte und ich meine zerfaserten Sachen flickte. Delsi beriet mich in Bezug auf die neueste indonesische Literatur, vor allem Kurzgeschichten, Ira war eher an Musik interessiert. Wenn wir Lust auf Faulenzen hatten, setzten wir uns draußen auf die Veranda und sahen uns auf einem alternden Laptop DVDs an.

In ganz Indonesien sprechen sich Fremde mit Verwandtschaftsgraden an. Der gewöhnliche Ausdruck für eine Frau ist *Ibu*, »Mutter«, oft zu *Bu* verkürzt, was auch respektvoller ist. Regionale Varianten sind freundlicher: *Mama* auf den südöstlichen Inseln, *Bunda* im Nordwesten. Das männliche Äquivalent landesweit ist *Bapak*, »Vater«, fast immer verkürzt zu *Pak*. Die Begriffe können allein oder mit den Namen kombiniert benutzt werden, sogar mit den Berufen. Es ist absolut in Ordnung, eine Lehrerin einfach als *Ibu Guru*, »Frau Lehrerin«, vorzustellen. Das ist sehr praktisch, wenn man sich wie ich keine Namen merken kann. Was noch praktischer ist: Viele Leute, besonders auf Java, erinnern einen ständig an ihren Namen, indem sie von sich in der dritten Person sprechen und keine Pronomen benutzen. »Elizabeth kommt und besucht Mama Bobo morgen wieder«, könnte ich zu meiner Freundin sagen.

Kinder, die Erwachsene ansprechen, benutzen oft das vertraute *Tante* und *Om*, »Tante« und »Onkel«, ein Überbleibsel aus holländischen Zeiten. Erwachsene, die Freundschaft ausdrücken wollen, bedienen sich der Begriffe für Geschwister: *Kakak* oder *Adik*. Sie sind geschlechtsneutral und können Bruder oder Schwester bedeuten, aber sie besagen etwas über das Alter. *Kakak* ist älter, *Adik* jünger, und so sind die Ausdrücke mit einem Urteil über das Alter der Person belastet, mit der man spricht. Es hat zunächst etwas leicht Traumatisierendes, von einer alten Frau, die wie eine verschrumpelte Backpflaume aussieht, als »ältere Schwester« bezeichnet zu werden, aber die Einstufung ist nicht nur als Zeichen der Freundschaft, sondern auch des Respekts zu verstehen.

Eines Abends, als Mama Paulina (die tatsächlich jünger war als ich) mich ihre ältere Schwester nannte, fragte ich, wie viel wir verdienen würden, wenn wir unsere Mädchen verkauften. Paulinas zweite Tochter Ira zwinkerte mir zu: »Eine Menge!« Offenbar diktiert das Adat, dass eine Tochter aus guter Familie mindestens so viel wert ist, wie es ihre Mutter war. »Und sie«, Ira nickte zu ihrer Mutter hin, »für sie hat es hundert von diesen gegeben.« Dabei streckte sie einen Arm aus und klopfte sich auf die Schulter, womit sie die Länge eines Büffelhorns symbolisierte. Einhundert Langhörner für eine Tochter, und Paulina hatte vier ausgesprochen hübsche. Ein Vermögen! »Wow, aber dann sitzen nur noch wir zwei hier in der Küche und sind zwei sehr reiche alte Damen!«, sagte ich zu Paulina.

Alle lachten, doch Delsi wurde schnell wieder vernünftig. »Tatsächlich ist das ein ziemliches Problem.« Und sie hatte recht. Denn wer will schon hundert langhörnige Büffel für »moderne« Mädchen ausgeben, die in Kupang studiert haben, Bücher lesen und denken, dass einen Büffel zu schlachten eine Verschwendung von Kapital ist? Wenn sie aber keinen Brautpreis einspielen, lassen die Mädchen den Clan »im Stich«, hat der doch bei ihrer teuren, modernen Ausbildung geholfen. Das würde Schande über Paulina selbst bringen.

Vielleicht ist das das zentrale Dilemma der Modernisierung kollektiver Gesellschaften: dass die alles umfassende Sicherheit einer gemeinsamen Kultur für die individuelle Erfüllung verkauft wird.

***

Ich hatte mich daran gewöhnt, Mama Bobos ruhigen Anordnungen zu folgen. Sie musterte mich von Kopf bis Fuß und wollte, dass ich meinen javanischen Sarong durch einen örtlichen ersetzte. Sie erinnerte mich daran, einen kleinen Geldschein auf dem Teller mit meinem Opferhahn zurückzulassen, und gab mir einen Stupser, damit ich aufstand und mich auch auf die anderen Veranden setzte, wenn sie dachte, die Nachbarn fühlten sich vernachlässigt. Aber als ich fragte, ob ich die heiligen Objekte im rauchverkrusteten Käfig über dem Feuer sehen könnte, war mir das »Da musst du bleiben, bis jemand stirbt« eine Anordnung zu viel.

Während ich weiter über die Inseln zog, blieben wir per SMS in Kontakt, und Mama Bobos Nachrichten klangen immer besonders dringend, da SIE NUR GROSSBUCHSTABEN VERWENDETE. Nach sechs Monaten überredete sie mich, zur Turniersaison zurückzukommen.

Das war im April 2012, sechs Monate nach meinem letzten Besuch, und bei meiner Rückkehr brachte mir der Besitzer des Gästehauses einen zuckerfreien Kaffee, ohne dass ich ihn daran erinnern musste. Das Mädchen im Internetcafé vertrieb einen anderen Kunden von meinem Lieblingsplatz, als sie mich die Einfahrt hochkommen sah, und der Besitzer eines Restaurants, das ich sehr gern mochte, spendierte mir einen Teller Huhn, um mich willkommen zu heißen. Ich stieg hinauf nach Tarung und fand Mama Bobo genauso auf der Terrasse ihres Hauses, wie ich sie zurückgelassen hatte. Als sie mich sah, sprang sie auf und hüpfte vor Freude auf der Stelle. Ich fühlte mich wie ein Soldat, der aus der Schlacht nach Hause kam.

Aber schon verging Mama Bobos Freude, und sie begann zu jammern. Sie fasste meine Hände, drückte sie sich an die Brust, schüttelte den Kopf und jammerte noch ein wenig mehr. Ihre Schwägerin war in der Nacht zuvor gestorben. Ich machte tröstende Geräusche, doch sie wischte mein Mitleid beiseite. Es ging nicht so sehr um ihre Schwägerin. Was sie so traf, war, dass sie mich zu den Turnieren eingeladen hatte, ich tatsächlich gekommen war und sie, jetzt, wo sie trauerte, nicht mitkommen konnte – was bedeutete, dass sie ihren Teil des Handels nicht einzuhalten vermochte und die empfindlichen Gesetze der Gegenseitigkeit, die alles in der Loli-Kultur an ihrem Platz halten, aus dem Gleichgewicht gerieten.

Ich erinnerte Mama Bobo daran, dass das jetzt doch genau das sei, worauf sie gehofft habe. Jetzt konnten wir zusammen zu einer Beerdigung gehen. Das munterte sie auf. Zunächst würde ich natürlich ihre tote Schwägerin besuchen müssen, damit ich ihr noch vor der Beerdigung richtig vorgestellt werden konnte. Aber dafür war reichlich Zeit. Eine Woche lang würde die Tote Gäste empfangen.

Ich schlug vor, gleich am nächsten Tag zu gehen, doch Bobo schüttelte den Kopf und senkte die Stimme, was sie oft tat, wenn sie dachte, dass ich aus entschuldbarer Unwissenheit etwas Unangemessenes gesagt hatte. »Nicht morgen. Es gibt noch Dinge zu arrangieren.« Und ich verstand, dass selbst jemand von Bobos Stellung Zeit brauchte, um die Geschenke zusammenzubekommen, die sie dem Clan ihrer Schwester mitzubringen hatte, der Familie, der Mama Bobo bis zu ihrer Ehe angehört hatte. Die Geschenkeliste war durch die lange Geschichte des Austauschs zwischen den beiden Familien vorgegeben. Clan A hat uns ein Schwein geschenkt, als So-und-So gestorben ist, Familie X hat uns eine Machete zur Beerdigung von Y mitgebracht. Eine andere Freundin in Tarung fand ich an dem Tag am Webstuhl vor: Sie webte wie verrückt an einem Ikat-Stoff, den sie als Beweis des Respekts für Bobos Schwägerin mitnehmen musste.

Als ich vor zwanzig Jahren meinen ersten Tee mit einer Leiche getrunken hatte, waren mir all die verschiedenen Rituale des Austauschs nicht bewusst gewesen. Ich war auch damals zur Beerdigung gegangen, aber das war eine vergleichsweise einfache Sache gewesen. Ich erinnerte mich an eine einzige geschlachtete Kuh und durchforstete mein iPad nach Fotos von diesem früheren Ritual, das, wie ich noch wusste, in der Nähe der zentralen Stadt Anakalang vollzogen worden war. Und ich wurde fündig: Die Szenerie um die Grabstelle wies keine besonderen Merkmale auf, doch es gab noch andere Bilder, die ich am selben Tag aufgenommen hatte und auf denen koboldgesichtige Schulmädchen hinter einem aufwendig geschnitzten Grab zu sehen waren, die zu mir herübergrinsten. Dieses Grab musste zu finden sein, und so machte ich mich daran, die Familie der toten Oma aufzuspüren. Ich parkte mein Motorrad bei dem geschnitzten Grab und zeigte die Fotos einer alten, ein Stück entfernt auf ihrer Terrasse sitzenden Frau. Sie erkannte einen der Beerdigungsgäste und schickte mich in ein Dorf knapp zwei Kilometer die Straße hinunter.

Der Feldweg meiner Erinnerung war mittlerweile asphaltiert, aber am Ende fand ich das Haus, in dem ich der Oma vorgestellt worden war. Auf der Veranda saß Omas Nichte Rambumbera, eine Frau, die ein paar Jahre jünger war als ich und die sich damals stolz mit der Toten hatte fotografieren lassen. Ich hielt ihr das Foto hin, das ich für die Familie hatte ausdrucken lassen. »Das bin ich nicht!«, rief sie vehement, aber ihre Augen wurden wässrig. Ich holte mein iPad heraus und zoomte auf ihr Gesicht. »Nein, ganz und gar nicht, das bin ich nicht!« Sie wühlte in ihrem Sarong, zog eine Brieftasche heraus und zeigte mir einen Ausweis, alt und angelaufen. »Sehen Sie! Da! Das bin ich! So sehe ich aus!« Sie deutete auf das kleine Schwarzweiß-Foto.

Ich wollte sie nicht aufregen und wandte mich zum Gehen, als ein Mann in Denim-Shorts mit freundlich lächelnden Augen aus der Düsternis des Hauses trat, um zu sehen, was da draußen vorging. Es war der Junge, der mich vor zwanzig Jahren auf die Veranda eingeladen hatte. Er erinnerte sich und rief die anderen aus dem dunklen Inneren, wo sie sich ein Arsenal-Spiel im Fernsehen ansahen, was die einzige Veränderung zu damals zu sein schien. Sie sahen sich die Fotos an. »Seht, das ist Onkel Timus!« »Hey, das da, das bin ich!« Sie neckten Rambumbera, weil sie nicht begriffen hatte, dass sie früher anders ausgesehen hatte. Rambumbera schmollte ein wenig, konnte den Bildern dann aber doch nicht widerstehen. Bald schon erkannte sie Leute wieder, zeigte auf sie und lachte mit dem Rest. Der Mann mit den Denim-Shorts, immer noch so freundlich, aber nicht mehr so jung, bot mir eine Tasse Tee an.

***

Zwei Jahrzehnte später, während ich auf meine zweite Möglichkeit wartete, zur Tea-Party einer toten Lady zu gehen, verpflichtete ich meinen Freund Jerome, mit mir zum Pasola-Turnier oben auf den schönen Felsen bei Gaura zu fahren, wo der vom Viehdieb zum Dorfoberhaupt gewordene Pelipus lebte. Jerome war ein französischer Forscher, den ich aus Jakarta kannte. Er studierte Kriminalität und städtische Bandenkulturen. Nach einer Pause in einem freundlicheren, sanfteren Indonesien suchend, war er für ein paar Wochen nach Sumba gekommen.

Groß, dunkelhäutig und mit schweren Lidern, machte Jerome sofort Eindruck bei den jüngeren Frauen aus Mama Bobos Clan. Völlig ungezwungen saß er stundenlang auf Veranden herum, wusch sich im Fluss und aß Hundeleber. Aber er war auch im Urlaub und hatte einige der Strandaktivitäten vor, wie sie normale

Urlauber an den endlosen Tropenstränden machen, die Sumba zu bieten hat. Ich schloss einen Handel mit ihm. Wenn er mich hinten auf seinem Motorrad zum Turnier brächte, wollte ich danach mit ihm an den Strand fahren. Er packte seine Badehose ein und los ging's.

Die Pasola ist ein Turnier zwischen Gruppen grimmiger junger Männer mit bunt zusammengewürfeltem Kopfputz: Da gibt es Federarrangements und Spitzhüte mit wehenden Tüchern, und die Männer reiten auf Ponys voller Bänder und Troddeln, Glöckchen und Münzen. Der Kampf selbst hat jedoch nichts Entrücktes.

Die Turnierkämpfer Sumbas reiten in rotierenden Meuten gegeneinander. Die Männer aus einem Dorf galoppieren in einem wilden, ungeordneten Kreis auf der einen Seite des Platzes, ihre Gegner in einem zweiten, ebenso wilden Kreis auf der anderen, und jeder Reiter hat einen Schreckmoment, wenn er auf einen seiner Gegner zurast. Mit einer Hand hält er die Zügel, lenkt das Pferd und bildet eine Abwehr, indem er ein paar Speere durch die Luft wirbelt. Mit der anderen schleudert er einen weiteren Speer ins Gefecht und versucht sekundenschnell einen Treffer zu landen, bevor es im Kreis weitergeht. Oft müssen die Reiter dabei gleichzeitig ihre Speere durch die Luft wirbeln, zielen, werfen und sich vor einem heranfliegenden Speer wegducken, und das alles bei mörderischer Geschwindigkeit auf einem nackten Pferderücken. Es ist aufregend.

Zum Turnierplatz zu kommen war fast schon genauso aufregend. Selbst Jerome mit seinen langen Beinen hatte Probleme, das Motorrad die steilen, matschigen Hänge zum Turnierplatz hinaufzumanövrieren. Überall kamen Fahrer von der Piste ab, überschlugen sich, schüttelten den Dreck ab, und zurück ging es in den Sattel. Die Turnierkämpfer mit ihren Troddel-Ponys wirkten ziemlich selbstzufrieden, während sie an uns vorbei auf die Anhöhe trabten.

Wir blieben ein paar Stunden auf dem Pasola-Feld, bewegten uns mit der Menge, feuerten erst die eine Mannschaft, dann eine andere an, aßen braune Reisklöße unter einem provisorischen Sonnendach, für das die Frauen der Veranstalter gesorgt hatten, und sprachen mit dem Dorfoberen Pelipus, der als Schiedsrichter fungierte. Endlich zeigte Jerome Anzeichen von Adat-Übersättigung und setzte sein Strandgesicht auf. Es war ganz offenbar Zeit aufzubrechen. Wir gingen zurück zum Motorrad.

Kein Schlüssel.

Irgendwo zwischen der Frau, bei der er Wasser gekauft hatte (welche war es noch gewesen?), und dem Baum, unter dem er gesessen hatte (dem da vielleicht?), zwischen den Frauen mit den Reisklößchen und dem Busch, in den er gepinkelt hatte, irgendwo auf den paar Hektar langem Gras, das von den Pferden mit Kriegern in Rolling-Stones-T-Shirts und spitzen Turbanen und auf einem Bein springenden, jaulenden Zuschauern niedergetrampelt worden war, hatte Jerome seinen einzelnen Honda-Schlüssel verloren, nicht mal mit einem Anhänger.

Ich dachte erst, er machte einen Witz, aber nein. Er hatte fast einen Hundeblick, als erwartete er, dass ich sauer war. Wären wir in London oder Peking gewesen, hätte das durchaus der Fall sein können, aber hier in Gaura war ich von einer Mühlteichruhe erfüllt. So frustrierend und ineffizient dieses Land sein kann, ist es fast unmöglich, in Schwierigkeiten zu kommen, die sich nicht mit ein bisschen Humor und viel Geduld lösen lassen. *Semua bisa di atur* – alles lässt sich arrangieren.

Während wir noch nach dem Schlüssel suchten, kam die Pasola an ihr plötzliches Ende, und die Leute verschwanden in Scharen. Allein mit einem abgeschlossenen Motorrad fünf steile, matschige Kilometer von der nächsten Siedlung entfernt festzusitzen würde selbst meinen »Mühlteich« in Aufruhr bringen. Etwas zu »arrangieren« wurde ein wenig dringlicher.

Jerome, der zu viel Zeit in Jakartas Unterwelt verbrachte, sah sich nach den lautesten Burschen um, die er finden konnte. Er hoffte auf jemanden, der das Motorrad kurzzuschließen verstand, damit wir auch ohne Schlüssel zurück in die Stadt fahren konnten. Ich, die ich mich zu lange mit der Bürokratie Jakartas herumgeschlagen hatte, hielt nach dem Mann Ausschau, der die meiste Autorität ausstrahlte. Ich entschied mich für einen Polizisten mit Goldsternen auf den Schultern und einem Walkie-Talkie in der Hand.

Ich lächelte ausgiebig, erklärte ihm, wie dumm ich mir vorkäme, entschuldigte mich wieder und wieder für die Umstände, die ich ihm bereitete, und bat ihn um seinen freundlichen Rat, wie wir die Situation lösen könnten. Währenddessen gab ich mir alle Mühe, nicht zu offensichtlich zu seinem hübschen Pick-up mit Doppelkabine hinüberzulinsen.

Er seinerseits rief jemanden mit noch viel mehr Gold auf den Schultern. »Wie schrecklich für Sie. Es tut mir so leid«, sagte der ranghöhere Polizist, als wäre es irgendwie sein Fehler und nicht unserer. Er instruierte den Sterneärmeren, das Walkie-Talkie einzuschalten, und sie holten den Polizei-Truck zurück, der schon den Hang hinunter verschwinden wollte. Wir kletterten an Bord.

An der Stelle, wo die Motorräder parkten, deutete Jerome auf unseres. Vier gut gebaute Polizisten sprangen vom Truck, und während ich die Schutzschilde zur Seite schob, um Platz zu schaffen, hievten sie das abgeschlossene Motorrad zwischen die Bänke. Los ging's.

Es war so leicht gewesen, die Polizei dazu zu bekommen, unser Motorrad zu stehlen. Jerome, der eine halbe Stunde zuvor noch unter Strom gestanden hatte, sah von der anderen Seite des Trucks zu mir herüber. Ein breites, verschmitztes Lächeln überzog sein Gesicht, und er sagte auf Französisch: »Ich hätte auf ein schöneres zeigen sollen.«

***

Ich wurde Mama Bobos toter Schwägerin am Tag vor der Beerdigung vorgestellt. Die alte Dame trug ein Festkleid und eine große rote Schleife über dem sorgfältig gebundenen Haarknoten. Um die Knie hatten sie ihr ein wunderschön gewebtes Tuch gewickelt. Sie saß auf einem Stuhl aus frisch geschnittenem Bambus, das Kinn sank ihr sanft auf die Brust. Es war nicht leicht, den Unterschied zwischen ihr und einer der ruhig schlafenden runzeligen Omas in der Düsternis um sie herum zu erkennen. Überraschenderweise roch sie nicht, obwohl es doch die heiße Jahreszeit war und sie seit einer Woche hier in diesem überfüllten Raum saß. Mama Bobo schob mich vor, und ich legte meiner Gastgeberin einen Beutel Betelnüsse zu Füßen. Andere legten ihr die Gaben auf den Schoß, doch das kam mir ein wenig vertraulich vor bei jemandem, den ich gerade erst kennenlernte.

Die Tote war die zweite der vier Frauen von Mama Bobos Bruder. Er selbst war vor Jahren gestorben, seine erste Frau im Jahr danach. »Sie kratzen der Reihe nach ab«, sagte eine der anwesenden Frauen und meinte die Reihenfolge, in der sie ihren gemeinsamen Mann geheiratet hatten. Sie drehte sich zu mir, um mich Frau Nummer drei vorzustellen, ein faltiges, winziges Ding, das in sich zusammengefallen in einer Ecke hinter der Toten saß. Auch das Gesicht war eingefallen und wurde allein von dem Klumpen Tabak unter der Lippe in Form gehalten.

Frau Nummer vier musste nicht vorgestellt werden. Sie war wenigstens zehn Jahre jünger als Frau Nummer drei, hatte sich in ihren besten Brokat geworfen und kommandierte die Veranstaltung. Mama Bobo erzählte mir später, dass sie nicht mehr mit ihrem Bruder gesprochen habe, nachdem er diese Frau geheiratet hatte, wollte mir aber nicht sagen, warum. Sie schüttelte nur den Kopf und wiederholte: »Es war nicht richtig. Es war nicht richtig.« Meine Freundin versöhnte sich mit ihrem Bruder erst wieder nach seinem Tod und opferte einen riesigen Büffel.

Tags darauf fand die Beerdigung statt. Mama Bobos Veranda in Tarung war voller Leute. Sie hatten Trommeln und Gongs mitgebracht, und es wurden große Mühen darauf verwandt, einen Vorhang aus Palmwedeln zu weben. Etwa um die Mitte des Vormittags kam Mama Bobos Enkel Billy mit einem großartigen weißen Büffel. Billy hatte blutunterlaufene Augen, schwere Lider und eine glatte Haut mit einer großartigen Narbe. Er sah gut aus. Sein Schützling, ein wertvoller Albino-Mastbüffel, war nach einem Bad eingefettet worden und hatte seinen natürlichen rosa Farbton. Die beiden gaben ein tolles Paar ab.

Die Männer machten sich an die Arbeit, wickelten gelbe Seide um die Hörner des Tieres und formten eine aufgehende Sonne über seinem Kopf. Dann banden sie die Palmwedelgirlande an eine seidige Hornspitze, führten sie unter dem Hals her und fixierten sie auch am anderen Horn, sodass sie den Kopf des Büffels einrahmte und die großartige Spannweite der Büffelhörner betonte – und damit die Großzügigkeit des Spenders. Billy holte das Schweinefett heraus und rieb den Büffel damit ein, bis er in der Mittagssonne glänzte.

Als sie ihn in bestem Zustand hatten, stellten sich die Männer des Clans in einer Reihe hinter dem Büffel auf. Sie waren in festliche Stoffe gekleidet und trugen ihre besten Schwerter am Gürtel. Alle hatten eine Zigarette im Mund hängen und hielten eine Trommel oder einen Gong in der Hand. Ihre Musik gab Kunde von der Großzügigkeit Mama Bobos und ihres Clans, während sie drei Kilometer durch die Stadt zum Dorf der Toten paradierten. Sie hätten auch hinten durch die Reisfelder ziehen können, die sich um die megalithischen Gräber am Rande von Waikabubak drängen, aber nein, sie trommelten sich über den vollen Markt und die Hauptdurchgangsstraße. Die Leute gafften und hasteten zur Seite, um der Prozession Platz zu machen. Himmel! Seht euch den Büffel an! Das ist eine Familie! Hinter ihnen stauten sich Minibusse und Motorräder und ergaben sich in ihr Schicksal. Immer wieder blockieren Adat-Zeremonien den Verkehrsfluss der Stadt.

Für die Frauen der Familie hatte Mama Bobo einen »Transport« organisiert. Wir saßen hinten auf einem Lastwagen, rollten durch die Reisfelder, um dem Verkehrschaos in der Stadt zu entgehen, und warteten in einem kühlen Bambuswäldchen neben Mama Bobos Geburtsort auf die Männer. Eines der riesigen Gräber am Fuß der Erhebung war von einer Art Gerüst aus frisch gefällten jungen Bäumen umgeben, mit denen sich ein behauener Deckstein in die Höhe hieven ließ, der mehrere Tonnen wiegen musste. »Dahin geht sie«, flüsterte Mama Bobo. »Zu meinen Eltern.« Ich war überrascht, normalerweise wurde eine Frau mit ihrem Mann begraben, und reiche Männer wie Mama Bobos Bruder bauten eine neue Gruft für ihre Familie. Und tatsächlich, er hatte eine neue Gruft, in der die drei anderen Frauen mit ihm begraben wurden, aber Frau Nummer zwei hatte die Ewigkeit mit ihren Schwiegereltern verbringen wollen, statt mit der von ihr gehassten Rivalin in »bestem Brokat«. »Das ist alles vor langer Zeit entschieden worden«, sagte Mama Bobo, mehr nicht.

Als die ganze Gesellschaft da war und die Männer eine Rauchpause eingelegt hatten, ging es zur Zeremonie. Mama Bobo hielt meine Hand, während wir den Hang hinaufkletterten. Sie war sehr aufgeregt und setzte sich in letzter Minute an die Spitze des Zuges, um die Prozession mit dem gut aussehenden Billy und seinem herrlichen Büffel anzuführen. Unser großer Auftritt war zeitlich genau geplant, um die größtmögliche Wirkung zu erzielen. Alle Gräber waren voller Menschen, jede Veranda mit Gästen überfüllt. Hunderte Leute wurden Zeuge von Mama Bobos Großzügigkeit.

Bobo hielt eine kurze Rede, darauf folgte ein Vertreter ihres Geburts-Clans mit einer kurzen Rede, dann stellte sich unsere Delegation vor dem Oberen auf, um ihm unseren Respekt zu erweisen, einer nach dem anderen. Ich kam nach Mama Bobo und den Clan-Ältesten, aber noch vor verschiedenen von Bobos jüngeren Söhnen, was eine Position von einiger Ehre war. Ich sah, wie alle die Nasen mit dem Oberen rieben, und tat es ebenfalls, als ich an die Reihe kam, wobei ich hoffte, nicht zu sehr zu schwitzen, und mir plötzlich bewusst wurde, wie viel Reiswein die Männer tranken. Meine Gaben, eine Schachtel Zigaretten, ein paar Kilo Kaffee und Zucker, verschwanden mit dem Rest der Geschenke, und es ging wieder einmal ans Schlachten.

Auf der Lichtung lag bereits ein cremefarbenes Pferd, der glasäugige Kopf mit einem klaffenden Schnitt vom Rumpf getrennt. Das Pferd war das erste Opfer, damit die alte Dame bequem ins Jenseits reiten konnte. Ein rosa gehörnter Büffel war ebenfalls schon tot, ein weiterer, rot bekränzter wurde gerade in den Ring geführt. Ein junger Mann sprang vor, schwang seine Machete und stieß sie dem Tier in die Kehle, worauf der Mann auf dem Grabstein daneben angewidert einen Strahl Betelsaft ausspuckte, der sich hübsch ins Blut des Pferdes unter uns mischte. Das war sein Kommentar zu dem stümperhaften Schnitt des Jungen. Der wütende Büffel stampfte und schnaubte und war nur schwer von den zwei Männergruppen zu bändigen, die die jeweils an ein Hinter- und ein Vorderbein gebundenen Seile gepackt hielten. Nach ein paar zusätzlichen Hieben ging der Büffel in die Knie, und der Blutfluss aus seiner Kehle versiegte. Der junge Mann mit der Machete verschwand. Mit seiner Unfähigkeit hatte er seinem Clan Schande gemacht und würde eine Strafe zahlen müssen.

Der Nachmittag schritt voran, und der Platz zwischen den Gräbern war ein See aus Blut, in dem ein Pferd, sieben Büffel und ein einzelnes Buckelrind (für die muslimischen Gäste *halal* geschlachtet) lagen. Selbst noch tot war Mama Bobos Büffel der großartigste von allen. Hoch über den spitzen Dächern des Dorfes kreisten die Raubvögel.

Jetzt begann das Zerteilen. Die Männer des Clans lösten die Tierhäute und zogen sie vorsichtig ab, was die Kadaver schimmernd und rot wie gigantische Würmer aussehen ließ. Mägen wurden aufgeschlitzt, Organe entfernt. Dampfende Haufen halb verdauten Grases türmten sich auf Bananenblättern.

Als die Sonne unterging, reckte sich ein Moulin-Rouge-Ballett geschundener Büffelbeine nach den Grabsteinen, ein Pferdekopf lag wie eine Requisite vom Set des *Paten* verlassen auf dem Platz, und auf den flachen Decksteinen der Gräber formten Gongs, eine Pferdehauttrommel und ein Haufen schimmernder Leber ein makabres Stillleben.

Das Fleisch wurde zerstückelt zu einem Clan-Ältesten getragen, der eine Kladde konsultierte, in der jedes Geschenk und jeder Beitrag sorgfältig aufgeführt standen, und so wurde ich nicht nur für die Geschenke belohnt, die ich selbst mitgebracht hatte, sondern auch für meine Verbindung mit den Gaben des Clans, dem Büffel heute und den zwei Schweinen, mit denen die Gäste von Omas Tea Party während der Woche versorgt worden waren. Das bedeutete, dass ich mit einer Menge Fleisch und begehrter Innereien bedacht wurde.

Nach außen hin ist ein geschenkter Büffel ein Beweis des Respekts gegenüber dem Toten und seinem oder ihrem Clan. Die herrlichen Hörner werden vorn ans Haus des Clans genagelt und ersetzen dort womöglich ein früheres, kleineres Opfer. In dieser Hinsicht wirkt die Gabe fort, indem sie auf ewig sichtbar zur Ehre des Clans beiträgt. Tatsächlich aber ging es Mama Bobo mit ihrem Prachtbüffel nicht um Respekt. Es ging um Rache.

Nichts, aber wirklich nichts ist auf Sumba wirklich ein Geschenk: Es ist immer ein Austausch. Wenn ich dir einen Mastbüffel »schenke«, stehst du bei mir mit einem Tier mit mindestens so langen Hörnern in der Schuld, und es ist eine Schuld, die du auf jeden Fall zurückzuzahlen hast. Fällig wird sie zu der unvorhersagbaren Zeit, wenn meine Oma stirbt, mein Mann oder ich selbst diese Welt verlassen. Und wenn du keinen entsprechenden Büffel übrig hast? Was dann? Du tust, was du zu tun hast, treibst Schulden ein oder erhöhst deine Verpflichtungen, indem du dir die nötigen Mittel leihst. Wenn die Rückzahlung bedeutet, dass du deine Kinder aus der Schule nehmen, deine Reisfelder verkaufen oder bei einem der regelmäßigen Raubzüge, die den Kalender Sumbas füllen, einen Büffel stehlen musst, so sei es drum.

Mit ihrem großzügigen Beerdigungsgeschenk beschwor Mama Bobo für die in Brokat gehüllte vierte Frau ihres verstorbenen Bruders ziemliche Schwierigkeiten herauf. Wie der Fächer von Verpflichtungen bei einer Eheschließung erfüllt auch dieses Austauschritual eine wichtige kulturelle Funktion. Die Verwobenheiten der gegenseitigen Verpflichtungen bedeuten, dass sich jeder in schwierigen, bedürftigen Zeiten der Ressourcen des Clans bedienen kann. Es ist eine Art ausgeklügeltes Versicherungssystem in dieser dürren Ecke Indonesiens, einem Ort ohne fruchtbare vulkanische Erde, der gnadenlos sein kann. Zudem scheint es eine ziemlich effiziente Art zu sein, mit der Zeit Ungleichheiten auszubügeln. Das Alltagsleben in einem Haus mit einem einzigen Schädel am Giebel unterscheidet sich kaum von dem in einem mit gleich zwanzig davon.

Einige Leute sind eindeutig auf der Hut, was die Verstrickung in ein Netz angeht, dem sie nicht wieder entfliehen können. In interkulturellen Untersuchungen haben Psychologen herausgefunden, dass Menschen aus »schenkenden« Kulturen wie der Sumbas weit eher geneigt sind, Großzügigkeiten von Fremden zurückzuweisen, da sie die Last fürchten, die daraus unweigerlich folgt.* Probleme entstehen dabei vor allem dann, wenn diese alten kulturellen Verpflichtungen mit den Anforderungen einer sich modernisierenden Welt zusammentreffen. In den geschlossenen Gesellschaften von gestern bot das Adat die Grundlage zum Erlangen von Respekt und gesellschaftlicher Bedeutung. Viele jüngere Indonesier haben jedoch einen weiteren Horizont als ihre Eltern. Satellitenfernsehen, das Internet, billige Flugangebote und Stipendien der lokalen Regierung haben den Vor-

* Siehe Heinrich u.a.: *In Cross-Cultural Perspective: Behavioral Experiments in 15 Small-Scale Societies*, in: *Behavioral and Brain Sciences*, 28, Nr. 6, 2005, S. 795-815

hang vor einem größeren Indonesien und der weiten Welt zur Seite gezogen.

Der Hauptweg hinein in diese weite Welt liegt in der Bildung, und der Hohepriester Tarungs hatte wahrscheinlich recht, als er, das Scheitern einer modernen Familienplanung feiernd, behauptete, Bildung und Adat passten nicht zusammen. Ich habe etliche junge Leute auf Sumba kennengelernt, die die Schule verlassen mussten, weil eine Adat-Verpflichtung fällig wurde. Was für eine Qual, einen Preisbullen zu einer Zeremonie führen, ihm die Kehle durchschneiden zu müssen und dabei zu wissen, dass deine Zukunftshoffnungen zusammen mit seinem Blut in der Erde zwischen den Gräbern versickern. Wenn ich diese jungen Leute fragte, ob sie das wütend machte, zuckten sie nur die Schultern: »Adat ist Adat. Was kann man daran ändern?«

Jakarta glaubt, dass es leichter wäre, die Erwartungen der jungen Leute zu erfüllen, wenn die Älteren aufhörten, den Familienreichtum hinzumetzeln, sobald jemand stirbt. Bis 1987 versuchte die Regierung Suhartos den Blutfluss in die Erde Sumbas zu begrenzen, und es war verboten, bei einer Zeremonie mehr als fünf Büffel zu töten. Aber Sumba ist weit weg von Jakarta, und die Maßgabe wurde nie wirklich eingehalten. Jüngere Bestrebungen der örtlichen Politiker, das Schlachten zu begrenzen, waren nicht wirklich erfolgreicher, denn alle betrügen, wenn es an die eigenen Familienzeremonien geht oder um Wahlkundgebungen.

Irgendwann, als ich mich auf dem Schwemmland beim endlos langen Wanokaka-Strand an der Südküste Sumbas verfahren hatte, traf ich auf Pak Petrus, einen Bauern, der beachtliche elf Hektar besaß und zu den Ältesten seiner Gemeinde gehörte. Ich fragte ihn nach dem Weg, er wollte mitgenommen werden, eines führte zum anderen, und am Ende wohnte ich ein paar Tage bei ihm und seiner Frau. Eines Abends saßen wir mit einigen seiner Freunde zusammen, und Pak Petrus wollte wissen, wie viel ich verdiente. Ich musste sehr reich sein, wenn ich einfach so losfahren und herumreisen konnte, wie es mir gefiel! Ich lachte. »Reich? Mit einem der vier Büffel, die Sie bei Ihrer letzten Zeremonie geschlachtet haben, könnte ich sechs Monate reisen«, sagte ich. »Und *ich* soll reich sein?«

Petrus und seine Freunde waren perplex, und er wiederholte, was ich gesagt hatte, vor jedem, den wir anschließend trafen, was immer wieder zu großen Diskussionen und ausgiebigem Kopfschütteln führte.

Später unterhielt ich mich mit einem Geschäftsmann aus West-Sumba, und mir wurde langsam klar, warum Petrus so erstaunt gewesen war. Ich bemerkte, dass praktisch jeder einzelne Laden in Waikabubak einem Chinesischstämmigen gehöre. »Das hat mit dem Kapital zu tun. In meinem Clan zählen wir unser Kapital in Vieh, nicht in Geldvermögen. Aber wie viele Hundert Stück Vieh Sie auch besitzen, Geld für einen Sack Zement haben Sie deswegen nicht.«

Die Annahme hinter dem »Stoppt-das-Abschlachten«-Ansatz der Regierung ist, dass Vieh und Zement austauschbar sind. Töte weniger Büffel, verkaufe dafür ein paar und kaufe dir einen Traktor oder baue ein Hotel. Verdiene Geld. Kaufe noch einen Traktor. Werde reich. Mit einem Wort: Sei ein Kapitalist.

Aber so funktioniert es noch nicht. In Sumbas klebriger Kultur gibt es zwei ziemlich verschiedene Arten von Kapital: Finanzkapital in Form von Geld, Zement und Läden kann in Büffel, Grabsteine und andere Formen kulturellen Kapitals umgewandelt werden. Aber das ist eine Einbahnstraße. Kulturelles Kapital ist das Eigentum des Clans, seiner lebenden wie toten Angehörigen. Man kann es nicht zu Geld machen, um damit die Ausbildung eines Kindes, einen neuen Generator für eine Werkstatt oder die Lizenz für eine Indomaret-Filiale zu bezahlen. Als ich andeutete, Pak Petrus könnte einen Büffel verkaufen, um mit dem Geld sechs Monate zu verreisen, hätte ich genauso gut die Privatisierung von

Luft vorschlagen können, um sich von den Einnahmen ein vergoldetes Klo kaufen zu können.

Es ist nicht nur auf dem entlegenen Sumba so, dass die Indonesier den Erwartungen des Adat genügen wollen, bevor sie sich um ihre eigenen Bedürfnisse und Wünsche kümmern. Bevor sie reich werden. Sehen wir uns Bali an, das eine der »modernsten« Wirtschaften Indonesiens hat, und eine seiner klebrigsten Kulturen. Bali war die letzte Bastion der hinduistischen Höfe, die ehedem Sumatra und Java überzogen, und hat deren prunkvolle Traditionen geerbt. So vergeht dort heute kaum ein Tag ohne eine Miniaturversion jener alten Hofzeremonien. Für jedes Tempelfest, jedes Zahnfeilen, jede Totenverbrennung lassen die Leute ihre Arbeit Arbeit sein, kleiden sich in ihre Kostüme und schlagen die Gongs des Adat. Die Feste tragen sehr zur Attraktivität Balis bei und brachten 2012 drei Millionen ausländische Besucher ins Land. Nebenbei aber machen sie denen das Leben schwer, die eine Unternehmung im Tourismusgeschäft betreiben. Dazu hörte ich den frustrierten Kommentar eines ausländischen Hoteliers auf Bali: »Der russische Kunde freut sich, wenn er einen halben Tag lang wohlgeformte braune Mädchen mit reichlich Obst auf dem Kopf fotografieren kann, aber wenn Sie ihm dann sagen müssen, dass seine Wäsche liegen geblieben ist, weil die Angestellten in den Tempel mussten, dreht er durch.«

Bali feiert jedes Jahr einen zeremonienfreien Tag. Das ist Nyepi, der Tag der Ruhe, an dem niemand aus dem Haus geht oder arbeitet.

***

An einem verregneten Nachmittag auf Mama Bobos Veranda in Sumba holte ich meine riesige Indonesienkarte hervor. Sie war ein Magnet für die Kinder: Innerhalb von Minuten beugten sich Dutzende kleine Köpfe über sie, schmutzige Finger griffen danach, deuteten auf dies und das und schmierten darüber. »Wo ist Sumba?«, fragte ich. Hmmm ... Nach einigem Er-sagt-sie-sagt-Hin-und-Her zeigte eines der älteren Kinder auf die richtige Insel. »Und wo ich herkomme? Jakarta?« Das verwirrte sie. Sie verwechselten Städte und Inseln, Inseln und Provinzen, Provinzen und Länder. Ein Kind machte Malaysia zu einer Provinz Indonesiens: Gründervater Sukarno, der immer mit hungrigen Augen nach Malaysia geschielt hatte, wäre stolz gewesen.

Die Kinder fragten, wo ich als Nächstes hinwolle, und ich zeigte auf die winzige Insel Sawu, weiter östlich im Meer zwischen Sumba und Timor. Anschließend strich ich mit der Hand über die Reihe mikroskopisch kleiner Sprenkel, die nördlich von Australien vom östlichen Ende Timors in einem Bogen bis an die Spitze Papuas führen. Ich nannte ihnen die Namen von ein, zwei dieser Inseln und wusste nicht mehr dazu zu sagen. Ich war noch nie dort gewesen und hatte auch noch niemanden kennengelernt, der schon dort gewesen war. Die Kinder packten die Karte, beäugten die Sprenkel und fingen an, mich zu testen. »Also gut, Besserwisserin, welche Insel kommt nach Kisar?«

Wir kamen überein, einen Geografiewettbewerb zu veranstalten, wenn ich das nächste Mal nach Sumba kam. Abends suchte ich in Waikabubak nach einer Karte, die ich ihnen zum Lernen dalassen konnte. Es gab Karten vom Distrikt West-Sumba und sogar von NTT*, der Provinz, zu der Sumba gehört. Aber in ganz Waikabubak war keine Karte des gesamten Landes zu bekommen, der Nation, zu der Sumba gehört. Ich fragte die ernst dreinblickenden chinesischen Händler in ihren Gemischtwarenläden und erwartete, dass Hände in die staubigen Warenhaufen gesteckt wurden und mit einer Karte wieder daraus hervorkamen, aber nein. Kein Er-

* Ausgeprochen »En-te-TE«, was für *Nusa Tanggara Timur* steht, Ost-Nusa-Tenggara. Viele Inselbewohner witzeln bitter, es stünde für *Nusa Tertinggal Terus*: Die ewig vernachlässigten Inseln.

folg auch im Buchladen oder einem der vielen Schreibwarenläden der Stadt.

Auf Sumba existierte die Nation Indonesien nicht.

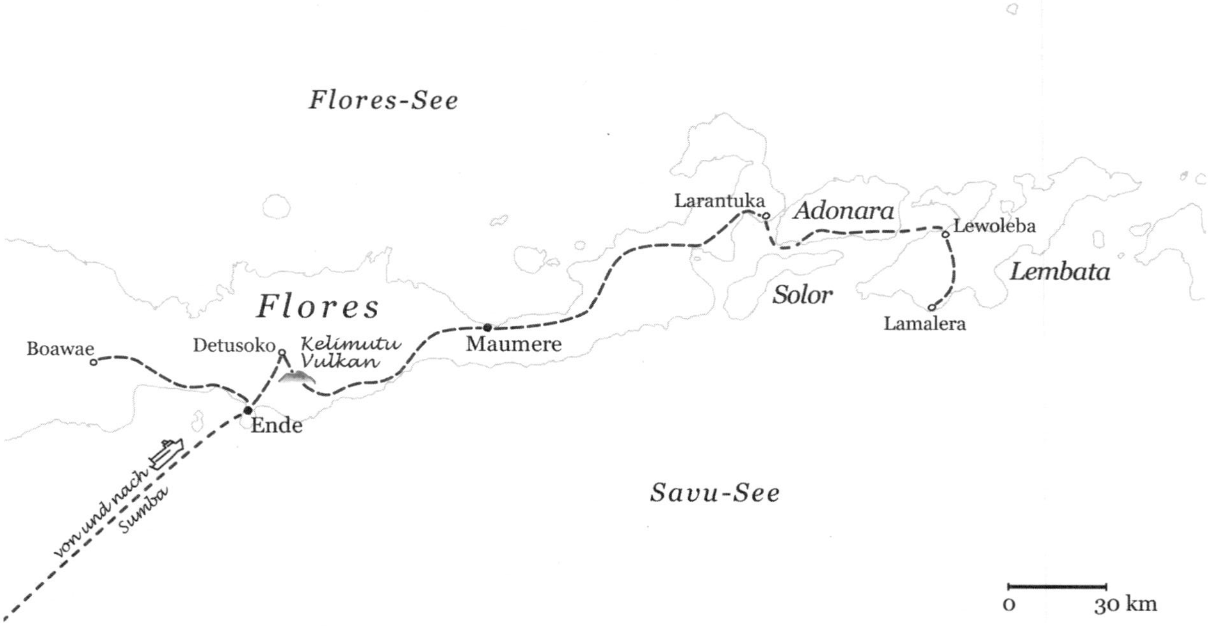
Flores-See
Larantuka
Adonara
Lewoleba
Lembata
Solor
Lamalera
Flores
Boawae
Detusoko
Kelimutu
Vulkan
Maumere
Ende
von und nach
Sumba
Savu-See
0
30 km

Kapitel 4

Einheimische Fremde

Auf den kleineren Inseln Ost-Indonesiens haben die Menschen eine sehr enge Beziehung zu Booten und Schiffen. Öl, Eier, Reis, Zucker, alles kommt mit großen Frachtern, und ihre Frequenz bestimmt die Preise auf dem Markt. Fähren schaffen einen Fluchtweg in die Welt draußen. Es gibt langsame, unbequeme flache Autofähren, um von einer Insel zur anderen zu gelangen, was bis zu vierundzwanzig Stunden dauert, und die großen Passagierschiffe der staatlichen Reederei Pelni. Sie fahren auf Routen, die ursprünglich durch die holländischen »Dampf-Pakete« festgelegt wurden, von einem Ende des Archipels ans andere. Die Inselbewohner kennen sämtliche Schiffe mit Namen, und in den Hafenstädten sind die Fahrpläne ins kollektive Gedächtnis der Bevölkerung eingraviert.

Ich wollte die monatliche Fähre von Sumbas östlichem Hafen Waingapu hinüber zum winzigen Sawu nehmen. Bis nach Waikabukak, das vier Autostunden über die während der japanischen Besatzung gebaute Straße entfernt liegt, wussten die Leute, wann die Fähre kommen würde. Meine Freunde im Westen der Insel buchten mich in ein Sammeltaxi ein und sorgten dafür, dass ich rechtzeitig auf dem Schiff sein würde.

Als ich in den Hafen kam, war jedoch von einer Fähre weit und breit nichts zu sehen. »*Lagi doking, Bu*«, sagte ein Wachmann freundlich. »Sie liegt im Trockendock für ihre jährliche Wartung. Im nächsten Monat fährt sie wieder.« Ein Stück den Pier hinunter wurden gerade ein paar Sumba-Ponys auf eine Autofähre nach Flores, nordöstlich von Sumba, getrieben, und ich schloss mich ihnen an und quetschte mich zwischen die Räder von zwei Lastwagen voll mit sauer riechendem Seetang. Neben den Ponys fuhren auch noch ein paar Spieler mit und ein Buckelrind mit traurigen Augen, die neben einem Strohhaufen angebunden war. Zufälle wie dieser bestimmten den Weg meiner Reise.

Mit der Ankunft portugiesischer Missionare begann sich das animistische Flores im 17. Jahrhundert dem Katholizismus zuzuwenden. Seine Küsten sind verglichen mit dem feuchtheißen Sumatra und dem üppigen Java ausgesprochen trocken, das aus einem Dutzend aktiver Vulkane bestehende Rückgrat der Insel macht die höher gelegenen Landstriche jedoch ausreichend fruchtbar. Zusammen mit den langen weißen Sandstränden im Nordosten, die sich wie ein Spitzenbesatz an der Küste entlangziehen, bilden sie einige atemberaubende Szenerien. Abends hüllen sich die Gipfel in Nebel, und das Leben gewinnt eine geradezu mystische Atmosphäre. An einem solchen Abend stieß ich auf einer Wanderung bei dem winzigen Ort Detusoko auf eine im Fluss sitzende Gruppe Frauen. Eine Mutter hielt sich sittsam den Sarong über die Brust, während ihre Tochter ihr den Rücken mit einem eingeseiften Stein schrubbte.

Die Frauen winkten mir zu: »Komm her und bade mit uns!«

»Das ist mir zu kalt«, rief ich zurück, und eines der jungen Mädchen lachte und bespritzte mich. Das Wasser war warm, und da ich seit Beginn meiner Reise nicht heiß geduscht hatte, watete ich voll angezogen in den Fluss und ließ mich von der Wärme einschließen. Was für ein wunderbarer kleiner Luxus der Natur!

Ich hatte nicht angenommen, dass es sich um einen heißen Fluss handelte, da es keinerlei Hinweise auf ein *obyek wisata*, ein »Tourismusobjekt« gab. So seltsam der Ausdruck auch klingen mag, er bildet den Kern des offiziellen indonesischen Konzepts für die Reiseindustrie. Spektakulär schöne Wasserfälle werden zu einem *obyek wisata* erklärt und mit Betontischen und Holzstümpfen ähnlichen Hockern aus Beton ausgestattet. Makellose Strände verschwinden hinter rosafarbenen Betonmauern, und über dem einen bogenförmigen Zugang steht: »*Welcome to Sunset Beach Tourism Object*« – Willkommen zum Sunset-Beach-Tourismusobjekt. Heiße Quellen werden zu schmierigen, gekachelten Bädern in wackeligen Schuppen, Pfade durch grandiose Schluchten sind mit Verkaufsständen bestückt, und überall liegen weggeworfene Trinkkartons herum.

Zentral-Flores scheint diesen Schrecken bisher auf wunderbare Weise entkommen zu sein. Etwa dreißig Kilometer von Detusoko liegt der Vulkan Kelimutu, eines der bekannteren Naturwunder Indonesiens. Ich erinnerte mich von einer früheren Reise im Jahr 1989 an ihn. Drei Seen, einer weiß, einer grün und einer blutrot, nisteten in seinem riesigen Krater. »Die Seen haben die Farbe geändert«, hatte mir eine Nonne erklärt. Das musste ich sehen.

Als ich mich an die Hauptstraße stellte, um einen Bus anzuhalten, bot mir ein junger Mann an einem Getränkestand an, mich mit seinem Ojek zu fahren. Ein Ojek ist ein Motorradtaxi, für gewöhnlich eine kleine Honda oder auch ein Yamaha-Roller und in den ärmeren Provinzen oft etwas heruntergekommen. Okay, um in einer Stadt von A nach B zu kommen, aber dreißig Kilometer über Bergstraßen auf einen Vulkan? Nein, danke. »Dann lassen Sie sich wenigstens zu einem Kaffee einladen«, sagte der Junge. Was ich tat. Ich trank ihn gerade, als der Bus vorbeirumpelte. Also nahm ich sein Ojek.

Die Straße schlängelte sich oben an der Seite eines tiefen Tales entlang. Reisterrassen zogen sich im freundlichen Licht des frühen Morgens bis hinunter zum Fluss. Während er den Windungen der Straße folgte, erklärte mir Anton, mein Fahrer, dass sein eigentliches Interesse der Tierzucht gelte. Er schäme sich fast, Leute für Geld herumzufahren. »Es ist nicht, dass ich dumm bin, Miss, oder faul. Ich habe die höhere Schule besucht. Aber sehen Sie sich um. Ein College kann ich mir nicht leisten, und hier kann man nur Reis anbauen. Es ist nicht wie drüben auf Java ...«

Java, das mythische andere Land, dessen Werte Suharto der ganzen Nation hatte einschreiben wollen. Ich fragte Anton, ob er je da gewesen sei. »Was, auf Java? O nein ...« Er klang ehrfurchtsvoll ungläubig, als hätte ich ihn gefragt, ob er schon im Petersdom in Rom gewesen sei. Später erwähnte er jedoch, er habe zwei Brüder, die auf Java arbeiteten. Konnte er nicht bei ihnen wohnen und sich mit seinem Ojek das College verdienen? »Da geht es anders zu, Miss. Da ist es nicht wie hier.« Er wich einem mächtigen Loch aus, wo ein Erdrutsch ein Stück Straße weggerissen hatte, und lachte. »Sehen Sie, so was gäbe es auf Java bestimmt nicht!« Anton fürchtete, »da drüben« würde er auch nicht ins College kommen, da er ein zu großer Hinterwäldler sei. Ich gab ihm die standardmäßige Aufmunterung: »Wenn Sie es nicht probieren, werden Sie es nie herausfinden. Das Schlimmste, was passieren kann, ist, dass Sie zurückkommen und so weitermachen wie bisher.«

Noch einige Monate schickte mir Anton gelegentlich eine »Status«-Meldung, und ich antwortete ihm jedes Mal. Dann, fast ein Jahr später, kam die Überraschung: »Hallo, Miss. Wo sind Sie jetzt? Ich bin in Surabaya.« Wie es der Zufall wollte, wartete ich gerade auf einen Flug nach Surabaya, die zweitgrößte Stadt Javas, und so trafen wir uns am nächsten Abend auf einen Kaffee. Anton ging ins College, er studierte Tiermedizin. »Ich habe über das nachgedacht, was Sie sagten, und kam zu dem Schluss, ja, sie hat recht. Ich kann es nicht schaffen, wenn ich es nicht versuche.« Und Java erwies sich gar nicht als so fremd, wie er befürchtet hatte. Er fühle sich immer noch ein wenig wie ein Landei, sagte er, aber es gebe auch noch andere Studenten aus Flores, und die hälfen ihm weiter. »Es ist auf jeden Fall besser, als in Detusoko zu hocken und Leute mit meinem Ojek herumzufahren.«

Anton setzte mich oben am Kelimutu ab (schon der Name singt). Es war einer jener das Herz zum Überlaufen bringenden Tage mit glitzernder Morgenluft und endloser Fernsicht. Die Vögel sangen, Schmetterlinge umschmeichelten mich, und ich befand mich ganz allein an einem der schönsten Orte dieser Welt. Zwei der Seen des Kelimutu werden von einer zerklüfteten Felswand voneinander getrennt. An einen von ihnen erinnerte ich mich als smaragdgrün, der andere war ein großes Bassin voller Milch gewesen, der dritte, ein Stück weiter entfernt, mit klebrigem, oxidiertem Blut gefüllt. Jetzt jedoch schienen sich die Nachbarseen miteinander vermischt zu haben und waren zu türkisfarbenen Zwillingen geworden. Als die ersten Wolken heranzogen, huschten rauchige Schatten über das Wasser. Ich lief über einen staubigen Pfad zum dritten See und kam dabei an einem einsamen Landschaftsgärtner vorbei, der das endlose Buschgras mit einer Sense von der Größe eines Schweizer Armeemessers anging. Der Blutsee, von dem die Menschen der Gegend annahmen, dass er dereinst ihre Seelen aufnehmen würde, war fast zu Schwarz verdickt. Ich fragte mich, was aus den Seelen der Jungfrauen und Unschuldigen geworden war, jetzt, da der weiße See, in dem sie Zuflucht gefunden hatten, türkisblau war. Geologen sagen, die Farben wechseln wegen der Mineralien, die von unten durch Vulkanschlote ins Wasser hochgedrückt werden, während die Bewohner der Gegend laut der offiziellen Website des Kelimutu National Park glauben, dass die Verfärbung eine Reaktion der Geister auf die Wahl eines Militärs zum Präsidenten Indonesiens ist.

Eine Weile saß ich in der von Vogelgesang und Insektensummen durchzogenen Stille. Wir hatten November, keine touristische Hochsaison, dennoch staunte ich, dass ich diese majestätische Szenerie ganz für mich allein hatte. Da waren keine Busladungen reicher javanischer Privatschüler, die die Wunder ihrer Nation erkundeten, keine Gruppen kamerabewaffneter Japaner mit einem speziellen Interesse in Vulkanologie, nicht mal westliche Rucksackreisende, die sich ein Jahr freigenommen hatten, um exotische Geschichten zu sammeln, die sich später an der Uni in Manchester, San Francisco oder Berlin zum Besten geben ließen. Natürlich faszinierte mich die Einsamkeit, für Indonesien kam es mir jedoch fast wie eine Beleidigung vor, dass niemand sonst hier war.

***

Ohne jeden Zweifel verkauft sich Indonesien auf der Weltbühne unter Wert. Gerade mal zwanzig indonesische Athleten fuhren 2012 zur Olympiade nach London, das ist kaum einer von zehn Millionen Indonesiern. Die Soldaten des Landes waren früher oft in UN-Friedenstruppen vertreten, aber nur ganz wenige haben es je in höhere Ränge internationaler Organisationen geschafft oder gar eine geleitet. Kein Indonesier hat je einen Nobelpreis gewonnen.*

Das Land genoss mehr Aufmerksamkeit, als Sukarno (der neun Sprachen beherrschte) um die Welt fuhr, den Imperialismus der

* Es sei denn, man will den Holländer Christiaan Eijkman anführen, dem 1929 der Nobelpreis für Medizin für seine Arbeiten zu Beriberi in Niederländisch-Ostindien zugesprochen wurde, oder die beiden Ost-Timorer Carlos Filipe Ximenes Belo und José Ramos Horta, die 1996 offiziell Bürger Indonesiens waren und den Friedensnobelpreis im Prinzip für ihren Widerstand gegen die indonesische Herrschaft bekamen. Das nächstkleinere Land ohne Nobelpreisträger ist Äthiopien, das nach seiner Einwohnerzahl auf Rang vierzehn der Nationen steht.

Großen anprangerte und seine übergriffigen Nachbarn ermahnte. Sein Nachfolger Suharto jedoch, das Gegenstück zu Sukarno, sprach kaum Englisch und fühlte sich auf der internationalen Bühne nicht wohl. Allein was seine direkten Nachbarn betraf, ging er aus sich heraus und war eine treibende Kraft hinter der Etablierung des Verbandes Südostasiatischer Nationen, kurz ASEAN, einer Art gegenseitiger Unterstützergruppe für die nicht so demokratischen Führer der Region. Über drei Jahrzehnte blieb Suharto international eher blass, und die Indonesier selbst taten wenig, um etwas daran zu ändern.

Bemerkenswert wenige Indonesier haben sich in anderen Ländern niedergelassen. Sie verlassen ihre Heimat höchstens als Vertragsarbeiter. Im Jahr 2012 zogen vier Millionen Indonesier übers Meer, um anderen Leuten die Klos zu putzen, Plantagen von Unkraut zu befreien oder Hotels zu bauen, hauptsächlich in Saudi-Arabien und Malaysia. Fast alle diese Leute reisen gleichsam »pauschal«, das heißt, von der Regierung anerkannte Agenten schicken sie in Gruppen los und holen sie nach Ende der Vertragslaufzeit wieder zurück. So entstehen keine Gemeinden im Ausland, die den Einfluss des Landes ausweiten könnten.

Das alles ging mir vor Jahren durch den Kopf, als ich eines Abends bei meinem Freund Luwi im Auto saß. Luwi gehört der oberen Mittelklasse an, ist ein gut ausgebildeter Designer mit einem französischen Großvater, einem internationalen Freundeskreis und einem Pass voller Stempel. Er verfügt über all die Voraussetzungen, um sich, käme er aus Korea oder Kolumbien, für ein Leben in New York oder Paris zu entscheiden. Es war vier Uhr morgens, und wir fuhren mit seinem blauen VW-Käfer ziemlich ziellos durch Jakarta. Ich redete über nationale Identitäten, und er sah mich an und sagte: »Hast du Hunger?«, was tatsächlich der Fall war. »Ich auch«, sagte er. Sekunden später schon parkten wir bei einem Straßenstand und saßen kurz darauf mit einem frischen Omelett und einem Glas süßem Ingwertee auf einer weichen Palmenmatte auf dem Bürgersteig. Schon war ich wieder bei meiner nationalen Nabelschau: Warum lebten so wenige Indonesier im Ausland? Einer der Gründe bestand sicher darin, dass ein Studium oder ein Arbeitsaufenthalt im Ausland großes Ansehen bedeuteten und der damit verbundene soziale Status und die Verdienstmöglichkeiten wie ein riesiger Magnet wirkten, der die Leute zurück nach Hause zog. Aber es gab noch einen anderen Grund, wie Luwi bemerkte, als er einen Löffel Krabben-Chili auf sein Omelett gab und zufrieden unser spontanes nächtliches Festessen betrachtete: »Wie könnte ich auf das alles hier verzichten?«

Selbst weniger mit ihrem Los zufriedene Indonesier wie der Ojek-Fahrer Anton müssen nicht in ein anderes Land auswandern, um nach einem besseren Leben zu suchen. Warum die Mühe, wenn es so viele Orte im eigenen Land gibt, die ähnliche Möglichkeiten bieten? Der Wechsel auf eine andere Insel kann von der Enge der Situation und der Familie befreien, und man kann neue Tänze und Speisen kennenlernen, ohne sich in eine andere Sprache finden, an eine neue Währung gewöhnen oder mit einer rücksichtslosen Ordnungsmacht rechnen zu müssen.

***

Was Indonesien gleichzeitig vereint und trennt, ist das Essen. Jede Region verfügt über ihre eigene Küche. In den kleineren Orten ärmerer Inseln jedoch, auf denen ich die ersten Monate meiner Reise verbrachte, waren die lokalen Speisen nur schwer zu bekommen. Nur in den Häusern der Einheimischen lassen sich Papayablätter mit Sumpfkräutern oder Mais- und Kürbispüree probieren. Auf den Straßen und in den kleinen Restaurants wird das Essen von einer Handvoll wandernder Küchennomaden zubereitet, die sich quer durch die Nation kochen. Am bekanntesten sind die Minangkabau aus West-Sumatra.

Von den Minangkabau stammt das Wort, das die meisten Indonesier für Migration benutzen: *merantau*. *Merantau* bedeutet, ins Ausland zu reisen, um sein Glück zu machen, und das ist etwas, was die Minangkabau-Männer immer getan haben. Bis vor nicht allzu langer Zeit noch wohnten mehrere Generationen der Minangkabau in ihren charakteristischen großen Holzhäusern zusammen, deren Außenwände sich nach oben hin leicht weiten und ein Dach tragen, das sich in einer Folge dramatischer Bögen von der Form übereinander liegender Büffelhörner in die Höhe reckt. Die Häuser gehören den Frauen, die Minangkabau leben in einer matrilinearen Kultur. Junge Männer wohnen bei ihrer Mutter, müssen aber ausziehen, wenn sie erwachsen werden. Hat er das Haus seiner Mutter verlassen, ist ein junger Mann ohne Obdach – bis er heiratet und in das Haus seiner Frau zieht. Die Lösung: sein Glück außerhalb von West-Sumatra zu suchen.

Die Bewohner von West-Sumatra haben die Nation mit einem Restaurant nach dem anderen erobert, genau wie es McDonald's in den Vereinigten Staaten gemacht hat – nur dass es bei den Minangkabau keinen Konzern gab, der den hart arbeitenden Familienbetrieben den Verdienst aus den Taschen zog. Ihre Padang-Food-Restaurants erkennt man an den verkürzten Büffelhorndächern, die oft aus einer flachen, langweiligen Ladenzeile mit Handys und Motorradteilen hervorstechen. Gibt es keinen Platz für die hoch aufragenden Wellblechbögen, wird wenigstens ein Minang-Haus-Logo aufs Fenster gemalt. Das Symbol ist überall im Land zu sehen und so gut erkennbar wie der goldene Doppelbogen von McDonald's.

Padang-Restaurants stellen eine eigene Subkultur dar. Bei Tagesanbruch beginnt das Kochen, vormittags kommen die Essensbehälter ins Ladenfenster. Immer dabei ist *rendang*, zähes Rindfleisch, das etliche Stunden vor sich hingeköchelt hat, mit roten Chilis und Kokosnussmilch, bis sich Flüssigkeit, Gewürze und Fleisch zu einem sämig-weichen Ganzen verbunden haben. Daneben gibt es eine Art Spinat aus Maniokblättern oder Stücke der großen Jackfrucht in schwerer Kokossoße sowie Dutzende andere Dinge, von denen viele bereits auf kleinen Tellern portioniert und über den Behältern zu Pyramiden aufgetürmt sind. Krabben mit stinkenden Bohnen, die sich bei späteren Toilettenbesuchen in Erinnerung bringen. Kleine Auberginen in Chilipaste. Hirn in einer dünnen grauen Soße. Gebratene Lunge, die aussieht wie getrockneter Schwamm. Gekochte Eier, deren geschälte Nacktheit ungleichmäßig mit einer klebrigen Gewürzmischung bedeckt ist. Gegrillter Fisch, der aus reglosen weißen Augen in die Welt starrt. Ein Schüsselchen voller gehackter grüner Chilis. Nicht alles ist ähnlich appetitlich, doch es gibt immer etwas, das man mag.

Hinter den Speisen hängt ein Spitzenvorhang, um die hungrigen Fliegen fernzuhalten. In den größeren Restaurants wird eine Vielzahl kleiner Teller mit Speisen auf den Tisch vor einen hingestellt, zusammen mit einer kokosnussgroßen Menge Reis, und man bezahlt, was man isst. In den kleineren Restaurants geht der Gast und sucht sich aus, was er will. Take-aways sind immer möglich: In braunes Wachspapier eingewickelter *nasi bungkus* (»ein Paket Reis«) ist in Indonesien so weit verbreitet wie Sandwiches bei uns im Westen. Und das Essen ist für die meisten Indonesier sicher. Die Minangkabau sind streng islamisch, und es besteht keine Gefahr, dass etwas, was nicht *halal* ist, ins Nasi Padang gerät, selbst auf einer Insel wie Sumba, auf der Schweine zur Kultur gehören.

Die Minang haben ihre Büffelhörner auf kleinen und großen Restaurants in ganz Indonesien, Straßenverkäufer aus Java haben eine Art nationales Franchise für gebratenen Tofu etabliert, und es gibt noch eine dritte Gruppe der Wanderer, die Sasak, bei denen ich mich mit größter Freude versorge. Die jungen Sasak-Männer aus Lombok in der Provinz NTB, Nusa Tenggara Barat östlich von Bali, haben den indonesischen Markt für Kokosmilch in ihre Hand gebracht.

Wenn einem heiß ist oder wenn man dehydriert und vielleicht ein wenig mürrisch ist, gibt es keinen willkommeneren Anblick als einen Verkaufskarren mit den Buchstaben »ES KELAPA NTB« auf klebrig neonorangefarbenem Grund. Eiskalte Kokosmilch im NTB-Stil. Der Wagen wird gewöhnlich ein *kaki lima* sein: ein etwa zwei Meter langer und einen Meter breiter Holzschrank, für gewöhnlich grellgrün oder grellrosa gestrichen, mit zwei seitlichen Glasscheiben vor dem Verkaufstresen, die als Ladenfront dienen. Darauf klebt eine Übersicht über die Speisekarte, manchmal ist sie auch aufs Glas gemalt. Es Kelapa, gebratener Tofu, gegrillter Satay, sogar Nasi Padang, alles ist dort zu finden. Der Karren fährt auf zwei großen Rädern, hat an einer Seite zwei Handgriffe und lässt sich wie eine Schubkarre über die Straße schieben. An der anderen Seite gibt es ein kurzes Holzbein, das ihn, stillstehend, in der Waage hält. Ich stelle mir gern vor, dass der Name *kaki lima*, der nichts anderes als »fünf Füße« bedeutet, von den zwei Rädern, dem Holzbein und den beiden Beinen des Händlers herrührt, der den Karren durch die Straßen schiebt. Manche Leute behaupten jedoch, der Ausdruck gehe auf eine Verordnung aus Stamford Raffles Tagen als Vizegouverneur Javas zurück, während der kurzen englischen Besatzung von 1811 bis 1816 infolge der Napoleonischen Kriege. Raffles legte damals fest, alle Bürgersteige hätten wenigstens fünf Fuß breit zu sein, und da die Wagen auf den Bürgersteigen standen, sagen die Leute, seien sie so genannt worden.

Die Karren werden so erfindungsreich wie verschiedenartig den Bedürfnissen des jeweiligen Händlers angeglichen, mit Schubladen, herausziehbaren Unterlagen, eingebauten Eisschränken, Holzkohlegrill, Gasflaschen, herunterklappbaren Bänken, Schirmen und Sonnensegeln. Jeder Händler hat seinen eigenen Weg gefunden, seine Mühen zu minimieren, seinen Platz optimal zu nutzen und Kunden anzulocken. Allein die Es-Kelapa-Jungs haben Probleme, weil ihr Grundstoff nicht an Bord unterzubringen ist, und so stapeln sich auf dem Bürgersteig neben ihnen, oder versteckt hinter einer zerfallenden Mauer in einem leeren Hof, mächtige Haufen grüner Kugeln, die darauf warten, mit einer Machete geöffnet und über einen großen Krug mit Eis geleert zu werden, wobei das zarte Fruchtfleisch meist mit an einen Bambusstock genagelten Kronkorken in dicken weißen Nudeln aus seiner Schale gekratzt wird. Eine kleine Kelle rotbrauner Palmzucker, ein großer Schlag Kondensmilch, und das Getränk ist fertig.

Die Es-Kelapa-Jungs sind die weitestgereisten Indonesier, die ich kenne. Sie wechseln von Insel zu Insel, von einem Ort zum anderen. »Ich staune immer noch darüber«, erklärte mir ein junger Sasak-Mann. »Überall gibt es Kokosnüsse, doch die Leute denken nicht dran, sie zu verkaufen. Dann kommt einer von uns, und wir machen zwei, drei Monate ein gutes Geschäft, bis endlich drei oder vier aus dem Ort beschließen, dass sie das auch können, womit der Markt gesättigt ist. Dann ziehen wir weiter.« Bedeutet das nicht, dass die Möglichkeiten für umherziehende Verkäufer immer weiter abnehmen? »Ganz und gar nicht. Es ist eine harte Arbeit, zehn Stunden pro Tag in der Sonne zu stehen. Die vor Ort lebenden Leute sind zu faul, das auf Dauer zu machen. Irgendwann arbeiten sie nur noch morgens, solange es noch kühl ist, oder abends, aber dann will niemand Es Kelapa. Also fangen sie an, Geld zu verlieren, und hören auf. Dann gibt es kein Es Kelapa mehr, bis ein neuer Sasak kommt.«

Es gibt noch andere ethnische Monopole. Die Friseurläden im Land werden von den Madurern geführt, während Frauen aus Java den Verkauf von Jamu beherrschen, einer traditionellen Medizin, die täglich frisch aus Wurzeln und Kräutern gekocht wird. Boote und Schiffe werden von den Bugis Süd-Sulawesis gebaut: Ihre Schoner beherrschten die Meere als Handels- und Piratenschiffe, lange bevor die Europäer kamen, und auch noch lange danach. Ihre direkten Nachbarn, die Makassareser, sind gute Händler, während die Leute aus dem ehedem stolzen Sultanat

Buton, einen Sprung weiter auf den südöstlichen Arm des gekappten Tintenfischs, dem Sulawesi so gleicht, immer schon mit Dörrfisch gehandelt haben. Die Tradition des Merantau schafft eine Art innerer Konsistenz in ganz Indonesien. Wo immer ich hinkomme, finde ich Nasi Padang und Jamu Jawa, Es Kelapa NTB und einen madurischen Friseur. Tatsächlich könnte man sagen, dass die klar vorhersehbare Mischung der verschiedenen ethnischen Spezialitäten die Essenz Indonesiens bildet: Einheit durch Vielfalt.

***

Um »Einheit durch Vielfalt« zu erleben, muss man nur eine Pelni-Fähre nehmen. Da findet sich alles Leben. Selbst noch die kleinsten Fähren haben eine Handvoll Kabinen und einen gesonderten Essraum für die »Klasse«-Passagiere. Auf den preisgünstigen Decks, von denen es auf den größeren Schiffen fünf gibt, sind Sperrholzpritschen in Zweierreihen angeordnet, getrennt nur durch ein paar Zentimeter Metall, und darüber balanciert eine Gepäckablage. Auf den Pritschen breiten die Leute ihre Sarongs und Schlafmatten aus und respektieren irgendwie die Privatsphäre der Mitreisenden an diesem so öffentlichen Platz.

Die bei weitem beliebteste Aktivität auf den Fähren ist das Schlafen, gefolgt vom Herumdösen. Die Leute unterhalten sich, spielen Karten, pflegen und massieren einander. Kinder schreien, überall erklingt blecherne Handymusik, und es wird schrecklich viel gegessen. Der britische Naturforscher Alfred Wallace verbrachte Mitte des 19. Jahrhunderts zwölf Jahre in einigen der entlegensten Teile des Archipels, schoss Orang-Utans, spießte Käfer auf und nahm eines der holländischen Postboote, die als Vorgänger der heutigen Pelni-Schiffe betrachtet werden können. Das Essen beschrieb er folgendermaßen:

> *Um sechs Uhr früh gibt es eine Tasse Tee oder Kaffee für die, die eine mögen. Zwischen sieben und acht folgt ein leichtes Frühstück mit Tee, Eiern, Sardinen usw. Um zehn werden Madeira, Gin und verschiedene Sorten Bitter gebracht, als Aperitif für das gehaltvolle Elf-Uhr-Frühstück, das sich von einer Hauptmahlzeit nur durch das Fehlen einer Suppe unterscheidet. Tee und Kaffee gibt es wieder um drei, Bitter usw. um fünf und ein gutes Abendessen mit Bier und Claret um halb sechs, gefolgt von Tee und Kaffee um acht. Zwischendurch werden auf Wunsch Bier und Sodawasser serviert, womit es keinen Mangel an kleinen gastronomischen Reizen gibt, um die Langeweile der Seereise zu verkürzen.**

Heute können sich die einfachen Passagiere dreimal pro Tag ein Gratis-Essen abholen, immer eine Styropor-Schachtel mit grobem Reis, verkochtem Kohl und gelegentlich einem Stück Fisch. Gin und Bitter gehören traurigerweise der Vergangenheit an, dafür gibt es »kleine gastronomische Reize« von herumwandernden Stewards, die Nudeln anbieten, Fleischbällchen-Suppe und schimmernde klebrige Getränke, in denen grüne und rosafarbene Gallertwürmer schwimmen. Aber auch das reicht noch nicht: Hier schält eine Frau Mangos aus ihrem persönlich mitgebrachten Vorrat, dort knabbert eine Familie Krabbenbrot oder bietet den Nachbarn Kekse an.

Dazu gibt es offizielle Unterhaltung. »Ladies und Gentlemen«, schallt es aus der unvermeidlichen Lautsprecheranlage, »zu Ihrem Sehvergnügen zeigen wir den romantischen Spionageskandal mit der *wunderschönen* Mandarin-Schauspielerin Miss Beautiful Lingling Zhou. Bitte denken Sie daran, Ladies und Gentlemen, diese *romantische* Geschichte des Wagemuts im

* Alfred Russel Wallace: *The Malay Archipelago: the land of the Orang-Utan, and the Bird of Paradise. A narrative of travel, with studies of man and nature.* 2 Bde., Macmillan, London 1989, Bd. 1, Kap. 19

Angesicht verbotener Liebe ist *nur für Erwachsene* geeignet! Bitte kommen Sie ins Mini-Kino auf Deck fünf, links. Eintritt nur zehntausend Rupiah.«* Auf größeren Fähren wird der Speisesaal der vornehmen Passagiere nach deren Essen in einen Tanzsaal für das gemeine Volk verwandelt. Eine Band hinter einem kleinen Stück Parkettboden spielt Swingmelodien, und die Passagiere (»nur Paare bitte, ordentlich und anständig gekleidet«, mahnt der Lautsprecher) können sich unter einer Discokugel im Kreis drehen.

Fremde unterhalten sich völlig zwanglos miteinander. Die Leute tauschen Geschichten darüber aus, woher sie kommen und wohin sie gehen, über exotische Gebräuche, die ihnen auf unbekannten Inseln begegnet sind, über das Essen und die Annehmlichkeiten zu Hause und über unverständliche Preise: Auf Bali zahlen Sie dreißigtausend für ein Kilo Süßkartoffeln, stellen Sie sich das vor!

Fast jedes Gespräch beginnt mit dem unvermeidlichen *»Dari mana?«* – Woher sind Sie? Und kaum sind die ethnischen Zugehörigkeiten geklärt, beginnt die Stichelei. »Ich würde Ihnen ja etwas getrockneten Tintenfisch anbieten, aber ich weiß, ihr aus Sunda esst nur Blätter.« – »Oh, lassen Sie sich von dem nicht aus der Ruhe bringen. Sie wissen doch, Bataks sind immer *soooooo* unhöflich ...« – »Bugis, wie? Nun, ich werde aufpassen, sollten wir ein Geschäft machen wollen. Alle wissen, wie trickreich ihr seid!«

Auf den Pelni-Fähren werden fast alle Gespräche auf Indonesisch geführt. Natürlich geht es nicht anders. Ein Mann aus der Provinz Molukken schwatzt mit einer Frau aus Timor, jemand aus Aceh redet mit einem West-Sumatraer, Leute aus verschiedenen Teilen Papuas vergleichen die Erfahrungen, die sie auf Java ge-

* Während meiner Reise von 2011 bis 2012 stand der Kurs der Rupiah zwischen 9 000 und 9 500 je Dollar. Während des Schreibens sank er auf 10 500. Die Umrechnungen in diesem Buch basieren auf dem Kurs während der Reisezeit.

macht haben. Die Nationalsprache Indonesisch ist die eine Sprache, die diese Menschen gemein haben.

Das Indonesische ist eine lustige Sprache. Wie viele Idiome, die hauptsächlich entstanden sind, um die Verhandlungen auf mehrsprachigen Märkten zu erleichtern, ist das Handels-Malaiisch/Indonesisch sehr einfach. Statt sich zum Beispiel mit Pluralbildungen abzumühen, wird das Substantiv einfach verdoppelt. So heißt *anak* »Kind«, und *anak anak* ist der Plural: »Kinder«, oft auch *anak*^{2} geschrieben. Zeiten gibt es nicht. Die Indonesier geben Zeitworte in den Satz, um klarzumachen, ob es um Vergangenheit, Gegenwart oder Zukunft geht. »Ich bezahle dich gestern«, oder: »Ich bezahle dich morgen.« Dazu ist es eine sehr vage Sprache, *besok*, morgen, kann den morgigen Tag meinen, aber auch einen anderen beliebigen Zeitpunkt in der nicht zu fernen Zukunft.

Die frühen Nationalisten wählten das Malaiische als gemeinsame Sprache für die noch zu schaffende Nation, weil es leicht zu lernen und bereits weit verbreitet war, wenigstens im wirtschaftlichen Bereich. Es gab jedoch auch einen klaren politischen Grund: Es war nicht Javanisch.

Die meisten gebildeten Nationalisten sprachen Javanisch, und es wäre ein Leichtes für sie gewesen, ihre Muttersprache zur Sprache der neuen Nation zu machen. Es ist ihnen hoch anzurechnen, dass sie es nicht getan haben. Das Javanische ist höllisch komplex, und wäre es die Nationalsprache geworden, wären die Indonesier der anderen Inseln ständig im Nachteil. Zudem ist das Javanische ungeheuer hierarchisch. Es gibt völlig unterschiedliche Vokabulare, je nachdem, ob man mit Vorgesetzten oder Untergebenen spricht. Sukarno und seine Leute waren wenigstens sprachlich egalitär. Sie wollten den tief in der javanischen Kultur verankerten Feudalismus nicht über eine klassenbewusste Sprache auf den Rest der Nation übertragen. Sukarno ließ sich gern mit *bung*, »Bruder«, ansprechen. Der paternalistische Suharto dagegen wollte *bapak*, »Vater«, genannt werden.

Seit der Unabhängigkeit wird an allen Schulen Indonesisch unterrichtet. Innerhalb einer Generation lernten fast alle die neue Nationalsprache. Örtliche Idiome blieben weiterhin bestehen und wurden auf dem Markt gesprochen, doch ich habe sie während meiner verschiedenen Inkarnationen im Land kaum einmal im öffentlichen Bereich gehört. Das hat sich in letzter Zeit geändert, was mit der politischen Dezentralisierung zu tun haben mag, durch die es weniger Zugezogene in der Verwaltung gibt und der Lokalstolz angewachsen ist. Ende 2011 wurde auf den Veranden und an den Getränkeständen NTTs, auf dem Markt, im Büro des Ortsvorstands und sogar auf einigen Schulhöfen eine der sechsundsiebzig örtlichen Sprachen gesprochen, nicht Indonesisch.

Als ich die Pelni-Fähre betrat, ein Stück schwimmendes Indonesien, das von der nationalen Sprache abhing, konnte ich mit einem Mal wieder in fast alle Gespräche hineinhorchen. Die meisten von ihnen hatten, wie ich fand, einen Subtext: Die Passagiere waren unterwegs, um anderswo ihr Glück zu suchen, oder kehrten nach dem Versuch, in der größeren Welt Tritt zu fassen, nach Hause zurück.

Die Rückkehrer sonnten sich entweder in ihrem Erfolg oder äußerten sich eher gedämpft und ließen Enttäuschung erkennen. Waren sie auf dem Weg in ein neues Leben, sprühten sie nur so vor Optimismus oder waren nervös. Oft war ihnen ein Onkel oder eine ältere Schwester vorausgegangen, und der Neuling würde am Anleger erwartet werden und hatte eine Anlaufstation. Trotzdem ist so etwas ein großer Schritt für Menschen, die nie außerhalb des schützenden Kokons ihres Dorfes mit seinen klaren Hierarchien und bekannten Regeln gelebt haben. Wenn sie die Fähre verließen, mussten sie indonesischer sein als je zuvor. Und wahrscheinlich waren sie erleichtert festzustellen, dass es auch am neuen Ort Nasi Padang gab.

***

Vor der östlichen Spitze von Flores hebt sich eine Anzahl kleinerer Inseln trocken und uneben aus dem Wasser. Das Leben dort hängt weitgehend davon ab, was die Menschen aus dem Meer zu holen vermögen. Auf einer lokalen Fähre, die zwischen diesen Inseln verkehrte, lernte ich Mama Lina kennen. Sie hatte den behäbigen, sagogenährten Bau der Frauen Ost-Indonesiens und versuchte offenbar, sich das krause Haar mit einer Art Waffeleisen zu glätten. Sie wirkte etwas matronenhaft, aber nicht unfreundlich, war bei einem Lehrerausbildungs-Workshop auf Flores gewesen und fuhr zurück auf die Insel Adonara.

»Warum kommen Sie nicht einfach mit zu mir?«, fragte sie, und ich nahm ihre Einladung an.

Mama Lina klatschte aufgeregt in die Hände, doch mit fortschreitender Reise wurde sie immer nervöser. Was wird diese weiße Frau essen? Wo soll sie schlafen? Benutzen Weiße nicht diese komischen Toiletten, auf die man sich setzen kann? Sie fing an, meine Erwartungen zu dämpfen und versuchte womöglich sogar, mich wieder loszuwerden. »Wir haben keinen Strom im Dorf, wissen Sie, und auch kein fließendes Wasser.« Aber ich war auf die Fähre gestiegen, ohne überhaupt zu wissen, auf welche Insel ich wollte, und freute mich, plötzlich einen Plan zu haben. Davon würde ich mich nicht wieder abbringen lassen.

Mama Linas Dorf war eines der abgelegensten Adonaras und klebte hoch an den Hängen des Vulkans. Ein Betonpfad führte von der Hauptstraße geradewegs die Flanke des Vulkans hinauf, und die Steigung war so stark, dass sich der Motorradpassagier gegen den Fahrer drücken musste, wollte er es vermeiden, hinten herunterzufallen. Da es unten am Pfad nur cin Motorradtaxi gab, schickte Mama Lina mich voraus. Wo der Betonpfad abrupt endete und ich ohne viel Federlesen abgesetzt wurde, saß eine Gruppe Frauen und schwatzte. Sie verstummten mitten im Satz und starrten mich mit großen Augen an. Ich begrüßte sie fröhlich und sagte etwas über die sich zusammenziehenden Regenwolken, aber genauso gut hätte ich ein Hund sein können, der ein Gespräch über das Wetter anfangen wollte. Sie starrten mich immer weiter an und brachten kein Wort heraus. Dann kam Mama Lina auf einem anderen Motorrad, erklärte meine Anwesenheit mit einem knappen »Meine Freundin, sie bleibt eine Weile«, und führte ihren Gast ohne weitere Ausführungen wie eine Trophäe zu sich nach Hause. Die Frauen waren immer noch sprachlos.

So schnell es ging, kletterten wir den Pfad hinauf, der sich zwischen den Holzhäusern hindurchwand, aber die Wolken waren schneller. Die ersten dicken Regentropfen fielen, und wir flüchteten uns zu Linas Schwiegereltern. Innerhalb von Minuten prasselte der Regen so heftig vom Himmel, dass wir auf die Begrüßungsnettigkeiten verzichten mussten. Mama Linas Schwägerin kochte Kaffee, während Lina und ich das in Strömen vom Wellblechdach platschende Wasser auffingen. Wir stellten Bottiche und Kochtöpfe darunter und korrigierten ihre Position, wenn der Wind dem Wasser eine neue Richtung gab. »Seht da, da kommt mehr«, sagte die Schwägerin, und wir verschoben die Gefäße. »Hier, hier.« Weiter ging es. Es schien eine planlose Art, in einem Bergdorf Wasser zu sammeln, in dem es keinen Brunnen gab.

Als der Regen aufhörte, wurde es dunkel. »Entschuldigung, kein Licht«, wiederholte Mama Lina, und wir schlitterten im Licht meiner Taschenlampe durch den aufgeweichten Matsch zu ihrem Haus.

Ich war etwas überrascht, eine Satellitenschüssel neben dem Papayabaum in Mama Linas Garten zu sehen, dazu einen Fernseher im inneren Heiligtum ihres Hauses. Wie sich herausstellte, gab es einen Dorfgenerator, der nach allgemeiner Übereinkunft zu einer Zeit abends in Gang gesetzt wurde, die von den Programmleitern des Fernsehens im eine ganze Zeitzone entfernten Jakarta vorgegeben wurde. Als die Lampen und der Fernseher zum Leben erwachten, kamen verschiedene Nachbarn in Mama Linas Haus, breiteten aus Palmblättern geflochtene Tikar-Matten auf dem Boden aus und schlossen sich der Familie zu einem Akt gemeinsamer Anbetung vor dem Altar der Sinetron an.

Die Sinetron, oder »Seifenoper«, gibt es, seit Suharto seiner Tochter erlaubt hat, die Sendezeit ihres neuen Fernsehsenders mit importierten mexikanischen Telenovelas zu füllen. Das war in den frühen 1990er-Jahren. Heute konkurrieren Dutzende im eigenen Land produzierte Geschichten voller Intrigen, Verrat und Wiedergutmachung um Zuschauer und Werbedollars. Die Storys sind abgedroschen, aber seltsam fesselnd. Wird Rickys DNA-Test ergeben, dass seine Liebe zu Indra inzestuös und seine Mutter nicht das Abbild von Tugendhaftigkeit ist, für das er sie immer gehalten hat? Was ist mit Sitis umtriebigem Ehemann – könnte er dieses lächerliche Schulmädchen tatsächlich seiner pflichtbewussten Frau vorziehen?

Die Geschichten um tugendhafte Cousins und Cousinen vom Land, die sich verwirrt mit den Gemeinheiten ihrer großstädtischen Verwandten konfrontiert sehen, spielen ausnahmslos in mit Polstermöbeln vollgestellten Wohnzimmern mit Marmorböden. Autotüren werden zugeknallt, Leute verschwinden in die Nacht, und im Hintergrund glitzern Jakartas Hochhäuser. Seltsamerweise bleiben die Autos nie in einem der realen dreistündigen, das Leben der Menschen in Jakarta auffressenden Staus stecken, und keiner der Protagonisten lebt in einer aus Sperrholz und alten Wahlplakaten zusammengezimmmerten Hütte an einem der stinkenden Kanäle der Stadt. Niemand zahlt je Bestechungsgelder, um an Papiere zu kommen, niemand gerät mit Polizisten oder Richtern aneinander oder hetzt mit einem Teenager, der in einem der endlosen Kriege zwischen rivalisierenden Schulen verwundet wurde, in die Notaufnahme.

Nicht unbedingt gesagt werden muss, dass die Filme übervoll mit Werbung sind. Als ich mich auf dem Boden niederließ, nachdem ich zum sechsten Mal in Folge Reis und getrockneten Fisch gegessen hatte, fragte ich mich, was Mama Lina und ihre Freundinnen von den Lobgesängen auf Hautbleichmittel und Haarglätter, von den Anzeigen für internetfähige Tablet-Computer und Wochenendtrips nach Bangkok eigentlich hielten.

Einige der angepriesenen Produkte waren tatsächlich auf Adonara verfügbar. Wenn es auch noch nicht in ganz Indonesien Filialen der Minimarktkette Indomarets gibt, so finden sich doch überall Straßenkioske, die für gewöhnlich etwas wackelig aussehen, aus Holz oder Bambus bestehen und vorn ein kleines Verkaufsfenster haben. An einem über dieses Fenster gespannten Draht hängen Einzelportionen Kaffeepulver in roten und goldenen Tütchen, farbige Kleinstpackungen mit Haargel, Shampoo, Waschmittel, Erdnüssen und so gut wie allem, was sich in winzige Mengen aufteilen lässt. Auf dem Fensterbrett selbst liegt ein kleines Häufchen Betelnüsse, vielleicht auch eine Pyramide Mangos aus dem eigenen Garten und eine Schachtel mit Nelkenzigaretten, die man einzeln kaufen kann. Der indonesische Einzelhandel wurde immer schon von Waren in Kleinstportionen dominiert, was ein Überbleibsel aus der Zeit ist, da eine ganze Flasche Shampoo oder ein Glas Kaffee mehr kostete, als die Leute gerade in der Tasche hatten.

Dachten Mama Lina und ihre Freundinnen, eine Portion Shampoo würde ihr krauses Haar in herrliche Sunsilk-Wellen legen? Wollten sie lächelnde Mütter werden, die mit ihren Indomie-Fertignudeln raffinierte westlich aussehende Gerichte schufen, die sie ihrem sie anbetenden Mann und zwei quietschsauberen Kindern servierten und zusammen mit ihnen verspeisten, mit Gabeln und an einem Tisch sitzend!?!?

Diese letzte erstaunte Frage stammte von einem Freund, der wusste, wie das Essen außerhalb von Jakartas Mittelklasse-Blase aussieht: Der Herr des Hauses wird für gewöhnlich als Erster versorgt, wobei er in aller Regel auf dem Boden sitzt. Ältere Kinder und Teenager nehmen sich etwas zu essen, wann immer sie Hunger haben, und tragen es in eine Ecke, wo sie mit ihren Handys spielen können. Alle bis auf die Kinder essen mit den Händen. Es verlangt einiges an Übung, mit dem Daumen und drei Fingern der rechten Hand ein kleines Reishütchen zu formen, mit dem sich etwas Soße löffeln lässt, Chili, ein Stückchen Pökelfisch. Nachdem ich mir diese Fertigkeit angeeignet hatte, fing ich an, die Zufriedenheit und Ansicht vieler Indonesier zu teilen, dass das Essen besser schmeckt, wenn man es mit der Hand isst. Die kleineren Kinder werden mit einem Löffel gefüttert, bis sie fünf oder sechs sind, gewöhnlich von den weiblichen Familienmitgliedern, die ihnen durch Haus und Garten folgen und das Essen, so gut es geht, in den Mund löffeln. Die erwachsenen Frauen selbst essen am Ende das, was übrig bleibt. Dabei sehen sie Werbespots, die ein Indonesien besingen, das kaum eine Ähnlichkeit mit dem Land hat, in dem sie selbst leben.

Auch die Schauspieler hatten wenig mit ihnen zu tun, sie waren nicht die *hitam manis* (»süßes Schwarz-Braun«) des dunkelhäutigen Adonara, sondern *kopi susu* (»Milchkaffee«), eine indonesisch-europäische Mischung. Diese reichen Leute mit hellerer Haut, egoistisch und mit schlechten Manieren, sind das, was sich viele Menschen auf den anderen Inseln heute unter einem typischen städtischen Javaner vorstellen. Suhartos Satellit, sein großes Projekt für die nationale Einigung, verbreitet Bilder von Reichen und unterhält damit die große Mehrheit, die von einem derartigen Wohlstand nur träumen kann. Aber die Menschen lechzen nach diesen Bildern, geradeso wie ein hungriges Straßenkind, das im Schneetreiben auf Zehenspitzen durchs Fenster zu einer vorm prasselnden Kaminfeuer festlich tafelnden Familie hineinspäht. Dann geht die Tagesration an Brennstoff für den Generator zu Ende, und alle drehen die Petroleumlampe herunter und legen sich schlafen.

Auf der einen Seite mag der Unterschied zwischen dem Sinetron-Indonesien und der Wirklichkeit in den Dörfern einen Keil zwischen Stadt und Land treiben, zwischen die hellhäutigen, »sunsilky« Reichen und die dunklen, kraushaarigen Armen. Auf der anderen Seite jedoch tragen die Sinetrons die Landessprache tagtäglich über Stunden zu Millionen und Abermillionen Menschen. Dazu kommt, dass es zwischendurch einige Nachrichtenprogramme gibt, die über die Geschehnisse auf den anderen Inseln berichten. Bei allem Sinn für ihre örtliche Identität wird den Dorfbewohnern so bewusst, dass sie mit den übrigen Indonesiern des Archipels viel gemeinsam haben. Nicht nur ihr eigener lokaler Führer wird wegen Korruption angeklagt, auch auf Sumatra und in Papua stürzen Schulräume ein, und auch andere Bauern überlegen sich, wie sie die Einkünfte durch die steigenden Kakaopreise anlegen sollen.

***

Aber wir lagen nicht nur vor Mama Linas Fernseher herum. Jetzt, da die Regenzeit begonnen hatte, war die Zeit der Aussaat gekommen. Alle nahmen einen spitzen Stock, steckten ihn an zugänglichen Stellen in die Erde, warfen ein paar trockene Maiskörner in das entstandene Loch, traten mit den Füßen Erde darüber, und schon ging es von vorne los. Es kam mir unmöglich vor, dass die Erde unsere müden Bemühungen mit etwas Essbarem belohnen würde, doch einige Monate später schickte mir Mama Lina eine Textnachricht, in der sie schrieb, dass sie gerade den Mais koche, den ich ausgesät hätte.

Mit dem Mais waren meine bäuerlichen Pflichten jedoch noch nicht erfüllt. »Du kommst mit zum *kebun*, um Futter für die Schweine zu holen«, erklärte mir Linas Tante Susannah, eine anmutige Dame mit weißem Haar und glatter Haut. Offenbar benutzte sie ihr Indonesisch nur selten: Es kam vorsichtig und korrekt aus der Öffnung, in der einmal ihre Schneidezähne gesessen hatten, und sie erzählte unwahrscheinliche Dinge. Ihr genaues Alter kannte sie nicht, doch sie dachte, dass es bei »etwa zweihundert« liege. Sie packte sich Linas Jüngste auf die Hüfte: Die kräftige Dreijährige wollte mitkommen, weigerte sich aber stur, selbst zu laufen. Dazu balancierte die alte Dame eine blanke Machete auf dem Kopf, und schon ging es los, einen fast senkrecht ansteigenden Pfad den Berg hinauf. *Kebun* ist ein vager Ausdruck, der so gut wie alles bedeuten kann: »Plantage« oder »Blumengarten«, »Bauernhof« oder »Hinterhof«, und so war ich nicht sicher, was ich zu erwarten hatte. Wie sich herausstellte, handelte es sich um ein wild bewachsenes Stück Erde ein paar Kilometer den Berg hinauf, voller guter Dinge, wenn auch nicht klar künstlich angelegt oder gar gepflegt.

Linas zwei andere Kinder kamen ebenfalls mit. Der Junge, ein fröhlicher, aufgeweckter Kerl, der Geografie mochte, kletterte unterwegs auf einen Baum, pflückte eine Mango und warf sie halb gegessen weg, weil er die Hände für seine Schleuder brauchte. Als er erneut Hunger bekam, kletterte er auf einen anderen Baum. Das Mädchen, mit dem ich mir das Bett teilte, war in ihrer einsilbigen postpubertären Phase. Sie wollte nur hoch genug auf den Berg hinauf, um ein Netz für ihr Handy zu finden und auf Facebook zu kommen.

Mama Susannah blieb auf dem Weg zum Kebun ohne alle Ermüdungserscheinungen, doch als wir das Feld der Familie erst einmal erreicht hatten, gab es jede Menge Ausruhzeit. Wir pflückten ein paar Maniokblätter, setzten uns und aßen eine Mango. Wir gruben eine Maniokwurzel aus, pflückten einen Javaapfel, *jambu air*, eine knackige, glockenförmige Frucht, die traubenweise an den Bäumen hängt, und Mama Susannah sagte alle paar Minuten: »*Istirahat dulu.*« – Ruh dich erst mal aus. Die Maniokblätter waren für die Schweine. »Können wir nicht auch welche essen?«, fragte ich. Wir hatten seit zwei Tagen nichts Grünes mehr gehabt, wie ich überhaupt seit zwei Wochen kaum frisches Gemüse gegessen hatte. Obwohl die Pflanzen überall ohne jedes Zutun nur so aus dem Boden schießen, scheinen viele Indonesier, besonders auf den östlichen Inseln, grünes Gemüse nicht für wirkliches Essen zu halten. Das Ergebnis ist, dass es im fruchtbaren Indonesien einen erstaunlich hohen Grad an Unter- und Fehlernährung gibt. Laut Angaben des Gesundheitsministeriums sind ein Viertel aller Kinder unter fünf Jahren anämisch und 11,5 Millionen Kinder dieses Alters, gut über ein Drittel im ganzen Land, bedeutend kleiner, als sie ihrem Alter entsprechend sein sollten. Nachdem ich meinem Interesse daran, Schweinefutter zu essen, Ausdruck gegeben hatte, zeigte mir Mama Susannah, welche Blätter weich genug für uns waren: die, deren Stängel noch nicht rot und damit hart geworden waren.

Als wir mit unserer Arbeit und dem Ausruhen fertig waren, packte sich die zweihundert Jahre alte Frau eine Maniokwurzel von der Größe eines Männerbeins auf den Kopf, hievte noch einen Sack Schweineblätter darauf und machte sich auf den Weg zurück ins Dorf. Ich selbst trug einen kleineren Sack Menschenblätter und die sture Dreijährige, und die Dreijährige hielt die Machete. Lange bevor wir die zwei Kilometer den Berg hinunter hinter uns gebracht hatten, begann ich zu begreifen, dass *»istirahat dulu«* vielleicht gar keine so schlecht Art war, um genug Kraft für die Schlepperei zu haben.

Hätte es eine bessere Maisernte gegeben, wenn wir methodischer vorgegangen wären, bessere Körner ausgewählt hätten, die Abstände systematischer eingehalten und die Löcher sorgfältiger gebohrt und wieder mit Erde gefüllt hätten? Wahrscheinlich. Aber wenn sich der Maisbedarf der Familie mit fünfzehn Minuten Stechen, Säen, Zutreten, Stechen, Säen, Zutreten decken ließ, warum sollte man dann mehr Energie darauf verwenden?

Es war nicht so, dass Mama Lina keine Ansprüche und Erwartungen hatte. Sie hatte vier Jahre als Hausmädchen in Malaysia gearbeitet, ihre Cousine acht Jahre. Um vier Uhr morgens waren sie aufgestanden, hatten bis um zehn Uhr vormittags gearbeitet, bis nachmittags um drei ausgeruht und dann gekocht und das Abendessen zubereitet. Unterkunft und Verpflegung gab es umsonst, und das Einkommen von knapp neunzig Euro monatlich wanderte direkt in ihre Taschen. Das war sechs Mal so viel, wie Mama Lina heute als Teilzeitlehrerin verdiente. Aber sie wollten beide nicht wieder dorthin. Es ging ihnen um das, was Lebensberater die Balance zwischen Arbeit und Privatleben nennen würden. »Hier gibt es kein Gehalt, dafür aber kostenloses Essen aus dem Garten«, sagte die Cousine. »Ich kann arbeiten, wenn mir danach ist, und schlafen, wenn nicht. Das ist wunderbar.«

***

Ironischerweise hat der Zug in die Fronarbeit in Malaysia wahrscheinlich mehr für einen panindonesischen Nationalismus bewirkt als so gut wie alles andere in der Nach-Suharto-Ära.

Der fest verwurzelte Gegensatz zwischen dem riesigen Indonesien und seinem kleinen nördlichen Nachbarn ist zum Teil ein Überbleibsel aus Präsident Sukarnos Anti-Malaysia-Position der frühen 1960er. Und teilweise ist es guter alter Neid.

Als sich Malaysia 1957 von England löste, stand das Land wirtschaftlich mit dem bereits seit zehn Jahren unabhängigen Indonesien gleichauf. 2011 jedoch erwirtschaftete Malaysia pro Kopf dreimal so viel wie Indonesien, und die Malaysier geben viel Geld dafür aus, Menschen wie Mama Lina aus Adonara ins Land zu holen, damit sie ihnen die Fußböden wischen und Gummi aus den Bäumen zapfen – wodurch sich die wahrgenommene Überlegenheit Malaysias selbst noch in die Köpfe der Menschen in den entlegensten Winkeln Indonesiens schleicht. Zwischen 2006 und 2012 fuhren im Durchschnitt jährlich einhundertfünfzigtausend Indonesier nach Malaysia, um in offiziellen, von der Regierung registrierten Programmen zu arbeiten, viele Tausend mehr kamen illegal. »Es ist so peinlich«, hörte ich wieder und wieder, mitunter von Leuten, die von dem Geld lebten, das ihnen Verwandte aus Malaysia schickten.

Nichts bringt die Millionen indonesischer Facebook-Nutzer schneller in Wallung als die tatsächliche oder angebliche Behauptung, dass Batik, scharfes Rinder-Rendang oder auch nur irgendein unbekannter regionaler Tanz auf die Malaien zurückgeht, die rechter Hand der Straße von Malakka wohnen (im heutigen Malaysia), und nicht auf die zu ihrer Linken (im zu Indonesien gehörenden Sumatra). Angesichts von Sukarnos rein gedanklich erhobenem Anspruch auf ganz Malaysia, der sich auf den Umstand gründete, dass die Kultur der Region unteilbar sei, ist ihre Aufregung eine Ironie, aber dennoch real. Allein in den Monaten, als ich über die Inseln zog, verspürten junge Indonesier mindestens dreimal das Bedürfnis, Malaysias Flagge zu verbrennen, seine Botschaft mit Steinen zu bewerfen und/oder das »I hate Malaysia«-Hashtag in den Twitter-Charts nach oben zu treiben, weil sie dachten, die malaysischen Emporkömmlinge erhöben Anspruch auf kulturelle Symbole Indonesiens.

***

Am Montagmorgen zog Mama Lina ihre beigefarbene Lehreruniform an, und wir rasten auf dem Familienmotorrad den Vulkan hinunter. Linas Fuß stand den ganzen Weg über auf der Bremse, aber die Schwerkraft war stärker. Es war noch nicht einmal sechs Uhr, als sie mich am Anleger eines kleinen Fischerdorfs absetzte und versprach, mir eine Textnachricht zu schicken, falls sie Geld brauche, um das Dach ihres Hauses zu erneuern. Sie umarmte mich zum Abschied und fuhr davon.

Auf das rachitische Holzboot, das einmal in der Woche zur Nachbarinsel Lembata fuhr, wartete neben mir noch eine Gruppe Frauen in Dschilbabs. Umgeben von großen geflochtenen Körben mit Dörrfisch und getrocknetem Tintenfisch, saßen sie da. »Die Pökelfisch-Frauen« hatte Mama Lina sie genannt.

Ich bin kein Morgenmensch, was in einer Gesellschaft, die

noch vor dem ersten Licht aufsteht, nicht unbedingt günstig ist, und so hielt ich mich mit meinen Grüßen zurück, setzte mich ruhig hin und las ein Buch. Die Pökelfisch-Frauen dagegen waren alles andere als ruhig. Sie sprachen kein Indonesisch, unterhielten sich aber eindeutig über mich, und die Diskussion erhitzte sich. Endlich, als eine mit dem Finger nach meiner Nase stieß, musste ich reagieren.

»Was ist denn, Mama?«, fragte ich die Frau.

»Wir sind verwirrt. Wir wissen nicht, ob Sie aus dem Westen oder aus Java sind.«

Ich musste lachen und fragte, was sie denn glaube. »Ich denke, mit der langen Nase, da müssen Sie aus dem Westen sein. Aber die anderen meinen, so wie Sie reden und sich verhalten, kommen Sie aus Java.«

Die Frauen stammten selbst ursprünglich aus Buton, dem Sultanat vor der Südostspitze Sulawesis, das eine unverhältnismäßig große Zahl indonesischer Fischhändler stellt. Ihre muslimischen Familien hatten sich vor Generationen auf der Erde des katholischen Adonara angesiedelt, hatten hier Dörfer gebaut und ihr Kapital investiert. Sie lebten auf Adonara, aber gehörten nicht wirklich hierher. »Sie verkaufen uns Fisch, aber sie essen niemals mit uns«, hatte Mama Lina gesagt und gelacht. »Sie haben Angst, dass wir sie mit Schweinefleisch füttern.«

Zu Hause sprechen die Frauen Butonesisch, und nur wenn sie sich in ihren Dschilbabs aufmachen, um den Bewohnern Adonaras Pökelfisch und Butterkekse zu verkaufen, benutzen sie ihr Indonesisch. Sie sind in vieler Hinsicht ein Sinnbild dafür, was es heißt, Indonesier zu sein, und doch fragten sie sich angesichts meiner Nase, ob ich eine Westlerin oder Javanerin war. Für diese Frauen, die gar nicht so weit vom geografischen Zentrum der Nation entfernt lebten, war Java genauso Ausland wie der Westen. Der Grundgedanke des »Indonesischen« griff bei ihnen nicht.

Zusammen mit den Pökelfisch-Frauen und ihren Körben tuckerte ich hinüber zur Insel Lembata und begann mich zu fragen, ob ich womöglich ein Buch über eine Nation zu schreiben versuchte, die bereits nicht mehr existierte.

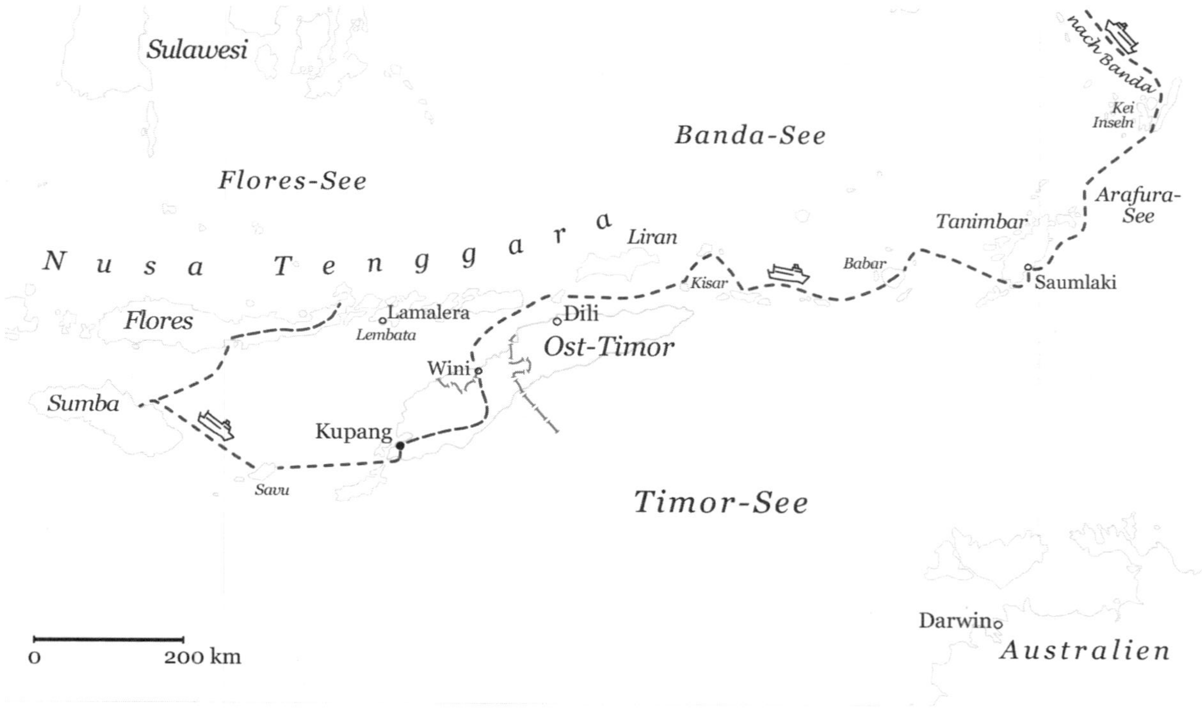
Sulawesi
Flores-See
Banda-See
Nusa Tenggara
Liran
Flores
Lamalera
Lembata
Dili
Ost-Timor
Wini
Sumba
Kupang
Savu
Kisar
Babar
Tanimbar
Saumlaki
Arafura-See
Kei Inseln
nach Banda
Timor-See
Darwin
Australien
0
200 km

Kapitel 5

Der Kaiser ist weit weg

In Lembatas einzigem Busbahnhof fand ich die gewohnte Meute Bahnhofs-Krokodile – junge Männer, die nichts anderes zu tun haben, als in Transportzentren herumzuhängen und auf Neuankömmlinge loszugehen, um sich ihnen mit ihren Motorradtaxis anzudienen, Unterkünfte und auch sonst alles anzubieten, was das Landvolk brauchen mag, wenn es in die Stadt kommt. In Lembata sind es noch Krokodile in der Ausbildung, blasse Nachahmungen der Jungen in der Provinzhauptstadt Kupang, die aus ihren Bemo-Minibussen rollende Rap-Tempel machen und nationale Rüpelstandards setzen. Trotzdem, dieser Außenposten hatte einen Betelnusskauer mit einem *»Punks Not Dead«*-T-Shirt zu bieten, einen Anarchisten und einen jungen Mann, der sein Liverpool-Trikot unter den Brustmuskeln abgeschnitten hatte und ein Stück straffen Rumpf über der tief hängenden, abgeschnittenen Jeans zur Schau stellte. Ihr modisches Empfinden war auf Umwegen aus der Bronx hergelangt: Die protzigen Kreuze an den dicken Protzketten, in der Bronx einst so beliebt, waren durch Plastik-Rosenkranzperlen aus einem der vielen Jesusläden ersetzt worden, die es überall in dieser vorwiegend christlichen Gegend gab.

Alle trugen sie eine Variation des so wichtigen Rüpel-Haarschnitts, wie ihn die Busbahnhof-Krokodile in ganz Indonesien tragen, eine Art aufwendiges Vokuhila mit einem Stachelstreifen in der Mitte, der über die kurzgeschnittenen Seiten aufragt (in die oft ein Muster rasiert ist) und sich im Nacken zu einem dünnen Pferdeschwanz verlängert. Dieser Look ist bei der Sub-Spezies *Crocodilus timoriensis* besonders attraktiv, da die jungen Leute von NTT, Timor, Lembata usw. melanesischstämmig sind und krauses Haar haben, was bedeutet, dass, ganz gleich, wie viel Gel sie benutzen, der zentrale Streifen zu einer Lockenmasse eindickt, die wenig elegant hin- und herschwankt, während sich der Pferdeschwanz in einer Schweineschwänzen ähnlichen Art verdrillt. Als Bonus kommt oft noch hinzu, dass der Versuch, die zentrale Partie blond zu färben, bei einem orangenen Braun hängen bleibt, das allgemein ein Symptom von Unterernährung ist.

Endlich kam ein mit Bänken bestückter Baulastwagen in den Bahnhof gefahren, und eines der Krokodile nickte zu ihm hin. Es war der Bus nach Lamalera, aus dem Rap-Songs wummerten und uns dazu ermutigten, unseren nächsten Verwandten unaussprechliche Dinge anzutun. Ich verschaffte mir die Pole Position, den Platz ganz am offenen Ende des Lkws. Er war am weitesten vom Gettoblaster entfernt, und hier würde es noch am ehesten frische Luft und einen Ausblick geben. Ein, zwei Stunden fuhren wir zunächst durch die Stadt, um Passagiere aufzusammeln. Die Bänke füllten sich, und ein Gepäckbouquet blühte auf dem Boden zwischen uns auf: Topfpflanzen, ein Ferkel und ein Stapel Plastikstühle, auf dem oben zwei große bestückte Eierkartons lagen, gefährlich nahe an den riesigen Lautsprechern, die sie mit jedem Bassstoß ordentlich durchrüttelten.

Endlich ließen wir Stadt und Asphalt hinter uns und schlingerten bergan. Bambus und langes Gras schlugen uns durch die jetzt offenen Seiten des Lastwagens gegen den Rücken. Auf der Bank mir gegenüber saßen elf Leute und auf meiner Seite vielleicht genauso viele, die Beine in komischen Winkeln angezogen wegen des Gepäckbergs. In der schweren Mittagsluft reichten weder die unbequeme Sitzposition noch die wummernde Musik aus, um meine Mitpassagiere von Indonesiens liebster Freizeitbeschäftigung abzuhalten, dem Schlaf. Innerhalb von Minuten dämmerte jeder Einzelne von ihnen vor sich hin, den Mund offen, den Kopf schlaff auf der Brust. Wie Dominosteine kippten sie auf den talabwärts neben ihnen Sitzenden und am Ende der Reihe auf den letzten am Heck. Auf mich!

Nach drei, vier Stunden erklommen wir eine schrumpelige braune Erhebung, und das Dorf Lamalera tauchte unter uns an der Küste auf und sah eindeutig mediterran aus. In einem Schrein oben auf dem Berg stand die Jungfrau Maria auf einem Wal aus Gips, und das Dorf hing voll mit trocknendem Fleisch. Lamalera ist auf Wal- und Delfinfang spezialisiert, weshalb ich hergewollt hatte. Ich kam zwei Tage nach dem größten Fang des Jahres, bei dem auf einen Schlag sechs Pottwale erlegt worden waren, etwa sechsunddreißig Tonnen Fleisch. Jede verfügbare Wäscheleine, jedes Bambusregal, jedes Metallrohr war mit Walfleischstreifen behängt. Dazwischen fanden sich die Reste anderer Jagden: Schildkrötenpanzer baumelten vor Bambuswänden, und neben einem Brunnen lagen lockere Haufen Delfinkiefer mit rasiermesserscharfen Zähnen. Es sah aus, als hätte der Teufel den Musterschrank des Washingtoner Artenschutzabkommens geplündert, seinen Inhalt vervielfacht und über das Dorf verteilt.

Aus den dicken gelben Steaks trocknenden Fleisches tropfte Öl in geriffelte Zinkrinnen und wurde in abgesägte Wasserflaschen geleitet, am Strand wiegte ein sanft sich kräuselndes Meer ein riesiges Rückgrat hin und her und wusch einen Schädel aus, der an einen Felsen gebunden und noch mit geschwärztem Fleisch bedeckt war. Rippen ragten aus dem dunklen Sand, höher als mein Kopf. Der ganze Ort roch nach schalem Sex, und mir wurde vier Tage lang jeden Abend Walfleisch vorgesetzt.

Ich wohnte bei der Witwe eines örtlichen Schulmeisters. An der Wand hing eine Walkarte, wie die Plakate beim Metzger, auf denen die Fleischteile eines Rindes gekennzeichnet sind. Sie zeigte, wer was bekam, wenn ein Tier gefangen wurde. Dieser Teil geht an das älteste Mitglied des Clans dessen, der den Wal harpuniert hat, der Teil an den Bootsbesitzer. Es gibt Teile, die sind für die Nachkommen des ersten Clans des Dorfes, andere für den Schreiner, der das Boot instand hält, und für den Bootsmanager – und noch viele mehr kommen dazu, und sie alle teilen ihr Stück auf: Von einer großen Jagd bekommt praktisch jeder im Dorf etwas ab. Der Erste, der eine Walherde entdeckt, ruft: »*Baleo!*« (der Ruf ist ein Überbleibsel aus dem 16. Jahrhundert, als die Portugiesen das Meer hier beherrschten und in nahezu gleichem Ausmaß Katholizismus, DNA und wirtschaftliches Durcheinander verbreiteten), worauf jeder körperlich taugliche Mann im Dorf zu den Booten eilt, die unter Strohdächern entlang des Strandes bereitliegen.

Die Boote sind fünfzehn bis zwanzig Meter lang und aus schweren Holzplanken zusammengezimmert. Es ist ein hartes Stück Arbeit, sie mithilfe grob behauener Holzstücke über den Strand ins Wasser zu bringen, besonders, wenn die körperlich tauglichen Männer ihren Tag bis dahin mit einer anderen beliebten männlichen Freizeitbeschäftigung verbracht haben: dem Trinken von Palmwein direkt aus Plastikkanistern. Aufregende Berichte in Postillen, die sich Abenteuerreisen widmen, erwecken den Eindruck, diese Männer, acht bis zehn pro Boot, setzten ihrer prospektiven Beute mit blitzschnellem Paddeln nach. Mein Lieblingsbeispiel ist ein Artikel in der *Daily Mail* von 2007 mit dem Titel »Die Steinzeit-Walfänger, die ihre Beute mit bloßen Händen töten«, der uns darüber informiert, dass die Männer aus Schopfpalmenblättern gefertigte Segel verwenden und »jedes Boot handgemacht ist, ohne Nägel oder irgendwelche Metallteile«. Tatsächlich quillt gerade an den Stellen Wasser ins Boot, wo Nägel weggerostet sind, und die Walfänger verbringen viel Zeit damit, an ihren überbeanspruchten, zu schwachen Außenbordmotoren herumzubasteln.

Ich war zufällig am Strand, als eine Gruppe Walfänger in See stach, und sie luden mich ein, mit hinauszufahren. Wolken zogen sich über dem bereits aufgewühlten Meer zusammen. Das Boot war schwer, so schwer, dass die Männer ein paar nahe Trinker rekrutieren mussten, damit sie ihnen halfen, es ins Wasser zu bekommen. Wir waren zu zehnt, hatten sechs Harpunen und einen rostigen 25-PS-Motor.

Der Jüngste der Walfänger und ich mussten mehr oder weniger ständig Wasser aus dem Boot schöpfen, was dadurch erschwert wurde, dass die Kanisterhälfte, die ich für meinen Job bekam, einen großen Riss hatte, wodurch genauso viel Wasser zurück ins Boot schwappte, wie ich über die Bordwand befördern konnte. Entlang einer Seite des Bootes lagen vier, fünf Meter lange, unhandliche Bambusstangen erhöht auf ein paar Stöcken. Zur Jagd wurden bösartige Pfeilspitzen in Form einer scharfen Sieben zusammen mit einem langen Stück Seil vorn an den Stangen befestigt. Bis dahin lagen die Spitzen nur drohend auf dem Boden des Bootes. Der Erste Harpunier stand auf einer Plattform im hochgezogenen Bug, die anderen nicht weit hinter ihm, und gemeinsam suchten sie den Horizont nach einer verräterischen Walfontäne ab. Wale entdeckten wir keine, doch als die anmutigen über das Wasser fliegenden Körper einer dahinziehenden Delfinschule in Sicht kamen, verstummten alle. Komplizierte Handsignale traten an die Stelle des witzelnden Geplänkels, das Sekunden zuvor noch das Boot erfüllt hatte, und das trotz des Lärms des rostigen Außenborders, der die Schiffsladung Walfänger keuchend durch die schäumende See schob.

Der Erste Harpunist nahm seine Stellung ein, eine perfekte Yoga-Der-Krieger-2-Position, nur dass das, was in diesem Fall über das vorgeschobene vordere Knie ragte, seine wurfbereite Harpune war. Aber es ist schwer, unter einem düsteren Himmel einen Delfin im weindunklen Wasser auszumachen, und die Delfine selbst halfen auch nicht. Obwohl sie uns leicht hätten davonschwimmen können, kreuzten sie vor dem Krieger, zogen seine Aufmerksamkeit erst nach links, dann nach rechts, weiter nach rechts und in die linke Mitte, bis er nicht mehr wusste, wohin er blicken sollte, und seine Harpune geschlagen aufrichtete. Ich gestehe, dass ich nicht unbedingt begeistert davon gewesen wäre, Delfinblut mit aus dem Boot zu schöpfen, während die Kreatur vor meinen Füßen geschlachtet wurde. Mit fortschreitender Jagd wurde ich jedoch weniger rührselig. Wollte er an einem Tag wie diesem gefangen werden, musste ein Delphin im hohen Bogen direkt vor dem Krieger aus dem Wasser springen und beim Herausschießen den Zeitlupenknopf drücken, um dem betrunkenen Harpunier genug Zeit zum Zielen zu geben. Ein Delfin, den wir an diesem Tag fangen würden, hatte keinen Platz im Genpool verdient.

All das Ausschau-Halten, Dahinjagen und Wieder-Aufgeben war erschöpfend. Die Männer beschlossen, eine Pause einzulegen, und das, während die schlimmsten Sturmwolken geradewegs auf uns zurollten. Sie stellten den Motor aus, rauchten in Palmblätter gefalteten Tabak, aßen Bananen und trieben völlig unbesorgt auf ein klar sichtbares Riff zu. Erst war ich ebenfalls unbesorgt. Vor Langem schon hatte ich meine Kamera in die »Trockentasche« gelegt, eine Bambusröhre mit einer eng sitzenden Palmblatthülle, doch als die weißen Schaumkronen über meine Beine in die halb leergeschöpfte Bilge schlugen, riskierte ich einen Vorschlag: »Sollten wir vielleicht einen Anker werfen, um nicht aufs Riff getrieben zu werden?« »Einen Anker? Wir haben keinen Anker«, kam die Antwort. So verbrachten wir denn noch ein paar Stunden treibend, Delfinen hinterherjagend, rauchend und in offenbar beliebigen Kreisen dahinschippernd, und als wir schließlich nach Hause zurückkehrten, taten wir das völlig durchweicht und mit leeren Händen.

Später plauderte ich noch ein wenig mit einigen der Walfänger und zeigte ihnen Fotos des roten Plastikkajaks, mit dem ich gerne vor der Westküste Irlands auf den Atlantik hinauspaddele. Ich sagte, dass ich auch da oft Delfine sähe, sie aber nicht jagen dürfe. »Was? Weil Sie eine Frau allein in einem Boot sind?« Nein, weil es verboten ist.

»Ach, richtig, das ist diese Sache, diese Leute ... für die gibt's ein Wort, oder? Wie heißen sie noch ...?«, sagte mein Mit-Schöpfer. *»Konservasi«*, half ihm sein Freund weiter. »Ja, ja, diese Erhaltungsgeschichte!«

Was mich betrifft, sehe ich die Meeressäuger nicht zu sehr von einem Dorf voller Leute bedroht, die sich betrinken, in lecken Booten ohne Anker und mit Rissen in den Schöpfkellen aufs Meer hinausfahren und über sechs Stunden in von Delfinen aufgewühltem Gewässer kein einziges Mal eine Harpune werfen, weil die Mühe, das Ding wieder einzuholen, weit größer ist als die Wahrscheinlichkeit, einen Treffer zu landen. Vielleicht waren sie wegen des Riesenfangs ein paar Tage zuvor ja nicht so motiviert wie gewöhnlich. Denn tatsächlich *fangen* sie Wale, im Durchschnitt zwischen acht und zwölf im Jahr, und in den zehn Jahren, seit sie Außenborder benutzen, sind auch eine Menge Delfine dazugekommen – meine eigene betrunkene Truppe kam am nächsten Tag mit tropfenden Stücken von sieben Tieren den Strand heraufgestapft.

Das verärgert westliche NGOs, die emotionale Videos über das Abschlachten von Delfinen und Walen in Gegenden wie Lembata auf YouTube stellen. Sie verlangen, dass die Leute aufhören,

Dosenthunfisch aus Indonesien zu essen, weil das Land nicht »delfinfreundlich« ist. Das wiederum bringt die Zentralregierung in Rage: In Reaktion auf ein Video, das ein paar Monate vor meinem Besuch Lembatas gepostet worden war, hatte das Ministerium für Meeresangelegenheiten und Fischerei in Jakarta eine Pressekonferenz einberufen und die Delfinschützer eines verdeckten Protektionismus beschuldigt: Sie versuchten nur, indonesischen Thunfisch aus den europäischen und amerikanischen Supermärkten fernzuhalten.

»Es stimmt nicht [dass in Indonesien Delfine und Wale gejagt werden]. Wie könnte das sein? Ich habe noch nie gehört, dass hier Delfine gejagt würden«, erklärte der Leiter der Abteilung für die Fischbestände den Journalisten. »Die Leute vor Ort sehen in ihnen die besten Freunde des Menschen. Sie würden sie niemals jagen, und schon gar nicht essen oder ihr Fleisch als Köder verwenden.«

***

Dabei ist es durchaus möglich, dass der Leiter der Abteilung für die Fischbestände in Jakarta tatsächlich keine Vorstellung davon hatte, was die Leute »vor Ort« taten, besonders auf Lembata, wo man nur telefonieren kann, wenn man den Stamm eines Kaschubaumes über dem Dorf gefasst hält, der als eine Art natürliche Antenne zu wirken scheint.

Die von Suharto sorgfältig ausgearbeiteten Kommandoketten, die den Willen der Hauptstadtbürokratie bis hinunter in die Dörfer transportierten und Ressourcen und Informationen zurück ins Zentrum schafften, wurden während der »Reformation« zerschlagen. Und das gezielt. Es war weitgehend das Werk Präsident Habibies, der in Suhartos Fußstapfen trat, als der Alte Mann 1998 das Handtuch warf. Die Dezentralisierung war eine Reaktion auf Indonesiens Verlust Ost-Timors.

Völlig unvorbereitet von Jakartas krachender Niederlage getroffen, war Habibie gezwungen gewesen zu überlegen, was Ost-Timors Votum für die Unabhängigkeit für den Rest des Landes bedeuten mochte. Auch viele andere Regionen hatten das Gefühl, von Suhartos Oligarchie herabgewürdigt worden zu sein. Auf Inseln aus Nickel und Kupfer, Inseln, die auf reichen Gas- und Ölvorkommen saßen oder einmal mit wertvollem Hartholz bewaldet gewesen waren, hieß es, Jakarta nehme ihnen die Reichtümer weg, um damit Java voranzubringen. Ja, fast sechzig Prozent der Bevölkerung leben auf die eine Insel Java gequetscht, damit bleiben aber immer noch hundert Millionen für die anderen Inseln, und um der Verletzung auch noch Geringschätzung hinzuzufügen, hatte Jakarta über Jahre javanische Gouverneure und javanische Truppen in die Provinzen geschickt, um jede Art von Protest gegen diese Ungerechtigkeit zu ersticken.

Wenn die Nation in einer demokratischeren Form überleben wollte, das wusste Habibie, der selbst von der östlichen Insel Sulawesi stammte, konnte Java nicht auch weiterhin die übrigen 13.465 Inseln komplett beherrschen. Die Provinzen brauchten mehr Macht.

Aber es gab ein Dilemma: Etliche dieser Provinzen, einschließlich des ölreichen Aceh ganz in Indonesiens Westen und des an Bodenschätzen reichen Papua weit im Osten, waren *so* verärgert, dass sie womöglich versuchen würden, Ost-Timor zu folgen und sich ganz von Indonesien zu lösen. Deshalb sei es besser, die Provinzen außen vor zu lassen, auf eine tiefere Ebene zu gehen und den Distrikten mehr Macht zu geben, argumentierte Habibie. Ein einzelner Distrikt würde nicht stark genug sein, sich loszulösen.

Erstaunlicherweise setzte er diese Dezentralisation durch. Mit einem Schlag, innerhalb von achtzehn Monaten, wurde die viertbevölkerungsreichste Nation dieser Welt und eines der zentralisiertesten Staatsgefüge überhaupt zu einem der dezentralisiertesten. Das Zentrum kümmert sich nach wie vor um Verteidigung, Fiskalpolitik, Außenbeziehungen, Religionsfragen, Rechtsprechung und Planung, aber alles andere – Gesundheit, Erziehung, Investitionspolitik, Fischerei und eine ganze Menge mehr – wurde fast dreihundert Distrikt-»Regierungen« übertragen, deren einzige Regierungserfahrung bis dahin darin bestanden hatte, den Anweisungen aus Jakarta zu folgen.

Als die regional einflussreichen Männer begriffen, was das bedeutete, traten sie dafür ein, mehr Distrikte zu bilden. Das Ergebnis gleicht einem jener herrlichen Feuerwerke, die zu einer riesigen Blume aufblühen und gleich erneut explodieren, links und rechts, in einer ganzen Serie kleinerer goldener Schauer. Tatsächlich benutzen die Indonesier sogar das Wort »aufblühen«, *pemekaran*, um das administrative Zerschellen der Nation zu beschreiben. Seit Suhartos Rücktritt hat das Land zehn neue Provinzen gebildet, und als ich Ende 2012 meine Reisen durch Indonesien beendete, war die Zahl der Distrikte sogar um siebzig Prozent angestiegen und zu 509 »aufgeblüht«.

Ganz zu Beginn von Indonesiens administrativer Zersplitterung war ich 2001 ins Gesundheitsministerium gekommen. Zunächst machten alle im Ministerium weiter wie gewohnt, verfassten Richtlinien und bildeten Provinzbeamte aus, redeten mit dem Planungsministerium und sprachen im Parlament vor. Völlig glücklich saßen wir in unseren klimatisierten Büros in Jakarta, arbeiteten mit Leuten in den Provinzen zusammen, die meine Kollegen aus der Zeit vor Zündung des Feuerwerks kannten, und verhielten uns, als gäbe es die Dezentralisierung nicht. Und eine Weile lang, bis die Distrikte die Verantwortlichkeiten zu übernehmen begannen, die ihnen übertragen worden waren, machte die Dezentralisierung tatsächlich keinen so großen Unterschied in der Art und Weise, wie das Land geführt wurde.

Die große Veränderung kam 2004, als die Bürger den Bupati,

den Distriktoberen, direkt zu wählen begannen.* Jetzt fingen die örtlichen Politiker tatsächlich an, ihre Muskeln spielen zu lassen und mutige bis dreiste Initiativen zu starten, die womöglich nicht zu dem passten, was Jakarta wollte, dafür aber den örtlichen Wählern gefielen.

Bis auf den heutigen Tag verhalten sich die Ministerien in Jakarta so, als wären sie für alles zuständig, doch der Unterschied zwischen dem, was aus der Hauptstadt kommt, und dem, was in den Distrikten geschieht, wird immer prononcierter.

Es war absolut möglich, dass der Leiter der Abteilung für die Fischbestände überrascht war, von Delfinfängen auf einer weit entfernten Insel zu hören. Als Reaktion sandte Jakarta eine erneute Verfügung gegen das Töten der Tiere aus, in der die entsprechenden Gesetze von 1975, 1990 und 1995 noch einmal unterstrichen wurden. Das ging die ministerielle Hierarchie hinunter, und da Lamalera in dem Video ausdrücklich genannt wurde, müssen besondere Bemühungen unternommen worden sein, die Distrikt-Offiziellen auf Lembata zu erreichen. Als die Leute in der Distrikthauptstadt Lewoleba jedoch von nationalen Regelungen zu reden begannen, brachten die Bewohner des Walfangortes sie zum Schweigen.

»Vor ein paar Monaten haben sie versucht, dieses Erhaltungsdings auch hier einzuführen«, sagte einer der Walfänger, »aber da ist das ganze Dorf nach Lewoleba gezogen und hat demonstriert. Die örtliche Regierung hatte nicht den Mut, die Sache durchzusetzen, also ist nichts dabei herausgekommen.«

Jeden Tag werden in den nationalen Nachrichten von den Sinetrons Bilder von wütenden Indonesiern gezeigt, die sich vor einem

* Ein Bupati ist der Obere eines weitgehend ländlichen Distrikts, bekannt als *kabupaten*. Städtische Distrikte sind als *kota* bekannt und werden von einem *walikota* oder Bürgermeister geführt. Wenn ich die Situation allgemein beschreibe, ohne mich auf eine spezifische Person zu beziehen, kann Bupati auch Walikota bedeuten.

Regierungsgebäude versammelt haben, Plakate schwenken und Luft ablassen. *Turun demo*, auf die Straße zu gehen und zu demonstrieren, scheint der Standardmechanismus der indonesischen Wählerschaft, um ihren Forderungen Ausdruck zu geben, wodurch die Demos zu so etwas wie einer Industrie geworden sind. Broker liefern auf Bestellung Menschenmengen, gleich mit den passenden Transparenten, und instruieren die Protestierenden, worum es geht. Die Demos dauern manchmal Tage an und geraten nicht selten außer Kontrolle. Autos werden umgeworfen, Gebäude angezündet, manchmal wird die Polizei gerufen und Leute werden zusammengeschlagen oder gar erschossen.

»Das ist Demokratie durch Anarchie«, erklärte mir der pensionierte Direktor eines Staatsunternehmens. Die meisten Indonesier scheinen diese raue Bekundung von Forderungen dem braven Gehorsam der Suharto-Jahre gegenüber der Hauptstadt Jakarta vorzuziehen.

***

Auf meiner weiteren Reise lernte ich die äußeren Anzeichen erkennen, die auf einen neuen Distrikt schließen lassen: Von der Fähre erscheint eine Insel verschwommen am Horizont. Nach einer Weile kommen die Handymasten in den Blick, die von den höchsten Erhebungen in den Himmel stechen, und wenn sich das Schiff dem Land weiter nähert, erscheint etwas Weißes auf einer Erhebung über dem Hafen. Nach und nach wird es zu einem palastartigen Gebäude, oft mit einem kleinen Bruder direkt daneben. Darin residieren der Bupati und das Distriktparlament. Beide Gebäude sind angesichts der Bevölkerungszahl oft wüst überdimensioniert. In einem Distrikt auf den südlichen Molukken zum Beispiel hatte die Fassade des Bupati-Büros meiner Zählung nach für jeden der 441 Distriktbewohner ein Fenster mit Seeblick. Es war wohlgemerkt nicht der Sitz der

Distriktregierung (da hatte jede Abteilung ihr eigenes ansehnliches Gebäude), nein, es war einfach nur das Büro des gewählten Oberhaupts des Distrikts.

Ich gewöhnte mich daran, den Hügel hinauf zum Büro des Bupati zu gehen und davor auf zwei schöne, glatte Asphaltstreifen zu stoßen, die einzige Schnellstraße der Stadt, manchmal das einzige Stück Asphalt überhaupt. Gelegentlich gab es noch ein paar Extras. In Anakalang, der Distrikthauptstadt Zentral-Sumbas, führt eine Abzweigung, glatt wie ein schwarzer Billardtisch, von der Schnellstraße durch ein Dorf megalithischer Gräber, dickbäuchiger Kinder und Schweine, bis sie abrupt vor der Tür des Hauses stoppt, in dem der derzeitige Bupati aufgewachsen ist. »Ein Geschenk des Bauunternehmers«, sagte einer der uniformierten Adjutanten, der den vor der Tür des Hauses geparkten SUV wusch.

Es braucht einige Zeit, bis sich ein bis dahin schäbiger Marktflecken in die Pracht einer Distrikthauptstadt gekleidet hat. Sawu, die winzige Insel zwischen Sumba und Timor, die ich nach der Delfinjagd besuchte, befand sich als neuer Distrikt noch in seiner Aschenputtelphase.

Ich unterhielt mich gerade mit einer Gruppe Staatsdiener vor dem Distriktkrankenhaus, als ein schwarzer SUV durch das Tor rollte. Die beigefarbenen Uniformen sprangen auf, traten ihre Zigaretten aus und schoben ihre Kaffeetassen außer Sichtweite. Einer der Männer zog an meinem Ellbogen, um mich von meinem Stuhl zu holen und in die Ehrenformation aufzunehmen. Der Wagen kam Zentimeter vor meiner Nase zum Stehen, und ein gut aussehender junger Mann in einer zackigen schwarzen Uniform sprang vom Beifahrersitz und öffnete den hinteren Schlag. Langsam, als wäre er der *capo dei capi* in einem Mafiafilm, stieg der Bupati von Sawu aus dem Wagen. Unsere hastig aufgestellte Ehrenformation schlug die Hacken zusammen, salutierte und rief etwas militärisch Klingendes. Der Bupati, prächtig in einem seidenen

Ikat-Hemd und mit einem goldenen Dienstabzeichen auf der Brust, klackte auch seinerseits anerkennend mit den Hacken. Seine Brille beschlug, als er die klimatisierte Blase seines Autos verließ, dennoch sah er mich, schüttelte mir ohne ein Wort die Hand und verschwand in der klimatisierten Blase seines Büros.

Sawu war 2008 zum Distrikt gekrönt worden und laut einer Zeitung, die ich auf einer Fähre in die Hand bekam, der ärmste Distrikt Indonesiens.* Zwei Drittel der Haushalte schafften es nicht einmal auf die Wohlstandsebene 1, die unterste der vier Wohlstandsklassifikationen des Landes. Sie waren gemäß dem köstlichen Ausdruck der Regierung »präprosperierend«.

Von einem Besuch viele Monate zuvor erinnerte ich mich an Sawu als einen dürren, trostlosen Ort, an dem die Frauen schöne Ikat-Stoffe trugen und die Männer sangen, während sie sich zur Saftgewinnung oben in den Lontarpalmen wiegten. Ikat wird oft mit »Batik« übersetzt, aber Indonesiens Ikat-Stoffe haben nichts mit den selbstgebatikten T-Shirts der Woodstock-Generation gemein. Bei Ikat-Stoffen wird das Muster in die Fäden eingefärbt, bevor sie verwoben werden. Dieses Muster ist zunächst allein in der Vorstellung der Frau sichtbar, die die Fäden auslegt, zu Bündeln zusammenbindet, einfärbt, neu bündelt und mit einer anderen Farbe färbt, und erscheint dann wie durch Zauberei, wenn die Fäden auf dem einfachen Hüftwebrahmen zu Stoff werden. Es kann einige Monate in Anspruch nehmen, ein besonders aufwendiges Stück fertigzustellen.

In den Hungermonaten vor der Maisernte wurden die Weberinnen mit zu Sirup verkochtem Palmsaft versorgt. Bei meinem letzten Besuch auf Sawu bildete der Sirup für viele Bewohner zwei

* Tatsächlich können verschiedene Distrikte Anspruch auf diesen Titel erheben, je nachdem, welches Armutsmaß benutzt wird. Sawu ist da in jeder Hinsicht in der Provinz NTT der ärmste Distrikt, aber es gibt auch noch einige ziemlich traurige Ecken im an Bodenschätzen reichen Papua und unter den Molukken.

der drei Mahlzeiten des Tages. Aber jetzt war der größte Ort Seba Distrikthauptstadt. »Da geht es heute sehr geschäftig zu«, hatte mir ein Getränkestandbesitzer auf Sumba gesagt. Er stammte selbst aus Sawu, hatte die Insel aber verlassen, weil das Geschäft zu schlecht ging. Er hatte einen der sechs Minibusse gefahren, die bei meinem ersten Besuch praktisch den gesamten motorisierten Verkehr der Insel gebildet hatten.

2011, drei Jahre nachdem die Insel zum Distrikt geworden war, gab es ganze Rudel nagelneuer Motorräder, einen ständigen Zug gelber Lastwagen, die von regierungsfinanzierten Bauprojekten kündeten, und eine Handvoll protziger SUVs, fast alle mit den roten Nummernschildern eines Regierungsfunktionärs. Es gab ein Postamt, das als Postleitzahl immer noch Kupang angab, den Distrikt, von dem sich Sawu abgespalten hatte, und eine Handvoll offener Läden in den zwei Häuserreihen der Innenstadt Sebas. Die Straße führte zum Anleger.

Genau dort hatte ich vor zwanzig Jahren aufgegeben, auf eine »planmäßige« Fähre zu warten, die nie kam, und den Kapitän eines Bugis-Lastenschoners überredet, mich mit nach Flores zu nehmen. Ich schlief an Deck des majestätischen Holzbootes und wurde regelmäßig von Gischt befeuchtet, wie ein Salat bei einem guten Gemüsehändler. Hin und wieder schreckte ich auch hoch, wenn ein Fliegender Fisch aufs Deck klatschte, und wurde von den glühenden Kreteks der Mannschaft beruhigt. Als wir Flores erreichten, sagte der Kapitän, er habe keine Landeerlaubnis, und ich sprang über Bord und schwamm zur Küste hinüber, froh, im Rettungsschwimmerunterricht gelernt zu haben, wie man beim Schwimmen Pakete über Wasser hält. Ich erreichte den Strand und hielt, noch mit Tang auf den Kleidern, einen vorbeifahrenden Minibus an. Heute kam fast jede Woche eine Fähre nach Seba. Es gab sogar ein neues Fähr-Terminal mit einem blau gedeckten Dach, was ein weiteres allgegenwärtiges Zeichen des »Fortschritts« auf den äußeren Inseln war.

Aber »sehr geschäftig«? Noch nicht.

Ich ging zurück zu dem Haus, in dem ich 1991 gewohnt hatte, dem Heim eines örtlichen Schulmeisters, der heute lange pensioniert war. Ich erinnerte mich so gut daran, weil seine Frau ungewöhnlich nachdrücklich darauf bestanden hatte, dass ich mich in ihr Buch mit ordentlichen Spalten für Datum, Namen, Nationalität, Passnummer und Religion eintrug. Sie lehnte über meiner Schulter, während ich alles ausfüllte, angespannt, erwartungsvoll. *»KATOLIK«*, schrieb ich in die letzte Spalte, und sie ließ ein erleichtertes Schnauben hören. Das hieß, dass sie nicht *halal* einkaufen musste. Heute, zwanzig Jahre später, war sie weitaus entspannter. Sie hatte ständig muslimische Gäste aus Java und anderswo, die von der Zentralregierung geschickt wurden, um auch noch die einfachsten Aufgaben zu erfüllen, bis Sawu die Leute für seine eigene Nachahmung der einzelnen Regierungsbehörden fand.

Sawu befindet sich in einem Prozess grundsätzlichen Wandels. Nachdem die Insel vor ein paar Jahren noch praktisch ohne Mittel war, kontrolliert ihre Regierung heute ein Budget von über dreißig Millionen Dollar. Weil sie aber 2012 nur neunundzwanzigtausend US-Dollar aus den eigenen natürlichen Ressourcen erwirtschaften konnte, kamen sechsundneunzig Prozent direkt aus Jakartas »Ausgleichsfonds«. Es gibt eine Menge auszugleichen. Am anderen Ende des Wohlstandsspektrums stand der kohlereiche Distrikt Kutai Kartanegara in Ost-Kalimantan mit Einnahmen von 429 Millionen Dollar, vierzehntausend Mal mehr als die von Sawu. Als Folge kommen dort weniger als zwei Prozent des Einkommens aus Jakarta.

Als ich Sawu besuchte, wurden 4,1 Millionen der Ausgleichs-Dollar darauf verwandt, auf dem Hang über der Stadt das gesetzlich notwendige, grandiose Büro des Bupati zu errichten. Während der Bauarbeiten hatte der Bupati, dessen »Vision/Mission« eine bessere Gesundheitsversorgung aller Bürger umfasste, die

Hälfte des einzigen Krankenhauses requiriert. Eine der Krankenhausstationen war in einen Debattiersaal für die zwanzig Mitglieder des Regionalparlaments umgewandelt worden, ein Trupp Helfer bewachte den Krankenhauseingang: Sie waren es gewesen, mit denen ich geschwatzt hatte, als der Mann selbst vorfuhr. Die Bediensteten auf der Veranda stammten alle aus Sawu, hatten aber den Großteil ihres Lebens in Kupang oder sogar auf Java gelebt und gearbeitet. Ich fragte den gesprächigsten von ihnen, warum er zurückgekommen sei. Er sah mich mit vernichtendem Blick an. »Warum? Wenn Ihr Boss Sie bittet, bei der Entwicklung des Distrikts mitzuhelfen, was können Sie dann tun?«

Ich fuhr über Sawu, um zu sehen, welche Ressourcen dem Bupati zur Verfügung standen, um seine »Vision/Mission« zu verwirklichen, »aus Sabu Raijua einen innovativen, fortgeschrittenen und ehrbaren Distrikt zu machen«. Es war nicht viel zu sehen.

Irgendwann verließ ich einen Korallenpfad und ging hinaus in die Dünen, die mit riesigen Muschelschalen bedeckt waren. Da lagen Hunderte, manche mehr als einen Meter groß, und alle grinsten breit zum Himmel hinauf, gefüllt mit grauem Wasser, das langsam verdampfte und knisternde Körner zurückließ: Salzproduktion im Sawu-Stil. Ich steckte einen Finger in eine der Muscheln und erwartete die flockige Süße von Maldon-Seesalz. Aber die Lösung war zähflüssig, fast ölig und schmeckte bitter.

Der Strand beschrieb einen langen, pudrigen Bogen, ein Auslegerkanu ragte auf die Seite gedreht aus einem Busch, und neben einem baufälligen Palmwedelschuppen lag ein Baumstamm. Das einzige Geräusch war das leise Rauschen der Wellen. Es war wunderbar, diesen schimmernden Ort still zu genießen. Ich setzte mich auf den Baumstamm und begann zu lesen.

»Tut mir leid, ich muss den jetzt zerkleinern.« Ich sprang auf und sah mich einem Muskelpaket gegenüber, dunkel und schweißglänzend. Über dem dichten Bart ein Mund mit geschwärzten

Zähnen, rötliche Augen, wilde Locken, die sich an den Schläfen grau meliert kräuselten. Der Mann schwang eine Axt.

Wir starrten einander an, dann lächelte er: »Kommen Sie, ich stelle Ihnen meine Frau vor«, sagte er und rief sie aus dem baufälligen Schuppen, neben dem ich saß.

Der Mann war Fischer, aber während des West-Monsuns, wenn die See rau war, produzierten er und seine Frau Kochsalz. Er brauchte den Baum, auf dem ich saß, für das Feuer, das unter einem Ölfass mit Meerwasser schwelte und reines weißes Salz herauskochte.

Ohne mir auch nur eine einzige Frage zu stellen, nicht mal ein »Wo kommen Sie her?«, setzte der Salzkocher zu einer wütenden Tirade darüber an, dass die Seidenhemden-Fürsten das Krankenhaus mit Beschlag belegt hatten. »Sehen Sie, sehen Sie sich um, das hier ist Sawu. So ist die Insel.« Er machte eine ausladende Armbewegung über den verlassenen Strand, die zurückgelassenen Boote, das Fass blubbernden Seewassers. »Aber wir halten es für eine gute Idee, unsere eigene Regierung zu haben, Büros zu bauen und teure Wagen für unsere ganz eigenen Abgeordneten zu importieren.«

Er beschrieb den Bupati und seine verschiedenen Rivalen als »Sawu Kupang«, was bedeutete, dass sie zwar aus Sawu stammten, ihr ganzes Erwachsenenleben aber jenseits des Wassers in der Provinzhauptstadt verbracht hatten. Als die Provinzen mit den Reformen die Macht an die Distrikte verloren, waren die bürokratischen Migranten zurückgekommen, um für Unterstützung für einen neuen Distrikt zu trommeln, in der Hoffnung, dort dann selbst zum König gekrönt zu werden.

»Sie hörten nicht auf davon, dass wir unser wahres Potenzial nie verwirklichen könnten, solange wir von den Resten Kupangs leben müssten«, sagte der Salzmacher. »Sie [der Bupati und seine Clique] sprechen von Würde, aber der neue Distrikt ist *ihre* Würde. *Sie* wollen wie Könige behandelt werden. *Sie* wollen herumchauffiert werden, *sie* wollen, dass die Leute sie grüßen, *sie* wollen nach Jakarta fahren und da als etwas gelten.«

Seine Frau schöpfte mit einem aus einer Kokosnussschale gemachten Löffel Insekten von der Oberfläche der Salzsuppe und nickte. »Sie waren die Leute, die den neuen Distrikt wollten. Die uns unbedingt regieren wollten«, sagte sie. »Das Komische ist, vorher, da waren sie stolz darauf, in Kupang zu sein. Jetzt sind sie plötzlich ›welche von uns‹.«

Es ist harte Arbeit, so eine tote Palme zu unserem Lager zu schleppen und zu zerhacken, aber der Marktpreis für gutes gekochtes Salz ist nicht schlecht, sagte das Paar. In der vorangegangenen Woche hatten sie einen Sack für zweihunderttausend Rupiah an das kleine Restaurant gegenüber vom Krankenhaus verkauft, das waren etwa zwanzig Euro. »Da holen sich all die Beamten ihr Mittagessen«, sagte der Salzmacher. »Stellen Sie sich das vor: Vielleicht hat der Bupati meinen Schweiß gegessen.« Seine Augen funkelten.

Leute, die hören wollen, wie Hacken zusammengeschlagen werden, wenn sie ihr Auto verlassen, arbeiten oft jahrelang bei Parlamentariern in Jakarta darauf hin, dass sie einem neuen Distrikt zustimmen. Lokale Größen laden Entscheidungsträger aus Jakarta in ihre Gegend ein und organisieren Massenaufläufe, um den *aspirasi rakyat*, den »Willen des Volkes«, zu demonstrieren, das unbedingt von jemandem ganz in der Nähe regiert werden will. Und diesem Volk verkaufen die »Größen« die Vorstellung, dass mit der Gründung eines Distrikts ihre Vernachlässigung durch ferne Herrscher ein Ende findet und eine neue Ära des Wohlstands anbricht.

In potenziell reichen Gegenden versuchen die örtlichen Machthändler ihren neuen Distrikt um eine natürliche Ressource herum zu errichten, ein großes Nickel- oder Kohlevorkommen zum Beispiel. Wenn wir unseren eigenen Distrikt haben, erklären sie dem Volk, werden wir in der Lage sein, unseren Reichtum für uns zu behalten. Dann werden wir das Geld nicht in die Distrikthauptstadt im Land eines anderen Clans, in die Provinz und nach Jakarta schicken müssen.

In armen Gegenden wie Sawu argumentieren die »Großen« dagegen, dass die Zahlungen aus Jakarta das Volk reicher machen werden, weil sie dann nicht mehr erst durch die Hauptstadt des alten Distrikts gehen und dort in den Händen eines anderen Clans hängen bleiben. Das Geld aus der Zentrale wird benutzt, um die Wirtschaft in Gang zu bringen, sagen die Großen, damit der junge Distrikt auf eigenen Füßen stehen kann.

Tatsächlich können diese Argumentationen nicht beide stimmen. Wenn die Zentralregierung den ärmeren Distrikten mehr geben will, muss sie es sich von den reicheren holen. Und Jakarta darf dem Gesetz nach sowieso nicht mehr als sechsundzwanzig Prozent der nationalen Einnahmen für die Ausgleichsfonds ausgeben, aus denen die Zahlungen für ärmere Distrikte wie Sawu kommen. Führt die Schaffung neuer Distrikte nicht zu einer Erhöhung der Produktivität, bedeuten mehr Distrikte unweigerlich weniger Geld für jeden von ihnen.

Ich zog weiter über die Insel und hoffte ein paar Weberinnen zu finden, sah aber nur eine Frau einen Sarong mit dem klassischen Blumenmuster tragen, für das Sawu noch bei meinem letzten Besuch berühmt gewesen war. Ich ging zu ihr, um sie zu fragen, ob sie den Stoff selbst gewebt habe, doch sie war taub. Ihre Tochter interessierte das alles nicht. »Was, das ganze Zusammenbinden der Baumwolle und das Einfärben, wieder und wieder, und am Ende kommt dabei eine Blume oder ein Vogel heraus?«, sagte sie, als ich sie nach dem Ikat-Weben fragte. »Wer hat dazu heute noch die Geduld?«

Ich stieß auf eine Reihe Frauen, die über Haufen von grapefruitgroßen Steinen saßen, die sie in Körben vom Strand herbeigeschleift hatten. Ihre Aufgabe bestand darin, die Steine unter kleinen Palmblattdächern sitzend mit eisernen Hämmern zu bearbeiten und zu Splitt für die Baumannschaften zu zerschlagen. Die Männer ihrerseits kletterten nach wie vor zwanzig Meter hoch in die Lontarpalmen, um deren Saft zu sammeln, der zu Zucker verkocht oder zu Alkohol destilliert werden kann. Einige Leute bauten Seetang an, wozu sie leere Wasserflaschen in regelmäßigen Abständen an lange Seile banden, zwischen ihnen kleine Bündel Tang befestigten und das Ganze in zu Fuß erreichbarer Entfernung von der Küste aussetzten, bis die kleinen Bündel Seetang zu großen geworden waren.

Nichts von alledem schien dazu bestimmt, die aus Jakarta kommenden sechsundneunzig Prozent des Einkommens Sawus zu ersetzen, noch dazu, aus der Insel »einen innovativen, fortgeschrittenen und ehrbaren Distrikt« zu machen.

***

Am Tag nach meinem Zusammentreffen mit dem Bupati von Sawu fuhr ich die Küstenstraße in den Süden des Eilands hinunter und zurück über das bucklige Rückgrat der Insel, wo Lontarpalmen hoch wie vierstöckige Häuser aus der trockenen Erde ragten und sich sonnenverbrannte Erhebungen hinunter zu einem azurblauen Meer absenkten. Der Blick war wunderschön, aber die Straße war tückisch.

Über so schlechte Straßen zu fahren ist absolut kein Spaß. Dein Rückgrat wird auf seine halbe natürliche Größe zusammengestaucht und ruckt sich in komischen Winkeln wieder zurecht. Deine rechte Hand um die Lenkstange ist längst zu Marmor versteinert, die linke von den Vibrationen des Motors wie taub. Deine Zähne scheppern, und du spürst, wie die Augäpfel in ihren Höhlen schlackern, während sie von einem Schlagloch links zu dem losen Geröll ein Stück weiter rechts schießen. Deine Schenkel halten den Sitz gepackt, und deine Waden sind permanent angespannt, die linke pumpt durch die Gänge und die rechte hält den Fuß aufmerksam über der Bremse, wobei beide ständig bereit sind, in den

Staub oder Matsch unter dir zu stoßen, um dich vor einem Sturz zu bewahren. Wie meine elegante Pariser Freundin Nathalie sagte, als ich sie vor ein paar Jahren hinten auf mein Motorrad nahm und mit ihr quer über Sumba fuhr: »*C'est quand même un pays qui fait mal aux fesses.*« – Das ist ein Land, das dem Hintern nicht gut bekommt.

Als die Sonne schließlich in die Abendkühle schnitt, wünschte ich, diese »Abkürzung« nicht genommen zu haben, doch dann erklomm ich eine Anhöhe und sah ein wundervolles Band aus schwarzem Samt ins Tal vor mir hinunterführen: schönen, glatten Asphalt. Ich vervierfachte meine Geschwindigkeit, lockerte den Griff um die Lenkstange, entspannte die Schenkel, sah mich um und bewunderte die majestätischen Palmen, die sich vor dem orange werdenden Himmel abzeichneten.

Als ich die nächste Anhöhe erklomm, winkte mich eine einzelne am Straßenrand stehende Person zu sich heran. Es war ein gut gekleideter Mann, jünger als ich, der in sein Handy schrie, ein eher unerwarteter Anblick oben auf dieser dürren Erhebung. Ich wartete, bis er mit seinem Geschrei fertig war, und bot ihm an, ihn mitzunehmen. »Nein, ich habe selbst ein Motorrad. Ich wollte Sie nur vor der Straße warnen.«

Etwa fünf Meter hinter der Anhöhe, uneinsehbar, bog sie nach links und wurde ohne jede Vorwarnung wieder zu dem Fluss aus Steinen und Wurzeln, mit dem ich während des Großteils meiner Inselüberquerung gekämpft hatte.

Der Gentleman war, wie sich herausstellte, das jüngste Mitglied des örtlichen Parlaments und des Komitees für öffentliche Bauarbeiten. Er hatte von der Bauabteilung einen Abschlussbericht für diesen Bauabschnitt der Straße erhalten und war hergekommen, um sich die Sache selbst anzusehen. Wie er feststellen musste, hatte die Baufirma zum Ende hin keine Lust mehr gehabt, den Drainagegraben weiterzuführen: Er hörte Hundert Meter vor dem Ende der Straße auf. Zudem war der Asphalt weder richtig unterbaut noch eingefasst, was bedeutete, dass er beim nächsten ernsthaften Regen anmutig den Hang hinabrutschen würde. »Da hätten sie auch einfach die Erde schwarz anmalen können«, schimpfte er und telefonierte wieder, aber die Firma nahm seine Anrufe nicht mehr an.

Ich hatte auf einer Informationstafel in der Stadt gelesen, dass die fünfundzwanzig Kilometer Straße zu einem Preis von 2,2 Milliarden Rupiah, also etwa zehntausend US-Dollar, pro Kilometer modernisiert werden sollte. Warum fingen sie nicht von der Stadt aus an und arbeiteten sich weiter vor? Was sollte dieses kurze Stück Asphalt mitten in dieser wilden Steinpiste?

Das Mitglied des Parlaments erklärte mir, große Aufträge wie der Bau einer solchen Straße würden von der Bauabteilung für gewöhnlich in kleinere Proyeks unterteilt und an verschiedene Firmen vergeben.

Proyek. Das war ein Wort, das ich immer wieder hören sollte. Es gehörte zum riesigen System des Nepotismus, der Indonesiens gegenwärtiges »Und-so-weiter« stützt. Interessant war in diesem Fall, dass der junge Politiker versuchte, so etwas wie eine Aufsichtsfunktion für das Projekt zu erfüllen, das der Bupati und seine Leute in Auftrag gegeben hatten. Nur wenige Indonesier erwarten von ihren örtlichen Parlamentariern, dass sie sich ernsthaft bemühen, die Exekutive zu kontrollieren. Ihr Job bestehe eigentlich nur, wie die Leute witzeln, in den vier Ds: *datang*, *duduk*, *diam*, *duit* – erscheinen, sich setzen, den Mund halten und sein Geld in Empfang nehmen.

Ich fragte das Parlamentsmitglied, wie sein Komitee über die technischen Spezifikationen für die Straßen entscheide und wie viel Geld für ihren Unterhalt bereitgestellt werde. »Ehrlich gesagt habe ich keine Ahnung. Das ist Neuland für uns. Keiner von uns weiß wirklich, wie ein Budget kalkuliert wird, weshalb wir am Ende den Leuten in der Exekutive trauen.« Das sei jedoch problematisch, sagte er, da die Baubehörde, die Exekutive, über keine ausgebildeten Ingenieure verfüge. »Da führt ein Blinder den anderen.«

Mit jedem neuen Aufblühen des großen Feuerwerks der Dezentralisierung braucht Indonesien mehr Leute, die eine Gesundheitsabteilung leiten, mehr Leute, die Budgets prüfen und Curricula planen können. Idealerweise will jeder Distrikt diese Fähigkeiten in der eigenen Bevölkerung finden. In Dutzenden neu geschaffenen Distrikten in bis dahin vernachlässigten Provinzen gibt es aber niemanden mit einer entsprechenden Ausbildung.

»Ich bin nicht sicher, dass alle in der Abteilung [der Bauabteilung] eine Tabelle zu lesen verstehen«, sagte der junge Politiker und trat ein Stück Teer aus der neu asphaltierten Straße. »Und wir können auch Kupang nicht um Hilfe bitten, weil wir es am Ende doch waren, die von ihnen loskommen und unseren eigenen Distrikt haben wollten.«

***

Von Sawu fuhr ich mit einer Pelni-Fähre nach Kupang im Westen Timors. Eigentlich hatte ich von dort eine weiteres Pelni-Schiff durch einen von Indonesiens neuesten Distrikten nehmen wollen, die Südwest-Molukken. Seine achtundvierzig winzigen Inseln sprenkeln das Meer östlich von Timor über sechshundert Kilometer bis hinauf nach Tanimbar im Westen. Aber die monatlich verkehrende Fähre war gerade abgefahren.

Nach intensivem Nachhaken erklärte mir der Hafenmeister, dass alle paar Wochen Perintis-Schiffe durch die Südwest-Molukken fuhren. Dabei musterte er mich argwöhnisch von Kopf bis Fuß. *Perintis* heißt wörtlich »Pionier«, und es ist eine höfliche Art, Verbindungen zu Orten zu bezeichnen, zu denen keine anderen Schiffe wollen. »Sie wissen, dass das Frachter sind?«, fragte der Hafenmeister in einem Ton, der nahelegte, dass ich nicht wie die richtige Art Fracht aussah. »Wir erlauben Passagiere im Dienste der Bewohner der kleineren Inseln, aber ...«

Ich fragte nach der Route und erklärte, dass ich das Schiff in

Wini, an der Grenze zu Ost-Timor, nehmen würde, worauf mich der Hafenmeister noch argwöhnischer ansah, mir aber Tag und Uhrzeit gab: am Neunten um zehn Uhr morgens. Und so fuhr ich denn am Neunten um halb zehn Winis einzige Straße hinunter zur Anlegestelle. Kein Schiff am Pier, kein Schiff am Horizont.

Das kleine Haus, das sich zum Büro der Verkehrsbehörde erklärte, war verlassen. Überhaupt war niemand sonst zu sehen. Ich schickte dem Hafenmeister von Kupang eine SMS. *»Sabar, Bu«*, lautete die Antwort. »Geduld.« Also setzte ich mich unter einen Baum und las ein Buch. Etwa nach einer Stunde tauchte ein junger Mann auf, der offenbar auch nicht aus Wini war, und ich fragte ihn, ob er auf ein Schiff warte. »Gibt es hier ein Schiff? In den zwei Wochen, die ich hier bin, habe ich an diesem Anleger nicht eines gesehen.«

Es war ein Ingenieur aus Surabaya, der die Erweiterung des Anlegers überwachen sollte. Warum etwas erweitern, das nie benutzt wird?, fragte ich. *»Proyek, kan?«* – Es ist ein Projekt, richtig?

Es wurde Mittag, ein Uhr, zwei Uhr, und ich begann bereits über meinen Plan B nachzudenken, als sich am Horizont eine Rauchfahne zeigte. Die Fahne wurde größer, und innerhalb einer Stunde machte ein riesiger flacher, in grüne und blaue Planen gehüllter Frachter am Anleger fest. Niemand ging von Bord, und ich war der einzige neue Passagier, der die gerippte Planke hinaufstieg.

Ich sah mich unter meinen Mit-Passagieren um. Ich hatte mit einem Dutzend robusten Seelen gerechnet, aber das Deck war voll. Es müssen etwa dreihundert Leute gewesen sein. Jeder Zentimeter war besetzt. Die Leute hockten in Festungen aus Kartons mit Elektrogeräten, Reissäcken und auf quadratischen Pappablagen gestapelten Eiern. Niemand erwiderte einen Blick, es hing nichts als Feindseligkeit in der Luft. Ich steuerte ein Mauseloch von etwa sechzig mal neunzig Zentimetern hinter einem Sack Knoblauch an, wurde aber von einem knurrenden Nachbarn zurückgewiesen. Den einzigen Platz schien es oben auf einer warmen, brummenden Kühltruhe zu geben. Als ich meine Schlafmatte darauf ausrollte, wurde ich gleich von einer Frau attackiert, die wie ein Terrier auf mich losging und mich mit einem Holzlöffel bedrohte. Jemand von der Mannschaft führte mich zurück zu dem Mauseloch, sehr zum Ärger des knurrenden Nachbarn.

Saumlaki, mein Ziel, lag fünf Tage entfernt.

Zu meinem Entsetzen stellte ich fest, dass die Territorialkämpfe bei fast jedem Halt des Schiffes neu aufflammten. Wie der Hafenmeister gesagt hatte, waren die Perentis-Schiffe Frachter, und die Fracht wurde unter Deck transportiert. Das bedeutete, dass in den meisten Häfen, die wir anliefen, ob in gleißender Mittagssonne oder mitten in der Nacht, die Plane, die uns bedeckte, zurückgerollt wurde. Dann wurden die Kistenfestungen abgebaut, die Schlafmatten eingerollt, und die Passagiere mussten über die Planke an Land gehen, damit das Deck des Schiffes angehoben und die Fracht aus ihm hervorgeholt werden konnte.

Die Entladestopps konnten ein paar Stunden, aber auch einen ganzen Tag dauern, und sobald sich das erste Stück Abdeckung wieder aufs Schiff senkte, begann der Kampf um das zu besetzende Territorium. Die alten und neuen Passagiere schwärmten an Bord, um die besten Plätze zu ergattern, und ließen sich von den immer noch auf Halshöhe schwingenden Abdeckungen nicht dabei stören. Es gab viel Geschrei. Die Mannschaft schrie die Passagiere an, die Gefahr liefen, enthauptet zu werden, und die Leute, die bereits an Bord gewesen waren, schrien die Neulinge an, um vermeintlich erlangte Besitzansprüche geltend zu machen. Die Neuankömmlinge schrien zurück, um Entschlossenheit zu demonstrieren. Familien vollführten Klammerbewegungen, und ihre Oberhäupter schrien Befehle, während ein Teil seine Matten ausrollte und ein anderer eine trutzige Festung errichtete.

Mit der Zeit wurde ich besser darin, mir einen Platz zu suchen und Souveränität darüber zu erlangen. Ich wollte möglichst weit weg vom 24-stündigen Karaoke am einen Ende des Schiffes, andererseits aber auch nicht zu nahe beim stinkenden Klo am anderen sein. Eine Stelle in der Nähe einer »Tür«, einer Lücke in der Seitenplane, sorgte für Frischluft und Aussicht, was schön war, aber auch dafür, dem hin und wieder niederpeitschenden Regen ausgesetzt zu sein, und das war weniger schön. Risse in der Plane über einem konnten eine gemütliche Ecke in eine Pfütze verwandeln, also musste ich auch ein Auge auf das Dach über mir haben. Große Familien waren schlechte Nachbarn – indonesische Kinder sind wenig diszipliniert und schreien gern. Aber ich wollte definitiv nicht bei den Halbstarken mit ihren Kanistern voll mit destilliertem Palmwein, *sopi*, ihren Gettoblastern und Gitarren sitzen.

Ein Platz auf der Seite bedeutete, dass ich mich vergleichsweise leicht umherbewegen konnte, aber auch, dass ständig Leute über mich hinwegstiegen. Am zweiten Tag gelang es mir, einen Platz in einer relativ ruhigen Ecke am Toilettenende zu ergattern, direkt neben dem Abgrund hinunter in den Frachtraum. Es war eine Sackgasse, sodass ich von zwei Seiten geschützt war. Ich konnte mir den Platz sichern, indem ich mich mit einer unbeweglichen alten Frau und ihrer Tochter verbündete.

Die beiden waren in Liran an Bord gekommen, wo es nicht einmal einen Anleger gab. Ein langes, schlankes Fischerboot war längsseits gekommen und auf den Wellen auf und ab getanzt, während die Tochter die alte Frau in die Höhe gehievt und ein Schiffsjunge von oben gezogen hatte. Nach ein paar Haurucks plumpste die Alte aufs Deck. Ihre Tochter kam hinter ihr hergeklettert, und ich zog die beiden in meine Pufferzone. Danach tat ich mein Bestes, den geiergleichen Passagieren ein schlechtes Gewissen zu bereiten und sie dazu zu bringen, dem Alter Respekt zu erweisen. Das funktionierte ganz gut.

Das Leben an Bord fand zu einer Art Rhythmus. Der Bug des Schiffes, beim Anker, war ohne Plane und im Licht der Morgendämmerung ein angenehmer Ort für Gedanken. Um neun dann zwang die erbarmungslose Sonne alle zurück in den Muff unter der Plane, der kaum vom langsamen Wedeln der improvisierten Pappfächer aufgefrischt werden konnte. Spät am Nachmittag sank die Sonne hinter uns ins Meer. Das war die schönste Tageszeit.

Das Abendlicht entzündete das Wasser, und die Delfine kamen heraus, um zu spielen. Jeden Tag kamen sie, schossen aus dem Wasser, beschrieben ihre Bögen und stachen zurück ins Meer. Manchmal sprangen sie auch senkrecht in die Höhe und drehten hoch in der Luft Pirouetten, rein aus Spaß. Selbst noch der härteste der Sopi trinkenden Halbstarken wurde vom Zauber des Schauspiels gefangen genommen, zeigte auf die Mutter-und-Kind-Paare und lachte beglückt, wenn sich nur eine Armeslänge entfernt ein weiterer Delfin aus dem Wasser hob. Schließlich verblich das Licht, und die Technicolor-Sonnenuntergänge begannen, mit feinen Rosatönen um das weiche Grau in den Wolken oben und einem Feuerkessel am Horizont darunter, das Meer glasdunkel geriffelt. Drinnen blitzten die nachlässig an die Planenständer gehängten Neonlichter auf, und das Karaoke greinte dahin – aber im Bug herrschte eine ruhige Stimmung.

Fünf Tage sind eine lange Zeit, um auf einem Schiff zu hocken, und das ohne die Verlockung und Zerstreuung durch die schöne Mandarin-Schauspielerin Miss Beautiful Lingling Zhou. Ich hatte vorgehabt, Dutzende Briefe zu schreiben und viele wichtige Entwicklungsberichte zu lesen, kurz, *produktiv* zu sein. Aber ich fühlte mich ins Nichts gelullt, starrte schändlich viel in den Raum, beobachtete das Licht auf dem Wasser und fragte mich träge, ob ich einen Teller Reis von dem Kochlöffel schwingenden Terrier an Bord kaufen oder auf den nächsten Stopp warten sollte, der groß genug sein mochte, dass es dort einen Coffee-Shop gab.

Die vielen Zwischenstopps gaben mir die Möglichkeit zu Erkundungen. In einem Dorf am Meer lud mich ein pensionierter

Soldat zu einem starken Kaffee und einem dicken Stück selbstgebackenem Kuchen ein. Er erklärte mir, dass es unten in den Streitkräften besser würde, oben jedoch schlimmer. »Früher hatten wir kluge Generäle und dumme Soldaten«, sagte er. »Jetzt ist es andersrum. Die meisten Soldaten haben eine anständige Ausbildung, aber die wirklich Cleveren wollen nicht mehr in die Armee.«

Manchmal bringen diese kleinen Inseln äußerst unerwartete Dinge hervor. Auf Kisar, wo wir für einen ganzen Tag festmachten, bot mir Harry, ein Mit-Passagier, an, mir die Sehenswürdigkeiten zu zeigen. Auf seinem Motorrad fuhren wir bis ans andere Ende der Insel und sahen hinüber nach Ost-Timor, das heute eine eigenständige Nation ist. Vor der Kaserne wurden wir, wie man uns geraten hatte, langsamer. (»Bedeuten nichts wie Ärger, diese Jungs«, sagte Harry und widersprach damit dem, was ich von dem pensionierten Soldaten gehört hatte.) Wir hielten an, um uns einen kleinen Flugplatz anzusehen, und besuchten Pak Hermanus, einen alten, hakennasigen Herrn, der nur Oirata sprach, eine Minderheitensprache, selbst auf Kisar, und von dem es hieß, er gehöre zu einem der verlorenen Stämme Israels. Ein christlicher Wichtigtuer aus Jakarta hatte Hermanus im Jahr zuvor ins Heilige Land gebracht und gehofft, so die Wiederkunft Christi zu beschleunigen. Vor seinem Palmblatthaus standen zehn Felsen, mit Zement zu einem großen Kackhaufen verbunden, einem Denkmal für die zehn verlorenen Stämme. Es war einer jener Ionesco-Momente, die das Reisen durch Indonesien zu einer solchen Freude machen. Besser noch: Der amtierende Bupati des Distrikts Südwest-Molukken hat kürzlich verkündet, er wolle Kisar zu einem Ziel für spirituellen Tourismus machen, weil es ihn so sehr an Israel erinnere, seine gesamten zehn mal zehn Kilometer. Beide Länder seien trocken und bergig, erklärte der Bupati, und es gebe hier wie dort Schafe und Ziegen.

Etliche Male riefen mich die Leute in den Städten, in denen

wir hielten, von der Straße und boten mir an, ihr Bad zu benutzen, damit ich mich vom Schmutz der Reise befreien konnte, und wenn ich ihnen dafür dankte, für den Kuchen und die Gesellschaft, winkten sie ab. »Unsinn, Unsinn. Sie würden da drüben das Gleiche für uns tun!« Ich wusste, dass das nicht stimmte, und das machte mich umso dankbarer. Ich schwamm in einer verlassenen Höhle und saß in der Kühle einer alten steinernen Kirche. Ich kaufte einen Tintenfisch von einem Fischer und ließ ihn mir im einzigen Hafenrestaurant der Insel grillen. Fünf Tage auf einem Frachter waren nicht nur schlecht.

Natürlich wurde auf dem Schiff viel geredet. Bei jedem Halt gab es neue Passagiere mit neuen Fragen, von denen viele von meinen Mitreisenden beantwortet wurden, die bereits über meine Geschichte im Bilde waren. Ich meinerseits erfuhr, warum die Leute diese lange Reise unternahmen.

Viele von ihnen waren auf dem Weg von oder nach Kisar, dem vorübergehenden Sitz der Distriktregierung von Molukken Barat Daya (MBD), um den Vorschlag für ein Projekt einzureichen. Einen Mann lernte ich kennen, den Bruder eines Subdistrikt-Oberen, der aus gebrauchten Wasserflaschen einen beleuchteten Weihnachtsbaum vor dem Büro des Bupati errichtet und gerade sein Geld dafür abgeholt hatte. Jetzt machte er einen Vorschlag für Osterdekorationen. *Susun proposal*, einen »Vorschlag ausarbeiten«, war ein Ausdruck, den ich auf dieser Reise öfter hörte als in den vorangegangenen zwanzig Jahren. Natürlich hörte ich ihn von NGOs, aber auch von Priestern, Studenten, Bauern, Lehrern, Dorffrauen-Gruppen, Polizisten und Dutzenden mehr. Dieser Tage schien jeder in Indonesien etwas vorzuschlagen zu haben, um eine kleine (und manchmal auch nicht so kleine) Summe Geldes aus den frisch ausgestatteten örtlichen Regierungen herauszuholen.

Die unbewegliche alte Dame in meiner Pufferzone hatte keinen Vorschlag zusammengestellt. Sie war auf dem Weg ins Krankenhaus: Ihre Beine waren geschwollen, und sie konnte nicht mehr richtig gehen. Auf Liran gab es kein Krankenhaus und konnte es auch nicht geben. Im einzigen Dorf der Insel leben achthundert Menschen. Es gibt eine Grund- und eine Mittelschule und einen Gesundheitsposten, der mit einer örtlichen Frau besetzt ist, die eine gewisse Ausbildung zur Hebamme genossen hat, »aber alles, was sie Ihnen anbieten kann, sind Pillen vom Kiosk.« Es gab auch sonst in Südwest-Molukken kein Krankenhaus, wobei die neu ernannte Distrikthauptstadt sechs Monate zuvor ein Feldlazarett bekommen hatte.

In Bezug auf die Reisezeit war das nächste Krankenhaus in Kupang, der Hauptstadt NTTs, anderthalb Tage entfernt. Aber die gebrechliche alte Dame konnte dort nicht hin, weil Liran in der Provinz Molukken liegt und ihre Gesundheitskarte, mit der sie eine billigere Behandlung bekam, in Kupang nicht galt. Also saß sie stoisch drei Tage und drei Nächte da, um ins Krankenhaus in Saumlaki zu kommen, und selbst dort würde sie ein Schmiergeld bezahlen müssen, damit sich jemand um sie kümmerte. Jetzt, wo es den Distrikt Südwest-Molukken gab, musste das Krankenhaus in Saumlaki nicht länger eine Gesundheitskarte aus Liran akzeptieren.

Wollte sie alles nach Vorschrift machen, würde diese kranke siebzig Jahre alte Frau noch drei Tage weiter in die Provinzhauptstadt Ambon reisen müssen. »Aber wenn Sie von früher noch Leute kennen, lässt sich da gewöhnlich was machen«, sagte die alte Dame.

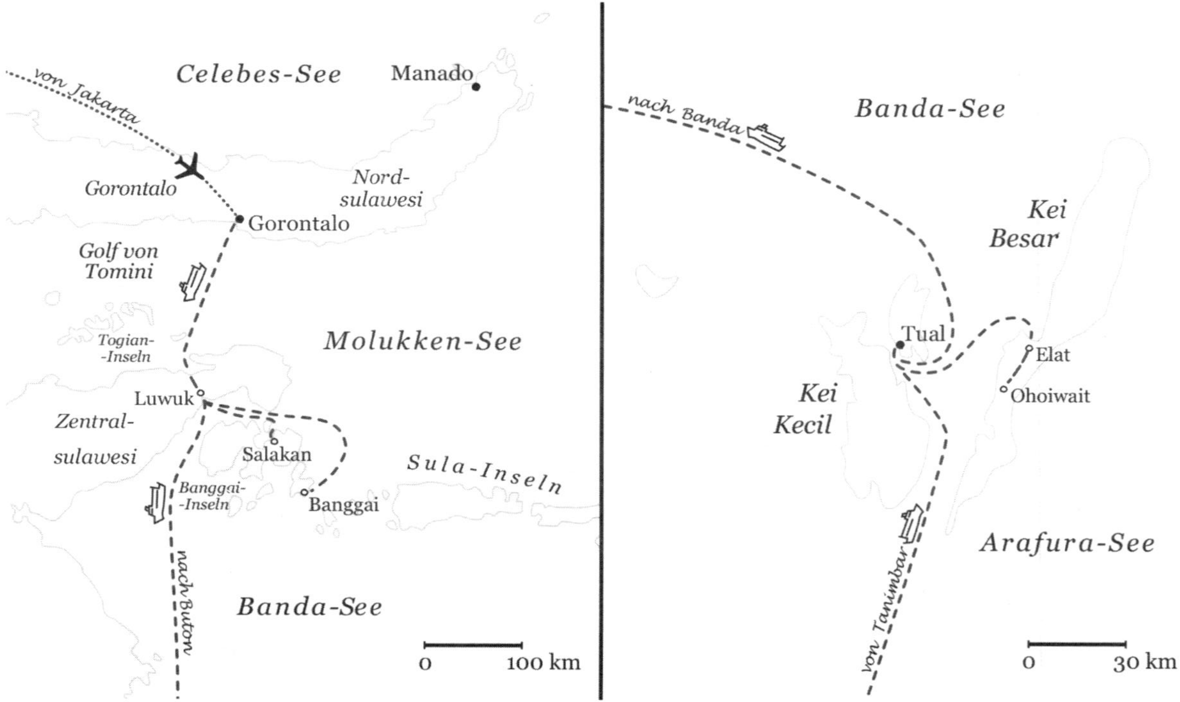

von Jakarta
Celebes-See
Manado
Gorontalo
Nord-
sulawesi
Gorontalo
Golf von
Tomini
Molukken-See
Togian-
-Inseln
Luwuk
Zentral-
sulawesi
Salakan
Sula-Inseln
Banggai-
-Inseln
Banggai
nach Buton
Banda-See
0
100 km
nach Banda
Banda-See
Kei
Besar
Tual
Elat
Ohoiwait
Kei
Kecil
Arafura-See
von Tanimbar
0
30 km

Kapitel 6

Glückliche Familien

Weihnachten 2011 näherte sich, und ich zog die südöstlichen Inseln der Molukken hinauf, den viktorianischen Käfersammler Alfred Wallace im Gepäck. Wallace hatte das Weihnachtsfest 1857 auf einem Schiff verbracht, nicht weit von dem Ort, an dem ich mich gerade befand. Er hatte sich unglücklich gefühlt. »Der Kapitän ist zwar offiziell ein Protestant, Weihnachten scheint für ihn aber kaum ein Feiertag zu sein«, beklagte er sich. »Zum Abendessen gab es wie gewohnt Reis und ein Curry. Ein zusätzliches Glas Wein war alles, womit ich den Tag feiern konnte.«

Das war eine ungewöhnlich missmutige Bemerkung in einer ansonsten munteren Beschreibung der südöstlichen Ecke des Archipels, seinen Sprenkeln neben der riesigen Insel Neuguinea. Besonders faszinierten Wallace die Leute von den Kei-Inseln, die zum Entsetzen seiner zugeknöpften javanischen und malaiischen Mannschaft ungebeten an Deck strömten:

> *Die Bewohner von Kei kamen singend und rufend heran, tauchten ihre Paddel tief ins Wasser und wirbelten Gischtwolken auf … Sie schienen trunken vor Freude und Aufregung … [Die Mannschaft] erinnerte mich an eine Gruppe züchtiger, wohlerzogener Kinder, über die plötzlich ein Trupp wilder, tollender, zügelloser Jungen hereinbrach, deren Verhalten ganz außergewöhnlich und äußerst ungezogen schien.**

Wallace hatte sicher recht damit, dass die Bewohner der Kei-Inseln über die Maßen gastfreundlich sind. Ich war 2004 schon einmal in der Gegend gewesen. Mein Chef in Jakarta hatte spontan entschieden, das Büro über Weihnachten und Neujahr zu schließen, und ich war kurz entschlossen in die Wildnis aufgebrochen. Am Ende hatte ich mich in Tual wiedergefunden, der Hauptstadt der Inseln. Nach ein paar Tagen war mein Interesse an den spektakulären Stränden südlich der Stadt jedoch verraucht, und ich ging hinunter zum Hafen. Ein massives hölzernes Passagierschiff voller Leute stand kurz davor, die Gangway einzuziehen. Ich sprang noch schnell an Bord und setzte mich auf eine Bank. Der Fahrkartenkontrolleur kam und fragte mich, wohin ich wolle. »Wohin geht es denn?«, antwortete ich.

Den mächtigen Mann mit dem rasierten Schädel auf der Bank neben mir amüsierte es köstlich, dass ich auf ein Schiff gesprungen war, ohne zu wissen, wohin es fuhr. »Sie kommt mit uns«, erklärte er. Was damit beschlossen war.

Pak Bram und seine Familie waren in seinen Geburtsort Ohoiwait auf der dünn besiedelten Insel Kei Besar unterwegs, nur ein

* Alfred Russell Wallace: *The Malay Archipelago: The Land of the Orang-Utan, and the Bird of Paradise. A narrative of travel with studies of man and nature*. 2 Bde., Macmillan, London 1869, Bd. 2, Kap. 24

paar Stunden von Tual entfernt, wo sie heute lebten. Sie wollten seine Mutter und eine schwindelerregende Menge von Geschwistern und Verwandten besuchen.

Am Anleger wartete ein alter, mitgenommener Jeep auf uns. Die Familie strömte hinein und verstaute in jeder freien Ecke Geschenke. Säcke mit Reis und Zement wurden aufs Dach geschnürt, Kuchen unter die Sitze geschoben, Eier auf dem Schoß gehalten. Wir erklommen eine unbefestigte Straße, die sich über das Rückgrat der Insel mit Wald, Feldern und unauffälligen Dörfern wand. Auf der gegenüberliegenden Inselseite ging es schließlich wieder hinunter, und die Fahrt fand ein abruptes Ende. Wir waren in Ohoiwait.

Der obere Teil des Dorfes rankte sich an einem Kliff entlang. Eine breite, mit polierten Korallenblöcken gepflasterte und von einfachen Holzhäusern gesäumte Straße führte von der Kirche ganz oben hinunter an den Rand des Kliffs. Die Häuser waren gepflegt, Fensterläden und Türen in kontrastierenden Farben gestrichen, saubere Baumwollvorhänge flatterten in der salzigen Brise. Dann stürzte die Straße wie ein Wasserfall aus hundertzwanzig Stufen zum Strand hinab, und aus irgendeinem Grund schien sich der flache untere Teil des Dorfes gehen zu lassen wie ein Teenager, der sich bewusst zwischen verwildert und komplett verwahrlost hin- und herbewegt. Draußen im Wasser zogen Fische in den verschiedensten Technicolor-Kostümen ihre Bahnen um ein wunderschönes Korallenriff, das von den Dorfbewohnern wegwerfend die »bunten Felsen« genannt wurde.

Bram, das Jüngste von dreizehn Geschwistern, hatte mich direkt zu seiner Mutter gebracht, die von allen, ganz gleich welcher Generation, »Oma« genannt wurde, was auf den alten holländischen Begriff zurückging. Oma hieß mich ohne Frage willkommen, wodurch mein Platz im Dorf gesichert war. Brams Familie hatte mit ihren Schlafmatten bereits den Großteil des Bodens in Omas Haus belegt, und so wurde ich gegenüber bei einer Cousine untergebracht.

Die Familie machte auch beim Essen Platz für mich und webte mich mühelos ins Alltagsleben des Dorfes mit ein, und als jetzt, sieben Jahre später, Weihnachten näher kam, dachte ich mit großer Wärme an jenen Aufenthalt zurück. Ein, zwei Jahre war ich mit Bram in Kontakt geblieben, dann hatte er seine Telefonnummer geändert, und ich konnte ihn nicht mehr erreichen. Verdammt, dachte ich, ich fahre sowieso nach Ohoiwait.

In Tual druckte ich etliche Bilder von meinem Besuch 2004 aus: Oma in einer eleganten weißen Kebaya, Bram mit seiner Frau Maria und den Kindern mit ihren Wrap-around-Sonnenbrillen, die Teenager tragen, um ihre Cousins auf dem Dorf mit ihrer Großstadt-Coolness zu beeindrucken, »Mrs Dormitory«, bei der ich untergekommen war, und »Mrs Kitchen«, bei der sich der Clan zum Essen traf. Dann brach ich auf nach Ohoiwait.

Etwa dreihundert Leute drängten sich auf die zweihundert Sitze des sargförmigen Schnellboots hinüber nach Kei Besar. Eine alte Dame schob sich halb mit auf meinen Sitz, zerbrechlich wie eine gerupfte Wachtel. Das Boot schlingerte heftig, bäumte sich mit einer Welle auf und schlug auf die nächste. Die alte Dame schrie jedes Mal auf, hielt meine Hand gepackt, dass meine Knöchel weiß wurden, und übergab sich schließlich auf meinen Fuß.

Die immer noch unbefestigte Straße nach Ohoiwait führt durch mit wilden Orchideen eingefasste Wälder. Ich saß hinten auf einem Motorradtaxi und überlegte, wie seltsam es doch war, dass ich zwei Tage vor Weihnachten im Haus einer Familie auftauchen würde, die ich seit sieben Jahren nicht gesehen hatte, deren richtige Namen ich nicht mal mehr alle wusste, und dennoch erwartete, willkommen geheißen zu werden.

Mein Vertrauen in Indonesiens vorbehaltlose, großzügige Gastfreundschaft wurde nicht enttäuscht. Ich war in Ohoiwait kaum vom Motorrad gestiegen, als mich Brams Schwägerin Ona bereits zu fassen bekam und zu Omas Haus schob. Die Matriarchin war im Jahr zuvor gestorben, mit über neunzig Jahren, und jetzt wohnten Ona und Ince (»Intscheï« ausgesprochen, alias Mrs Kitchen) mit ihren Männern und einem verbliebenen kleinen Kind in ihrem Haus.

Ona und ich sahen gerade die Fotos an, die ich mitgebracht hatte, als Mama Ince hereinkam. Sie sah die Fotos. »Die Fotos, das war, als Eliz hier war!«, sagte sie. Ich nickte und wartete auf eine Begrüßung. Sie dagegen wartete darauf, dass ich erklärte, wie ich an die Bilder gekommen war. Mama Ona starrte verlegen auf ihre Füße. »Das ist sie doch«, knurrte sie. »Das ist Elizabeth.«

»Oh, Bu Eliz!« Ince reckte voller Freude die Arme in die Luft. »Aber du bist so alt geworden!«

Wenige Stunden später hockten Ona, Ince und ich gemeinsam in der Küche und putzten Gemüse, das wir gerade hinter dem Haus geerntet hatten. Es war, als hätten sie mich erwartet und als wäre es nicht sieben Jahre her, dass ich kurz in ihr Leben gehuscht und wieder verschwunden war. »Du bleibst über Weihnachten«, erklärte Mama Ince, und ich empfand eine große Wärme in mir.

Ince zählte meine gesellschaftlichen Verpflichtungen während der Weihnachtszeit auf, von denen viele mit der Kirche zu tun hatten. Ohoiwait ist weitgehend protestantisch, obwohl weiter unten im Dorf eine Moschee stand, die es bei meinem letzten Besuch noch nicht gegeben hatte. Ich sah auch, dass einige wenige Mädchen mit Dschilbabs unter den Kindern waren, die während der Weihnachtstage von Tür zu Tür gingen, sangen und klatschten und Maracas aus leeren Cola-Dosen mit getrocknetem Mais schüttelten. Sie erfanden Verse, die dazu da waren, den Erwachsenen Süßigkeiten und Münzen zu entlocken. *»Ibu Eliz manise ...«*, sangen sie. »Süße Ibu Eliz, wo versteckst du dich ...?« Da war es unmöglich, nicht das Portemonnaie zu zücken und an alle Tausend-Rupiah-Scheine zu verteilen. Als ich Mama Ince gegenüber eine Bemerkung zur Mischung der Religionen unter den weihnachtlichen Kindergruppen machte, sagte sie, einige der Muslime seien zu Besuch bei ihren christlichen Cousins und

Cousinen. Im clanorientierten Süden der Molukken waren die Bande der weiteren Familie weit wichtiger als mögliche Unterschiede im Glauben.

Das Erste auf meiner Liste war die Damen-und-Herren-Messe, zu der die Erwachsenen des Dorfes ihre besten traditionellen Kleider tragen, die Frauen elegant in langen Kebayas und gebatikten Sarongs, die Männer in Batikhemden und die einfacheren Frauen in Ikat-Stoffen. Mama Ince und die anderen weiblichen Kirchenältesten trugen zusätzlich schwarze Seidenschärpen, die Männer weiße Tücher. Die Bänke waren umgestellt worden, sodass wir einander über den Mittelgang hinweg ansahen, die Frauen links, die Männer rechts.

Ich wurde in die erste Reihe geschoben, sodass ich meinen Gedanken nicht zu offensichtlich freien Lauf lassen durfte. Eine Stunde etwa betete und sang ich mit und tat so, als hörte ich der leidenschaftlichen weiblichen Priesterin zu. In der traditionellen calvinistischen Kirche der Molukken gibt es mittlerweile mehr Frauen im Priesteramt als Männer. Schließlich kamen wir zum Ritual des Kerzenentzündens. Als Erster war der »Ehrbare Dorfsekretär, dessen Weisheit uns alle leitet« an der Reihe. Langsam schritt er den Gang hinunter, zündete feierlich eine Kerze an und ging zurück zu seinem Platz. O Gott, dachte ich, jetzt kommen noch der Lehrer und die Hebamme, der Leiter der Familienfürsorge und alle anderen dran, die im Ort eine Position bekleiden, was in einem Dorf wie Ohoiwait so gut wie alle waren. Um Mitternacht würden wir noch dasitzen. Meine Gedanken schweiften ab und landeten bei den örtlichen Moden des Make-up: Bei förmlichen Gelegenheiten wie dieser hellten die Dorffrauen ihre dunklen Gesichter mit Reispuder auf und bemalten die mit Betelsaft vorgefärbten Lippen kräftig mit Lippenstift. Das Ergebnis hatte etwas leicht Bedrohliches.

Plötzlich spürte ich, wie mir Mama Ona in die Rippen stieß. »Jetzt rufen wir Ibu Eliz«, intonierte die Zelebrantin, »die uns mit ihren Besuchen daran erinnert, was es bedeutet, das Land Indonesien und unser Dorf Ohoiwait zu lieben.« Ich war gerührt, ging den Gang hinunter, zündete feierlich eine Kerze an und kehrte langsam zurück zu meinem Platz, genau wie es alle anderen gemacht hatten. Solche Feierlichkeiten vermitteln einem ein Gefühl der Dazugehörigkeit, wie man es in London oder Jakarta, den riesigen anonymen Orten, die für immer mehr Menschen lebensbestimmend sind, kaum einmal spürt.

Beim Verlesen der Verwaltungsmitteilungen verkündete der Kirchenälteste ein neues *Sasi*, ein Tabu, was das Sammeln von Meeresschnecken anging, wohingegen das Sasi zu Pak Oktos Mangobaum aufgehoben wurde. Sasis (oder weiter südlich in NTT Pomalis) sind eine traditionelle Form des Ressourcenmanagements. Meist werden die Tabus von den Dorfältesten verhängt, damit während der Brutsaison keine Bestände überfischt werden oder um bestimmte Gemeinderessourcen zu bewahren.

Manchmal zahlen einzelne Dorfbewohner, die ihre Ernte vor Diebstahl schützen wollen, den Ältesten eine kleine Gebühr, damit sie ein Tabu verhängen. Pak Oktos Mangobaum hing voller Früchte, direkt über dem zentralen Durchgangsweg im oberen Dorfteil. Die vorbeikommenden Dorfjungen hätten sicher einen Großteil der Früchte gepflückt, hätte sie das Sasi nicht eingeschüchtert. Jetzt, wo es aufgehoben war, konnte Pak Okto nach der Messe ernten, was ihm rechtmäßig zustand. Am Nachmittag saß seine gesamte weitere Verwandtschaft auf seiner Veranda, die Hände klebrig vom Saft, und schlug sich die Bäuche mit der Ernte voll.

Vor anderthalb Jahrhunderten konstatierte Alfred Wallace in Timor, wie groß die Kraft dieser Verbote war.

> *Die Tradition der ›Tabus‹, hier ›Pomali‹ genannt, ist sehr allgemein, Obst, Bäume, Häuser, Feldfrüchte und Besitz aller Art werden durch die mit großer Ehrfurcht bedachte Zeremonie vor Plünderung geschützt. Ein Palmzweig über einer offenen*

> *Tür, der zeigt, dass das Haus mit einem Tabu belegt ist, ist ein wirksamerer Einbruchschutz, als es irgendwelche Schlösser und Gitter sein könnten.**

Heute werden Tabus auch von Politikern benutzt. Um während eines Streits bei den Kommunalwahlen in Tual zu demonstrieren, wer die Stadt kontrollierte, verhängte ein Lager ein Sasi über die einzige, die weite Flussmündung überspannende Brücke, die die Stadt in zwei Teile teilt. Provisorische Fähren wurden eingerichtet, die Wucherpreise verlangten, Kinder mussten eine Stunde früher aufstehen, wenn sie zufällig eine Schule auf der anderen Flussseite besuchten, und Regierungsbeamte waren noch seltener im Büro anzutreffen als sowieso schon. Wochenlang wurden Benzin, Öl, Reis und alles andere am Fluss abgeladen und mit Sampans auf die andere Seite transportiert. Die Preise schossen in den Himmel, und obwohl es allen das Leben verdarb, traute sich niemand, das Sasi zu brechen. Der Gouverneur der Molukken schritt am Ende ein, um das Tabu aufzuheben.

***

Das Weihnachtswetter war mehr als schlecht. Nachmittags, und oft auch schon morgens, frischte der Wind vom Meer auf, stürmte das Kliff herauf und ging auf die kleinen Holzhäuser von Ohoiwait los. Die Palmen tanzten theatralisch, ein Pina-Bausch-Ballett hoch in der Luft. Regen krachte in sichtbaren Wogen auf die Wellblechdächer und fuhr in Böen über die offenen Veranden. Die Leuten schlossen die Fensterläden, zogen sich nach drinnen zurück und saßen den Sturm im Licht ihrer Petroleumlampen aus. Die Stromversorgung hatte es bereits am Tag mei-

* Alfred Russell Wallace: *The Malay Archipelago: The Land of the Orang-Utan, and the Bird of Paradise. A narrative of travel with studies of man and nature*. 2 Bde., Macmillan, London 1869, Bd. 2, Kap. 11

ner Ankunft weggeblasen, und sie wurde bis zu meiner Abreise nicht wiederhergestellt. Allein der Kirchengenerator produzierte noch Licht.

Keine Fernsehserien, kein Telefon, kein Weg hinaus über die überflutete Straße oder das wütende Meer: Das Dorf war vom Rest der Welt abgeschnitten. Alles, was wir hatten, war das Radio. Ich erinnere mich an mein erstes Mal in Ohoiwait, als ich zusammen mit dem Dorfchef einen speziellen Sender hörte, der über seine Netzwerke in den Provinzen und Distrikten Instruktionen der Zentralregierung in die Dörfer trug. Es gab neue Restriktionen beim Fischen mit Dynamit, und es wurden Kandidatinnen für ein Dorfhebammen-Programm gesucht. Jeden Tag schaltete der Dorfchef das Radio ein, machte sich Notizen und verbreitete die Neuigkeiten.

Jetzt machte Mama Ince allabendlich das Radio an, um zu erfahren, was in der Welt außerhalb des Dorfes vorging. Es gab endlose Weihnachtsgrüße von verschiedenen höheren Würdenträgern, dann wurde der Fährplan durchgegeben: Pelni verkündete, dass die Ciremai am 30. in Tual einlaufen werde, zwei Tage verspätet. Am 2. Januar würden die Regierungsbüros geschlossen sein. Danach kamen Familiennachrichten: Der Zain-Clan in Tual erklärte seinen Bugis-Verwandten auf Banda Eli, dass er wegen des schlechten Wetters nicht zu Besuch komme. Der Matutu-Clan in Tual bat Bapak Jafar in Waur, wegen wichtiger Geschäfte sofort in die Stadt zu kommen.

Fast alle Radionachrichten benutzen den Ausdruck *keluarga besar*, was wörtlich »große Familie« bedeutet, eine umständliche Bezeichnung, die ich kurz mit »Clan« übersetze. An einem weiteren verregneten Nachmittag fragte ich Mama Onas Mann Jopy, was tatsächlich alles mit Keluarga Besar gemeint sei. Er holte ein Stück Papier hervor und skizzierte den Clan, der mit Oma begann, der eleganten Matriarchin, die mich bei meinem ersten Besuch hier willkommen geheißen hatte.

Da waren Oma und ihr Mann, ihre dreizehn Kinder, die dreiundvierzig Enkel, achtundzwanzig Urenkel und das gerade geborene Baby der fünften Generation. Das waren fünfundachtzig direkte Nachkommen einer Frau, die erst im Jahr zuvor gestorben war. Nicht mitgerechnet waren die Ehepartner und deren Familien sowie die verschiedenen Cousins und Cousinen unterschiedlichen Grades, nur die direkt Blutsverwandten. »Aber wenn wir wirklich den ganzen Clan meinen, die Frauen und Ehemänner, alle angeheirateten Verwandten, und zurück bis zu den Großeltern gehen, sind es Hunderte und Aberhunderte Leute«, sagte Jopy. Er zog ein weiteres Stück Papier heraus, damit ich meinen Stammbaum aufzeichnen konnte.

Mit den Großeltern väterlicherseits beginnend, kamen wir auf eine Gesamtzahl von drei blutsverwandten Nachkommen: meinen Vater, meinen Bruder und mich. Pak Jopy wusste nicht, wie er auf dieses Fehlen einer Familie reagieren sollte. Es war, als hätte ich ihm gestanden, nach der Geburt verlassen und von Wölfen großgezogen worden zu sein.

Der Clan ist ein wirkliches, körperliches Ganzes, zusammengehalten durch genauestens nachgehaltene Blutsverwandtschaften. In dieser Zeit der Mikro-Demokratie ist das besonders wichtig, da einige »große Familien« genug Stimmen für einen Sitz im Distriktparlament zusammenbringen können. Aber ein Clan kann auch metaphorischen Charakter haben und aus Netzwerken von Menschen bestehen, die nicht durch Verwandtschaft miteinander verbunden sind, sondern durch den Ort, an dem sie leben, die Schule, die sie besucht haben, die Bande, zu der sie gehören, oder ihren Beruf. So waren die Zeitungen in den Jahren der Suharto-Herrschaft immer voll mit den glorreichen sozialen Taten der Keluarga Besar ABRI, einer Organisation der Streitkräfte und ihrer Familien.

In beiden Fällen ist der Clan das Kreislaufsystem, durch das die Förderung fließt, der Lebenssaft der indonesischen Politik und Wirtschaft.

Im Herzen eines Clans gibt es für gewöhnlich einen Großen Mann (der gelegentlich eine Frau ist). Der Clan bedeutet für den Großen Mann Stimmen und (besonders im Fall des metaphorischen Clans einer Jugendorganisation) Fußsoldaten, die es ihm erlauben, seine Macht zu behaupten, und die ihm Zugang zu Geld, Proyeks und Jobs verschaffen – was wiederum alles dem Clan zugutekommt.

Auf der Distriktebene kann der Große Mann die Notabulen-Familie gegenüber der Ingtatubun-Familie repräsentieren oder die Interessen Ohoiwaits gegen die Elats vertreten. Auf nationaler Ebene wird von ihm erwartet, etwas für den ganzen Distrikt zu tun, vielleicht sogar die Provinz. Auf jeden Fall tut jeder alles für den eigenen, der direkten Abstammungslinie entsprechenden Clan.

Eines Abends erzählten mir Pak Jopy und Mama Ona von ihrer Tochter. Sie hatte die nötigen Staatsexamen bestanden und eine begehrte Lehrerinnenstelle bekommen, ganz regulär. Eines Morgens, als Jopy in Tual war, erfuhr er, dass der Brief mit der Verteilung der Lehrerstellen noch am selben Tag abgeschickt werden würde. Seine Tochter sollte eine Stelle in Waur bekommen, einer kleinen katholischen Stadt nicht zu weit von Ohoiwait entfernt.

Das war nicht gut. Es ist schwer aufzusteigen, wenn man in einem Dorf auf einer relativ isolierten Insel wie Kei Besar angestellt ist, weit entfernt vom Distriktbüro, in dem die über die Beförderungen entscheidenden Männer sitzen. Jopy ging sofort zur Schulbehörde und beschwerte sich, doch der Beamte zuckte nur die Schultern: Die Leute wüssten, dass der Brief unterschrieben sei und in ein paar Stunden rausgehen werde. Es sei zu spät, daran noch etwas zu ändern.

»Zum Glück haben wir einen Verwandten in Jakarta im Parlament. Ich habe ihn angerufen, und er hat mit dem Mann im Distriktbüro geredet. Die Sache wurde berichtigt.« Die Verkündigungszeremonie wurde verschoben, die Liste geändert, und jetzt unterrichtet Jopys Tochter in einer Schule in Tual. »Cool, was?«, sagte der stolze Vater.

Etwas später in der Unterhaltung erzählte ich, wie ich Polizisten dafür bezahlt hatte, dass sie mich durch eine Straßensperre ließen. »Ich nehme an, das war Bestechung und macht mich zu einer korrupten Person«, sagte ich. Ona und Jopy lachten. Ich fügte hinzu: »Das ist ein bisschen so wie mit eurer Tochter. In England gibt es Leute, die so etwas für korrupt halten.«

Es folgte ein verblüfftes Schweigen, und für einen langen Moment wog die Luft schwer. Dann stand Mama Ona auf und räumte den Tisch ab. »Gehen wir in die Kirche?«

Im Nachhinein tut mir meine Bemerkung leid. Nicht, weil ich meine so perfekten, untadeligen Gastgeber beschämt habe, sondern weil ich unrecht hatte. Es mag spitzfindig klingen, aber ich mache mittlerweile eine Unterscheidung zwischen Nepotismus und Korruption. Indonesier machen diese Unterscheidung in ihrem Alltagsleben und ihrem Stimmverhalten ständig, interessanterweise aber nicht in ihrer Sprache.

Die Indonesier lieben es, über Korruption zu reden, die sie gewöhnlich zu einem KKN abkürzen, *Korupsi*, *Kolusi*, *Nepotism*. Ich saß einmal mit einer Gruppe junger Burschen zusammen, und wir sahen uns im Fernsehen ein Fußballspiel an. Der Erzrivale Malaysia schlug Indonesien bei den Südostasienspielen. Als Malaysia ein weiteres Tor schoss, schüttelte einer der Jungs angewidert den Kopf und sagte: »Ich wünschte, es gäbe einen Weltcup in Sachen Korruption. Wenigstens den würden wir sicher gewinnen.«

Dabei fällt sehr, sehr viel von dem, worüber die Leute reden, wenn es um KKN geht, unter Nepotismus, und der ist, so wie dieses Land seine Demokratie und Bürokratie organisiert, unvermeidlich.

»Demokratie«, übersetzt in die Wahl nationaler und lokaler

Führer und der Gesetzgeber, die sie kontrollieren, ist relativ neu in Indonesien. Aber es gibt fürchterlich viel davon. Die Indonesier wählen ihren Präsidenten direkt, das nationale Parlament, den Provinzgouverneur, das Provinzparlament, ihren Distriktoberen (den Bupati oder Bürgermeister), die Distriktparlamentarier und ihren Dorfoberen. Durch die Teilnahme an sieben separaten Wahlen in jeder Fünf-Jahres-Periode haben sie ein genaues Verständnis dafür entwickelt, wie ihre Demokratie funktioniert, und alle stimmen in einer Hinsicht überein: Die radikale Dezentralisation des Landes und die Demokratie haben Nepotismus und Korruption notwendiger gemacht und weiter verbreitet.

Es ist teuer, Bupati zu werden. Erst muss man eine politische Partei dafür bezahlen, dass sie einen unterstützt, dann kommen die Kosten für den Wahlkampf, Kosten, von denen ich gehört, an die ich aber nicht wirklich geglaubt hatte, bis ich wenig später auf meiner Reise ein paar Wochen in einem Wahlkampfbüro arbeitete. Wenn jemand nicht ungeheuer reich ist, muss er sich Geld für seinen Wahlkampf leihen. Das natürlich nach einer Rückzahlung verlangt. Die Verlierer geraten in eine scheußliche Situation. Nach jeder Wahl in Indonesien wird berichtet, dass die Zahl der Neuaufnahmen in psychiatrische Anstalten steigt, und einige schwer verschuldete Verlierer haben sich auch schon umgebracht.

Der Gewinner, jetzt der Bupati, kann seine Schulden nicht von seinem monatlichen Gehalt von sechshundert US-Dollar abbezahlen (es ist fast immer ein »er«, bei der letzten Zählung gab es unter den mehr als fünfhundert indonesischen Bupatis und Bürgermeistern nur acht Frauen). Stattdessen bezahlt er seine Schulden mit einer Schürferlaubnis, durch die Vergabe von diesem oder jenem Posten, dem Auftrag für den Bau eines Krankenhauses oder eines blau bedachten Passagier-Terminals. »Wenn sie gewählt werden, haben sie so viele Schulden, dass sie nicht *nicht* korrupt sein können«, erklärten mir die Leute wieder und wieder.*

Viele von diesen »Rückzahlungen« sind nicht direkt illegal und nicht schlimmer, als wenn ein amerikanischer Kongressabgeordneter Fracking-freundliche Vorschriften vorschlägt, nachdem ein Ölgigant dem Political Action Committee großzügig unter die Arme gegriffen hat, das bei der Finanzierung seiner Kampagne hilfreich war. Jobs werden an Cousins verteilt, genau wie im englischen Unterhaus Praktika an die hübsche Tochter eines Freundes von Daddy gehen. Aber auch legaler Nepotismus sorgt oft für schlechte Politik, verfehlte Ernennungen und mies gebaute Straßen.

***

Während meines verregneten Weihnachtsfestes in Ohoiwait kam ich fast so weit, dass mir Indonesiens Große Männer leidtaten. Wenn sie es erst einmal nach oben geschafft haben, auch ohne die direkte Unterstützung ihres Clans, wird von ihnen erwartet, dass sie ohne Ende »zurückzahlen«.

Pak Jacob, von dem ich gleich bei meiner Ankunft in Ohoiwait

* Aufwendige Studien westlicher Akademiker scheinen diese Volksweisheit zu bestätigen. Eine faszinierende Studie über illegale Abholzung benutzt Satellitenbilder, um zu zeigen, dass die Schaffung eines Subdistrikts in den waldreichen Provinzen Sumatra, Kalimantan und Papua im Durchschnitt zu einem 8-prozentigen sprunghaften Anstieg des Einschlags führt. Das trifft auch auf Gebiete zu, in denen nach nationaler Gesetzgebung keine Bäume gefällt werden dürfen (siehe dazu Burgess, R., M. Hansen, B. A. Olken, P. Potapov und S. Sieber: *The Political Economy of Deforestation in the Tropics*, in: *The Quarterly Journal of Economics* 127, Nr. 4, 2012, S. 1707ff.). Zudem haben sich die Ausgaben für örtliche Straßen in dem Jahr, nachdem die Budgets den Distrikten übergeben wurden, verdoppelt, und dann noch einmal im Jahr nach den ersten Bupati-Wahlen. Regierungsinspektionen haben derweil gezeigt, dass die Qualität der Straßen in den zehn Jahren vor 2010 trotz einer Versiebenfachung der Kosten gesunken ist.

gehört hatte, hatte es definitiv geschafft. Er war in dem winzigen Molukken-Dorf oben auf dem Kliff geboren, aber schon vor mehr als zwanzig Jahren weggegangen, um sein Glück zu machen. Heute sitzt Jacob dem Stadtparlament von Jayapura vor, dem er über mehrere Wahlperioden angehört hat. Jayapura ist die Hauptstadt Papuas, der gemessen an ihren natürlichen Schätzen reichsten Provinz des Landes, die ihren Politikern ungewöhnliche Möglichkeiten bietet.

Und dieser Pak Jacob, so wurde mir erklärt, sollte am nächsten Tag nach Ohoiwait kommen. Es war sein erster Besuch nach all den Jahren. Er sollte mit einer Hokhokwait-Zeremonie geehrt werden, mit der die Braut eines Dorfbewohners willkommen geheißen wird, wenn sie das Dorf zum ersten Mal betritt. Jacob war tatsächlich schon bei seiner vierten Braut, aber das machte nichts: Sie war die erste, die ins Dorf kam, und so sollte ihr die Ehre zuteil werden. Alle waren voller gespannter Erwartung.

Am nächsten Morgen war zu sehen, dass die Frauen des Dorfes ihre schönsten Kleider anzogen, um den Großen Mann zu begrüßen, was mich in eine leichte Bekleidungsbredouille brachte, hatte ich doch schon meinen gesamten gesellschaftlichen Weihnachtskalender mit den zwei ordentlichen Sarongs bestreiten müssen, die mir auch als Bettlaken dienten. Ich seufzte, strich den einen glatt, auf dem ich in der Nacht geschlafen hatte, zog ihn an und schloss mich dem Zug der Frauen ins untere Dorf an.

Wir gingen die Straße hinunter zu der Stelle am Fluss, an der die Fruchtbarkeitsquellen hervorsprudelten. Der Große Mann hatte Vorräte vorausgeschickt. Minibus-Rüpel luden Lagen von Cola und Sprite aus, Kartons mit Keksen und reichlich Eier, und ich stellte fest, dass die mangelernährte Mohikaner-Pferdeschwanz-Mode mittlerweile auch diesen Außenposten des Landes erreicht hatte. Dann verschwand der Minibus wieder, um den Mann selbst zu holen. Wir warteten. Die Frauen zogen ihre rosa und lila Seidenstoffe hoch, hockten sich auf flache Steine im Fluss und putzten sich die betelgeschwärzten Zähne mit Sand. Vom Hochufer gegenüber sprangen nackte Jungs ins Wasser.

Als lautes Hupen die Rückkehr des Busses verkündete, gingen wir wieder in Stellung. Der Trommler stimmte einen Rhythmus an, die älteren Frauen standen mit einem roten Seidentuch da, und als der Bus zum Stehen kam, fiel die ganze Gesellschaft über die Braut her, einen verängstigt dreinblickenden Teenager, dem eindeutig nicht gesagt worden war, was ihn hier erwartete. Schon wurde der Braut die rote Seide unter dem Kinn festgesteckt und sie ganz darin eingehüllt, um das schäbige beigefarbene Hauskleid zu verbergen, das sie trug. »Tss, tss«, gluckten die Frauen. »Stell sich das einer vor, die Braut in einem *duster* ins Dorf zu bringen!« *Duster*, das Wort stammt aus dem Holländischen und bezeichnet im Indonesischen einen Kittel, etwas, worin man vielleicht zu Hause herumschlurft und putzt, aber doch nicht die Schwiegereltern zum ersten Mal besucht.

Es folgten die Fruchtbarkeitsrituale, für die das Mädchen zum Fluss geführt wurde, was für jemanden im achten Monat irgendwie überflüssig war. Dann kam die Prozession: Ein rosafarbener Schirm wurde über dem Kopf der Braut gedreht, wir formierten uns hinter ihr, ließen die Hände kreisen und sangen. Etwa alle hundert Meter begrüßte eine unbekannte weibliche Verwandte das bleiche javanische Mädchen, warf ihm kleine Geldscheine zu, Stücke Obst und auf jeden Fall immer auch die Betelnuss-Kalk-Kombination, die Ehre signalisiert, aber jedem, der nicht daran gewöhnt ist, den Magen umdreht.

So tanzten wir durchs untere Dorf und begannen den steilen Aufstieg in den oberen Teil mit den heiligen Steinen und den holländischen Kanonen. Zum ersten Mal seit Tagen kam die Sonne heraus. Gefolgt von einer aufgekratzten Menge, die lachte, in die Hände klatschte und in einer Sprache sang, die sie nicht verstand, tappte die ach so junge Braut das Kliff hinauf, und es sah aus, als wollte sie in Tränen ausbrechen. Ein Dorfältester segnete sie und schlurfte zurück nach unten.

Ihr Mann, der mehr als zwanzig Jahre älter war und einen Bauch so rund und groß wie sie hatte, blieb während der ganzen Tortur völlig teilnahmslos. Er schien nicht zur beredten Sorte zu gehören, tatsächlich wechselten er und seine Frau während ihrer drei öffentlichen Auftritte im Dorf nicht ein einziges Wort. Nach der Segnung schüttelte ich in der Empfangsreihe seine Hand, aber auch wir redeten nicht miteinander.

Nach dem Zug das Kliff hinauf und hinunter saß das Paar unbequem auf dem Boden des Hauses seiner Mutter, den Rücken gegen die modrige Wand gelehnt, und die Mutter des Großen Mannes warf sich ihrem Sohn in den Schoß und schluchzte laut. Er blieb bewegungslos, bis sie ihre Trauer der Schwiegertochter zuwandte, in ihr langes, glattes Haar schniefte und sich in ihren Schoß wühlte. Die Braut klopfte ihr tröstend auf den Rücken und schien betroffen. Sie lächelte nur einmal, um zwei bleiche Stieftöchter mit Reklamefrisuren zu beruhigen, die vielleicht sechs, sieben Jahre jünger als sie selbst und das Produkt einer der früheren javanischen Frauen waren.

So unvermittelt es begonnen hatte, hörte das Jammern auch wieder auf. Das Paar war vergessen, und das Fest begann. Es gab Softdrinks aus Dosen und gekaufte Packungen mit verschiedenen Süßigkeiten. So etwas war im Dorf eine Rarität, wurde aber als angemessen betrachtet, jetzt, da ein Großer Mann da war. Alle griffen hingebungsvoll danach, steckten weg, was sie bekamen, um es mit nach Hause zu nehmen, und stärkten sich mit den gewohnten Dingen: klebrigem Tee und selbstgebackenem Kuchen, der in Wellen hinten aus der Küche kam.

Der Tanz begann. Die Frauen wiegten und drehten sich in würdevollen Reihen und wechselten mit jedem Schrei die Richtung. Die Männer schlugen die Trommeln, Älteste sangen traditionelle Lieder, und alle hatten ihre Freude. Das Schreien war voller Energie, und über den Köpfen wurden weiße Umschläge geschwenkt. Der Große Mann hatte den tanzenden Frauen zweieinhalb Millionen Rupiah geschenkt, um sie unter sich zu verteilen, über zweihundert Euro, einfach so.

Am Heiligen Abend erschienen die Stieftöchter in zueinander passendem kräftigem Rosa, die eine in einem satinierten Flamenco-Kleid, die andere in einem spitzenbesetzten Hochzeitsdress. Beide trugen einen rosa gefiederten Kopfputz, als gingen sie zu einer Promi-Heirat, dazu kleine Stöckelschuhe. Sie kamen zu spät und stolzierten den Gang hinauf zur ersten Reihe, auf den Gesichtern einen »Seht-uns-an!«-Ausdruck. Die Dorfmädchen umflatterten sie wie Motten. Der Vater folgte ihnen, immer noch teilnahmslos.

Er zuckte nicht mit der Wimper, als der Kirchenälteste eine Liste der Zuwendungen verlas, die die Kirche von den verschiedenen Mitgliedern der »Großen Familie von Ohoiwait« bekommen hatte. Pak Bram hatte etwas aus Tual geschickt, genau wie Pak Ayub, ein weiteres Mitglied aus Omas Clan. Pak Ayub leitete das Amt für Soziales und Arbeit der Zentral-Molukken. Und es gab noch viele andere, die Weihnachtsspenden in ihr Heimatdorf schickten: einhundertfünfzigtausend Rupiah hier, dreihunderttausend Rupiah da. Der zu Besuch gekommene Parlamentarier hatte alles um den Faktor zehn überboten.

Ich fragte mich, wie es für ihn sein musste, zurück an diesen entlegenen Ort zu kommen, einen Ort ohne Klimaanlagen, ohne SUVs mit roten Nummernschildern, ohne kriecherische Bedienstete, Abendessen in teuren Hotels und Fernsehinterviews. Einen Ort, an dem es nicht mal ein Handynetz gab. Er war gekommen, da sein Vater vor Kurzem gestorben und er damit praktisch das Familienoberhaupt war, ließ aber keinen Funken Freude daran erkennen, den Ort seiner Kindheit wiederzusehen.

Nach der anfänglichen Aufregung, die wahrscheinlich mehr mit der Neugier auf die junge javanische Frau zusammengehangen hatte als mit ihrem Respekt vor Jacobs Stellung, gaben sich die Dorfbewohner ganz und gar nicht kriecherisch. Sicher, es machte Ohoiwait Ehre, wenn einer seiner Söhne so weit aufstieg, aber den

Leuten gefiel es nicht, dass sich Jacob während der letzten zwanzig Jahre um einen anderen Clan gekümmert hatte – die kleineren Fische in seiner Partei, die Mitglieder seiner Gemeinde, alle, die dort in Jayapura, eintausend Kilometer entfernt, seine politische Maschinerie ausmachten. »Als wären wir ihm nicht gut genug«, schnaufte eine der Hochzeitstänzerinnen.

Selbst Schulkinder erwarten von ihrem Großen Mann, dass er etwas für sie tut. In einer Ausstellung, die sich den Schreibfähigkeiten von Grundschulkindern einer kleinen Inselgruppe widmete, sah ich folgenden Brief:

> *BRIEF für Pak Bupatim sangihge-iNSel-District*
>
> *HALLO WIE GEHT ES IHNEN Pak Bupati? Ich freue mich sie kennenzulernen PAK BUPATI. WeiL ich um etwas BItten will, aber ich MUSS erst überlegen Wie denn Pak Bupati Uns HelFen wird. Wir wollen Elektrizität Und wir wollen ein Fußball FEld und wir wollen auch unser Motorboot Reparieren, das KAPutt ist, aber Wie kann es repaRIert werden? keiner bringt es wieder zum fahren, sOgar die Bosse können Es nicht. HoffentLich können Sie Pak Bupati uns in Kalama Kola helfen. Das sind also unsere BItten an Pak Bupati, hoffentlich sind sie guter Gesundheit paK Bupati oh ja alles GUTe zum Geburtstag dem sangihe-iNSel-diStrIkt.*
> *SÜSSE WÜNSCHE AdammI MENDOME.«*

Jede Zeile dieses leicht sprunghaften Wunschzettels war in einer anderen Farbe geschrieben. Nüchterner im Ton, wenn nicht in der Hoffnung, sind die Leserbriefe (oder eher die Textnachrichten), die in jeder Lokalzeitung im Land erscheinen. »Lieber Bupati von Süd-Buru«, schrieb da ein Leser. »Was ist mit der Bezahlung der zertifizierten Lehrer für Juli bis Dezember? Wann werden wir bezahlt, Pak? Bitte, verteilen Sie das Geld, denn als zertifizierte Lehrer haben wir ein Recht darauf. Wenn möglich, bezahlen Sie uns bitte sofort. Schieben Sie es nicht immer weiter auf. +628524934XXX.«

Die Toleranz der Indonesier für wirkliche Korruption, für reine, eigennützige Gier, ist dieser Tage sehr niedrig: für das private Anwesen, das für die Geliebte des Bupati gebaut wird, die offiziellen Besuche in Jakarta, die mit Drogen und Starlets in Fünf-Sterne-Hotels verbracht werden. Das ist Korruption, und dafür schicken die indonesischen Wähler dich zum Teufel.

Der andere Typus der »Korruption« (der zu Fehlbesetzungen und schlechten Straßen führt) wird zwar endlos beklagt, doch niemand wird deswegen abgewählt.* Das liegt daran, dass alle auch weiterhin von *ihrem* Großen Mann erwarten, *seinem* Clan Dinge zukommen zu lassen. Und heute gibt es so viel Demokratie, dass praktisch jeder irgendwo jemanden im System hat, der ihm verpflichtet ist.

***

In Tual, der Hauptstadt der Kei-Inseln und nur ein paar Stunden von Ohoiwait entfernt, traf ich einen jungen Mann, der einen Abschluss in Marketing gemacht und dreizehn Jahre als Broker an der nicht mehr bestehenden Börse von Surabaya gearbeitet hatte. Er war es leid, anderer Leute Geld zu vermehren, und kam nach Hause nach Kei, um sich nach Geschäftsmöglichkeiten umzusehen. Er machte einen Laden für Parfüm-Konzentrate auf, aber es sei hart gewesen, sagte er. Nicht die geschäftliche Seite, die war gut gelaufen, aber es gab Schwierigkeiten mit seinen Eltern, die ihn unbedingt in einem Regierungsjob sehen wollten. Außer Sichtweite auf Java hatte es nicht so viel ausgemacht, dass er privat beschäftigt war, doch hier zu Hause war seine Entschlossenheit,

* Bei den Wahlen 2004 auf Sulawesi wurden elf der dreizehn vorher wegen Korruption verurteilten Provinzparlamentarier wiedergewählt.

nicht in die Uniform eines Staatsbediensteten zu schlüpfen und seine Eltern in seinem Glanz baden zu lassen, fast schon eine Schande. »Die Menschen hier schicken ihre Kinder in die Schule, damit sie in den Staatsdienst gehen, nicht damit sie Geschäftsleute werden«, sagte er.

Sich über die Bürokratie lustig zu machen ist ein Volkssport in Indonesien. Beamte sind faule, eigennützige Hohlköpfe, die sich die eigenen Taschen füllen und aufrechten Bürgern Knüppel zwischen die Beine werfen, da sind sich alle einig. Und doch wollen alle ihre Kinder im Staatsdienst sehen, besonders außerhalb von Java, wo es vergleichsweise wenig Möglichkeiten im privaten Sektor gibt.

Das ist ein weiteres Überbleibsel aus holländischen Zeiten. An der Wende zum 20. Jahrhundert, volle hundert Jahre, nachdem die VOC vom niederländischen Staat übernommen wurde, gab es gerade mal fünfundzwanzig »Eingeborene« in einer weiterführenden Schule. Aber die Bürokratie wuchs, und ihr Appetit konnte nicht länger mit aus Holland herbeitransportierten Abenteurern gestillt werden. Während der nächsten drei Jahrzehnte gewährte die Kolonialregierung sechstausendfünfhundert Einheimischen eine Art weiterführender Schulbildung und stellte fast alle von ihnen in ihre Dienste. Die Eltern des Parfümverkäufers dachten nur weiter, was lange wahr gewesen war: Eine Ausbildung führt zu einer Uniform. Der Umkehrschluss ist definitiv nicht richtig, ein Übermaß an Uniformen unterminiert einen allgemein guten Ausbildungsstand.

Angesichts der geografischen Herausforderungen dieser verstreuten Nation ist es so etwas wie ein Wunder, dass Indonesien es schafft, jährlich 55 Millionen Kinder in die Schule zu schicken. Neun von zehn Kindern absolvieren die Mittelschule, und fast jeder zwischen fünfzehn und vierundzwanzig Jahren kann ausreichend lesen und schreiben. Noch beeindruckender ist, dass Indonesien von allen Ländern seiner Einkommensklasse die kleinsten Schülerzahlen pro Lehrer hat. Im internationalen Vergleich hat das Land sogar kleinere Klassenstärken als die USA oder England. Und doch landen die indonesischen Kinder in internationalen Tests im Leseverständnis, in Mathematik und den Naturwissenschaften immer auf den untersten Plätzen. Bei den standardisierten TIMSS*-Tests in Mathematik erreichten gerade 0,4 Prozent der indonesischen Fünfzehnjährigen den Bezugswert »fortgeschritten«, der besagt, dass sie Informationen ordnen, analysieren und aus ihnen Schlüsse zu ziehen verstehen. Mehr als die Hälfte erreichte nicht einmal den Wert »niedrig«, demzufolge sie »einiges Wissen über ganze Zahlen und Dezimalzahlen, Rechenoperationen und einfache Kurven haben«. 2012 kam Indonesien in der PISA-Studie bei den Fünfzehnjährigen in der Rubrik Lesen auf den 60. und in Mathematik und Naturwissenschaften auf den 64. Platz von fünfundsechzig untersuchten Ländern, was noch miserabler war als drei Jahre zuvor. Gerade 0,3 Prozent der indonesischen Schüler schafften es in Mathematik in den »Fortgeschrittenen«-Bereich, und nicht eine der Universitäten der viertbevölkerungsreichsten Nation der Welt schafft es unter die einhundert besten in Asien.

Die kläglichen Resultate sind das Ergebnis der kläglichen Lehrqualität, die wiederum ein Ergebnis des Nepotismus ist. Ein Lehrerjob ist die einfachste Möglichkeit, an die ersehnte beigefarbene Uniform eines Beamten zu kommen. Lokalpolitiker vergeben ständig neue Schuljobs an ihre Unterstützer, was bedeutet, dass die Schulen vollgestopft sind mit Leuten, die Staatsdiener sein wollen und keine Erzieher. Und sie verhalten sich genau wie die übrigen Bürokraten im Land: Sie betrachten ihre Arbeitszeit als ein bewegliches Fest und nehmen sich mehr oder weniger nach Gutdünken frei. Erst ein paar Monate nach meinem Gespräch mit dem zum Parfümverkäufer gewordenen Aktienhänd-

* Die von der International Association for the Evaluation of Educational Achievement durchgeführte vergleichende Schulleistungsuntersuchung *Trends in International Mathematics and Science Study*.

ler in Tual sah ich zum ersten Mal die Auswirkungen dieser Situation. Es war auf den Banggai-Inseln, in der riesigen Bucht unter dem oberen Arm des verzerrten »K« Sulawesis. Die Landschaft dort ist sehr wasserreich, selbst nach indonesischen Standards. Bis vor Kurzem noch ragten die Bajo-Fischerdörfer wie Ansammlungen von Wasserläufern auf Pfählen aus dem Meer, weit vor der Küste, dicht beieinander und durch hölzerne Gehsteige verbunden. Ich war von Pak Zunaidi, einem Bajo-Fischer, den ich in einem Gästehaus in Salakan kennengelernt hatte, in dessen Haus eingeladen worden. Pak Zunaidi hatte in der Distrikthauptstadt eine Petition für einen neuen Anleger für sein Dorf Potisi eingereicht und befand sich auf dem Heimweg.

Im Jahr 2000 hatte ein Tsunami den Großteil der Pfahldörfer draußen vor der Küste weggespült, und die Regierung hatte die »Meeres-Zigeuner« gedrängt, sich an Land anzusiedeln. Zunaidis Haus stand aber immer noch auf Pfählen über dem Wasser, ganz im Bajo-Stil, durch einen hölzernen Steg mit dem Land verbunden. Hinter dem Haus gab es eine Veranda, die gleichzeitig als Küche diente, und ganz am Ende, hinter einer abgenutzten Bambusmatte, war ein rechteckiges Loch in die Planken über dem Wasser gesägt. Das war die Toilette, die einen umwerfenden Blick über die Meeresbucht bot, auf der kleine Kinder in Einbäumen herumpaddelten und nach Garnelen und Krebsen suchten.

Während wir auf einer Bank auf der Veranda saßen und hinaus aufs Meer sahen, paddelte ein junger Mann in einem alten Einbaum zu der Hütte vor uns, kletterte die Stufen hinauf und fing an, die Außenteile der Konstruktion abzubauen. Ich fragte, was er vorhabe. »Er zieht um«, sagte Pak Zunaidi. Wenn alles, was sich lösen ließ, abmontiert war, würde das Haus von seinen Pfählen gehoben werden und zu seinem neuen Standplatz schwimmen.

Im Licht der untergehenden Sonne half ich Zunaidis Frau, einer Lehrerin, das Abendessen zu machen. Als Erstes schob sie mich zur Kokosraspel, einem länglichen, nur ein paar Zentimeter hohen Hocker. An seiner Längsseite bog sich ein halbmondförmiger Metallarm bis zu einer mit Stahlborsten bedeckten knollenförmigen Spitze. Meine Aufgabe war es nun, mich rittlings auf den Sitz zu hocken und mit der zwischen meinen Beinen aufragenden Raspel eine halbe Kokosnuss auszuschälen, bis ihr Fleisch als duftendes Häufchen zwischen meinen Füßen lag. Während Ibu Guru Zwiebeln und Knoblauch schälte und zerkleinerte, begann ich die Kokosraspeln mit Chili und Limetten zu einem Sambal zu zerstampfen, das unsere Stücke Grillfisch aufpeppen würde. Allerdings habe ich nie ganz das Nach-außen-Rollen des Handgelenks gemeistert, mit dem die hakenförmigen Stößel der Indonesier gleichmäßig über die Granitoberfläche des Mörsers zu bewegen sind. Mein Sambal war und ist immer eine unvollendete Sache, klumpig und peinlich, und so fragte ich Ibu Guru, ob wir nicht die Plätze tauschen sollten, damit sie die Sache in Ordnung bringen konnte, doch sie war entsetzt: Unerhörtes Unheil wird über dich kommen, wenn du ein von einer Person begonnenes und von einer anderen beendetes Sambal isst.

Nach dem Essen zeigte sie mir ihre Mitgliedskarte der Lehrergewerkschaft. Ich begriff, wie gewünscht, dass sie eine richtige Staatsangestellte war, kein Honorer. *Guru honorer* (oder *honor*, wie sie gemeinhin genannt werden) sind vor Ort ernannte, oft unqualifizierte Vertragslehrer. Obwohl sie etwa ein Drittel der Lehrerschaft ausmachen, zählen sie nach der indonesischen Weltsicht nicht wirklich, sind sie doch keine Beamten mit Job- und Pensionsberechtigung. In dieser winzigen Stadt auf Pfählen waren nur die Rektorin und vier Grundschullehrer verbeamtet, die übrigen fünf *honorer*. Zehn Lehrer für eine Schule mit einhundertzwanzig Kindern, das ist etwa der indonesische Durchschnitt.

Ungefähr um halb sieben am nächsten Morgen stand Ibu Guru über einem Wok mit heißem Öl gebeugt und briet das Frühstück. Ihr jüngster Sohn kam in seiner Schuluniform herein, und sie ermahnte ihn, nicht zu spät zu kommen. In ganz Indonesien fängt die Grundschule morgens um sieben an. Dann kam eine Nachbarin zu einem Schwatz vorbei. Ibu Guru gab ein paar Kochbananen ins Öl und machte noch eine Tasse Kaffee. Es war jetzt zehn vor sieben, und sie hatte immer noch nicht gebadet und sich angekleidet. Um Viertel nach sieben fragte ich sie, wann denn die Schule in Popisi anfange. Sie wirkte verlegen, machte eine Geste zu mir, der Nachbarin und den frittierten Kochbananen hin und sagte: »Es ist schon in Ordnung. Alle wissen, dass ich Gäste habe.«

Es war also meine Schuld, dass sie nicht bei der Arbeit war. Ich fragte sie, ob ich mit ihr zur Schule kommen dürfe. Vielleicht könnte ich ja mit dem Englischunterricht helfen? Sie sah mich enorm erleichtert an, badete und wusch sich in Rekordzeit, und um 7.30 Uhr waren wir in der Schule.

Es war das reine Chaos. Einhundertzwanzig Kinder rannten herum und schrien mit freudiger Hingabe durcheinander. Dreißig Minuten nach Beginn des fünfstündigen Schultages war noch kein Lehrer in Sicht. Ibu Guru ging, holte einen Stock aus dem Büro und gab ihn einem Kind, das damit in gewichtiger Pose gegen eine Glocke schlug. Sofort ordnete sich alles, und die Kinder formierten sich klassenweise. Ein Kind trat vor und herrschte die anderen an. Alle standen gerade. Ibu Guru wünschte ihnen einen guten Morgen, und es gab eine höfliche gemeinsame Antwort. Ein Mädchen stimmte *Merah Putih* an, ein patriotisches Lied über die nationale Flagge.

Ich übernahm die Klassen vier und sechs zum Englischunterricht, Ibu Guru ihre eigene, die erste Klasse. Die zweite, dritte und fünfte Klasse (die Sieben-, Acht- und Zehnjährigen) sollten in ihre Klassenräume gehen und mit ihren Schulbüchern arbeiten, »bis eure Lehrer kommen«. Die Kinder verschwanden, Lehrer kamen keine.

Da stand ich also in ein halbes Klassenzimmer gepfercht (es

gab nicht genug Räume für alle sechs Klassen, weshalb man sich mit Speerholztrennwänden behalf) dreißig noch keine zwölf Jahre alten Kindern gegenüber. *»Good morning, everyone!«* Und die fröhliche Antwort: *»Good morning, miss!« »My name is Eliz, what is your name?«* Ich richtete die Frage an einen der älteren Jungen, der in meiner Nähe saß. Er lernte jetzt seit drei Jahren Englisch und war verblüfft, dass ihm allein eine Frage gestellt wurde und es nicht um Antworten im vorgeschriebenen Chor ging. Er brachte keinen Ton heraus, und die anderen Kinder wandten schnell ihre Blicke ab, damit ich nicht auch noch sie aufrief. So war ich denn dankbar, als ein Mädchen die Hand hob. *»What is his name?«*, fragte ich und zeigte überdeutlich auf den Jungen in der ersten Reihe. *»My name is Fifi!«*, erklärte die Kleine triumphierend.

Pak Zunaidi rief die Rektorin an, um ihr zu sagen, dass die Schule eine Besucherin hatte, worauf sie gegen halb zehn erschien und mich in ihr höhlenartiges Büro einlud. Hoch auf einem Bücherregal, sicher außer Reichweite neugieriger Kinder, standen drei große Globen, alle sorgfältig in Plastik eingepackt. Es gab auch anatomische Modelle, einen Mann und eine Frau, beide in Luftpolsterfolie gewickelt, sowie ein Dickicht aus aufgerollten Wandkarten, die noch nie benutzt worden waren. Die Rektorin erklärte mir, dass ihr Job nicht das Unterrichten sei. Sie hatte für den Schulbetrieb zu sorgen, sie erledigte die Verwaltung. »Aber manchmal muss ich auch in eine Klasse«, seufzte sie. »Wir sind so dünn besetzt. Was kann man da machen?«

***

Einiges von der Sucht nach einer Stelle im Staatsdienst mag noch aus dem Chaos und der Hyperinflation Mitte der 1960er herrühren. Die Gehälter waren wertlos, aber die Regierungsangestellten bekamen Sachleistungen: Es gab Reis, Speiseöl, Zucker, und während sich die armen Indonesier in Sackleinen kleideten, ging der

Stoff für Uniformen nicht aus. Vielleicht liegt da ja einer der Gründe für die Uniformverrücktheit, die bis heute anhält. Indonesier lieben Uniformen jeder Art. Staatsdiener, selbst Minister und Bupatis, tragen jeden Tag Uniform. Die meisten zentralen Regierungsbehörden erlauben freitags formelle Batikhemden, und einige lokale Regierungen verlangen einmal wöchentlich das Tragen traditioneller lokaler Tracht. Die nationale Gemeinsamkeit: ein graviertes Namensschild, weiß auf schwarzem Plastik, dazu ein kleines goldenes Amtsabzeichen.

Die hohen Tiere können zwischen verschiedenen Uniformen hin- und herwechseln, je nach Anlass. »Auf Wahlreise wechselt ein Lokalpolitiker öfter das Outfit als Madonna bei einem ihrer Konzerte«, sagte der Politologe Michael Buehler, als ich auf die Uniformbesessenheit zu sprechen kam. »Der Gouverneur von Süd-Sulawesi ist morgens Beamter, mittags Pfadfinder, nachmittags frommer Muslim und abends Geschäftsmann.« Dafür sucht er sich jeweils die Uniform der Gruppe aus, die er anspricht.

Beamtenuniformen, meist in trostlosen Beige-, Oliv- oder Blautönen, werden durch gestickte Logos aufgemotzt, eines für den Regierungsbereich, eines für die Abteilung. Sie sind zu einem so festen Merkmal des indonesischen Lebens geworden, dass sie von politischen Parteien, Unternehmen und Vespa-Clubs kopiert werden. Selbst terroristische Vereinigungen haben gestickte Protzabzeichen, die ihre Identität bestätigen. Pilger aus demselben Dorf, die nach Mekka aufbrechen, ziehen sich gleich an, und selbst bei Hochzeiten kleiden sich Familien im gleichen Outfit, nicht nur die Brautjungfern, sondern auch die Eltern und Geschwister von Braut und Bräutigam, ihre Ehepartner und Kinder – der ganze Clan.

Die 1960er-Jahre haben aus dem Staatsdienst einen Wohlfahrtsstaat für Leute mit den richtigen Beziehungen gemacht. Niemandem wurde viel gezahlt, aber es erwartete auch keiner wirklich, dass sie tatsächlich arbeiteten. Wenn sie ihre Position dazu benutzen konnten, jemandem eine Gebühr abzuverlangen, der etwas Geld besaß, war das ganz in Ordnung. Dieses Ethos besteht fort, wobei es heute leichter ist, sein Einkommen legal aufzubessern. »Mein Grundgehalt liegt bei fünf Millionen im Monat«, erklärte mir ein Bürokrat. Das sind rund fünfhundert US-Dollar. Der Mann arbeitete für das Landwirtschaftsministerium und versuchte die Menschen auf den östlichen Inseln zu ermutigen, sich weniger vom Reisimport abhängig zu machen und wieder mehr Wurzelgemüse zu essen. Er war an einem Donnerstagabend zu einem Aufsichtsbesuch aus der Provinzhauptstadt gekommen, am Freitagmorgen ins Distriktbüro gegangen, hatte dort aber niemanden angetroffen. Also machte er es sich im Gästehaus bequem, um bis Montag oder Dienstag zu warten, dass womöglich jemand zur Arbeit erschien. Das waren wenigstens fünf Tage Reisegeld für ein einstündiges Gespräch. »Mit allen Vergütungen gehe ich monatlich nie mit weniger als zehn Millionen nach Hause, mögliche ›Extras‹ noch nicht eingerechnet, die ich zu meinem Vorteil nutzen mag.« Das Wort »Extras« setzte er mit den Fingern beider Hände in Anführungszeichen. Nach meinen eigenen Beobachtungen im Gesundheitsministerium konnte es dabei um Schmiergelder für Computer oder Zahlungen für nie durchgeführte Trainings-Workshops gehen.

Alle zusätzlichen Gelder, die das Gehalt eines Beamten zu einem Einkommen machen, von dem er leben kann, sind letztlich eine Gabe des jeweiligen Vorgesetzten. Mit anderen Worten ist jede Regierungsabteilung ein riesiger Clan, eine Nepotismus-Pyramide vom Minister bis hinunter zu den Putzleuten. Die patriarchische Struktur spiegelt sich in der Sprache wider, in der die Leute über ihre Untergebenen reden – *anak buahku* enthält das Wort *anakku*, mein Kind.

Es hat mich immer überrascht zu sehen, wie sorgfältig das mittlere Management im Gesundheitsministerium, mit dem ich zusammenarbeitete, die Dinge verteilte, mit denen sich legal zusätzlich Geld verdienen ließ: die Mitgliedschaft in Expertenkommissionen, Reisen nach Übersee, Aufgaben bei der Organisation von Konferenzen. Alle bemühten sich sehr, dass jedes ihrer »Kinder« einen fairen Anteil an den Extras bekam. Einerseits bedeutete das, dass Fortbildungskurse voller Leute saßen, die gerade an der Reihe waren, auch wenn das Thema nichts mit ihrem Job zu tun hatte, andererseits ging es bewundernswert fair zu und schien ein modernes Beispiel für die Art von Verteilung, wie man sie bei Adat-Zeremonien erlebt. Ein Stück Leber für den, ein Stück Schnauze für jenen. Und da der Chef entscheidet, wer was bekommt, wird er von seinen Leuten nie gestört, wenn er sich die eigenen Taschen etwas zu sehr füllt.

Ein kleiner Stellenanteil in der Bürokratie wird basierend auf vergleichenden Prüfungen vergeben, der Großteil jedoch, der nicht direkt an politische Unterstützer geht, wird verkauft. Die teuersten Jobs sind die in den »nassen« Ministerien, denen mit reichlich Geld für Proyeks oder Dienste, dem Bauministerium zum Beispiel oder dem Religionsministerium, das das Monopol darauf hat, die jährliche Haddsch nach Mekka zu organisieren. Aber selbst in einem relativ »trockenen« Ministerium wie dem Gesundheitsministerium kann jemand unter dem Tisch zwei Jahre Grundgehalt für einen Einstiegsjob kassieren. Das Resultat sind eine Menge inkompetenter Bürokraten. Der für den »Staatsapparat« verantwortliche Minister sagte kürzlich, dass fünfundneunzig Prozent von Indonesiens 4,7 Millionen Staatsbediensteten nicht die Fähigkeiten besäßen, ihre Aufgaben zu erfüllen.*

Die Indonesier hören nicht auf, sich über dieses System zu beklagen, und doch tun sie nichts dagegen – in den neueren Distrikten schon gar nicht, weil so viele davon profitieren. Mir will nicht eine einzige Familie einfallen, bei der ich in Indonesien unterge-

* Das schließt die 465 000 Mann starken Streitkräfte und die 412 000 indonesischen Polizisten nicht mit ein.

kommen bin, die mehr als zwei Verwandtschaftsgrade von der Bürokratie entfernt war. Nicht die Reisbauern in West-Sumatra, die mich zu sich einluden, weil ich ihnen half, mit Blechdosen zu lärmen, um die Vögel von ihren Feldern zu vertreiben. Nicht die Pflegeheim-Schwester, die täglich neun Stunden arbeitete und, wenn sie nach Hause kam, auch noch ihre Schwiegereltern bekochte. Nicht Pak Zunaidi in seinem Pfahlhaus. Und ganz sicher nicht Pak Jopy und seine Familie in Ohoiwait.

***

Ohoiwait war ein wundervoller Ort für die Weihnachtstage gewesen, vertraut und fast schon absurd gastfreundlich. Menschliche Wärme durchdrang das Dorf wie heißer Honig, der in einen Brei fließt. Aber es war auch ziemlich anstrengend gewesen, all die Messen und Zeremonien und immer im Blick zu sein als dieses seltsame Geschöpf einer anderen Welt. So beschloss ich denn, ein wenig Urlaub zu machen und Neujahr auf den Banda-Inseln zu verbringen. Festungen, Kanonen, ein Vulkan, der sich majestätisch aus dem Meer erhebt, und überwältigende Korallenriffe – all diese Dinge machen Banda zu einem winzigen Touristenziel. Ich würde andere Ausländer treffen und mich auf Englisch über vertraute Dinge unterhalten. In einem Gästehaus würde ich wohnen, und mein Gastgeber würde nicht morgens um sechs andere Dorfbewohner hereinlassen, damit sie mir dabei zusehen konnten, wie ich »leeren Kaffee« trank, Kaffee ohne Zucker.

Die Pelni-Fähre von Tual nach Norden kam mit achtzehnstündiger Verspätung und brauchte weit länger als die veranschlagten vierundvierzig Stunden nach Banda, brachte mich aber in fußläufige Entfernung von einem Gästehaus mit einer hübschen hölzernen Veranda direkt gegenüber dem Vulkan, dem Gunung Api. Am ersten Abend hatte ich das alles für mich, saß einfach da und bewunderte, wie der Gunung Api aus dem Wasser aufstieg, in Bäume gekleidet und vom Abendlicht in ein Honiggrün getaucht. Ein Dunsthauch hing müßig vor seiner Flanke, und auf dem Wasser davor trieb ein Fischer stumm in einem Kanarienbaum-Kanu vorbei. Sein Boot schickte winzige Riffel in das Bild des Berges, der sich im quecksilberstillen Meer spiegelte. Es war ein Moment völliger Ruhe, der alle Gedanken an die Zerstörungen vertrieb, die dieser Vulkan durch die Zeiten angerichtet hatte.

Zum letzten Ausbruch mit größeren Schäden war es 1988 gekommen. Ich besuchte Banda im Jahr darauf und weiß noch, wie das Wasser wärmer und wärmer wurde, als ich in die Bucht unterhalb des Vulkans schwamm. Das aus den Unterwasserschloten blubbernde Gas verwandelte das Meer in ein heißes Salzbad. Der britische Naturforscher Alfred Wallace hatte hundertfünfzig Jahre zuvor einen weit zornigeren Vulkan beschrieben, einen, dessen Wutausbrüche Erdbeben, Tsunamis und Lavaergüsse hervorriefen. »Fast jedes Jahr gibt es hier ein Erdbeben«, schrieb er, »und alle paar Jahre sind sie so heftig, dass sie Häuser umwerfen und ganze Schiffe aus dem Hafen in die Straßen tragen.«*

Das Gästehaus lag in Rufweite vom Anleger der Stadt, von dem kleine hölzerne Wasserbusse zu den umliegenden Inseln fuhren. Ich wollte hinüber nach Lonthor, wo sich die größeren Muskatplantagen befanden. »Gibt es einen Fahrplan für das Boot nach Lonthor?«, rief ich den Schiffern zu. »Natürlich«, riefen sie zurück. »Wann fahren Sie?«, bellte ich. »Wenn das Boot voll ist«, kam die Antwort.

Stunden später tappte ich um einen Wald riesiger Kanarienbäume, deren Brettwurzeln hoch über meinen Kopf aufragten. Unter diesen Wolkenkratzern gab es noch eine zweite Ebene bescheidenerer Bäume, schwer an Früchten tragend, die wie kleine

* Alfred Russell Wallace: *The Malay Archipelago: The Land of the Orang-Utan, and the Bird of Paradise. A narrative of travel with studies of man and nature*. 2 Bde., Macmillan, London 1869, Bd. 1, Kap. 19

gelbe Pfirsiche aussahen und hart wie Billardbälle waren. Einige von ihnen waren aufgeplatzt und grinsten scharlachrot, die dunkle Muskatschale kaum sichtbar durch das Netz der blutroten Blüten: ein gleich doppeltes Gewürzfest. Die Macis, die Muskatblüte, ist zunächst wächsern und biegsam, wird dann knusprig, wenn sie zu einem Braun-Orange eintrocknet, und ist wunderbar, um Suppen, Currys und Weihnachtsplätzchen zu würzen. Wie Spitze liegt sie um die spröde innere Schale, in der die Nuss selbst klappert, ein runzliges Oval und ein wichtiger Bestandteil von Coca-Colas magischer Formel, wofür sie dieser Tage hauptsächlich gebraucht wird. Zwischen den Bäumen liefen Leute herum, barfuß, die mit gespaltenen Stöcken heruntergefallene Kanariennüsse aufsammelten und in die geflochtenen Rattankörbe auf ihren Rücken warfen. Es war friedlich, abgesehen von den Mücken, die sich auf meine Fußgelenke stürzten. Ich flüchtete auf eine Lichtung, in den platinhellen Mittagssonnenschein vor einem alten Steinbrunnen.

»Trinken Sie!« Die Aufforderung kam von einem zwergenhaften Mann mit einem schnellen Lächeln, der über einen schmalen Pfad aus der Plantage gekommen war. Zwei riesige Körbe Muskat hingen an einer Bambusstange über seiner Schulter. »Ist das Wasser gut?«, fragte ich. »Natürlich ist es gut. Es ist eine heilige Quelle! Es ist nur schlecht, wenn der Brunnen austrocknet.« Heute war der heilige Brunnen voll mit klarem, kühlem Wasser. Ich trank.

Wir standen auf halber Höhe des Hanges. Gegenüber ragte der Vulkan auf, der das Zentrum dieser winzigen Inselgruppe bildet, die, so unwahrscheinlich es scheinen mag, einmal das pulsierende Herz der Globalisation war. Ich erwähnte dem Zwerg gegenüber, dass ich direkt nach dem Ausbruch des Gunung Api vor dreiundzwanzig Jahren schon hier auf den Bandas gewesen sei. »Ja, 1988. Da ist die heilige Quelle zum letzten Mal ausgetrocknet.« Er erklärte mir, dass das Wasser verschwindet, um die Menschen vor der bevorstehenden Katastrophe zu warnen. Dann, nach einer

Pause: »Wobei, 1998 ist er noch einmal ausgetrocknet, direkt vor dem Konflikt.« »Der Konflikt« bezeichnet in diesem Teil Indonesiens einen religiösen Stellvertreterkrieg, in dem Tausende umkamen. Ich war leicht überrascht, dass die Quelle auch vor politischen und nicht nur vor natürlichen Katastrophen warnte. In gewisser Weise ergab es jedoch einen Sinn, denn Natur und Politik waren in diesem Teil der Welt schon immer untrennbar miteinander verbunden.

Der Mann lud mich ein, seinen Kebun zu besuchen – da war dieser vage Begriff für etwas zwischen einem Garten und einem Bauernhof wieder. In diesem Fall bezog er sich auf eine Fläche etwa von der Größe eines Fußballfeldes, die der Bauer innerhalb des Waldes mit einem Zaun abgegrenzt hatte. Es gab eine kleine Baumschule mit Muskatsetzlingen, einige alte Bäume, die unter ihrer Last ächzten, und einen Baum mit einem mehrfach eingekerbten Stamm, der fast keine Früchte trug. »Das ist der männliche Baum«, sagte der Bauer. »Er ist nicht sehr produktiv, ermutigt aber die weiblichen Bäume, härter zu arbeiten.« Wieder grinste er gnomenhaft. »Genau wie bei den Menschen«, sagte er und hackte seine Machete in den Stamm des männlichen Baumes, aus dem eine scharlachrote Flüssigkeit sickerte. »Wie bei den Menschen«, sagte er.

Als ich abends zurück ins Gästehaus kam, saß ein weißer Mann auf meinem Platz auf der Terrasse und las ein Buch. Neben ihm stand ein kaltes Bier. Ich war nervös. In den letzten Monaten war mir bei verschiedenen Gelegenheiten (wenn ich in den Sand gepinkelt, mir die Nase mit dem Handrücken abgewischt oder Mangostücke mit dem Taschenmesser gegessen und mir überlegt hatte, wie ich meinen Platz auf der Fähre nach dem nächsten Stopp verteidigen sollte) bewusst geworden, dass ich leicht verwildert war. Ich ging auf meinen neuen Mitbewohner zu. »Was lesen Sie da?«, fragte ich, um ein Gespräch anzufangen.

Er drehte das Buch um und zeigte mir den Umschlag. »The

Wisdom of Whores« – »Die Weisheit der Huren« hieß es. Ich muss erschreckt gewirkt haben. »Es ist nicht, was Sie denken«, sagte er. Eine lange Pause. »Gefällt es Ihnen?«, fragte ich. »Es ist ziemlich gut.« Puh. Ich gestand ihm, es geschrieben zu haben. Er starrte mich an, sah auf das Autorenfoto und wieder zurück zu mir. Es war schwer zu sagen, wer von uns überraschter war.

Das Gästehaus stellte eine komische kleine Kolonie dar. John, der mein Buch las, war Englischlehrer in einer koreanischen Schule in Jakarta. Daneben gab es noch ein frühpensioniertes kanadisches Paar, beide begeisterte Taucher, und einen Schweden, der glaubte, der Kolonialismus sei ein natürlicher Teil des menschlichen Daseins. Und dann waren da noch ein stinknormales finnisches Rucksacktouristen-Pärchen, das viel über Geld redete, ein entzückendes junges holländisches Paar, das überrascht war, wie sehr sich die Geschichte Bandas von dem unterschied, was sie in ihren Schulbüchern gelesen hatten, und ein Deutscher, der nach seinem vierten Bier brüllende Geständnisse von sich gab. Das Ganze fand an Silvester seinen Höhepunkt, mit einer übergeschnappten, begüterten Blondine mit vornehmem englischem Akzent und ihrem Bodybuilder-Freund. Die übergeschnappte Blondine war wie für eine Strand-Disco auf Ibiza angezogen, mit einem weißen Spaghettiträger-Trikot, das sehr hoch auf den Schenkeln und oben auf der Brüstung sehr niedrig saß. Das funktionierte am früheren Abend noch gut, als sie über ihren Muskelprotz drapiert auf der Terrasse saß, weniger gut dann nach Mitternacht, als sie sich bei der Straßenparty im Dorf den örtlichen Polizisten als Unterlage aussuchte.

Am zweiten Januar geriet die ganze Gesellschaft leicht in Panik. Das Gerücht ging um – und wurde bestätigt –, dass alle Flüge von den Inseln gecancelt worden waren. Das hieß, es galt auf die nächste Pelni-Fähre nach Ambon, die Provinzhauptstadt, zu warten, die zehn Stunden in Richtung Norden lag.

Tatsächlich waren die Flüge nicht wirklich gecancelt worden, sondern vorübergehend ausgefallen. Die Flüge nach Banda werden subventioniert, die Provinzregierung chartert sie und hofft so, Stimmen gutzumachen, indem sie für billige Transfers zwischen den Distrikten sorgt. Die Ausschreibung für die Charterflüge erfolgt alle sechs Monate neu, allerdings erst, wenn der letzte Vertrag ausgelaufen ist, sodass es zweimal im Jahr einige Wochen ohne Flugverbindungen gibt. Eine dieser Lücken fällt regelmäßig in die Zeit Ende Dezember, Anfang Januar, die touristische Hauptsaison.

Zwangsläufig vermuten einige Inselbewohner dahinter ein Komplott Ambons, das, wie sie sagen, den Tourismus auf Banda untergraben will. »Die Regierung in Ambon ist neidisch auf uns«, meinte eine Frau mit einem Gästehaus, die ihre Finger auch in einigen anderen touristischen Unternehmungen hatte. »Sie sind sauer, dass die Leute nur einen Tag in Ambon bleiben und dann für eine Woche herkommen.«

Als ich den Vertreter der Fluglinie fragte, ob er glaube, die Unterbrechungen seien gewollt, lachte er. »Das wäre zu kompliziert«, sagte er. »Warum schreiben sie den Auftrag dann nicht sechs Wochen früher aus?«, fragte ich. »Das liegt an der Bürokratie in unserem geliebten Land. So ist es nun mal.« *Begitulah*.

Golf von Tomini
Togian--Inseln
von Gorontalo
Straße von Makassar
Zentral-sulawesi
Sulawesi
Banggai-Inseln
West-sulawesi
Molukken-See
Süd-sulawesi
Südwest-sulawesi
Kedari
Pare-Pare
Sengkang
Golf von Boni
Makassar
Nambo
nach Jakarta
Bau-Bau
0
100 km

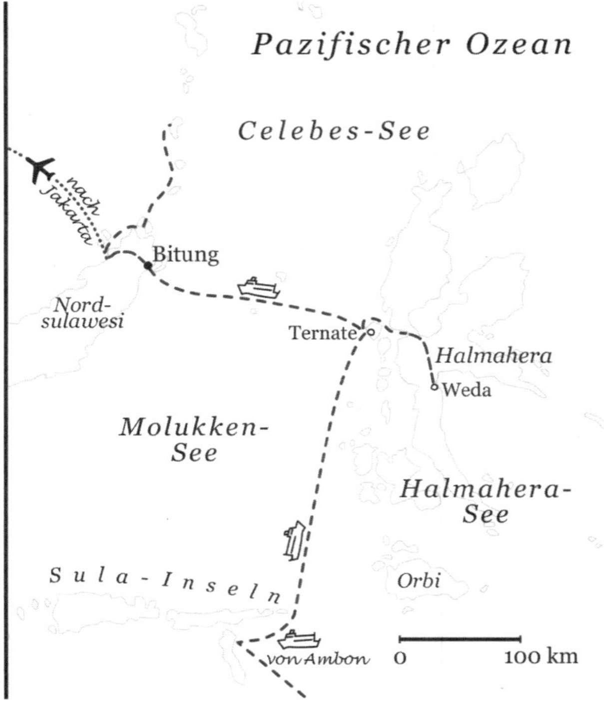
Pazifischer Ozean
Celebes-See
nach Jakarta
Bitung
Nord-sulawesi
Ternate
Halmahera
Weda
Molukken-See
Halmahera-See
Sula-Inseln
Orbi
von Ambon
0
100 km

Kapitel 7

Beute aus der Erde

In den Tropen wird es schnell Tag. Ich war vor Sonnenaufgang in Ternate, der Hauptstadt der Provinz Nord-Molukken, angekommen, saß am Straßenstand und wartete darauf, dass es hell wurde. Gerade noch hatte ich kaum mehr als mein geblümtes Glas mit dem körnigen Kaffee sehen können, und schon tauchte der grau-samtene Umriss des Gamalama vor mir auf, des Vulkans, der den größten Teil der Insel Ternate bildet. Noch ein paar Augenblicke, und der Samt verfestigte sich zu einem hartkantigen Grün. Die Platinscheibe der Sonne stieg hinter dem Berg auf, und die Stadt, die den südöstlichen Fuß des Vulkans umschließt, erwachte zum Leben.

Der Gamalama ist sowohl der Quell von Ternates Wohlstand, seiner Nelkenernte, als auch der Grund seiner wiederholten Zerstörung. Gerade mal gut einen Monat, bevor ich im Januar 2012 auf Ternate ankam, hatte der Vulkan angefangen, mächtige Aschewolken herauszuhusten. Ein paar Wochen später verwandelten schwere Regenfälle die dicke Aschendecke auf den oberen Hängen in einen Fluss aus schwarzem Schlamm. Die kalte Lava lief den Berg hinab, sammelte Kraft und Felsen, einige vier Meter groß, und als sie den Fuß des Gamalama erreichte, vernichtete sie alles, was ihr in den Weg kam, darunter achtzig Häuser und drei Menschenleben.

Ich ging mir das am schlimmsten betroffene Gebiet ansehen und traf auf einen Mann, der kiesigen Matsch aus einem Haus schaufelte, das seine Fenster verloren hatte, im Übrigen aber noch intakt schien. Seine Frau bat mich herein und entschuldigte sich, dass sie mir keine Tasse Tee anbieten konnte. Die Lava mochte ja höflich durch Türen und Fenster ins Haus eingedrungen sein, hatte dann aber weit weniger vornehm die pfirsichfarben verputzte Rückwand mitgehen lassen, sodass, was übrig blieb, ein wenig wie ein Architekturmodell aussah, nur eben schmutziger.

Das Gelände hier war schon immer eine Hochrisiko-Gegend gewesen und der Bau von Häusern eigentlich verboten, aber flaches Land ist heiß begehrt auf Ternate, und so bauen die Leute trotzdem. Die Frau hoffte jetzt, von der Regierung an einen sichereren Ort umgesiedelt zu werden.

Während sie auf einen neuen Bauplatz warteten, wohnte die Familie im technischen Trainingszentrum der Stadt. Zu Beginn des Vulkanausbruchs hatten sich etwa viertausend Flüchtlinge dort zusammengedrängt. Als die Bedrohung durch die Lava zurückging und die Raupen der Armee den Schlamm zwischen den verbliebenen Häusern weggeschoben hatten, waren die meisten jedoch nach Hause zurückgekehrt. Bei meinem Besuch des Zentrums waren noch etwa dreihundert Leute dort. Sie hatten die Versammlungshalle unter sich aufgeteilt und mit Pappkartons, Kinderfahrrädern und aus Schuluniformen geflochtenen Bändern, den einsamen Überbleibseln eines Lebens vor dem alles mitreißenden Schlamm, Territorien markiert. Die Leute schienen bemerkenswert schicksalsergeben, und für die Kinder, die auf den Schaukeln und Wippen des benachbarten Kindergartens spielen durften, war das Ganze ein Abenteuer.

Es klang, als würde es ein wenig weiter hinten eine Party geben. Ich folgte der Musik und fand ein olivfarbenes *M*A*S*H*-Zelt, die Gemeinschaftsküche. Ein als Katastrophenhelfer ausgebildeter Freiwilliger mit einer rostfreien Gartenschaufel füllte Reis aus einem hüfthohen Fass in Familienschüsseln. Andere Helfer legten ein paar Stücke Bratfisch aus einer Plastikwanne darauf, und dazu kam noch etwas suppiges Gemüse.

Nach der Verköstigung wurde die Musik lauter gedreht, und die Küche verwandelte sich in eine provisorische Disco. Die Leute, hauptsächlich Männer, gingen in die Knie, reckten den Hintern und drehten die Hände zu einem Tanz, der gut zur Dangdut-Musik passte. Dangdut ist indonesische Popmusik, die vage indische Melodien mit dem Dang-*dut*-dang-*dut*-Rhythmus der konischen Gendang-Trommeln kombiniert, was eine Art Bollywood-House-Mischung ergibt.

Jemand kam mit einem Korb voller Durians herein, und gleich leerte sich die Tanzfläche wieder. Alle machten sich über die Früchte her und öffneten die stacheligen, etwas übergroßen Handgranaten, um an das gelbe Fruchtfleisch zu kommen. Durians sind in Indonesien in Flugzeugen und vornehmen Hotels nicht erlaubt, da ihr Methangeruch durch die Klimaanlagen noch bis in die letzte Ecke dringt. Der Geschmack der Früchte ist gewöhnungsbedürftig, und ich für meinen Teil habe mich nie daran gewöhnen können, was weniger am hinten in der Kehle klebenden Geschmack liegt als an der oben am Gaumen klebenden Textur, die gleichzeitig cremig, ölig und … eben klebrig ist. Aber jetzt überboten sich die Leute darin, mir die schmackhaftesten Stücke dieses Aphrodisiakums anzubieten. »Hier, hier. Nehmen Sie! Meins ist besser als seins!« Im Zusammenhang mit Durians gibt es immer reichlich Doppeldeutigkeit.

Unter den Helfern herrschte ein Geist gutmütiger Kameradschaft. Aber als mich der Leiter in seinem Wagen zurück zu meinem Gästehaus fuhr, sah er hoch zu den Gewitterwolken rings um die Spitze des Vulkans und schüttelte grimmig den Kopf. »Da braut sich ganz schön was zusammen«, sagte er. »Morgen werden wir für mehr Flüchtlinge kochen müssen.«

Ja, die Vulkane zerstören viel. Aber die Asche, die sie ausspucken, macht die Inseln auch zu den fruchtbarsten der Welt. In Indonesien reihen sich hundertsiebenundzwanzig aktive Vulkane aneinander. Quer durch die riesige Insel, die die Westflanke der Nation bewacht, und entlang des Rückgrats des benachbarten Java sorgen sie für außergewöhnliche Reisernten. Viele Bauern schaffen drei Ernten pro Jahr, während es in weniger fruchtbaren Regionen gerade mal eine ist, und dazu produzieren sie ein Übermaß an Obst und Gemüse. Die Feuerberge umgehen Borneo über die Südroute und laufen in einem großen Bogen über Hunderte kleiner Inseln der Molukken, bis hin zur Nordspitze Sulawesis. Und in diesen östlichen Regionen, besonders auf den kleineren Inseln wie den Bandas und Ternate, wo der Seewind ständig über die Vulkanhänge streift, lässt die Asche Gewürze gedeihen.

Der vulkanologische Dienst hat ausreichend Mittel, um etwa die Hälfte der derzeit aktiven Vulkane zu überwachen, und gelegentlich weckt eine große Eruption gleich noch ein Dutzend schlafender Vulkane mit auf. Der Sinabung auf Sumatra zum Beispiel hatte wenigstens seit 1881 vor sich hingedöst, als er plötzlich 2010 wieder zum Leben erwachte. Das Ende seines Dornröschenschlafs war wahrscheinlich die späte Reaktion auf den Kuss eines Seebebens sechs Jahre zuvor. Dieses hatte den Tsunami am zweiten Weihnachtstag 2004 ausgelöst und einhundertsiebzigtausend Indonesier getötet, hauptsächlich in Aceh. Bis auf den heutigen Tag zeichnet er Leben und Tun der Menschen.

Im April 2012 war ich im Hochland Acehs, als plötzlich mein Telefon wie verrückt piepte. Da kamen Nachrichten aus Jakarta, von Sumba und sogar dem weit entfernten Papua. »Wo bist du?« – »Ist alles okay?« Ich saß in einem Minibus auf einer holprigen Bergstraße auf dem Weg nach Takengon und fragte mich, warum draußen alle auf der Straße standen. »Heftiges Erdbeben in Aceh. Tsunami in zwanzig Minuten vorausgesagt.« Diese letzte Nachricht kam aus Singapur.

Zwanzig Minuten später stand ich in der Halle eines quasi vornehmen Hotels in Takengon, wo Gäste, Personal und Leute, die wie ich von der Straße hereingekommen waren, alle gebannt auf den Fernseher starrten. Die Live-Berichterstattung sprach von einem Erdbeben von der Stärke 8,6 auf der Richter-Skala. In Banda Aceh, der an der Küste gelegenen Hauptstadt Acehs, die erst kürzlich nach den Verwüstungen von 2004 wiederaufgebaut worden war, liefen die Leute schreiend über die Straßen, sprangen auf ihre Fahrräder, in ihre Autos und flohen auf höher gelegenes Terrain, und während wir noch der Panik an der Küste zusahen, fing der kitschige Kronleuchter an der Decke über uns an zu zittern und dann tatsächlich zu rütteln. Einen Moment lang wurde es totenstill, wir sahen einander an, als warteten wir auf einen, der die Führung übernahm. Endlich sagte jemand: »Es geht wieder los!«, und alle liefen hinaus in den Regen.

Dieses zweite Beben war noch stärker als das erste eine halbe Sunde früher. Meine Zähne klapperten wie die Fenster des Hotels, und in meiner Magengrube begann es zu grummeln. Die Empfangsdame des Hotels klammerte sich an mich und hielt meinen Arm gepackt, bis meine Hand ganz taub wurde. Als der Kronleuchter drinnen endlich aufhörte zu klingeln, waren wir vollkommen durchnässt. Das Vibrieren in meinem Bauch setzte sich noch eine Weile fort, und die Empfangsdame wollte meinen Arm nicht loslassen. Das Beben schaffte sie vollkommen, ihr war alles Blut aus dem Gesicht gewichen, und ihre Knie wollten sie kaum mehr tragen. Aber sie wollte sich auch nicht setzen, da sie die Erschütterungen dann doch nur umso stärker spüren würde. Sie wollte auch nicht wieder nach drinnen, hinaus aus dem kalten Bergregen. »Ein Trauma«, flüsterte sie wieder und wieder, immer nur diese beiden Worte: »Ein Trauma.« Später erklärte sie mir, dass 2004 ihre Mutter, ein Bruder und zwei Schwestern weggespült worden waren. Danach war sie ins Hochland gezogen, weg von ihrer Erinnerung, um den Gedanken zum Verstummen zu bringen, der wie eine Mücke in einem dunklen Schlafzimmer durch ihren Kopf summte: Es kann wieder passieren. Es kann auch dir passieren.

Menschen, die in die Stadt gezogen sind, unter einem wasserdichten Dach leben und ihre Körpertemperatur mit einer Klimaanlage kontrollieren, können leicht die bedrohliche Seite der Landesgeografie ausblenden, die ihre Gegenwart auszulöschen und ihre Zukunft in wenigen Minuten zu verändern vermag. Dennoch beginnen viele Millionen Indonesier jeden neuen Tag in dem Bewusstsein, der Gnade dieses instabilen Landes ausgeliefert zu sein.

***

Mutter Indonesien kann bedrohlich sein, sicher, aber sie ist auch außergewöhnlich großzügig. »Wir Menschen auf den Molukken sind verwöhnt, weil uns die Gewürzbäume reich gemacht haben, ohne dass wir uns groß hätten anstrengen müssen. Es gibt viel Land, das Meer ist voller Fische«, hatte mir Edith, eine Mathematiklehrerin in der molukkischen Hauptstadt Ambon, erklärt.

Ich bin mir nie sicher, ob die Indonesier wissen, wie unmodern sie sind, wenn sie menschliches Verhalten auf das Klima und die Reichtümer des Landes und des Meeres zurückführen, besonders wenn es um Faulheit, Verschwendung und fehlende Voraussicht geht. Aber sie tun es ständig. Vielleicht ist es nur in der »entwickelten« Welt unmodern, wo zumeist weiße, in kühlem Klima lebende Leute gute Gehälter verdienen und die in aller Regel an braunen, in warmem Klima lebenden Menschen begangenen Sünden ihrer

Vorväter wiedergutmachen wollen. Die Aussage »Ein üppiges, reiches Land macht seine Bewohner faul« scheint die Leute in wärmeren Breiten allein wegen ihres Geburtsorts mit einer einzigen abwertenden Geste abzustempeln. Das hat etwas Rassistisches. Aus indonesischem Mund habe ich es dennoch wieder und wieder gehört: »*Kami di manja bumi.*« – Mutter Erde hat uns verdorben.

Die Hauptnahrung der Molukken und Papuas ist Sago, der aus dem Inneren einer Palme gekratzt und zu einem Mehl verarbeitet wird, mit dem sich trockene Pfannkuchen backen lassen, oder man produziert damit eine klebrige Paste als Ballaststoff zu einem guten Fischkopf-Curry. Die Pfannkuchen schmecken für mich wie getrocknete Pappe, und als der englische Abenteurer Sir Francis Drake die Inseln im Jahr 1579 besuchte, beschrieb er nassen Sago als »im Mund wie saurer Quark schmeckend«, aber er verschafft viele Kalorien mit minimalem Aufwand. Eine Familie muss etwa vier Tage hacken, kratzen, waschen und trocknen, um genug Sago für ein ganzes Jahr zu haben. »Die Menschen hier mussten nie vorausdenken«, sagte Edith. »Wir sind faul geworden.«

Es sind nicht nur die Molukken. Was seine Landmasse betrifft, nimmt Indonesien Platz fünfzehn der Länder dieser Welt ein, gehört aber zu den drei größten Produzenten von Palmöl, Gummi, Reis, Kaffee, Kakao, Kokosnüssen, Maniok, grünen Bohnen und Papayas sowie von Zimt, Gewürznelken, Muskat, Pfeffer und Vanille. Unter den ersten zehn liegt es bei Tee, Tabak, Mais und Erdnüssen, genau wie bei Avocados, Bananen, Kohl, Cashewnüssen, Chilis, Gurken, Ingwer, Ananas, Mangos, Süßkartoffeln und dem bescheidenen Kürbis. Auch bei Waldprodukten, von Holz über Papier bis zu Waldfrüchten, gehört Indonesien zu den weltweiten Top Ten, und beim Fisch, den es aus Meer und Wasserwegen holt, wird es allein von China übertroffen.

Und es gibt noch eine weitere Ebene des Reichtums, unter der Erdkruste: Indonesien sitzt auf riesigen Gasvorkommen, und die Grasberg-Mine in Papua verfügt über größere bekannte Goldreserven als jeder andere Ort dieser Welt. Dabei ist es noch nicht mal eine Goldmine, eigentlich wird dort Kupfer abgebaut. Indonesien ist der weltweit zweitgrößte Produzent von Zinn und Kohle, nach China, und der bei Weitem größte Exporteur von beidem. Es produziert Bauxit (für Aluminium) und sehr viel Nickel, auch da ist es bereits der zweitgrößte Produzent (diesmal nach Russland) und der größte Exporteur. Und es holt selbst noch Dinge aus der Erde, von denen ich immer angenommen hatte, sie würden aus anderem hergestellt, Asphalt zum Beispiel.

Als ich bei dem Bajo-Fischer Pak Zunaidi auf Sulawesis Banggai-Inseln wohnte, lernte ich einen Hummerzüchter kennen, der mir erzählte, sein Bruder Dauda leite eine Asphalt-Mine in Buton, das am unteren Strich des Sulawesi-Ks hängt. Wie? Ich hatte immer gedacht, Asphalt sei ein Nebenprodukt von Erdöl? »Nein, nein, den graben sie aus der Erde. Mein Bruder wird Ihnen die Minen zeigen.« Als ich also nach Buton kam, rief ich Dauda an, und wie sich herausstellte, war Indonesien auch einer der weltgrößten Produzenten von natürlichem Asphalt (wobei unser Straßenbelag tatsächlich auch aus Erdöl gewonnen wird). Und Buton ist der größte Produzent Indonesiens. Auf seiner Website zeigte Buton Asphalt Indonesia stolz Fotos von Schnellstraßen, so eben und glatt wie Formel-1-Rennstrecken. Die Straßen waren in China, zugegebenermaßen, dennoch sahen sie beeindruckend aus. Ich studierte die Karte: Das Dorf, bei dem Daudas Mine sein sollte, war nicht darauf verzeichnet, lag aber in einer Gegend, die rund fünfundsiebzig Kilometer von der Stadt entfernt war. Das schien eine hübsche Strecke für einen Tagesausflug mit dem Mädchen-Motorrad (mit Automatikgetriebe), das ich in Bau-Bau gemietet hatte, aber kaum außer Reichweite.

Dauda wollte nichts davon hören. »Sie können nicht mit dem Motorrad kommen. Die Straße ist schrecklich!« Auf Java winkte ich bei solchen Einwänden für gewöhnlich ab, ich habe keine Angst vor ein bisschen Matsch. In den letzten Monaten hatte ich jedoch gelernt, dass ein Satz wie »Die Straße ist schrecklich« hier im Osten des Landes irgendetwas zwischen »unpassierbar« und »nicht existent« bedeutete. So ging ich denn zum Busbahnhof und fragte nach einer Verbindung nach Nambo, doch alle schüttelten nur den Kopf. »Die Route will keiner mehr fahren. Die Straße ist schrecklich.« Es war das einzige Mal auf meiner Reise, dass ich ein Auto mit Fahrer mietete.

Mit meinem punkigen Zweiundzwanzigjährigen am Steuer konnte ich ungestört den Ausblick genießen. Wir fuhren durch ein hübsches Tal mit ordentlichen Reisfeldern und hier und da einem Hindu-Tempel. Der Punk beschrieb das dazugehörige Dorf als »reines Bali«, einen Transmigrationsort, den es seit den 1960ern gab. Die Tempel waren Hohlblockstein-Imitationen der mit roten Ziegeln gebauten Originale auf Bali. Während die Ortschaften ringsum aus bunten, hölzernen Pfahlbauten bestanden, hockten die Betonsteinhäuser dieses Dorfes direkt auf der Erde. Entlang der Straße hingen Wahlplakate mit den Kandidaten für das Amt des Bupati im streng islamischen Distrikt Buton neben Photoshop-bearbeiteten Bildern balinesischer Mädchen mit Obsttürmen auf den Köpfen.

Zehn Kilometer hinter Bau-Bau zerbrach der Teer zu einer das Rückgrat stauchenden Piste aus verschieden großen Brocken, die sich ein Stück weiter mit einem Wasserlauf vereinten. Während wir durch den dunklen Wald spritzten, griff der Punk nach einer Kretek, sah mich an, steckte sie zurück in die Packung und sah mich wieder an. Nach Monaten in öffentlichen Bussen hatte ich nicht gedacht, dass jemand Bedenken haben könnte, sich eine Zigarette anzustecken. Ich sagte: Nur zu, und er nahm sich eine und zündete sie eiligst an. Ich lachte: »Wow, die haben Sie aber wirklich gebraucht!« »Das ist es nicht, Miss. Die Sache ist die, hier gibt's üble Geister, und der Rauch hält sie uns vom Leib.« Als vor uns ein Eber in den Straßenfluss stürmte, wären wir beinahe im Dschungel gelandet.

Irgendwann trocknete der Wasserlauf aus, doch der Matsch blieb, und als die Teerklumpen weniger wurden, schlitterten wir ziemlich herum. Wir lachten, aber ich hielt mich am Armaturenbrett fest, und die Fingerknöchel des Punks lagen weiß auf dem Lenkrad. Dann plötzlich, kurz vor dem Ziel, ebnete sich die Straße. Es war nicht wirklich Teer, aber es war auch kein Matsch mehr. Ich stieg aus, um mir die Sache anzusehen, und stellte fest, dass die Straße unter meinen Füßen federte, wie der Gummibelag, den sie auf Spielplätzen unter den Schaukeln haben, damit sich niemand zu sehr wehtut, wenn er herunterfällt. Wir fuhren über den natürlichen Asphalt, der hier die Erde bedeckte und von den schweren Lkws zu etwas Fahrbahnähnlichem verdichtet worden war.

Der Minenleiter Dauda hatte einen Abschluss in politischer Kommunikation von der islamischen Universität in Luwuk in Zentral-Sulawesi. Mit dem ersehnten Beamtenposten hatte es nicht geklappt, und so hatte er, statt nichts zu tun, die Stelle in der Asphaltmine beim Dorf seiner Mutter angenommen. Wir gingen zusammen zu einer der »Minen«, die nicht mehr als ein riesiges Loch war, das sie in den Hang geknabbert hatten. Aus der Entfernung sah die Erde wie aufgebrochener Granit aus, hatte aber die gleiche federnde Konsistenz wie die Straße. Ich nahm einen der grauen Klumpen und brach ihn auf: Innen war er schwarz, klebrig, schwitzte eine dicke, sirupartige Flüssigkeit aus und roch nach Straßenarbeiten an einem Sommertag. Ich hatte mit bloßen Händen ein Stück Asphalt abgebaut.

Wenn ich an Minen denke, sehe ich Schächte und Stützbalken vor mir, Schmelzöfen und Ladegleise, denke an tausend rußige Gestalten, die wie Ameisen in und aus dem Inneren der Erde kommen, wie auf einem Bild von L. S. Lowry. Die Asphaltminen von Buton hätten nicht andersartiger sein können. Hier saßen drei Männer rauchend unter einer blauen, vor Sonne und Regen schützenden Plastikplane, und zwei gelbe Bagger standen müßig auf einem Teppich aus Asphalt. Die Männer mussten die Dinger nur in Gang setzen, die Schaufel mit Asphalt füllen und ihn auf einen Lastwagen laden.

»*Istirahat dulu?*«, stichelte ich. Macht ihr eine Pause? Nein, sie hatten keinen Diesel mehr für die Bagger. Tags zuvor an einer Tankstelle für Fischer hatte ich bereits alles über die Ineffizienz der Treibstoffdistribution gehört und fühlte mit den Männern mit. Aber hier ging es nicht um eine verspätete Lieferung. »Sie haben einfach vergessen, neuen Diesel zu bestellen«, lachte Dauda. »Jetzt müssen sie zehn Tage warten. So was kommt ständig vor. Wir sind nicht sehr gut im Vorausplanen in Indonesien.«

Dass sie es verpasst hatten, Treibstoff zu bestellen, änderte allerdings nicht viel. Der Asphalt-Abbau in Buton war zum Zeitpunkt meines Besuchs praktisch zum Erliegen gekommen, weil die Regierung wohl den Export von unbearbeiteten Erzen und Bodenschätzen verboten hatte. Laut Gesetz sollte das Verbot zwar erst im Januar 2014 wirksam werden, doch dann hatte das Ministerium für Bergbau und Energie in Jakarta seine Meinung geändert. Im Februar 2012 verkündete es plötzlich, dass Bergbaugesellschaften ganze drei Monate Zeit hätten, um vollständige Pläne für die Weiterverarbeitung der Bodenschätze und Erze einzureichen, die sie abbauten. Reichten sie keine Pläne ein, würde es keine Ausfuhrgenehmigungen mehr geben.

Ich war in der Woche nach dem Abgabetermin in der Mine, und niemand hatte eine Ahnung, ob sie noch Asphalt exportieren durften oder nicht. Betraf die Verordnung überhaupt auch Asphalt? Niemand wusste es. Was bedeutete Weiterverarbeitung? Daudas Unternehmen zerschlägt die größeren Klumpen, die es ausgräbt, und verpackt den zerkleinerten Asphalt in Säcke. »Das ist halb verarbeitet, und wir denken, so sollte es gehen.« Aber sie waren unsicher, und es war schwer zu überprüfen. Das Ministerium hatte die neue Verordnung auf seiner Website veröffentlicht und noch am selben Tag wieder entfernt. Die

»Weiterverarbeitungs«-Maßnahme sollte die Exporte wertvoller machen und Jobs für Indonesier schaffen. Fürs Erste jedoch hatte Dauda alle Tagesarbeiter der Mine entlassen, und die wenigen Festangestellten waren zum Säckenähen abgestellt worden. »Aber wir werden sie nur noch eine Weile bezahlen können und müssen ernsthaft überlegen, wie es weitergeht.«

Das Exportverbot wurde vom Obersten Gericht sechs Monate, nachdem es wirksam werden sollte, wieder aufgehoben. Einen Monat danach urteilte das Verfassungsgericht darüber. Dieses Mal gab das Gericht bestimmte Befugnisse an die Distrikte zurück, die das Ministerium der nationalen Regierung hatte zuschreiben wollen. Das kam zwei Tage nach einer anderen großen Verwirrung über eine Verordnung, die verlangte, dass ausländische Bergbauunternehmen mehr als die Hälfte des Stammkapitals ihrer indonesischen Unternehmungen an indonesische Firmen zu verkaufen hatten.

Als diese letzte Verordnung verkündet wurde, gaben einige der größten ausländischen Investoren im Land deutlich ihrem Missfallen Ausdruck. Die beiden mit der Sache befassten Ministerien klärten die Situation. Wir haben beschlossen, die Regelung zurückzustellen, sagte der Minister für Bergbau und Energie. Nein, haben wir nicht, sagte der Wirtschaftsminister noch am selben Tag.

Asphalt bringt viel Steuern und Gebühren ein, und sein Potenzial für zukünftige Profite ist riesig: Butons Vorräte werden auf 3,6 Milliarden Tonnen geschätzt, zu den derzeitigen Preisen entspricht das einem Verkaufswert von 360 Milliarden US-Dollar. Nach der Straße zu urteilen, über die wir gekommen waren, landete allerdings nicht viel von den Einnahmen in der örtlichen Infrastruktur.

Dauda und ich gingen zur Küste hinunter, wo ein langer, niedriger Berg Rohasphalt auf seine Verschiffung wartete, rund fünfzigtausend Tonnen. Dahinter füllten etwa ein Dutzend junge

Männer in abgeschnittenen Jeans und zerrissenen T-Shirts kleine hölzerne Behälter mit Flusskieseln, die sie zwischen rostige Stahlstäbe und wackelige Holzplanken packten. Es war das Skelett eines neuen Anlegers, der gebaut wurde, um die Exporte zu fördern.

Vor dem Berg hieß eine Plakatwand mit einem Foto des waldbestandenen Ufers eines der Seen im kanadischen Banff-Nationalpark die Besucher der Asphaltmine willkommen, zusammen mit einer Handynummer, alles auf Chinesisch, mit sicher dreißig Zentimeter hohen Zeichen. Exportverbot hin oder her, am Abend noch sollte ein Schiff kommen, um den Asphalt nach China zu bringen. »Die Ausfuhrgenehmigung ist noch von vor dem Verbot«, erklärte mir ein junger Mann, der auf dem Asphalt hockte. »Die waren nur etwas langsam mit dem Abholen, weil es noch andere verwaltungstechnische Dinge gab.« Er rieb Daumen und Zeigefinger gegeneinander. »Und sie hatten darauf gehofft, dass der Anleger fertig wäre.«

Es schien abenteuerlich, anzunehmen, dass in einem so entlegenen Teil Indonesiens ein funktionierender Hafen entstehen könnte. Aber ich hatte auf meinen Reisen schon unwahrscheinlichere Dinge erlebt. Im nord-molukkischen Halmahera zum Beispiel.

***

Das promiskuitive Austauschen von Handynummern auf indonesischen Fähren führt oft zu späteren Treffen im Hafen. In Ternate hatte mich ein Ingenieur zum Essen eingeladen, den ich auf einem Schiff kennengelernt hatte. Wir saßen am Wasser und taten uns an großen Stücken gegrilltem Fisch gütlich, während neben uns ein vogelartiger Mann mit dem breiten Gesicht und den hohen Wangenknochen einer der eingeborenen Minderheiten Halmaheras saß. So wie Leute es tun, wenn sie aus einem kleinen Ort in die große Stadt kommen, leicht argwöhnisch sind und sich unwohl fühlen, behielt er seinen Rucksack auf dem Rücken, als er sich über seinen Teller Brathuhn hermachte. Als er uns dann jedoch über die relativen Vorzüge der verschiedenen benachbarten Inseln reden hörte, mischte er sich mit Geschichten von Halmahera ein, über sein Heimatdorf Lelilef und die nahe Stadt Weda.

Mein Wissen über Weda beschränkte sich auf den Kommentar auf einer Website, die Reisen auf entlegene Molukken-Inseln gewidmet war. »Ein verlottertes Dorf mit matschigen Straßen«, hatte da gestanden. Pak Piter malte ein anderes Bild. Weda sei jetzt die Hauptstadt von Zentral-Halmahera und »boomte«. Dieser Tage sei die Gelegenheit für einen Besuch besonders gut, sagte er, denn der Bupati verheirate seine Zwillingstöchter. »Jeder, der etwas darstellt, wird dort sein.«

Halmahera liegt direkt neben dem winzigen Ternate. Geografisch beherrscht die Insel, die wie eine zerquetschte Spinne aussieht, die Nord-Molukken. Politisch jedoch wurde sie immer von ihren kleinen Nachbarn überschattet und vernachlässigt. Als ich Halmahera 1989 zum ersten Mal besucht hatte, war es einer der am wenigsten entwickelten Teile Indonesiens. Nachts hatte ich mich von einem Armee-Jeep durch den Dschungel mitnehmen lassen, da es sonst nur Ochsenkarren zu geben schien. Mitten im samtenen Dschungel dann war ein einzelner Baum von Tausenden Glühwürmchen in ein märchenhaft grünweißes Licht getaucht gewesen. Es war ein magischer Anblick. Mehr als vierhundert Jahre früher hatte etwas Ähnliches den Lieblingsabenteurer von Königin Elizabeth I., Francis Drake, tief beeindruckt:

Unter diesen Bäumen zeigt sich nächtens ein unendlicher Schwarm feurig leuchtender Würmer, in der Luft fliegend, deren Körper (nicht größer als die einer gewöhnlichen Fliege) ei-

*nen Schein ausstrahlten und solch ein Licht gaben, als wäre jeder Zweig jedes Baumes eine brennende Kerze, oder als wäre der Ort eine Sternensphäre.**

***

Ich hatte die Sternensphäre bewundert, doch als der Tag kam, boten sich weniger magische Anblicke: Die schönen Strände Halmaheras lagen voller verrosteter Panzer aus dem Zweiten Weltkrieg. Die Japaner hatten eine große Garnison auf der Insel stationiert, wo sie Ende 1944 aktiv wurden, nachdem General MacArthur beschlossen hatte, das benachbarte Morotai als Basis für seine abenteuerliche Invasion zu nutzen.

Glühwürmchen, Panzer und Ochsenkarren sind alles, woran ich mich von meinem Besuch Ende der 1980er-Jahre erinnere. Dreiundzwanzig Jahre später war Halmahera in verschiedene Distrikte aufgeteilt, hatte Nickel entdeckt und war in die Welt vorgestoßen. Pak Piter beschrieb die Veränderung seines eigenen Dorfes Lelilef. Der ehedem schmuddelige Flecken aus Sagopalmenhäusern und Schulabbrechern sei dank Weda Bay Nickel, eines riesigen, in ausländischem Besitz befindlichen Bergbauunternehmens, aufgeblüht. Heute, sagte Piter, sei es eine Stadt mit zweistöckigen Häusern, auf den Straßen führen Autos, und die Jungen gingen nach Java, um zu studieren. Ein großes ausländisches Bergbauunternehmen als Held einer Entwicklungsgeschichte – das ist etwas, was man nicht oft hört. Ich beschloss, zur Doppelhochzeit nach Weda zu fahren und mir die Nickelmine anzusehen.

Ich kam im selben Hafen an wie bei meinem ersten Besuch. Ochsenkarren waren keine mehr zu sehen, und anstelle des einzel-

* Francis Drake: *The World Encompassed by Sir Francis Drake, … Collected Out of the Notes of Master Francis Fletcher … and Compared with Divers Others* [sic] *Notes That Went in the Same Voyage*, ed. by Francis Fletcher. Nicholas Burne, London 1652, S. 96

nen Armee-Jeeps jener frühen Jahre standen da Reihen von SUVs eng beieinander. Es war, als wäre der Parkplatz eines teuren Bio-Supermarkts aus einem vornehmen Vorort Londons oder Melbournes nach Halmahera verpflanzt worden. Hauptsächlich waren es Sammeltaxis, die darauf warteten, ihre Passagiere bis auf die Enden der breitgetretenen Spinnenbeine der Insel zu bringen. Solch eine Wandlung hätte ich mir nie vorgestellt.

Ich wählte einen Wagen nach Weda. Wir rasten über frisch geteerte, bewaldete Hügel überspannende Straßen, durchquerten Flüsse neben noch nicht fertiggestellten Brücken und kamen schließlich in eine Stadt, die alle Symptome einer neuen Distrikthauptstadt zeigte. Es gab die zweibahnige Schnellstraße, das Büro des Bupati thronte auf einem Hügel über der Stadt, und da war auch das glänzende, verglaste Hotel, das sich bald schon wie die anderen Exemplare seiner Spezies in ganz Indonesien in einen Ort feuchter Teppiche und schimmeliger Wände verwandeln würde. Und es gab ein paar Reihen Legoland-Häuser und Elektrizität sogar bei Tag.

Ich hatte die Hochzeiten um einen Tag verpasst. Hinter dem verglasten Hotel waren die Trümmer der Festlichkeiten noch sichtbar. Unter einem seidig weißen Nylonsonnensegel, auf einem roten Teppich von der Größe mehrerer Fußballfelder, waren Catering-Unternehmen aus der Provinzhauptstadt Ternate damit beschäftigt, Hunderte von Speisewärmern aufzustapeln und sich zu fragen, was sie mit den industriegroßen Mülleimern voller übrig gebliebenem Reis tun sollten.

Der Festbereich war von den umgebenden Feldern und Baustellen durch Plakatwände mit überlebensgroßen Photoshop-Fantasien abgetrennt – eine der beiden Bräute als Kind vor einem alten herrschaftlichen Anwesen im amerikanischen Süden, die andere in einer verträumten Satinrobe vor einem modernen Großstadtpanorama. Eingestreut waren Bilder des Bupati und seiner Frau an exotischen fremdländischen Orten (nicht gephotoshopt) und, an besonders strategischen Positionen, riesige Porträts des Bupati in Uniform, mit einer Liste seiner Erfolge während der ersten Amtszeit.

Ganz oben auf der Liste: »Errichtung der Regierungsinfrastruktur auf allen Ebenen.« Eine weitere Leistung: »Freigabe des geschützten Waldes der Insel Gebe für die Bergbauindustrie.«

»Oh, Sie hätten gestern hier sein sollen, dann hätten Sie mitfeiern können«, sagte Vera, die Besitzerin des Gästehauses, in das ich mich einmietete. »Es war ein Kracher. Wir haben die ganze Nacht getanzt. Das muss unvorstellbar viel gekostet haben.«

Tatsächlich war ein ziemlicher Teil der Kosten, etwa fünfunddreißigtausend Dollar, mit öffentlichen Geldern bestritten worden, doch der Bupati machte keinerlei Anstalten, sich dafür zu entschuldigen. Die liebenden Paare waren über eine Reihe von Tabletts voller Reis paradiert, was für eine lange Ehe ohne Hunger steht. Das gehöre zu den örtlichen Adat-Sitten, hieß es, woran sich allerdings weder Vera noch sonst jemand, mit dem ich sprach, erinnern konnte, und genau das war die Argumentation des Bupati. Seine Regierung versuche örtliche Hochzeitstraditionen zu fördern, erklärte er Reportern. Da sei es nur natürlich, dass das Budget des Kultur- und Tourismusamts für dieses Programm helfe, die größte Hochzeit des Jahres zu finanzieren, um lokale Traditionen vor dem Vergessenwerden zu bewahren.

Die Wiederbelebung des Hochzeits-Adat stärkte bei den Gästen die Glaubwürdigkeit des Bupati als Wächter der örtlichen Kultur. Unter den siebentausend Leuten, die er eingeladen hatte, befanden sich der Provinzgouverneur, der Polizeichef der Provinz, der Kommandeur der Streitkräfte sowie drei benachbarte Bupatis und einige der wichtigeren Bosse der Nickelminen in der Gegend.

Der Bupati hing gleich noch ein paar weitere Partys an, um all diese wichtigen Leute noch besser zu unterhalten. Der dritte Tag der Feierlichkeiten galt dem Geburtstag der PDIP, der politischen Partei, die die Wiederwahl des Bupati später im Jahr unterstützen würde. Das Büffellogo der PDIP schmückte die roten, mit dem Wind flirtenden Seidenflaggen vor dem gläsernen Hotel, sämtlichen Regierungsgebäuden und sogar den Büros der anderen Parteien. Hinten auf einem Tieflader wirbelte das örtliche Waria-Kontingent zu Dangdut-Musik, mit dem Konterfei des Bupati auf den Silikonbrüsten. Die T-Shirts hatten sie mit punkigen Schlitzen und Sicherheitsnadeln aufgepeppt, dabei aber dafür gesorgt, dass das Bild des Bupati keinen Schaden litt. Die Waria gehören immer schon zum Bild der größeren Städte Indonesiens und sind weitgehend akzeptiert, solange sie sich an die für sie geschaffenen Nischen in der Gemeinschaft halten: Schönheitssalons, Unterhaltung und Sexarbeit. Auf meinen Reisen in die entlegeneren Gebiete Indonesiens stellte ich nun fest, dass sie mittlerweile auch in Distrikthauptstädten zu finden waren. In kleinere Orte werden sie geholt, um sich bei Hochzeiten um das Make-up zu kümmern oder auf Wahlveranstaltungen zu tanzen. Im winzigen Walfangort Lamalera war ich zwei Warias begegnet, die quer über die Insel gekommen waren, um beim Schmücken einer neuen Kirche für ihre Einweihungsmesse zu helfen.

Die etwa einhundert jungen Leute des Musikzugs, der die Parade in Weda anführte, trugen alle teure Polo-Shirts mit einem Bild des Bupati und dem dazugehörigen Slogan: »Mein Bupati, Dein Bupati: Weiter so!« Die Gästehausbesitzerin Vera kam vorbeigefahren, und auf ihrem roten T-Shirt stand: »Ich bin ein großer Fan von Aba Acim«, das war der Spitzname des Bupati. Sie winkte mir zu, zog an ihrem Hemd und formte mit dem Mund die Worte: »Wo ist Ihres?« Ich hatte die Verteilung verpasst.

Von der jubelnden Menge vorangeschoben, kam ich am Großen Mann persönlich vorbei. Flankiert von treuen Bediensteten, stand er vor seinem Haus, ganz und gar kein Großer Mann, wie sich herausstellte, sondern ein kleiner runder Kerl mit einem niedrigen, kahlen Schädel. Wie ein Taktmesser schickte sein erhobener Arm High-Fives in die vorbeiziehende Masse, und sein dickliches Gesicht wurde von einem wahrhaft entzückten Grinsen zweigeteilt. Die High-Fiver in der Menge waren ebenfalls entzückt, als hätten sie gerade die Queen abgeklatscht. Wenigstens hier in der Stadt schien der Bupati ehrlich beliebt. Zentral-Halmahera war schon seit achtzehn Jahren ein Distrikt, und als der aus Weda stammende Aba Acim 2007 zum Bupati gewählt wurde, verlegte er die Distrikthauptstadt sofort in seinen Heimatort. Er war es, der die blauen Dächer und das feine Hotel in das »verlotterte Dorf mit matschigen Straßen« gebracht hatte.

Am nächsten Tag hatte der Distrikt Geburtstag, und es war genau vier Jahre her, dass Weda zur Distrikthauptstadt gemacht worden war. Die Teilnahme an der Zeremonie um acht Uhr früh war für fast jeden in der Stadt verpflichtend: die Beamten, die Schulkinder, die Familienfürsorge, Jugendorganisationen und Polizisten, alle in ihren speziellen Uniformen. Die Leute versammelten sich um Wedas zentralen Platz, Besetzung, Bühnenpersonal und Zuschauer im Staatstheater des Bupati. Ein rachitisches Riesenrad erhob sich über die eng geschlossenen Reihen und erinnerte an den Rummel, der sich an die Feierlichkeiten anschließen würde.

Unter den anwesenden Gästen gab es eine deutliche Hierarchie. Die Schulkinder und unteren Angestellten standen auf der gegenüberliegenden Seite des Platzes, ohne Schutz vor dem drohenden Regen. Ich selbst saß mit den Frauen der Familienfürsorge auf mit rotem Plüsch bezogenen Stapelstühlen unter einer Markise direkt vor dem Gemeindezentrum, in dem das Herz der Feier schlug. Drinnen, auf mit weißem Satin bezogenen Stühlen, saßen die Frauen der Dharma Wanita, der Organisation der Beamtenfrauen. Die Schulkinder bekamen nichts, für uns gab es eine Schachtel mit klebrigem Kuchen, für die Darma Wanita ein Essen mit gebratenem Hühnerfleisch. In den Sesseln der ersten Reihe thronten die Größten der Großköpfe. Sie bekamen Dosen Cola und Fanta und nicht, wie wir, Wasser in Plastikbechern.

Es gab den Versuch militärischer Genauigkeit. Der »diensthabende Kommandeur« der Zeremonie brüllte Befehle in die Lautsprecheranlage: »Die Oberschüler zwei Schritte nach rechts. Die Arme hoch. Fertig: *Eins! Zwei!*«, und die Oberschüler maßen den Abstand zu ihren Nachbarn mit einem vor- und einem nach rechts gestreckten Arm und bewegten sich im Stechschritt an ihren Platz. »Die modischen Sonnenbrillen: *Absetzen!*« Die Sonnenbrillen verschwanden in ihren Taschen. »Die Handys: *Aus!*« Keine sichtbare Aktivität. Nach weiteren fünf oder zehn Minuten Warten lockerten sich die frisch geformten Reihen wieder auf, und es gab auch kein Gebrüll mehr.

Etwa um 9.15 Uhr begann sich das innere Heiligtum mit krächzenden Walkie-Talkies zu füllen, und die militärischen Kommandos wurden dringlicher. Die Zwillingstöchter des Bupati kamen in langen Satinroben, babyblau, die Tops mit fuchsienfarbigen Pailletten besetzt, ähnlich, aber nicht identisch. Es waren keine eineiigen Zwillinge. Ihre frischgebackenen Ehemänner trugen dazu passende blaue Hemden mit fuchsienfarbenen Krawatten. Spannung lag in der Luft, Geheul setzte ein, Tänzer strömten herbei und schließlich eine Parade weiß gekleideter Gestalten mit zylindrischen Masken und böse vorragenden Nasen, auf den Köpfen den typischen, an zusammengefaltete Servietten erinnernden Halmahera-Kopfputz. Die Wirkung hatte durchaus etwas Bedrohliches. Ich fragte Vera, was das alles bedeute, doch sie konnte es mir nicht sagen: *»Adat baru kali«*, lachte sie, »eine neue Tradition, nehme ich an.«

Auf die Geister folgte ein großes, unten offenes Sperrholzboot, getragen von als Kriegern gekleideten Polizisten. Die richtigen, der Tradition entsprechenden Kora-Kora-Kriegskanus konnten sie nicht benutzen, da der Platz zu weit vom Strand entfernt lag. Im Boot, hinter einem Palmwedel-Vorhang, gingen der Bupati und seine Frau, und als er endlich auf seinem Thron im Gemeindezentrum saß, konnte die eigentliche Zeremonie beginnen. Es gab etwas zur Geschichte des Distrikts und jede Menge Dankbarkeit für die erleuchtete Führung, dann eine schwindelerregende Show mit Marschieren, Trommeln und dem knatternden Schwenken von Regenbogenflaggen, alles angeführt von drei großen Majoretten in fließenden Goldlamé-Umhängen, die im Rhythmus mit ihren paillettenbesetzten Maxi-Stiefeln auf den Boden stampften.

In ihrem Bestreben, die neuen Distrikte zu rechtfertigen und ihre Macht zu verfestigen, schwelgen die örtlichen Großen Männer ganz Indonesiens in Zeremonien, die sie einstmals als Theater rückständiger Bauern abgetan haben. Sie suchen nach lange vergessenen, verstaubten Traditionen, und wenn sie keine finden, zaubern sie sich neue zusammen. Das Leben in den Subdistrikten kommt zum Erliegen, wenn die örtlichen Führer zu Traditionsfeiern in die Distrikthauptstadt aufbrechen, die eine ganze Woche dauern. Auf großen Festgeländen sprießen dann aufwendige Stände aller Regierungsabteilungen und Ämter. »Dem ist nicht zu entkommen«, beklagte sich eine Krankenschwester am Stand des Gesundheitsamts von Aceh Singkil. »Wir sind im Krankenhaus völlig überarbeitet, müssen aber eine ganze Woche herkommen, Fahnen aufspannen, Flugblätter verteilen und alles daransetzen, mehr Namen in unser Gästebuch zu bekommen als die da drüben.« Damit reckte sie ihr Kinn in Richtung des Standes des Amtes für Familienplanung gleich gegenüber. Jeder einzelne Subdistrikt hat seinen Stand und preist die Freuden an, die seine winzige Republik zu bieten hat. Hier wurde mir eine Tasse mit gekühlter Seetangsuppe angeboten, dort durfte ich versuchen, aus lokalen Seidenkokons Seide zu spinnen. (»Unsere Raupen sind weltbekannt!«)

Diese Feiern sind eine wahre Orgie kompetitiver Identitätsbildung. Und doch, bemerkte Ed Aspinall, ein australischer Beobachter der indonesischen Politik, der meine Gedanken zur Neuerfindung lokaler Traditionen aufgriff, folgen diese Zeremonien landesweit dem gleichen Muster. »Für mich sind es die örtlichen kulturellen Inhalte, die billig und falsch erscheinen«, sagte er. »Die bürokratischen Impulse und Muster dagegen wirken tief und authentisch. Die sind *sehr* indonesisch.«

***

Die riesige Nickelmine, von der Pak Piter so begeistert gewesen war, lag keine zwei Stunden mit dem Schnellboot von Weda entfernt. Das Projekt umfasst fast fünfhundertfünfzig Quadratkilometer und wurde noch von Suharto kurz vor seiner Abdankung bewilligt. Dann begann das Feuerwerk der Dezentralisation, und niemand wusste, ob von der nationalen Regierung erteilte Lizenzen von den Provinzen oder Distrikten anerkannt wurden. Tatsächlich war nicht mal klar, in welcher Provinz und welchem Distrikt die Mine denn nun lag. Als die Lizenz erteilt wurde, waren es die Molukken, ein Jahr später theoretisch die Nord-Molukken, wobei die neue Provinz über keine funktionierenden Behörden verfügte, keine fachkundigen Mitarbeiter besaß und keine klaren Distriktgrenzen hatte. Und als wenn das noch nicht genug gewesen wäre, wurde die Region auch noch von einem Krieg zwischen Christen und Muslimen zerrissen. Es war keine ideale Zeit für Ausländer, Milliarden von Dollar in eine unbewegliche Industrie zu stecken.

Das Projekt wurde 2006 neu belebt, als der französische Bergbaugigant Eramet einen Anteil kaufte.* Darauf protestierte eine Gruppe in Jakarta ansässiger, hauptsächlich von gebildeten Mittelklasse-Lobbyisten geführter NGOs, stark unterstützt von internationalen Organisationen, weil ein großer Teil der für den Tagebau vorgesehenen Gebiete von geschütztem Wald bedeckt war.

* Es war ein gemeinsames Projekt mit dem japanischen Mitsubishi-Konzern. Zehn Prozent der Aktien wurden dem staatlichen indonesischen Bergbauunternehmen als Knochen hingeworfen.

Sie beklagten, falls es seltene Fledermäuse in nicht kartografierten unterirdischen Höhlen gebe, würden sie durch den Abbau gestört, zudem würden Dschungelbewohner leiden, die in der Gegend lebten. Und sie machten sich Sorgen wegen der Pläne des Unternehmens, den Abraum aus den Minen in der Bucht zu versenken, die reich an Korallen sei. Die NGOs sagten, sie sprächen im Namen der Inselbewohner, die zu große Angst vor Repressalien hätten, um ihre Namen zu nennen. Als sie Demonstrationen organisierten, stellten einige Inselbewohner Gegendemonstrationen für die Minen auf die Beine.

Ich fuhr hinunter nach Lelilef, um von dort das Schnellboot zu nehmen. Die Burschen auf dem Anleger packten meine Tasche und luden sie ungefragt auf das Boot der Weda Bay Nickel Company. Komisch, wie ich, ohne selbst etwas anders zu machen, in verschiedenen Teilen Indonesiens in verschiedene Muster gepresst wurde, je nachdem, als was und wie die Ausländer in der Gegend bislang aufgetreten waren. Ich war eindeutig keine Touristin, dafür war ich zu alt und zeigte zu wenig Fleisch, und ich wollte auch nicht an den Strand und war allein, wo Touristen doch zu zweit reisten. »Haben Sie keine Freunde?«, wurde ich immer wieder gefragt.

Es gab verschiedene Möglichkeiten, wer diese kurzhaarige weiße Frau mit dem Gesicht, dem man die Monate unterwegs auf Schiffen ansah, mit den vernünftigen Schuhen, der schwarzen Fotografenweste und dem Jakarta-Akzent sein mochte, diese Frau, die ständig etwas in ihr Notizbuch kritzelte: Auf Sumba eine Forscherin, die eine Malaria-Studie durchführte, auf Tanimbar und Kei eine Anthropologin. Auf Flores eine Nonne (!). Als ich ins Post-Tsunami-Vorwahl-Aceh kam, war ich eine Aufbauhelferin oder eine Wahlbeobachterin. In Kalimantan musste ich von einer Umwelt-NGO sein, in den kleineren Orten Indonesiens eine Englischlehrerin. Hier in Weda nahmen sie an, ich sei eine Ingenieurin.

Ich holte meine Tasche zurück und bestieg das öffentliche Boot. Mit mir kam Tesi, die Cousine Veras, der Besitzerin des

Gästehauses in Weda, die mich in ihre Obhut gegeben hatte. Tesi war nach der Zwillingshochzeit auf dem Weg zurück nach Hause. »Dafür sind Familien da!«, sagte Vera. Tesi sagte kein Wort. Sie rückte nur zur Seite, um mir Platz zu machen.

Keine zwei Stunden später setzte uns das Boot auf einem wackeligen hölzernen Anleger ab. Wir gingen an Land, packten Tesis Stadteinkäufe auf einen Pritschenwagen und los ging es. Wir kamen an einer Einraum-Krankenstation vorbei, an einem Markt mit zwei geschlossenen hölzernen Kiosken und drei Frauen, die hinter einer kleinen Sago- und Maniok-Pyramide saßen. Ich sah zwei Kirchen und eine Moschee. Es gab einige neue Häuser mit buntem Portikus, aber sonst nicht viel. Entweder führte uns die kurze Fahrt vom Anleger zu Tesis Haus nicht durch die Stadt, oder Pak Piter, der mir das Bild einer Boom-Town in die Vorstellung gemalt hatte, verfügte über eine blühende Fantasie.

Tesis Haus war weit größer, als ich erwartet hatte. Der Vordereingang (mit dem obligatorischen Portikus) führte in ein von einer Couchgarnitur (einem großen Kunstledersofa, zwei dazu passenden Sesseln und einem Kaffeetisch mit Alugestell und Rauchglasplatte) dominiertes Wohnzimmer. Es war die Art Raum, die man zum Aushandeln von Mitgiften und zum Empfang von Volkszählern braucht, sonst aber nie benutzt. Es folgte ein höhlenartiger zentraler Raum mit kühlem Steinboden, in dem ein riesiger Flachbildschirm-Fernseher und eine große Karaoke-Maschine standen, sonst nichts. Davon ab gingen ein paar Schlafzimmer, von denen mir eines zugewiesen wurde, mit einer Schaumstoffmatratze auf dem Boden und einem Hello-Kitty-Poster an der Wand.

In einem Raum beim Nebeneingang stand eine weitere Couchgarnitur, wo Freunde empfangen, Palmwein ausgeschenkt und viel geraucht wurde. Ungewöhnlicherweise gab es auch noch ein Zimmer mit einem großen Esstisch und einem Kühlschrank, der als normaler Schrank benutzt wurde, da der Generator nur abends lief. Die Küche war eine Betonhöhle nach hinten hinaus, und in allen Zimmern wanden sich Kabel die Wände hinab und über den Boden, glitten über Türpfosten und unter Sofas und Sessel. Das Haus war erst in den letzten Jahren gebaut worden, dennoch ohne jede verdeckte Verkabelung.

Die Holz- und Palmblatthütten entlang der vier Straßen, aus denen die Stadt bestand, wurden von Beton und Kacheln verdrängt. Einige der Häuser hatten verglaste Fenster, viele waren fantasievoll bemalt: Säulen mit Marmordesign, Fensterläden und Türen mit bunter Vertäfelung. Zwar war es nicht die erwartete Boom-Town, aber alles doch sehr *gengsi*. *Gengsi* ist angeberisch, mit den Nachbarn mithalten – was die meisten Indonesier verabscheuen, wie sie sagen, viele aber doch mit großer Leidenschaft betreiben.

Ich wanderte durch die Stadt, suchte nach etwas zu essen und blieb bei einer Frau stehen, die auf einem Plankenweg über der Bucht Gemüse wusch. Als sie meinen Jakarta-Akzent hörten, näherten sich zwei junge Männer. Sie kamen aus Ternate, waren seit zwei Monaten hier in Lelilef und von Langeweile und Frustration gezeichnet. Sie waren eingestellt worden, um Mitarbeitern von Weda Nickel Englisch und den Umgang mit Computern beizubringen, hatten aber heute erst ihre erste Unterrichtsstunde gegeben. »Ich habe diesen Job angenommen, weil ich nicht mit der Bürokratie der Regierungsjobs zu tun bekommen wollte«, sagte einer der beiden. »Aber das hier ist schlimmer. Der Japaner will nichts auf die französische Art tun, der Franzose redet nicht mit dem Australier, und keiner redet mit den Batak. Wenn eine Abteilung etwas will, wird es von einer Unterabteilung blockiert. Es ist ein Irrsinn.«

2007 war Indonesien das erste Land, das ein Gesetz erließ, durch das rohstoffgewinnende Unternehmen verpflichtet wurden, in den Gemeinden vor Ort zu investieren, allerdings ohne dass daraus entsprechende Praktiken entstanden wären. Während der nächsten Tage hörte ich alle möglichen Geschichten über wohlgemeinte Programme sozialer Verantwortung, die fürchterlich danebengegangen waren. So waren die Dorfbewohner zu Anfang ermutigt worden, Gemüse für die Arbeiter anzubauen. Die Kohlköpfe kamen, die Arbeiter nicht – die Bauaktivitäten waren zum soundsovielten Male verschoben worden, und das Unternehmen ließ das Gemüse und den eigenen Ruf in den Händen der Bauern verrotten.

Als die Arbeiter endlich kamen und die Kantine eröffnet wurde, forderten die Kontaktleute der Mine die Leute auf, Hühner zu züchten, doch als die Vögel so weit waren, in den Topf zu wandern, weigerte sich die internationale Bewirtungsfirma, die die Kantine führte, das gackernde Federvieh zu kaufen, da es, wie es hieß, nicht den von den Bossen in Genf oder Turin gesetzten Standards entsprach – was eine privatwirtschaftliche Version des »Idiotenfaktors« darstellte, wie ich annehme, aber die Einheimischen sahen in der Inkompetenz der Firma etwas Finstereres. »Da steckte mehr dahinter, so dumm konnten die nicht sein«, schimpfte der Hühnerzüchter, der mir von dem Fiasko berichtete.

Meine Suche nach einem Teller Reis blieb erfolglos, keiner von Lelilefs Lebensmittelständen öffnete nach Mittag wieder. Schließlich fand ich eine Plastikschüssel voller frisch gebackener Brötchen am Straßenrand. Ich nahm mir ein Dutzend und ließ zwölftausend Rupiah dafür zurück. Eines aß ich auf dem Weg zurück zu Tesi. Es war niemand zu Hause. Ich legte die Brötchen auf einen Teller und stellte ihn für Tesi und ihren Mann Frilax auf den Tisch. Dann duschte ich, schaufelte mir kühles Wasser aus einem Betontank über den Kopf und versuchte mir den Staub des Fortschritts aus dem Haar zu waschen.

Als ich zurück ins Zimmer kam, war der Teller leer. Ein Trupp kleiner Jungen hatte den Brötchenberg entdeckt und abgetragen. Sie rannten kreischend herum, bis Tesis Tochter mit all der Autorität einer Elfjährigen hereingeschossen kam und sie verjagte. Sie und ihre Freundin machten sich daran, das Abendessen zu kochen.

Es gab Reis und Maniok, und da die Familie in Weda gewesen war, auch ein paar Eier.

Die beiden waren kaum fertig, als der nächste Schwarm Heuschrecken ins Haus einfiel. Diesmal waren sie an die zwanzig und betrunken. Nacheinander verschwanden sie im Bad, in Indonesien sind selbst die Rabauken makellos sauber. Dann fielen sie über die Küche her und beschlagnahmten das Essen, das die Mädchen gerade produziert hatten. Wer waren diese Burschen, die da einfach so hereinstürmten, das Bad besetzten und die Vorratskammer plünderten, ohne ein Bitte oder Danke? »*Saudara*«, sagte Tesis Tochter und zuckte die Schultern: »Verwandte.« Wie sich herausstellte, sollte Tesis jüngerer Bruder am nächsten Tag heiraten, und so kam der Clan aus den Dörfern ringsum zusammen.

Als ich abends in mein Zimmer kam, fand ich die Tochter und ihre Freundin bereits auf der einzigen Matratze dort vor. Ich schob sie zur Seite und legte mich dazu, wobei ich überlegte, ob es nicht vielleicht besser wäre, meine Schlafmatte im großen, leeren Wohnzimmer auszurollen. Später war ich froh, es nicht getan zu haben, lagen am nächsten Morgen doch sieben oder acht der jungen Burschen dort auf dem Boden ausgebreitet, von Alkohol und Erschöpfung gefällt und noch voll angezogen.

Beim Essen abends hatten sie ihrem Ärger über die Minengesellschaft Luft gemacht. Früher hatte ein Nicken aus Jakarta genügt, und ein großes Bergbauunternehmen konnte tun, was ihm beliebte, ganz gleich, was Burschen wie die hier dachten. Die meisten Dorfbewohner wären nicht darauf gekommen zu protestieren, und wer es doch tat, fand sich schnell unter einem Armeestiefel wieder. Mittlerweile jedoch werden die Leute von einer einheimischen und internationalen Protestindustrie mit Zugang zur freien Presse und Twitter ermutigt, ihrem Unmut Ausdruck zu geben. Die Aktivisten hoffen, dass die Bergbaugesellschaften dadurch ausreichend unter Druck geraten, um die Umwelt weniger zu belasten, fairere Preise für Land und Arbeit zu bezahlen und stärker in die örtlichen Gemeinden zu investieren.

Die jungen Männer waren beim Abendessen eindeutig aufgebracht. Der Betrunkenste von allen, ein Bursche mit verschlagenem Gesicht und anzüglichem Blick, beschwerte sich, dass nur die miesen Arbeiten an Leute aus der Gegend gingen. Alle guten Jobs, »Injeneur, Arschitek« (er vereinfachte die vielsilbigen Worte des Ingenieurswesens) gingen an Leute von außen. »Deshalb hatte ich recht da mit den Demos, mit dem Schnellboote-Anstecken und so. Wir müssen denen zeigen, wer hier der Boss ist.« Ich fragte ihn, was für Qualifikationen er habe. »Saufen!«, antwortete ein anderer für ihn. Ein dritter junger Mann, der auf Java in die Schule gegangen war, schien beschämt. »Du willst einen guten Job und steckst Schnellboote an. Da schießt du dir doch selbst ins Knie.«

So stolz er auf seine Demo-Aktivitäten war, röhrte das Wieselgesicht nach dem Essen doch fröhlich auf einem nagelneuen Motorrad davon, das mit Geld von Weda Bay Nickel für Land seiner Familie bezahlt worden war. Später abends landete er mit der Maschine im Meer. Bei Ebbe am nächsten Morgen wurde sie gefunden, im Sand eingebettet und von Wasser umspielt. Vom Schlüssel keine Spur.

Beim Frühstück versuchte ich einen Plan auszuhecken, wie ich an der Sicherheitssperre vorbei in die Mine gelangen konnte. Während ich noch grübelnd im Coffee-Shop saß, kam ein gut aussehender junger Mann aus West-Indonesien herein. Er trug eine schicke dunkelblaue Uniform, die ich nicht gleich zu identifizieren vermochte. »Sie kommen aus Jakarta«, beobachtete er, und wir begannen eine Unterhaltung. Amir war ein javanischer, in Weda stationierter und im Moment an den Sicherheitsdienst von Weda Bay Nickel ausgeliehener Polizist. Er war intelligent, gelangweilt und mit der Ärztin der Mine befreundet. Augenblicke später saß ich hinten auf seinem Motorrad, fuhr vorbei an der Landepiste des Unternehmens und durch die Grube orangefarbener Erde, wo der Hafen und die Schmelzhütte hinkommen sollten, hinauf zur Mine selbst. An der Sicherheitsschleuse gab es etwas Walkie-Talkie-Hin-und-Her, und schon war ich durchs Tor.

Es war, als beträten wir eine andere Welt.

Das medizinische Zentrum war in einem behelfsmäßigen Gebäude untergebracht, das im Grunde aus einigen umgebauten Containern bestand, und doch war es die sauberste und bestausgestattete Krankenstation, die ich im ländlichen Indonesien bisher gesehen hatte.

Amirs Freundin, eine Ärztin der privaten Vertragsfirma SOS Medika, die das Minenkrankenhaus führte, lud mich zum Mittagessen ein. Sie stieg in ihre mit Stahlkappen bewehrten Stiefel, wir setzten einen Arbeitshelm auf und gingen über einen etwa fünfzig Meter breiten Hof zur Kantine hinüber. Im Umkreis von Kilometern gab es kein einziges Anzeichen einer Baustelle, aber die Helme gehörten zur Etikette. In einem Land, in dem man regelmäßig Leute auf Strommasten Kabel mit bloßen Händen verspleißen sieht, war allein das schon erstaunlich.

Die Kantine, fast schon überklimatisiert, sah aus wie viele andere Kantinen, in denen ich bisher gegessen hatte, bei der Weltgesundheitsorganisation in Genf, der Weltbank in Washington oder der BBC in London. Zwar fehlte ihr die ansehnliche Weinauswahl des Internationalen Währungsfonds und das miteinander wetteifernde Spektrum nationaler Olivenöle der Europäischen Kommission, aber es gab eine Salattheke, eine Suppenstation sowie frisches Obst aus kühleren Klimazonen. Und sogar eine Käseauswahl. Käse! Ich wünschte, wir wären nicht erst gekommen, als sie anfingen abzuräumen.

Alle in der Kantine waren entweder weiß oder hatten das glatte Haar und die hellere Haut, die auf jemanden aus Java oder von einer der anderen westlichen Inseln hindeuten. Sie lebten in einer hermetisch abgeschlossenen Welt, kamen jeweils für einige Wochen und wurden dann zur Erholung mit Firmenflugzeugen nach Java, Bali oder in einen anderen »zivilisierten« Teil des Landes geflogen. Und bald schon sollte ihre Umgebung hier noch besser abgeschottet werden: Als Amir und ich zurück in die Stadt fuhren, kamen wir an Arbeitern vorbei, die das Gerippe eines mächtigen Gebäudes errichteten, das viele Male größer sein würde als alles andere in Lelilef. Das wurde der neue Sicherheitsposten. Solche Einrichtungen mitten im Dschungel, Soldaten und Polizisten, wo es früher nie welche gegeben hat, tragen zweifellos zu den Spannungen zwischen den Minengesellschaften und Einheimischen bei, die in den an Bodenschätzen reichen Gebieten von ihrem Stück Land leben. Und doch empfand ich eine leichte Sympathie für Weda Bay Nickel. Sie investierten viel, um bei einem Minimum an Umweltschäden ein Maximum an Ertrag zu erzielen. Sie *versuchten* wenigstens, die ärztliche Versorgung der Bevölkerung zu verbessern, die Dörfer mit Generatoren auszustatten und etwas für die schulische und berufliche Ausbildung zu tun. Es mochten weitgehend symbolische Aktivitäten sein, behindert durch die in der DNA der Bergbaugesellschaften angelegte Gewinnorientierung, aber es war ein Anfang.

Das kann nicht für die beiden anderen Nickelproduzenten in der Gegend gesagt werden, die beide in chinesischer Hand sind. Beide haben Tailings, Aufbereitungsrückstände, flussaufwärts entsorgt, worauf fünf Dörfer ihr Trinkwasser verloren und die Korallen von Weda Bay unter braunem Schlamm zu ersticken drohten. Während die französisch-japanische Weda Bay Nickel Milliarden in eine Nickelhütte investierte, die vor Ort Hunderte Jobs schaffte und es Indonesien erlaubte, mehr aus seinen Bodenschätzen zu erlösen, spuckten chinesische Frachter in der Bucht gerade lang genug ihre giftigen Abgase aus, um beladen zu werden und wieder abzufahren. Ihr Ziel war, so viel Nickelerz wie nur möglich aus Indonesien herauszubekommen, bevor das Verbot von Rohmetallexporten in Kraft trat. Die Einheimischen nennen die Chinesen »Greif-zu- und-Auf-und-Davons«.

Die Leute beklagten sich ständig über Tekindo, die größte der chinesischen Minengesellschaften. Sie sind Knauser, halten keine Versprechen und behandeln die örtliche Bevölkerung wie Dreck, und doch hatte niemand *ihre* Schnellboote angesteckt und gegen *sie* demonstriert. Ich fragte, warum nicht. »Was bringt das?«, fragte Tesis Mann Frilax. »Die chinesischen Unternehmen, das sind alles Arschlöcher.«

***

Als ich von der Mine zurück nach Lelilef kam, geriet ich in die Vorbereitungen für eine weitere Hochzeit. Tesis Bruder heiratete, und die Küche (mit Lehmboden und Wänden aus Palmmatten) im Haus ihrer Mutter wurde in eine quasi-industrielle Bäckerei verwandelt. Kleine Blechöfen hingen über Holzfeuern und Gasflammen und produzierten Schoko-Marmorbrot und grüne Rührkuchen mit Pandanenblatt-Geschmack. Im Hof rührte eine Frau mit einem hölzernen Ruder in einem riesigen über einem offenen Feuer hängenden Wok Klebreis, braunen Palmzucker und Kokosmilch zusammen. Anschließend füllte sie die Masse zum Auskühlen in geblümte Emailleschalen.

Bei der Hochzeit gab es jede Menge Kleidungs-Gengsi, Aufschneiderei. Tesis Mutter und ich waren die einzigen Frauen in einem traditionellen Sarong mit einer Kebaya, einer langen taillierten Bluse über einem Batiktuch, das sorgfältig zu einem knöchellangen Rock gefaltet und mit einem elastischen Gürtel am Platz gehalten wird. Alle anderen Frauen steckten in »modernen« Kleidern. Die Braut trug eine Tiara und ein westliches Hochzeitskleid aus weißem Satin mit einem silbernen Spitzenüberwurf. Es gab lange aprikosenfarbene Chiffonroben, gepunktete Kleider mit bauschigen Bolero-Jacken und viele Kunstlederhandtaschen. Eine runzlige Oma, die lange schon ihre Zähne verloren hatte, trug ein paillettenbesetztes Stretchoberteil über einem gut über dem Knie endenden Tüllrock und wirbelte am Rande des Cakele-Kriegstanzes mit, der von den wichtigeren Männern des Dorfes getanzt wurde, mit Palmwedeln statt Schwertern, bis ihr der Schweiß in Rinnsalen durch den Reismehlpuder auf dem Gesicht lief.

Später, nach der Hochzeit, saß ich auf dem Boden in Tesis Wohnzimmer und redete zum ersten Mal mit ihr. »Wie heißen Sie?«, fragte sie. Seit zwei Nächten schlief ich mit der Tochter dieser Frau auf einer Matratze, hatte Kleider an ihrem Brunnen gewaschen, mit ihrem Mann Fisch gegrillt, in der Küche ihrer Mutter geholfen und war bei der Hochzeit ihres Bruders gewesen, und sie kannte nicht mal meinen Namen. In gewisser Weise ließ das ihre Gastfreundschaft noch großzügiger erscheinen.

Tesi war Lehrerin an einer Mittelschule, schien dabei aber ein gemischtes Verhältnis zur Schulbildung zu haben. Ihr neunjähriger Sohn war seit einer Woche nicht in der Schule gewesen, einfach weil er nicht wollte. Morgens hatte sie versucht, ihm seine kastanienbraunen Schulshorts anzuziehen, woraufhin er einen Wutanfall bekam und davonlief. Sie gab gleich auf und sagte nur: »Jungs. Was soll man machen?« Es stand keinesfalls in Frage, ob sie ihre Lehrerinnenstelle im Staatsdienst aufgeben sollte, aber sie beklagte sich, dass die Arbeit langweilig und schlecht bezahlt sei. Fast alle indonesischen Lehrer klagen darüber – mit gutem Grund –, wie schlecht sie bezahlt werden. Die meisten verdienen noch Geld dazu, mit Waschen, oder sie haben einen Coffee-Shop. Ich fragte Tesi, ob sie schon mal daran gedacht habe, ein Geschäft aufzumachen. Was zum Beispiel?, fragte sie. Nun, sagte ich, in ein, zwei Jahren gibt es bei Weda Bay Nickel wenigstens sechstausendfünfhundert Arbeiter, und in der Stadt existieren nur zwei Lebensmittelstände, die beide abends geschlossen sind. Der Lehrerjob ist mittags zu Ende. Warum keinen Lebensmittelstand aufmachen?

Sie dachte eine Weile nach und schüttelte dann den Kopf. »*Nanti capek* – zu ermüdend.«

***

Tesis Urteil ließ mich an Mama Lina auf dem Vulkan in Adonara und ihre eher beiläufige Ernteerwartung mit ihrem Stechen-Säen-Zutreten-Ansatz bei der Maissaat denken. Die tief in ihren Dörfern verwurzelten Menschen Indonesiens haben immer knapp über dem Existenzminimum gelebt, und Millionen sind noch heute zufrieden damit.

Die mit mehr Ehrgeiz ziehen in die Stadt oder auf eine andere Insel, um ihr Glück zu machen. Diese Menschen, einschließlich der Pökelfisch-Frauen von Buton, der Nasi-Padang-Köche in West-Sumatra und aufstrebender Fachkräfte wie Freund Anton, der Ojek-Fahrer aus Flores, sind in ihren neuen Wohnorten als *pendatang* bekannt, was wörtlich »eine Person, die angekommen ist« bedeutet, wobei indonesische Freunde auch andere Übersetzungen geben, die von »Gast« bis zu »Eindringling« reichen. Es sind die Sparer und Planer, die hart arbeiten und überlegt in Ausbildung oder ein kleines Geschäft, eine Firma, investieren, in Dinge, durch die sich die Aussichten ihrer Familien und Kinder verbessern – mit anderen Worten, die Millionen Indonesier, die nach den Werten einer Mittelklasse leben.

Plötzlich katapultiert der Wohlstand, der in Indonesiens Erde ruht und aus ihr sprießt, Bewohner von Dörfern wie Lelilef in die Ränge einer Mittelklasse, wenigstens laut Weltbank, die eine Linie bei einem Tagesverdienst von zwei US-Dollar zieht und alle Darüberliegenden dieser »Mittelklasse« zuschlägt. Dorfbewohner in einigen sehr entlegenen Teilen Indonesiens haben infolge des Rohstoff- und Agrarerzeugnis-Booms der letzten Jahre mit Palmöl, Gummi, Kopra, Kakao, Muskat, Gewürznelken und anderen Feldfrüchten weit mehr als zwei Dollar pro Tag verdient. Andere haben ihr Land an die Bergbaugesellschaften verkauft. Aber der neue Wohlstand geht nicht immer mit der Sparen- und Investieren-Idee einher.

»Seht doch! Seht euch die an!«, schniefte meine Nachbarin in der Kuchenproduktion bei der Vorbereitung der Hochzeit von Tesis Bruder. Sie war eine kräftige Frau mit gerade noch zwei Zähnen, einer betelgeschwärzt, der andere aus Gold. Sie schob das Kinn in Richtung einer jüngeren Frau, die wie zufällig die Arme reckte, damit alle das neue Handy sahen, mit dem sie spielte. »Seht ihr das? Sie verkaufen all ihr Land an die Gesellschaft und kriegen einen Batzen Geld dafür. Damit bauen sie sich ein schickes Haus, okay. Aber dazu gibt's auch noch fünf Motorräder auf Raten. Eine Familie. Und nicht irgendwelche Motorräder, nein, tolle, die zwanzig Millionen kosten. Dann gibt's für jeden drei Handys, und in zwei Jahren haben sie nichts mehr zu essen und auch kein Land mehr, auf dem sie etwas anbauen könnten, aber immer noch Schulden. Was dann?«

***

Zur Zeit meiner Reise verhielt sich die indonesische Regierung ganz ähnlich wie die Bewohner von Lelilef, nahm reichlich Geld aus den Rohstoffverkäufen ein und gab es mit vollen Händen wieder aus, ließ es sich gut gehen, ohne etwas für das wirtschaftliche Wachstum zu tun. Was kam danach? Das schien eine Frage zu sein, wie sie die Nadelstreifen tragenden Analysten in den Banken Hongkongs, wie sie Think-Tank-Komitees und ausländische Journalisten stellen sollten. Im Moment jedoch waren sie vollauf damit beschäftigt, Indonesiens Wirtschaft mit Lob zu überhäufen.

Die Wirtschaftsexperten werden geradezu lyrisch, wenn es um Indonesiens »demografische Dividende« geht, die Ausbuchtung der Bevölkerungspyramide im jungen, arbeitsfähigen Alter, die auf einem Computerbildschirm in Hongkong oder Jakarta ganz wunderbar aussieht. Theoretisch sparen junge Haushalte, und die Banken verleihen das Ersparte an andere, die neue Geschäfte und Firmen gründen. Mehr junge Arbeiter, das sind mehr Leute, die Dinge produzieren, was zu größerem Wohlstand führt. Tatsächlich jedoch produziert ein Drittel der jungen Indonesier rein gar nichts, vier von fünf Erwachsenen besitzen kein Bankkonto, und die Banken verleihen Geld für den Konsum, nicht zur Gründung von Betrieben.*

Einer der Think-Tanks, das McKinsey Global Institute, war so begeistert von Indonesiens Aussichten, dass es die Mittelklasse und ihre Spar-und-Anlage-Werte völlig außen vor ließ und behauptete, das Land könne allein durch Konsum reich werden. »Etwa fünfzig Prozent aller Indonesier könnten 2030 zur konsumierenden Klasse gehören, verglichen mit den zwanzig Prozent heute«, verkündeten die Wirtschaftsberater in einem Bericht, der mit großem Getöse sofort in alle Zeitungen kam. Das würde fünfundachtzig Millionen neue Konsumenten bedeuten (Menschen mit einem Netto-Einkommen über dreihundert Dollar monatlich), zusätzlich zu den heute fünfundfünfzig Millionen.

McKinsey sprach für seinen Bericht mit »vielen Experten in Forschung, Regierung und Industrie«, neun indonesischen Kabinettsmitgliedern, einigen Botschaftern und weiteren fünfundsiebzig Wirtschaftlern und Industriekapitänen. Ich fragte mich, ob einer von denen je gesehen hatte, was die »demografische Dividende« in Dörfern wie Lelilef bedeutete.

* Die Zahlen von 2012 besagen, dass drei von zehn Indonesiern im Alter von fünfzehn bis vierundzwanzig weder in der Ausbildung sind noch arbeiten, nicht einmal informell. Über sechs Millionen Indonesier mit einem höheren Schulabschluss sind ohne Arbeit, viele Firmen halten sie für nicht einstellbar. Sie sagen, dass fast die Hälfte der »qualifizierten« Arbeiter, die sie einstellen, das kritische Denken, die Computer- oder Englischkenntnisse vermissen lassen, die sie bräuchten, um ihre Arbeit gut zu machen.

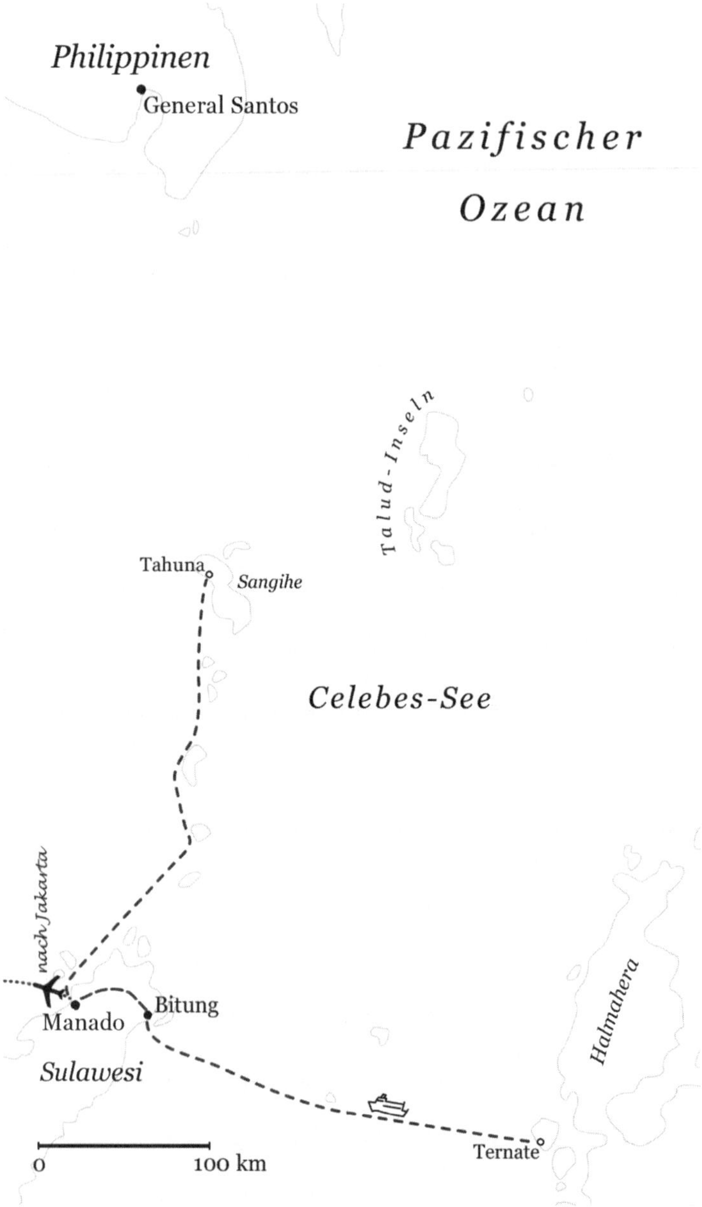

Philippinen
General Santos
Pazifischer
Ozean
Talud-Inseln
Tahuna
Sangihe
Celebes-See
nach Jakarta
Manado
Bitung
Sulawesi
Halmahera
Ternate
0
100 km

Kapitel 8

Gewinne auf Eis

Ich liebe Städte in Grenzgebieten. Sie haben immer etwas leicht Verschlagenes, als wäre nichts von Dauer und als machten alle irgendwelche Geschäfte. Tahuna ist so ein Ort. Er liegt auf der Insel Sangihe, einem der Brocken, die sich über dem nordwestlichen Arm Sulawesis in einem aufragenden Bogen aus dem Wasser recken. Tahuna ist von allen indonesischen Städten die den Philippinen am nächsten gelegene und mit Dingen von seinem ungestümen nördlichen Nachbarn durchsetzt: Motorradrikschas mit riesigen Gettoblastern und glitzernden Aufklebern mit vollbusigen Blondinen, Coca-Cola in riesigen Glasflaschen und poppigen Kuchen mit fluoreszierenden Füllungen. Im Übrigen gibt es in Tahuna weit weniger von der sonst auf kleinen Inseln so oft anzutreffenden Erstarrung.

Nach einer beengten Fährreise streckte ich die Glieder, machte mich im goldenen Abendlicht auf einen Spaziergang entlang des

Meeres und bewunderte die den Hafen sprenkelnden Fischerboote, jedes in seinen eigenen Farben gestrichen: Hellblau, leuchtendes Orange, Seegrün und (viel) Weiß. Die Boote, groß und klein, hatten V-förmige Rümpfe, waren lang und schmal und reckten sich vorn und hinten mit einem eleganten Schwung in die Höhe. Rechts und links trugen sie Bambusausleger, die an quer über das Boot liegenden, nach unten gewölbten Stangen befestigt waren. An Land sehen diese Boote wie langgliedrige Grashüpfer aus, auf dem Wasser sind es farbige Versionen der an Sommerabenden über die Oberfläche stiller Teiche hinweghuschenden Insekten. Ich dachte, dass es Spaß machen könnte, einen Tag lang mit einem von ihnen hinauszufahren.

Ich trat mit ein paar Kindern einen Ball hin und her, unterhielt mich mit einem Priester, der voller schlecht fokussierter Empörung und Alkohol war, und staunte träge über eine graue Wand Gewitterwolken, die aus dem Nichts entstanden war und den Himmel wie eine Rugbymannschaft füllte, die sich auf eine gediegene Rempelei vorbereitete.

Minuten später öffnete sich der Himmel mit der mitunter überraschenden Plötzlichkeit tropischer Wolkenbrüche. Ich rannte in einen Kiosk oben auf der Promenade, war aber bereits tropfnass. Gischt tanzte über die Erde, brauste durch die Öffnung in der aus Bambus gewebten Kioskwand und hüllte alles in salzige Nässe. Die Kioskbesitzerin, eine weitere Elizabeth, wie sich herausstellte, winkte mich in eine trockenere Ecke und stellte ein dampfendes Glas Tee (»hier, das wird Sie aufwärmen«) und einen Teller mit übriggebliebenen Weihnachtsplätzchen vor mich hin. Es waren kleine, klumpige Sicheln aus einem krümelnden Teig mit Nüssen, mit Orangenschale gesprenkelt und Puderzucker bestäubt, genau wie sie meine Großmutter bis zu ihrem Tod 2004 jedes Jahr gebacken hatte. Schwermut erfasste mich und rührte mich fast zu Tränen.

Ibu Elizabeth und ich unterhielten uns eine Weile über dies und das – ihren toten Ehemann, den Preis von Orangen und die

Gefahr, es beim Würzen der Weihnachtsplätzchen zu übertreiben. Sie dachte, dass sie und meine Großmutter, vor hundert Jahren fünfzehntausend Kilometer weit weg geboren, womöglich die gleichen Rezepte gehabt hatten, weil sie der gleichen Religion angehörten. Dann kam ihr Sohn herein. Jongky war etwa Anfang dreißig. Barbrüstig stand er vor der Öffnung in der Wand, die als Fenster diente, sein Umriss zeichnete sich vor dem Unwetter ab, sein stacheliges Igelhaar wurde vom Wind zerwühlt, und während er redete, wickelte er eine kräftige, durchsichtige Angelschnur um einen radkappengroßen, glatten hölzernen Ring. Der Haken am Ende war nicht viel größer als ein verbogener Ohrring.

Ich fragte, was die Leute hier fischten. »Thunfisch«, sagte Jongky in einem Tonfall, der so etwas wie »Was sonst?« ausdrückte. Was, mit dem Ding? Ich hatte gedacht, Thunfisch-Fischer wären entweder Möchtegern-Hemingways in Schnellbooten mit an Bord verankerten Ruten oder sie kämen mit riesigen Fabrikschiffen, die reihenweise Delfine mit aus dem Wasser zogen. Aber Jongky und seine Freunde fischten auf Zwei-Mann-Auslegerbooten, vor der gnadenlosen Sonne und dem heruntertrommelnden Regen durch nichts als eine kleine Plane geschützt. Im Bug des Bootes steht eine geschlossene Truhe, in die die Fischer mit etwas Glück ihren Fang laden, Gelbflossen-Thunfisch zumeist, oder auch Großaugen-Thunfisch. Wenn die Auslegerboote auch wie aus dem Modellbaukasten wirken, haben sie doch Platz für drei Fische, von denen jeder bis zu anderthalb mal schwerer sein kann als ich.

Jongky zeigte mir, wie das Fischen vonstatten ging. Breitbeinig stand er da, wie auf einem wackeligen Deck, steckte den linken Unterarm durch den Holzring, hielt ihn mit der Linken und wickelte die Schnur ein paar Mal um die rechte Hand. Der Trick, sagte er, besteht darin, den Fisch schnell hereinzuholen, damit er sich nicht verausgabt. Ein Kampf der Titanen ist schlecht für die Fleischqualität, zudem erschöpft er auch den Fischer. Bringst du den Fisch jedoch zu schnell heran, hat er eine größere Chance, die

Schnur zu zerreißen und zu entkommen. Er ruckte mit der rechten Hand und demonstrierte, wie er mit dem Thunfisch kämpfte, und ich sah, wie übel vernarbt die Hand war. Warum benutzte er keine Handschuhe? Manchmal schon, sagte er, aber es verringert das Feingefühl und man kann nicht genau sagen, ob der Zug zu groß wird und die Leine reißen könnte.

Jongkys Technik und seine Ausrüstung unterscheiden sich wahrscheinlich nicht wesentlich von denen der ersten Fischer hier, die, wie australische Wissenschaftler sagen, vor zweiundvierzigtausend Jahren südlich bei Timor Thunfische aus dem Wasser holten. Abgesehen von den kleinen Motoren hinten ist an den Booten kaum etwas, das es so vor Tausenden von Jahren noch nicht gegeben haben kann. Aber der Markt hat sich sehr verändert.

Jongky zerlegt seinen Thunfisch nicht, um seine Mutter Elizabeth, seine Teenager-Schwester und die Schar Kinder von den kleineren Inseln zu ernähren, die bei ihnen in Tahuna wohnen, weil sie hier in die weiterführende Schule gehen. Er hängt ihn auch nicht zum Trocken an eine Wäscheleine wie die Walfischer von Lamalera, damit er für die Monate eingelagert werden kann, in denen der Fang nicht so gut läuft. Jongky hofft, dass der Fisch, den er am Donnerstag aus dem Meer holt, am Wochenende in einer Sushi-Bar in Tokio serviert wird. Manchmal klappt das, manchmal nicht. Es ist eine Frage der Infrastruktur.

Tahunas Stromnetz, laut Elizabeth auch zu seinen besten Zeiten eher unsicher, brach durch das Unwetter zusammen, und als der Regen aufhörte, war es finster und die schlaglochübersäte Straße draußen vor dem Kiosk eine Aneinanderreihung von Matschfallen. Jongky bestand darauf, mich in mein Gästehaus zu bringen, und Elizabeth gab mir ein kleines Päckchen Weihnachtsplätzchen mit, »für den Fall, dass Sie in der Nacht Hunger bekommen.«

Während wir durch die feuchte Dunkelheit gingen, erzählte mir Jongky, er habe acht Jahre in einem Büro in Jakarta gearbeitet. Sein älterer Bruder sei immer noch da und arbeite für eine gut bekannte Inneneinrichtungs- und Lifestyle-Zeitschrift. Nach dem Tod ihres Vaters hatte Jongky den kürzeren Strohhalm gezogen und war zurück nach Sangihe gekommen, um sich um ihre Mutter Elizabeth zu kümmern. »In den Staatsdienst wollte ich nicht, und die Fischerei ist das Einzige andere, was es hier gibt«, sagte er.

Ich mochte diesen ruhigen, natürlich höflichen Mann, der sich nicht über die Karten beklagte, die ihm das Schicksal zugeteilt hatte, und den es zu freuen schien, dass ich mich für das interessierte, was er heute tat. Ich fragte ihn, ob ich am nächsten Tag mit ihm hinausfahren könne.

Ein langes Schweigen.

»So interessiert sind Sie daran?« Ja. Noch eine lange Pause. »Aber wir essen nur Reis.« Kein Problem. »Die Sonne ist sehr heiß.« Ich habe einen Hut. »Und es ist Regenzeit.« Einen Regenponcho habe ich auch. »Also gut, kommen Sie, wenn Sie wollen, aber nur Reis zu essen wird nach vier Tagen langweilig.«

Nach vier Tagen? Auf einem Auslegerboot mit einem kleinen Stück Plane als Schutz in der Saison blitzender Gewitter? Ich hatte mir eine nette Los-um-Mitternacht-bei-Sonnenuntergang-zurück-Expedition vorgestellt. Ich beschloss, dass die »Sag-einfach-ja«-Regel nicht notwendigerweise für Dinge galt, zu denen ich mich selbst eingeladen hatte.

Jongky sah, was ich dachte. »Sprechen wir morgen noch mal darüber«, sagte er und kam mit vollendetem Takt nie mehr darauf zurück.

Am nächsten Tag beobachtete ich, wie zwei Fischer ihr Boot beluden. Die Holzringe mit den Schnüren wurden über einen Pfahl hinten auf dem Boot geworfen, eine indonesische Flagge flatterte über ihnen. Es gab ein paar ziemlich große Kanister Benzin für den Motor, etwas Wasser für die Fischer, einen Sack mit Eisziegeln, um den Fisch zu kühlen, einen Beutel Reis, einen Eimer mit Ködern und eine große Holzkiste mit glatten, runden Steinen, die wie steinerne Grapefruits aussahen.

Die Steine werden an die Leine gebunden, wenn sie ins Wasser geworfen wird, damit der Köder schnell durch die Schichten hungriger, aber uninteressanter kleinerer Fische bis in Tiefen sinkt, wo sich die Thunfische aufhalten. Mit ein bisschen Rucken löst sich der Stein, und der Köder wird frei, um die Beute anzulocken. Ich fragte die beiden, wie lange sie voraussichtlich draußen auf See bleiben würden. »*Tergantung rezeki*«, antwortete einer. »Es kommt auf unser Glück an.« *Rezeki* ist ein Wort, das man in Fischerdörfern oft hört: Es kündet von einer Lebensgrundlage, die in den Händen der Götter liegt. »Solange das Eis hält«, sagte der andere.

Tatsächlich dauert eine Reise, bis

1) die Fischtruhe voll ist,

2) keine Steine mehr da sind,

3) das Eis schmilzt, bevor der Fang eingebracht ist,

4) Benzin oder Wasser aussehen, als reichten sie gerade noch bis zurück nach Hause.

Der Preis, den die Fischer für ihren Fang bekommen, schmilzt mit dem Eis dahin. Eisblöcke sind ein gewohnter Anblick in Indonesien, besonders früh am Morgen: Lastenfahrräder mit großer Ladefläche liefern riesige rechteckige Blöcke aus der örtlichen Eisfabrik an die Frauen und Männer, die ihre Waren auf dem Markt anbieten. Und doch benutzten hier in Tahuna selbst noch die größeren Auslegerboote mit achtköpfigen Mannschaften, die bis zu dreißig Thunfische laden konnten, Eisziegel in Plastikbeuteln, die von Leuten in ihren Tiefkühlern produziert wurden. Die Fischer nannten sie »Tausend-pro-Stück«, weil sie die kleinen Ziegel für je eintausend Rupiah kauften, was knapp zehn Euro entsprach. Es gab in Tahuna keine Eisfabrik.

***

Ich machte mich an die Erkundung der Insel und fragte zunächst im Tourismusamt nach einer Karte. Hinter einer Wand großer, verblichener Fotos von »Tourismus-Objekten« unter knusprig gelbem Zellophan, befand sich ein weitläufiges Großraumbüro. Acht Mitarbeiter in schicken Batikuniformen, jeder mit einem Namensschild wie auf Behältern in einer Tiefkühltruhe, saßen hinter acht ordentlichen Holztischen. Sie waren mehr als ordentlich: Auf keinem der Tische lag etwas: kein Blatt Papier, kein Bleistift, kein Taschenrechner. Nicht mal Telefone gab es, und das Lebendigste im Raum war der Fernseher, aus dem eine Sinetron-Folge plärrte.

Ich wünschte allen fröhlich einen guten Tag und fragte, ob sie vielleicht eine Karte hätten, die ich mir ansehen könnte. Sie wandten die Köpfe, von Panik erfasst. Eine Karte! EINE KARTE! Da ist eine Touristin, und sie will eine *KARTE*! Acht Arbeitsbienen schwirrten in acht Richtungen. Schränke wurden geöffnet, Schubladen durchsucht. Jemand fand eine Broschüre über Unterwasser-Vulkane, mit Klecksen, die mir zeigten, wo sie sich in Bezug auf den größeren Klecks Sangihe befanden, aber ohne Hinweis darauf, wie sie sich besuchen ließen. »In Manado gibt es einen Deutschen mit einem Boot, habe ich gehört«, äußerte einer der Mitarbeiter. Manado ist die Hauptstadt Nord-Sulawesis, die Fähre dorthin fährt eine Nacht durch.

Wir unterhielten uns allgemein über den Tourismus auf Sangihe (von den Einheimischen *»Sangur«* ausgesprochen). Kamen viele Touristen her? Hmmm. Schwer, das genau zu sagen. Viele kommen aus Manado, verstehen Sie. Aber ja, wahrscheinlich schon viele. Wenigstens zweihundert im Jahr. Und woher wussten die, was sich anzusehen lohnte? »Nun, wenn sie herkommen, geben wir ihnen eine Broschüre«, sagte eine der Frauen.

Von einem freundlichen Bugis-Händler auf dem Markt, der mir eine kleine Tüte gesalzener Bananenchips gab, um meinen Hunger zu stillen, mietete ich ein Motorrad und fuhr die Küste hinunter. Die Straße schmiegte sich um die klumpige Seite der Insel, wand sich um eine Reihe schön gerundeter Buchten und durch Dörfer mit ordentlichen Bungalows in Blumengärten. Bemalte Fensterläden öffneten sich und ließen passende Vorhänge sehen. Schulabschlussfotos und Kruzifixe schmückten die Wände.

Nach etwa dreißig Kilometern führte die Straße hinunter ans Wasser, und ein Triumphbogen verkündete die Einfahrt in den Fischerhafen von Dagoh. Ich fuhr an ein paar größeren, verlassen wirkenden Gebäuden vorbei. Eine Gedenkplakette informierte mich, dass sie aus den 1970er-Jahren stammten und von Präsident Suharto persönlich eingeweiht worden waren. Nirgends ein Lebenszeichen.

Dann entdeckte ich ein ansehnlich großes Boot, das sich gerade darauf vorbereitete, vom Anleger hinter den Gebäuden loszumachen. Es war ein Boot mit einer richtigen Kajüte, mit Kojen und einer Küche, hatte acht durchnummerierte Luken auf Deck, und unter jeder war ein Fischbehälter, der zwischen zehn und zwanzig Thunfische aufnehmen konnte. Der Bootsbesitzer war noch an Land und verabschiedete sich von seiner Frau und seinem jungen Sohn. Er fuhr nach Manado, das etwa zweihundertvierzig Kilometer entfernt lag. Seine Fracht umfasste hundert Thunfische, die er von den kleinen Händlern Tahunas gekauft hatte.

»Woher haben Sie das Eis?«, fragte ich. »Aus der Fabrik«, antwortete er und nickte zu einem der heruntergekommenen Gebäude hinter uns hinüber. Wie kommt es dann, dass sich die Fischer in Tahuna alle beschweren, dass es keine Eisfabrik gibt? Nur eine der drei Eismaschinen funktioniert noch, sagte der Bootsbesitzer, das reicht gerade für die größeren Händler. Das Netz gibt nicht genug Strom her, um auch die anderen zu betreiben, und für einen Generator fehlt das Geld. Er sagte, er und ein paar weitere Geschäftsleute würden die Investition gerne übernehmen, aber die örtliche Regierung lasse sie nicht. Die sagte, die Fabrik sei Staatseigentum und nicht privatisierbar.

Er entschuldigte sich, nickte seiner Frau zu, umarmte seinen Sohn und versammelte seine Mannschaft um sich. Gemeinsam beteten sie für eine sichere Überfahrt. Sie würde achtzehn Stunden dauern.

Als sie aus dem Hafen tuckerten, kam ein winziges Zwei-Mann-Auslegerboot in die Bucht gefahren. Es wurde viel gepfiffen und gerufen, die Motoren des großen Bootes wurden ausgestellt, Seile schwangen hin und her, und drei weitere Thunfische wurden verladen. »Der Fischer wird glücklich sein«, sagte einer der Mitarbeiter des Bootsbesitzers, der an Land geblieben war. »Er bekommt einen besseren Preis, wenn er den Mittelsmann ausschaltet.« »Ich dachte, der Bootsbesitzer ist der Mittelsmann«, sagte ich. »Ich meine den kleineren Mittelsmann«, lachte der Mitarbeiter. »Sie wissen doch, wie es in Indonesien zugeht. Die Mitte ist sehr voll.«

***

Ein paar Tage später rief Jongky an und sagte, einige seiner Kollegen, Filipinos, seien gerade hereingekommen und brächten ihren Fang zum Großhändler. Wollte ich mitkommen? Was für ein Schatz: Während er taktvoll die vier Tage auf See außen vor ließ, bot er mir einen »Einblick-*lite*« in die Thunfisch-Industrie an. Ich lief zu Elizabeths Kiosk, kletterte die Sandbank hinunter und watete zu dem Auslegerboot hinüber.

Einer der Fischer, ein Mann Ende vierzig, schenkte mir das breiteste Lächeln, sprach jedoch kaum Indonesisch. Der Jüngere war beredter, sein Indonesisch höflich, aber eigentümlich. »Ein guter Fang?«, fragte ich. »Okay«, sagte er, drei Tage seien sie draußen gewesen und hätten einen großen und zwei kleinere Thunfische gefangen. Wir tuckerten die Küste hinunter und machten beim Zentrum der Stadt im grellen Sonnenlicht unter der Ufermauer fest. Oben auf der Promenade stand eine provisorische

Wiegestation. Es gab einen metallenen Annahmetisch, einen Stapel Styropor-Kühlboxen, zwei große Säcke Eisziegel (genau das »Tausend-pro-Stück«-Eis, wie es auch die Fischer benutzten) und eine große Waage. Ein paar Hühner scharrten im Dreck, und ein Hund leckte an einem alten Blutfleck. Von einem Großhändler war nichts zu sehen. Wir warteten.

Der alte Fischer streckte sich aus, um auf der rechtwinklig über den Bootsrand hinausragenden Bambusplattform ein Schläfchen zu machen. »Schlafzimmer«, sagte der jüngere Mann. Wenn es nicht regnet und die Wellen nicht darüberschlagen. Er selbst hockte sich auf die andere Seite des Bootes und scheuerte an einer Sperrholzkiste, die auf zwei Leisten über dem Wasser schwebte. »Küche.« Sie war ganz verkohlt. »Gestern ein Feuer«, sagte er mit einem Lachen. Ich las mein Buch. Wir warteten.

Ein weiteres Boot kam herein, und ein einzelner Fischer begann Plastikbeutel mit geschmolzenem Eis aufzureißen und sie einen nach dem anderen ins Meer zu werfen. »Schmutzig«, sagte der Jüngere der Filipinos und beugte sich zu mir hin. »Leute hier bekommen Preis, vertrinken alles«, sagte er. »Macht Gott wütend.«

Als der Großhändler, eine Frau, drei Stunden später endlich auftauchte, hatte der jüngere Fischer dem älteren die Haare geschnitten, was nicht nötig gewesen wäre, einen großen Bottich mit Plastikgeschirr von den Tagen draußen auf See gespült, und uns allen war sehr heiß.

Die Filipinos öffneten die Fischtruhe, und ich erwartete einen Schwall kalter Luft, doch das Eis war längst geschmolzen. Drei Augen schimmerten aus der Blutsuppe zwischen den schlaffen Eisbeuteln, drei herrliche Fische wurden auf die Schultern der Helfer des Großhändlers gehievt, über die Ufermauer und die Stufen hinauf zum »Kontrolltisch« getragen.

Ein junger Bursche steckte einen langen Spieß in die Fische, direkt vor der Rückenflosse, und ließ feierlich drei dicke rosa

Fleischwürmer in die ausgestreckte Hand des Großhändlers fallen. Das war der Moment der Wahrheit, der über den Preis entschied. Die Frau stieß und drückte an den Würmern herum und verkündete: »Einer A, zwei C.« Die Fischer zeigten keinerlei Regung.

Zum Glück war der größte der drei Fische mit A eingestuft worden, gut genug, um nach Japan geschickt und dort zu Sashimi verarbeitet zu werden. Dafür wurden fünfundzwanzigtausend Rupiah pro Kilo bezahlt, etwa 2,30 Euro. Ein C-Fisch erlöst zwanzigtausend Rupiah, darunter liegt nur noch die gefürchtete »lokale« Qualität, das heißt, der Fisch wird auf dem örtlichen Markt für die Hälfte des Ausfuhrpreises verkauft.

Als ein Hund am größten Fisch zu schnüffeln begann, der immer noch auf der Waage lag, schrie die chinesischstämmige Großhändlerin ihre Leute an: »Los doch, legt ihn ins Eis, sonst ist er nur noch ein C, bevor er in Manado ankommt.« Die Jungs hoben ihn von der Waage, legten ihn in eine Styroporkiste und schütteten Tausend-pro-Stück-Eisziegel darüber. Der Fisch kam auf die Nachtfähre nach Manado und wurde von da nach Bali oder Jakarta geflogen, weil dort die Unternehmen mit den Ausfuhrlizenzen saßen. Das war die Folge eines Zoll- und Steuerwesens, das allein großen Firmen in der Nähe der Zentralregierung das Recht gibt, Dinge aus Indonesien zu exportieren. Der Fisch würde ein weiteres Mal den Besitzer wechseln und in einem Frachtflugzeug nach Tokio landen, jetzt richtig gekühlt. Fängt Jongky einen Fisch, liegt er mindestens drei, vier Tage zwischen schmelzenden Eisbeuteln und verliert an Wert, dazu kommen wenigstens noch einmal zwei Tage in einer Kühlanlage, bis er auf den Markt kommt.

Es sei denn, er entscheidet sich dafür, das Gesetz zu brechen und auf die Philippinen zu fahren.

Manchmal macht er genau das. Wie die meisten Fischer auf Sangihe. Später am Abend wanderte ich in nördlicher Richtung die Küste hinauf, vorbei an Dutzenden kleineren und größeren Auslegerbooten, die alle hoch auf dem Strand lagen. Ich traf einen Fischer, der gerade hereingekommen war und sein Boot an eine Palme band. »Guter Fang?«, fragte ich. Er strahlte: »Siebzehn Thunfische.« Ich fragte, ob ich einen Blick darauf werfen könne, aber er sagte, dazu sei es zu spät. »Ich hab sie drüben verkauft«, sagte er und deutete mit dem Kinn aufs offene Meer.

»Drüben«, das ist General Santos, »GenSan« für die Einheimischen, eine wichtige Hafenstadt auf den südlichen Philippinen. »Drüben« bekommen die Fischer dreimal mehr als auf Sangihe. Der Fischer zeigte mir seine philippinische Flagge, die er für seine ungesetzlichen Ausflüge dabeihatte. Dann stellte er für mich die Rechnung auf: Sieben Fische mit je etwa fünfvierzig Kilo. Der Ausflug kostete ihn eine Million Rupiah für Benzin und zusätzlich sechzehn, siebzehn Stunden auf offener See, hin und noch einmal zurück. Dafür verdiente er eintausendsechshundert Dollar mehr an seinem Fisch. »Ich wäre dumm, ihn nicht drüben zu verkaufen«, sagte der Fischer. »Aber es ist eine Schande für Indonesien. Das Land verliert so viel Geld, weil es seinen Fischern keine höheren Preise zahlt.«

Selbst noch vor dem Ärger mit den Ausfuhrgenehmigungen gibt es örtlichen Papierkram zu erledigen. »Auf den Philippinen holst du den Mann aus dem Bett, er kommt in seinen Shorts, schreibt drei Zeilen, und du hast, was du brauchst«, sagte ein Großhändler. »Hier wartest du bis Montagmorgen, wartest von acht an im Büro, bis der Kerl auftaucht, in seiner Uniform natürlich, so gegen elf, und die ganze Zeit über verliert der Fisch an Wert.« Noch wichtiger, sagte er, sei die Infrastruktur. Auf den Philippinen gibt es einen eigens dem Thunfischexport dienenden Hafen, gebaut mithilfe des japanischen Steuerzahlers. Private Firmen haben Anleger gebaut und ihre eigenen Kühlhäuser, und die Exporteure chartern Frachtflüge direkt von GenSan, sagte der Großhändler. »Sie legen an, der Fisch kommt gleich in die Kühlung, die

Leute erledigen die Formalitäten, und schon ist der Fisch unterwegs nach Tokio.«

***

Die indonesische Infrastruktur ist zweifellos in einem furchtbaren Zustand. Es ist das größte Land der Welt, das allein aus Inseln besteht, und doch stuft das Weltwirtschaftsforum Indonesien in Bezug auf seine Hafeninfrastruktur auf Platz 104 von 134 Ländern ein. Selbst landumschlossene Staaten wie Simbabwe, die Schweiz oder Botswana haben einen besseren Zugang zu Häfen. Bei den Straßen, dem Luftverkehr und der Stromversorgung sieht es ähnlich schlecht aus.*

Zum Teil liegt der Grund in der Dezentralisation, die einen Krieg der Egos entfacht hat. Einzelne Distrikte können sich keine großen Investitionen in Häfen oder Eisenbahnen leisten, dazu müssten sie sich zusammenschließen. Aber kein Bupati will Geld seines Distrikts für einen Hafen ausgeben, der Jobs und Ansehen in einem anderen Distrikt schafft, und die Provinzgouverneure, nun die haben nicht genug Geld, um die Bupatis erfolgreich zu beeinflussen.

Ihrem sorglos vagen Wirtschaftsplan entsprechend, träumt die Zentralregierung davon, dass die Hälfte des während der nächsten zehn Jahre für den Ausbau der Infrastruktur benötigten Geldes, rund 90 Milliarden Dollar, von privaten Investoren kommt, trotz des unsicheren gesetzlichen Rahmens, der unbere-

* Eine Studie aus dem Jahr 2011 mit fast 12 400 Unternehmen in 19 Provinzen zeigte, dass die Unternehmen in Ost-Indonesien im Durchschnitt viermal pro Woche mit Stromausfällen zu kämpfen haben, die Wasserversorgung bricht zweimal in der Woche zusammen. In West-Indonesien gibt es ebenfalls überall Ausfälle, aber nur halb so oft. Siehe dazu: Asia Foundation: *Local Economic Governance*. Asia Foundation, Jakarta 2011 (www.asiafoundation.org/publications/pdf/1027)

chenbaren Ausfuhrregelungen und der Preisdeckelungen, die den Politikern Stimmen bringen, es den Firmen aber nahezu unmöglich machen, profitabel zu wirtschaften. Während meiner Reise habe ich endlos in Intercity-Minibussen gesessen, nicht auf dem Weg von A nach B, sondern auf der Suche nach zusätzlichen Passagieren durch die Stadt kreisend und Benzin verbrennend, oft ein, zwei Stunden lang, bevor es endlich losging. Mit subventioniertem Benzin, das gerade mal viertausendfünfhundert Rupiah pro Liter kostete, mussten die Busfahrer sich keine allzu großen Sorgen machen, dass sie mehr durch den Auspuff schickten, als mit zusätzlichen Fahrscheinen einzunehmen war.*

Haushalte zahlen weniger für ihren Strom, als es kostet, ihn zu produzieren. An Orten, wo es den ganzen Tag Strom gibt, scheinen die Indonesier den Fernseher ohne Unterbrechung laufen und das Licht die ganze Nacht brennen zu lassen, wenn nicht im Schlafzimmer, dann doch sicher im Wohnzimmer und auf der Veranda. Die Angst vor Geistern wiegt weit schwerer als der Preis für die Elektrizität.

Der Strom wird jedoch nur für die privaten Verbraucher subventioniert, nicht für die Industrie, und so trägt das von der Regierung ausgegebene Geld wenig dazu bei, die Wirtschaft anzuregen. Durch seine Energiesubventionen lenkt die Regierung ein Fünftel ihrer Ausgaben in die Taschen der Mittelklasse mit Autos, Klimaanlagen und Mikrowellen. Jede Erwähnung einer möglichen Preiserhöhung bringt die Leute auf die Straße und erweckt die Geister von 1998 zum Leben, als eine Demo gegen erhöhte Benzinpreise zu den landesweiten Protesten eskalierte,

* Im Juni 2013 wurden die Benzinpreise auf 6500 Rupiah pro Liter angehoben, etwa 60 Euro, womit die Regierung 1,3 Milliarden Dollar pro Jahr einsparte. Laut Schätzungen der Weltbank gab das Land aber immer noch 18 Milliarden für Treibstoffsubventionen aus. Seitdem hat die Rupiah dramatisch an Wert verloren, was die Rechnung für das subventionierte Benzin weiter ansteigen lässt.

die Suharto stürzten. Welches Privatunternehmen will in solch einen Markt eintreten?

Private Unternehmer haben recht, wenn sie argwöhnisch sind. Wenigstens seit den Tagen der holländischen VOC-Händler haben die herrschenden politischen Mächte ihre Finger in allen Bereichen von Produktion und Handel im Archipel. Die Kolonialregierung ließ die Plantagen von Privatunternehmen führen, diktierte tatsächlich aber, was angebaut wurde und zu welchem Preis es zu verkaufen war. Sukarno versuchte den privaten Sektor über die Verfassung aus der Wirtschaft herauszuhalten,* und Suharto war bis in die Fingerspitzen paternalistisch. Dabei übergab er die Wirtschaft an eine Gruppe von Leuten, die eher versuchten, Vorschriften abzuschaffen als neue zu entwickeln. Kulturell jedoch haben Indonesiens Bürokraten immer noch das Gefühl, sie hätten das Recht, sich nach Belieben in den Markt einzumischen.

Anfang 2013 hofften die Nationalisten in der Regierung, sich bei den Bauern beliebt zu machen, indem sie den Import etlicher Obst- und Gemüsesorten, einschließlich Knoblauch, verboten.

Hätten die Leute, die die Liste zusammenstellten, mit Bauern geredet, oder mit Importeuren, hätten sie womöglich festgestellt, dass Indonesien nur dreizehntausend der vierhunderttausend Tonnen Knoblauch produzierte, die es jedes Jahr verbrauchte. Aber derartige Informationen holt niemand ein. So verdreifachte sich der Knoblauchpreis denn innerhalb von zwei Wochen nach dem Verbot. Das Ergebnis: eine Handvoll glückliche Bauern und Millionen und Abermillionen wütende Hausfrauen.

***

* Diese Bestimmung wird immer noch ziemlich ernst genommen. 2004 zum Beispiel lehnte das Verfassungsgericht ein Gesetz ab, das die Privatisierung der Stromversorgung des Landes erlaubt hätte. Die Begründung war, der Staat müsse die Kontrolle über den Energiebereich behalten und ihn zum Besten aller Indonesier steuern.

Einige Geschäftsleute schelten ihre Kollegen, weil sie zu sehr über bürokratische Vorgaben und Vorschriften jammern. Nehmen wir Ade zum Beispiel, einen chinesischstämmigen Indonesier, in Lombok geboren, den ich in Waikabubak in West-Sumba kennengelernt habe. Er ist Schmied, und die Polizei setzte mich und Jerome mit dem immer noch abgeschlossenen Motorrad vor seiner Werkstatt ab, nachdem sie uns vom Turnierplatz mitgenommen hatte. Ade hatte schon in allen möglichen Teilen Indonesiens gelebt, in Surabaya, auf Bali, selbst in Biak im fernen Papua, hatte Vanillehandel mit Madagaskar betrieben und Gewürznelken in die ganze Welt verkauft. »Indonesien ist wirklich ein Land, in dem man leicht Geschäfte machen kann«, sagte er. »Wenn Sie eine gute Idee haben, können Sie einfach anfangen und sie verwirklichen.«

Was war mit all denF Vorschriften, all den Genehmigungen und Gebühren? »Die kommen später«, sagte Ade. Wenn er gleich zu Anfang schon nach einer Genehmigung gefragt wird, erklärt er schlicht, er probiert das Geschäft gerade erst aus und kann noch nicht sagen, ob er Erfolg damit hat. Wenn es funktioniert, so sagt er den Behörden, holt er sich alle Genehmigungen, die er braucht. »Dagegen hat keiner was.«

Eine Freundin von mir mit einem Tauchclub stimmte dem zu. Ich traf sie zufällig Anfang 2012 auf einem Flughafen, als sie unterwegs war, um Baugenehmigungen für ihren Club zu beantragen. Wollten sie sich vergrößern? Nein, bei den Genehmigungen ging es um die bereits existierenden Bungalows, die sie vor sechs Jahren gebaut hatten.

Ade war der einzige Schmied in ganz West-Sumba. Meist komme die Polizei zu ihm, wenn es einen Raub gegeben habe, sagte er, und wolle wissen, ob jemand in letzter Zeit Schlüssel habe nachmachen lassen. Ade importiert auch Gewürznelken, wenn es auf dem Markt nicht genug gibt. Darüber hinaus repariert er Kühlschränke und Radios und ist der Einzige in West-Sumba mit einer Lizenz zum Waffen- und Munitionsverkauf. Oben an der Wand seines Gemischtwarenladens hing ein Gewehr, zwischen Fischernetzen, Fanta-Dosen und Haufen von Wegwerfwindeln.

»Alles, was Sie tun müssen, um in Indonesien Geld zu verdienen, ist, etwas zu finden, was sonst keiner tut«, sagte Ade. Ich musste daran denken, wie oft ich in kleineren indonesischen Orten mehrere ähnliche Läden gesehen hatte. Schon ganz zu Anfang meiner Reise hatte mich das überrascht. In Waikabubak zum Beispiel druckte jeder dritte Laden Fotos aus. Selbst der kleine Schneider gegenüber vom Markt hatte einen Fotodrucker. Was mich faul werden ließ. Nachdem ich ein paar Leuten versprochen hatte, einige Fotos ausdrucken zu lassen und ihnen zu schicken, bevor ich Waikabubak verließ, dachte ich am Ende, dass ich das auch in der nächsten Stadt tun könnte. Aber da gab es nur Apotheken und nicht einen einzigen Fotodrucker. Hier gibt es eine Parfümerie neben der anderen, dort lauter Friseure. Als ich sagte, dass mir sein Ansatz im kleinstädtischen Indonesien sehr ungewöhnlich erscheine, stimmte Ade mir zu. »Die Leute sehen, dass etwas funktioniert, und machen es nach«, sagte er. »Die Vorstellung einer möglichen Marktsättigung ist kaum in den Köpfen vorhanden.«

***

Elizabeth, Bäckerin von Weihnachtsplätzchen und Mutter Jongkys, des Thunfisch-Fischers, wollte nach Jakarta, um ihren Enkel zu besuchen. Aber wie vielen Indonesiern machte ihr der Gedanke, allein zu reisen, größte Angst. »Wir fliegen zusammen«, erklärte sie eines Abends, als wir Tee trinkend in ihrem Kiosk saßen.

Ich hatte nicht wirklich daran gedacht, nach Jakarta zu fliegen, aber Elizabeth ließ sich nicht davon abbringen. »Sie sind von dort, und ich will hin. Wir tragen den gleichen Namen, Ihre Großmutter backt die gleichen Plätzchen, und jetzt fliegen wir zusammen nach Jakarta.« Das Nächste, was ich hörte, war, dass Jongky damit beschäftigt war, Fähren und Flüge zu buchen.

Wir nahmen die Nachtfähre von Sangihe nach Manado, der nächsten Stadt mit einem Flughafen. Die *Holly Mary* (sic!) besaß ein Oberdeck mit bequem aussehenden Kabinen und ein Unterdeck mit eng gestellten Etagenbetten. Im Heck standen Stapel Kühlkisten aus Styropor, aus denen Thunfischblut troff und die den Durchgang zu den Gemeinschaftstoiletten blockierten.

Elizabeth und ich lagen Seite an Seite in unseren Kojen und unterhielten uns. Sie sagte, wie sehr sie sich darauf freue, ihren Enkel zu sehen. »Eigentlich ist er ja mein Sohn.«

Kaum etwas an Indonesiens fließenden und komplexen Familienverhältnissen überrascht mich noch. Ich war auf der Beerdigung der Mutter einer Freundin, nur um Wochen später ihrer sehr lebendigen »Mutter« vorgestellt zu werden. Als ich die Brauen hob, sagte meine Freundin schnell: »Meine andere Mutter.« Die Leute scheinen sich fast willkürlich zwischen verschiedenen »Familien« hin und her zu bewegen. Dennoch war ich leicht schockiert zu erfahren, dass Elizabeths Enkel zugleich auch ihr Sohn war.

»Nein, ich meine, er ist es nicht wirklich«, sagte sie eilig, als sie mein Gesicht sah, »aber es fühlt sich so an.« Elizabeth war schon zur Geburt in Jakarta gewesen. »Aber seine Eltern arbeiten, das Kind tat mir leid, und so habe ich es mitgenommen.« Da war der Kleine fünf Wochen alt. Bis zu seinem achten Lebensjahr blieb er bei Elizabeth auf Sangihe.

Im Flughafen von Manado drehte ich mich um, weil ich Elizabeth etwas sagen wollte, aber sie war nicht mehr da. Endlich sah ich sie verloren unten vor der Rolltreppe stehen. Sie konnte sich nicht dazu durchringen, sie zu betreten. Es war nicht so, als wäre Elizabeth nie aus ihrem Dorf herausgekommen. Sie war in Flugzeuge gestiegen und hatte ihre Söhne in Jakarta besucht. Rein logisch ergab ihr Unwohlsein mit fast allem in Manados hellem, modernem Flughafen keinerlei Sinn, und doch sympathisierte ich mit ihr. Ich hatte selbst unzählige helle, moderne Flughäfen gesehen, doch nach fünf Monaten auf der Kriechspur des ländlichen Kleinstadt-Indonesien hatte ich das Gefühl, in der Zeit zurückgeschritten zu sein. Die Rückkehr nach Jakarta war ein Schock.

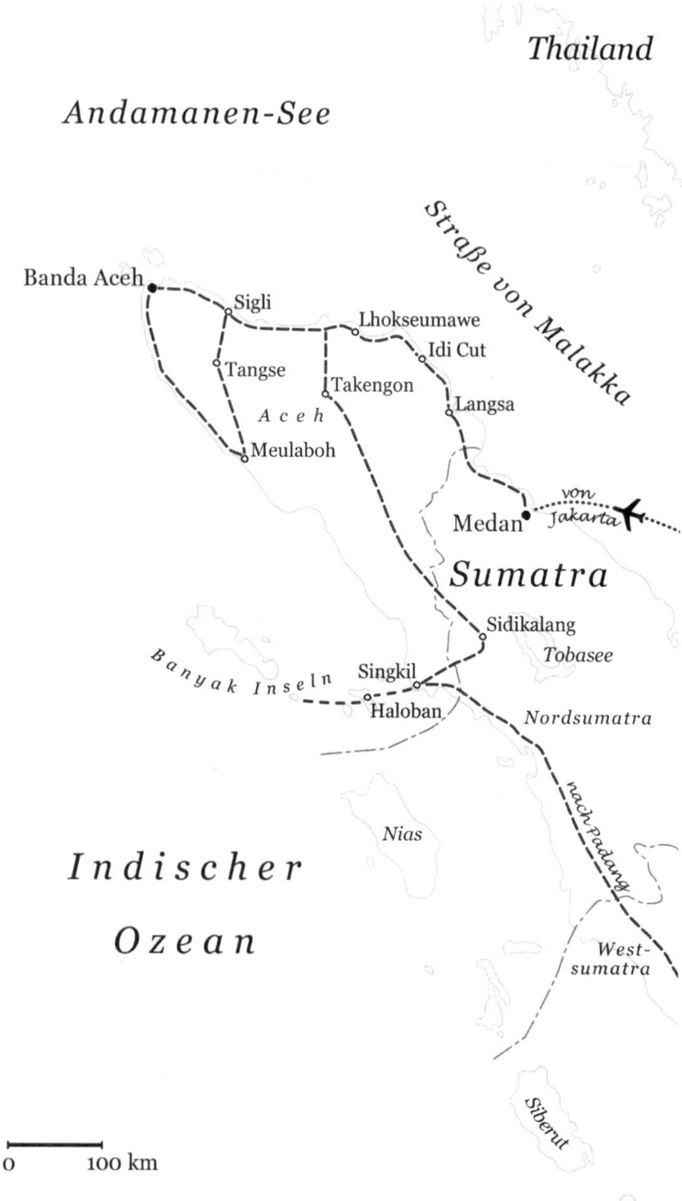
Thailand
Andamanen-See
Straße von Malakka
Banda Aceh
Sigli
Lhokseumawe
Idi Cut
Tangse
Takengon
Langsa
Aceh
Meulaboh
von Jakarta
Medan
Sumatra
Sidikalang
Tobasee
Banyak Inseln
Singkil
Haloban
Nordsumatra
nach Padang
Nias
Indischer Ozean
West-sumatra
Siberut
0
100 km

Kapitel 9

Historische Fiktionen

An meinem ersten Tag zurück in Jakarta ging ich zur Eröffnung einer Ausstellung von Renjani Arifin, einer befreundeten Künstlerin, die ihre neuesten Skulpturen zeigte. Die Galerie befand sich in einer kühlen Marmor-Einkaufspassage, an einem Ort, an dem ich früher so viel für eine Garnitur Unterwäsche ausgegeben hatte wie zuletzt für einen Monat Reisen. In der Galerie spielten Siebenjährige mit nagelneuen iPads, und die Kulturschickeria Jakartas wandelte mit einem Weinglas in der Hand umher, hauchte sich Küsschen neben die Wangen, blieb gurrend vor mehrdeutigen steinernen Statuen nackter Mädchenfrauen mit Teddybären stehen, die wehmütig in ein fernes Universum blickten. Eine gut kuratierte Frau beklagte sich, dass sie fast eine Stunde von Pondok Indah, einem gerade mal ein, zwei Kilometer entfernten Neubauviertel von »Mc« Villen, hierher gebraucht habe. Und wo kommen Sie her?

»Aus Sangihe«, sagte ich. Die Frau verstand nicht. Wie viele Indonesier ihrer Klasse war sie in Paris, New York, Melbourne und Bangkok gewesen, was jedoch Indonesien selbst betraf, war sie nie über Java und Bali hinausgekommen und hatte nie von den Sangihe-Inseln gehört. Ich begann ihr das Leben eines Fischers in einem Zwei-Mann-Auslegerboot zu beschreiben und sah, wie ihre Augen ganz trüb wurden. Schweren Herzens begriff ich, dass ich zu einem jener etwas ernsten Ausländer geworden war, die ihre Liebe für das Ursprüngliche entdeckt hatten. Ich verstummte.

Luwi, der Bruder der Künstlerin, holte mich aus der Menge und brachte mich eine Etage höher zum Muffin-Stand einer anderen Freundin, Nungky. Die drei Muffins, die er dort kaufte, kosteten ihn fünfundvierzigtausend Rupiah. Überall sonst im eher ländlichen Indonesien gab es so kleine Kuchen für tausend Rupiah, allerdings waren die nicht mit rosa und lila Wirbeln aus Butterglasur bedeckt. Oder kleinen silbernen Zuckersternchen. Wäre Luwi in den USA gewesen und hätte die gleiche Summe in Relation zum Durchschnittslohn des Landes gezahlt, hätte er gerade rund vierhundert Dollar ausgegeben.

Nungky, eine Architektin, die den Stand nur nebenher betrieb, kam herbei. Sie hatte eine fantastische neue Frisur, halb weiß, halb schwarz, auf der einen Seite des Kopfes rasiert, auf der anderen radikal nach unten gekämmt. Bei ihr war Dotti, die Dokumentationen produzierte und stahlblaue Lycra-Leggings trug. Über den Leggings bauschte sich ein Batik-Top, vielleicht ein wenig zu lang, um eine Bluse genannt zu werden, aber ganz sicher nicht lang genug für ein Kleid. Einen Arm winkelte sie nach außen, um genug Platz für ihr Wattebausch-Täschchen zu haben. Leichte weiße Lederblätter standen in allen Richtungen von einer Kugel in der Mitte ab.

Ich versuchte mir vorzustellen, was die Pökelfisch-Frauen auf Adonara von Nungky und Dotti halten würden, aber natürlich würden sie die Lycra-Leggings nie zu Gesicht bekommen. Sollte Dotti eine Dokumentation über butonesische Fischerdörfer in

Ost-Indonesien drehen, würde sie sich zweifellos in einen NGO/Forscher/Anthropologen-Doppelgänger mit Kakis und schwarzem Rucksack verwandeln.

Wenn ich mich fehl am Platz fühlte in Jakarta, lag das daran, dass ich nicht schnell genug in den Hübsche-Unterwäsche-und-Küsschen-Modus zurückgeschaltet hatte. Es hätte einer enormen geistigen Anstrengung bedurft, mich für das sechsunddreißig Stunden währende Intermezzo zwischen der Nacht auf der Fähre nach Sulawesi und der vierzehnstündigen Busfahrt ins nördliche Sumatra in ein anderes »Ich« zu verwandeln.

***

Nach meinem Zwischenaufenthalt in Jakarta machte ich mich auf nach Aceh ganz im Norden Sumatras, der riesigen Insel an Indonesiens Westflanke. In der Provinz Aceh war Wahlsaison: Der Job des Gouverneurs war zu vergeben, und auch der Großteil der Bupatis und Bürgermeister wurde neu gewählt. Ein Bekannter von mir, ein Menschenrechtsanwalt, der in den USA studiert hatte, kandidierte für das Amt des Bürgermeisters von Lhokseumawe, auf halber Höhe die Ostküste hinauf. Nazaruddin Ibraham, so sein Name, hatte mich eingeladen, ihn bei seiner Kampagne zu beobachten.

Ich kaufte ein paar Seidentücher, um meinen Kopf damit zu bedecken. Im streng religiösen Aceh waren Dschilbabs für muslimische Frauen zwingend vorgeschrieben, und wenn Nicht-Musliminnen sie theoretisch auch nicht tragen mussten, schien es doch nur höflich, sich einzufügen. Ich flog also nach Medan, die größte Stadt Sumatras, und nahm den Bus durch die ordentlichen, gut etablierten Städte der Nordostküste. Im Osten Indonesiens hatte ich mich daran gewöhnt, Transparente zu sehen, die einem Distrikt zum vierten oder fünften Geburtstag gratulierten, vielleicht auch schon zum zehnten. Nord-Sumatra war Plantagenland, und die Holländer hatten die Region vor Jahrhunderten mit ihrer Präsenz geprägt. Während ich an den Villen aus der Kolonialzeit und den gut erhaltenen chinesischen Ladenhäusern von Langkat vorbeifuhr, fiel mir auf, dass dieser Distrikt seinen 262. Geburtstag feierte. An der Grenze zu Aceh änderten sich die Reklametafeln: Die Werbung für Düngemittel und Pestizide wurde durch ein wahres Plakatdickicht mit hoffnungsvollen Paarungen für die Wahlen zum Bupati und Vize-Bupati ersetzt. Meist waren es Herren mit den aufwendigen goldenen Teewärmer-Hüten der acehnesischen Aristokratie, dem bevorzugten Kopfputz der örtlichen Kandidaten. Ein Aspirant, dem es offenbar nicht gelungen war, einen Vize-Kandidaten zu finden, hatte an der Stelle, wo das Foto seines Partners hätte sein sollen, einen weißen Umriss freigelassen. Es gab eine ziemliche Menge Orange, was die Parteifarbe des amtierenden Gouverneurs von Aceh, Irwandi Yusuf, war, der sich zur Wiederwahl stellte. Die dominierenden Farben waren jedoch das Rot und Schwarz der Partai Aceh, Indonesiens erster legaler Regionalpartei. Die Partai Aceh war der politische Arm der Bewegung Freies Aceh oder *Gerakan Aceh Merdeka*, kurz GAM. Das war schwer nachzuvollziehen. Das letzte Mal, als ich die Region besucht hatte, 1991, saßen die Führer der GAM im Exil in Schweden und wollten den indonesischen Staat bis in den Tod bekämpfen. Und jetzt wollten dieselben Männer zu Vertretern dieses Staates gewählt werden.

Die Bewegung Freies Aceh war (unter verschiedenen Namen) von einem acehnesischen Geschäftsmann namens Hasan di Tiro ins Leben gerufen worden, der sich lange in den USA aufhielt. 1976 kehrte er nach Indonesien zurück, erklärte sich zum Oberhaupt eines unabhängigen Aceh und ernannte ein vollständiges Kabinett mit Freunden und Verwandten. In seinen Erinnerungen beschreibt er, wie er gut zwei Jahre Nietzsche lesend, klassische Musik hörend und patriotische Stücke schreibend im Dschungel von Aceh verbrachte, bis die Armee Suhartos ihn ausräucherte. 1979 flüchtete er ins Exil nach Schweden, und die Rebellion kam zum Erliegen. Zehn Jahre später wurde sie neu angekurbelt, nachdem es Hasan di Tiro gelungen war, für eine Gruppe junger Rebellen in Wartestellung ein Guerilla-Training in Libyen zu organisieren. Damals war es jedoch nicht wirklich klar, ob die Separatisten hinter der neuerlichen Welle der Gewalt steckten.

An meinem Schreibtisch im Newsroom von Reuters in Jakarta erfuhr ich von den Unruhen zuerst durch Berichte der nationalen Nachrichtenagentur Antara. Von kleineren Überfällen auf die Polizei und Armeeposten im ländlichen Aceh war da die Rede. Ich lauerte daraufhin dem Militärsprecher General Nurhadi vor seinem Büro auf und fragte ihn nach den Attacken. Waren die Angreifer separatistische Rebellen, die darauf aus waren, die Provinz vom Staat abzuspalten? »Rebellen? Unsinn! Das sind gewöhnliche Kriminelle!«, erklärte er. Obwohl die Art, wie er sich auf sie bezog, als *Gerakan Pengacau Keamanan*, eine die »Sicherheit störende Bewegung«, kurz GPK, darauf hindeutete, dass sie organisierter waren als die meisten gewöhnlichen Kriminellen.* Nur ein paar Wochen später hatte er Schwierigkeiten zu erklären, warum die Regierung einige dieser gewöhnlichen Kriminellen, die sie zu fassen bekommen hatte, wegen Subversion und Separatismus anklagte. Oder warum unsere Aufpasser im Informationsministerium keine Journalisten nach Aceh hineinließen.

Im Juli 1990 schlenderte ich bei einer Cocktailparty zu Verteidigungsminister Benny Moerdani (ich war damals fünfundzwanzig und wusste es nicht besser) und fragte ihn, ob ich deswegen nicht nach Aceh hineindürfe, weil das Militär in der Provinz Zivilisten töte. Wenn ich daran zurückdenke, wird mir heute noch

* Selbst das wurde mit der Zeit umgeschrieben. Neuere Berichte über Aceh erläutern GPK als *Gerombolan Pengacau Keamanan,* eine die »Sicherheit störende Bande«. Es ist ganz so, als gefiele es den »Freiheitskämpfern«, den Beinamen der Armee für sie verächtlicher klingen zu lassen, als er ursprünglich gemeint war.

mulmig. Moerdani war der Mann, der die außergerichtlichen Tötungen geleitet hatte, die Suharto in seiner Autobiografie zugibt. Mit dem war sicher nicht gut Kirschen essen. Aber der General lächelte mich nur an: »Ganz und gar nicht, meine Liebe, Sie können hinfahren, wann immer Sie wollen. Wir haben nichts zu verbergen.« Zusammen mit der BBC-Korrespondentin Claire Bolderson besuchte ich Aceh in den nachfolgenden zwei Jahren mehrmals und versuchte, hinter die verfahrene Situation zu kommen.

Zu der Zeit war es tatsächlich unmöglich, sicher zu sagen, wer hinter den Angriffen steckte. Nur einmal bekamen wir einen an indonesische Zeitungsjournalisten adressierten Brief zu Gesicht, in dem die Verantwortung für die Welle der Angriffe übernommen wurde. Ganz in Kleinbuchstaben verfasst, war der Brief ein exzentrisch buchstabierter Mischmasch anti-javanischer Schmähungen, kindischer Drohungen, verletzten Stolzes und separatistischer Rhetorik. Auf einer einzigen Seite variierte der Name der hinter dem Ganzen stehenden Organisation mehrfach, von *»national liberation front aceh sumatra«* (so auf Englisch) zu *»neugara islam atjeh sumatra«*, *»atjeh meurdekha sumatra«* und *»atjeh merdeka«*.

In den Coffee-Shops Acehs, den Orten endlosen politischen Verschwörertums über die Jahrhunderte, wurde keiner dieser Namen je genannt. Die Leute nannten die Aufrührer die GPK, genau wie es die Regierung tat, und sie hatten viele Theorien dazu, wer sie waren. Die meisten von ihnen enthielten eine Kombination aus Folgendem: dass da verärgerte ehemalige Soldaten am Werk waren, die man bei einer kurzen Kampagne gegen Korruption im Militär entlassen hatte, Strolche, die einen größeren Anteil am Marihuana-Handel wollten (*saus ganja* war einmal eine gängige Zutat der regionalen Küche gewesen, und Aceh blieb das Anbauzentrum), oder heißblütige Separatisten, die von ihrem Training in Libyen zurück waren. Es schien mir damals höchst unwahrscheinlich, dass eine Organisation, die keine Großbuchstaben auf ihrer Tastatur hatte und nicht einmal den eigenen Namen buchstabieren konnte, eine Verbindung zu internationalen Terrornetzwerken haben sollte. Erst Jahre später fand ich heraus, dass einige der Kämpfer tatsächlich in Trainingslagern im Nahen Osten ausgebildet worden waren, wobei sich auch die anderen Theorien als wahr erwiesen.

Was ich damals schon sah, war das Ausmaß der Brutalität auf beiden Seiten. Kolonnen von Armeefahrzeugen rasten mit blinkenden Lichtern und heulenden Sirenen den Trans Sumatra Highway an Acehs Ostküste hinunter. Hinten auf den Ladeflächen sah ich Soldaten mit schwarzen Sturmmützen, die ihre halbautomatischen Gewehre über einer kleinen Gruppe verschmutzter Gefangener schwenkten. Ein Hubschrauber wummerte am Himmel. Alle paar Kilometer gab es einen Kontrollpunkt mit aufbrausenden achtzehn-, neuzehnjährigen javanischen Soldaten. »Wonach suchen die?«, fragte ich einen Busfahrer, der selbst ein ehemaliger Soldat war. Er lachte. »Ärger. Sie suchen Ärger.« Die Soldaten an den Kontrollpunkten schlugen ohne Grund Unschuldige zusammen. Leute, deren Ausweise abgelaufen waren, wurden gezwungen, das laminierte Plastik zu schlucken. »Sie füllen das Rachekonto.«

Schulkinder erzählten uns, dass sie morgens nicht mehr die Abkürzungen quer durch die Plantagen nehmen durften, weil sie da oft von den Soldaten abgeladene Tote fanden. Die »Rebellen« waren nicht weniger bösartig. Eine NGO-Mitarbeiterin in einem entlegenen Bergdorf erzählte uns, sie habe erst kürzlich die von Rebellen zurückgelassene Leiche eines Soldaten am Straßenrand liegen sehen, nackt, damit die »Fliegen sich daran gütlich tun konnten«, mit dem abgeschnittenen Penis im Mund. »Die GPK kommt an die Tür und fragt nach Reis«, sagte sie. »Wer ihnen nichts gibt, wird erschossen. Gibt ihnen jemand etwas, kommt die Armee am nächsten Tag und erschießt ihn. Wenn er Glück hat, lassen sie seine Leiche im Dorf liegen, sodass seine Familie ihn begraben kann. Wenn nicht, werfen sie ihn irgendwo weit weg in einen Graben, wo sich niemand traut, ihn anzurühren, bis auf die Fliegen und die Hunde.« Den Getöteten eine angemessene islamische Bestattung zu verweigern gehörte zum Übelsten, was sich beide Seiten antaten.

Der Konflikt wurde durch eine Neuerfindung der komplizierten Vergangenheit Acehs durch den Rebellenführer Hasan di Tiro befeuert. Aus seinem schwedischen Exil verkündete er eine vereinfachte Geschichtsversion, die nur Krieg bedeuten konnte.

Aceh war immer schon reich gewesen. Jahrhundertelang verkaufte es Pfeffer, Kampfer, Gold, Seide und andere Güter an arabische Händler. Der 1290 an der Küste Sumatras entlangfahrende Marco Polo beschreibt das Königreich Ferlech (das, wie man annimmt, nahe beim heutigen Lhokseumawe an der Ostküste gelegen haben muss) als einen Ort »sarazenischer Händler, die mit ihren Schiffen herkommen und die Menschen dazu gebracht haben, den Gesetzen Mohammeds zu folgen«.* Das ist der erste schriftliche Hinweis auf einen islamischen Staat in Südostasien, wobei der italienische Entdecker bemerkt, dass sich die Konvertierten nicht über die Stadt hinaus ausgebreitet hätten (in den Hügeln rundum lebten Kannibalen, die das Erste anbeteten, was sie am Morgen nach dem Aufwachen sahen). Die »Sarazenen« und deren Nachfolger haben ihre Spuren in der Bevölkerung hinterlassen: Viele Achinesen sind groß und gut gebaut, haben eine glatte, karamellfarbene Haut, kühne Züge und feurige Augen. Sie nennen ihr Heimatland die »Veranda Mekkas«.

Die Reichtümer Acehs zogen auch die Aufmerksamkeit der europäischen Händler auf sich, die in diese Breiten kamen. Aber sie beschlossen, nicht um das Territorium zu kämpfen. Der Britisch-Niederländische Vertrag von 1824 erkannte das Sultanat von Aceh

* Marco Polo: *The Travels of Marco Polo*. Dent, Everyman's Library, London 1908, Buch III, Kap. XI

als souveränen, freien Handelsstaat an. Als die Europäer ihre Meinung änderten und Niederländisch-Ostindien die Herrschaft übernehmen wollte, wehrten die Achinesen sie ab. Während der letzten drei Jahrzehnte des 19. Jahrhunderts töteten sie fünfzehntausend holländische Soldaten und versehrten weitere zehntausend in einem Krieg, der als Kampf zwischen Muslimen und *Kāfir*, Ungläubigen, gesehen wurde. 1903 schließlich gewannen die Kolonisten die Oberhand, und die Holländer regierten Aceh, bis die Japaner neununddreißig Jahre später einmarschierten. Diese Details wurden in der Geschichtsversion des Rebellenführers Hasan di Tiro ausgelassen. Er behauptete, Aceh sei immer ein ungeschlagener souveräner Staat gewesen, den deshalb die Holländer nicht durch die Übertragung der Souveränität zu einem Teil Indonesiens hätten machen können. Und er übersah noch ein paar weitere unangenehme Tatsachen: dass Aceh die republikanische Regierung in die Provinz geholt hatte, als Indonesien gegen die Holländer kämpfte, und dass wohlhabende acehnesische Händler ihr Gold zusammenwarfen, um der jungen Nation ihre ersten Flugzeuge zu kaufen und die holländische Blockade zu durchbrechen. So wie Hasan di Tiros GAM-Rebellen es sahen, erwuchs Acehs Zukunft unvermeidlich aus seiner glorreichen, unabhängigen, unbesiegten Vergangenheit, und sie wollten dafür kämpfen, dass es so blieb. Wie der exilierte Rebell in seinen Erinnerungen, *The Price of Freedom*, schreibt: »Entweder leben wir frei, oder wir sterben frei.«*

Als ich Anfang der 1990er durch die Provinz reiste, verzeichnete ich auf beiden Seiten viele Tote. Meine Berichte über die undurchsichtige Rebellion in Aceh und die brutale Antwort der indonesischen Armee führte zu wütenden Reaktionen sowohl von di Tiro als auch von den Indonesiern. Nach einer Reihe Reportagen aus Aceh wurde ich von Militärsprecher General Nurhady ein-

* Hasan di Tiro: *The Price of Freedom: The Unfinished Diary of Tengku Hasan Di Tiro.* National Liberation Front of Acheh Sumatra, Norsborg/Sweden 1984, S. 312

bestellt und bekam einen Anpfiff, weil ich den Rebellen zu viel unangemessene Beachtung schenkte. Im Büro dann wartete ein Fax aus Stockholm auf mich, von Hasan di Tiro persönlich, der mich wegen derselben Reportagen beschimpfte, allerdings aus genau entgegengesetztem Grund. In den Reuters-Nachrichten hatte ich die regierungsfeindlichen Kämpfer als »eine offensichtliche Mischung von aus der Armee geworfenen rachsüchtigen Soldaten, Separatisten und unzufriedenen Achinesen« beschrieben. Obwohl »die Grausamkeiten in dem jahrelangen Konflikt ausufern ... ist immer noch unklar, was die Ziele der Rebellen sind.« In seinem Fax wandte der exilierte Separatist dagegen ein: »Acehnesische politische Gefangene ... werden von den Javanern fälschlich ›Rebellen ohne Grund‹ genannt, und Sie, meine Damen und Herren von Reuter, sollten sich schämen, die javanische Propaganda weiterzuverbreiten!«

***

Heute, keine fünfundzwanzig Jahre später, hatte sich das frühere Chaos in Luft aufgelöst. Anderthalb Jahrzehnte Gemetzel waren zum Kapitel eines dreißigjährigen Kampfes um Gerechtigkeit umgeschrieben worden. In den Coffee-Shops von Aceh war die acehnesische Souveränität kaum noch ein Thema, und die selbsternannten ehemaligen Rebellen, die auf den Wahlkampfbühnen um Machtpositionen im indonesischen Staat kämpften, sprachen überhaupt nicht mehr davon. Als ich nach über zwei Jahrzehnten zum ersten Mal zurück nach Aceh kam, sah ich in einer Medaner Zeitung ein Foto des javanischen Generals Soernarko, einer der Kommandeure der indonesischen Armee, die alles dafür getan hatten, die Rebellen in Aceh zu vernichten, auf dem er Muzakir Manaf umarmte, den ehemaligen Guerilla-Kommandeur der GAM. Muzakir bewarb sich für das Amt des Vize-Gouverneurs von Aceh, an der Seite eines anderen ehemaligen Rebellen. Soenarko unterstützte ihre Kandidatur. Das ging wirklich über mein Verständnis hinaus. Es war so, als würde ein hoher israelischer General Wahlkampfmanager für die Hisbollah. Und der ehemalige Rebell hieß seinen alten Feind in der Wahlkampfmannschaft seiner Partei willkommen und erklärte, sie verbinde ein einziges gemeinsames Ziel, eine Vision: »*Negara Kesatuan Republik Indonesia*« – die unteilbare Republik Indonesien.

Mein Bus rollte noch an einigen anderen Wahlkampfplakaten und etlichen riesigen grünen Anschlagtafeln vorbei, auf denen stand: »*NKRI Harga Mati!*« *Harga Mati* bedeutet wörtlich »toter Preis« und ist genau das, was man beim Handeln auf dem Markt nicht hören will: Tiefer geht's nicht, das ist nicht mehr verhandelbar. Und die »Unteilbares-Indonesien-Nicht-verhandelbar«-Plakate hatten einen grünen Bruder: »*Damai itu Indah!*« – Frieden ist schön! Weder den einen noch den anderen Slogan kannte ich aus früheren Zeiten, aber als ich 2011/2012 durchs Land reiste, stellte ich fest, dass sie ein sicheres Zeichen für eine Unruhezone waren. In Jakarta gab es keine *Damai itu Indah!*-Plakate. Im geschäftigen zentral-javanischen Hafen von Semarang oder um die Urlaubsorte auf Bali liest man kein »*NKRI Harga Mati*«. Nichts davon war mir auf Sumba oder in NTT begegnet. Erst auf den kleinen Inseln gegenüber von Ost-Timor begannen die Slogans aufzutauchen, dort war 1999 dafür gestimmt worden, Indonesien zu verlassen, und aus Rache hatten Milizen, mit Unterstützung der indonesischen Armee, Dörfer in Brand gesetzt. Auf den Molukken und in Zentral-Sulawesi gab es viele grüne Plakate, und später sah ich sie auch in West-Kalimantan. In Papua hingen sie überall. Wie hier in Aceh. Obwohl die beiden Slogans zusammenzugehören schienen, überwog der »schöne Frieden« an Orten, an denen die Bevölkerung gern schon mal mit Macheten aufeinander losging wie auf den Molukken, in Zentral-Sulawesi und West-Kalimantan. Die »Unteilbar«-Plakate waren dagegen in Teilen Indonesiens stärker vertreten, die sich am offensten für eine Loslösung vom Mutterland ausgesprochen hatten, wozu Papua, die Inseln um Ost-Timor und Aceh gehörten.

Seit den frühesten Tagen der Republik, als Sukarno die Oberhand über die Nationalisten behielt, die einen Bundesstaat oder auch einen islamischen Staat anstrebten, hängt der Separatismus bedrohlich wie eine Gewitterwolke über dem Land. Etliche Teile der neuen Nation revoltierten in den 1950ern. Rebellen, die eine islamische Regierung wollten, bekämpften Jakarta in West-Java, Süd-Sulawesi, West-Sumatra und in Aceh, während auf der anderen Seite des Landes die Molukken einen eigenen christlichen Staat wollten. Die republikanische Armee schlug sämtliche Aufstände nieder, und ihr Zugriff festigte sich noch, als Suharto an die Macht kam. Aber seine Präsidentschaft nährte eine neue Art der Verstimmung: Jakarta stiehlt unsere Reichtümer, um damit auf Java Schnellstraßen zu bauen, klagten die Menschen in Riau und Kalimantan, auf Sulawesi und in Aceh und Papua, und wir müssen auch noch Tausende Transmigranten aufnehmen, den Müll aus Suhartos überfülltem Zuhause. Unser Adat wird für Tourismusbroschüren aufpoliert, und gleichzeitig werden wir zwangsweise mit nationalen Idealen vollgestopft, die auf einer geckenhaften, willfährigen javanischen Kultur beruhen, mit der wir rein gar nichts zu tun haben. In den späten 1980er-Jahren waren etliche Teile des Landes unzufrieden, doch nur in drei Gebieten gab es aktive Rebellenbewegungen: in Ost-Timor, Papua (das damals noch Irian Jaya hieß) und Aceh.

Weder Ost-Timor noch Papua gehörten zur Zeit der Unabhängigkeitserklärung zur Nation, und beide hatten das Gefühl, vom indonesischen Ungeheuer gegen ihren Willen geschluckt worden zu sein. Die Papua sagen, sie sind 1969 hereingelegt worden, als Jakarta ein von den UN unterstütztes Referendum so umdeutete, dass nur sorgfältig ausgewählte Dorfälteste an der Abstimmung teilnehmen durften. Die Ost-Timorer hatten keine Wahl, was ihre »Integration« in den indonesischen Staat anging: Als die portugiesischen Kolonisten das Territorium 1975 praktisch über Nacht verließen, marschierte Suharto mit seinen Truppen ein. Angesichts ihrer Geschichte war es nicht überraschend, dass diese Provinzen Guerilla-Bewegungen hervorgebracht hatten, aber Aceh war schon bei der Unabhängigkeit ein integraler Bestandteil Indonesiens gewesen (auch wenn Hasan di Tiros Proteste das Gegenteil behaupteten). Dennoch waren die späteren Unruhen dort nicht weniger ernst als in den anderen Gebieten, wobei Aceh in vieler Hinsicht weniger zu beklagen hatte als andere Provinzen an der geografischen Peripherie des Landes. Der Gouverneur, einige Bupatis und viele in den oberen Rängen von Armee und Polizei Acehs waren Einheimische, während es in anderen Provinzen Javaner waren. Und Aceh handelte Jakarta 1990 mehr Entwicklungsgelder ab als alle anderen Provinzen.

Das alles hielt die jungen Männer, die von Hasan di Tiro gelernt hatten, dass Aceh immer eigenständig gewesen sei, nicht davon ab, ihren Unabhängigkeitskampf neu zu entfachen. Die Guerilla-Aktivitäten zogen sich schubweise über weitere fünfzehn Jahre hin, weitgehend dirigiert von Exilanten in Schweden und finanziert von Exilanten in Malaysia. Die militärische Reaktion Indonesiens kam ebenfalls in Schüben, und das zu Anfang der 1990er (als ich aus Aceh berichtete) zunehmend aggressiver – und noch brutaler unter der nationalistischen Präsidentschaft von Sukarnos Tochter Megawati von 2001 bis 2004.

Erst als 2004 der Tsunami einhundertsiebzigtausend Menschenleben wegspülte, erwogen die ungewählten Anführer der Bewegung, von denen die meisten während der anderthalb Jahrzehnte des Kampfes keinen Fuß ins Land gesetzt hatten, dass es an der Zeit sein mochte, dem Töten ein Ende zu setzen. Praktisch alle, mit denen ich 2012 sprach, deuteten die ikonischen Bilder von Moscheen, die unversehrt in einer ansonsten verwüsteten Landschaft standen, als Zeichen für Gottes Wut über einen sinnlosen Krieg. Für mich bedeutete es, dass die Moscheen von Holländern errichtet worden waren oder von Bauunternehmern, die beim Bau einer Moschee weniger an allem sparten und höherwertige Materialien verwandten als bei Schulen oder beim Bau von Wohnhäusern. Wahr ist dennoch, dass die unvorstellbare Tragödie des Tsunami Jakarta und die Rebellenführer aus ihren Gräben klettern und über einen Frieden reden ließ. Und das Übermaß an Hilfe gewöhnlicher Indonesier half ebenfalls. Die Rebellen konnten nicht länger behaupten, dass Indonesien Aceh nur alles nehmen und nichts geben wollte.

Der Tsunami bot eine Möglichkeit zum Neubeginn, und er brachte sieben Milliarden Dollar Aufbauhilfe und jede Menge Bauarbeiten, die den ehemaligen Rebellenführern Verträge und ihren Jungs Jobs verschafften. Sie halfen, die Kämpfer in die Gesellschaft zu reintegrieren, was eine Bedingung für die Unterzeichnung der Friedensvereinbarung zwischen Jakarta und den in Stockholm sitzenden Separatisten war. Die Vereinbarung garantierte Aceh einen größeren Anteil an den Einnahmen aus Bergbau, Holzeinschlag und Fischerei, als ihn andere Provinzen bekamen. Dazu gab es rund 1,2 Milliarden Dollar Geldtransfers von Jakarta in die Distrikte Acehs sowie weitere 700 Millionen jährlich an »speziellen Autonomie-Fonds«. Das Wichtigste jedoch war, dass die Vereinbarung den ehemaligen Guerillaführern erlaubte, in Aceh regionale politische Parteien zu gründen, die überall sonst in Indonesien verboten blieben, was es den Männern, die in ihrer Jugend den acihnesischen Freiheitskampf angeführt hatten, in ihren ergrauten Jahren erlaubte, für öffentliche Ämter zu kandidieren, ohne als Teil des indonesischen Establishments zu gelten. Und das wiederum bedeutete, dass die ehemaligen Rebellen all das Geld zu fassen bekamen, das von ihren eingeschworenen Feinden kam. Jakarta hatte ihren Preis herausgefunden und kaufte sie.

Ein ähnlicher Prozess der Kooption vollzieht sich in Papua, womit ich die westliche Hälfte der Insel Neuguinea bezeichne, ehedem Irian Jaya und zur Zeit meines Besuchs in zwei Provinzen aufgespalten, Papua und West-Papua. Es ist eine der reichsten Regionen Indonesiens: Sie besteht aus Gold und Kupfer, ist mit wertvollem Tropenholz bedeckt und von fischreichen Gewässern umgeben. Zu Suhartos Zeit gab Jakarta nicht mal vor, etwas für die Papua zu tun. Sie waren minderwertige Wesen (die essen nicht mal Reis, stellt euch das mal vor!), die in Minen und auf Plantagen arbeiteten, sich aber nicht selbst regieren konnten. Jakarta schickte Manager und Bürokraten, und sie arbeiteten mit Ausländern zusammen, um die Reichtümer auszubeuten und in ihre Heimatländer zu exportieren. Es war eine Wiederholung dessen, was die Holländer den Javanern über mehrere Jahrhunderte angetan hatten.

Die Papua hatten seit der »Integration« ihres Landes einen wenig aktiven Guerillakrieg gegen Jakarta geführt, und als die Dezentralisierung Indonesiens nach der Suharto-Ära begann, war ihnen ganz und gar nicht danach, in der Republik zu bleiben. Das kleine, unproduktive Ost-Timor im Übergang zur Zivilherrschaft zu verlieren war bereits ein Schlag für den Stolz der Nation gewesen – Papua zu verlieren, das säuerlich *Dapur Java* genannt wurde, »Javas Küche«, wäre ein schwerer Schlag für das Einkommen der Nation gewesen. Und so begann die Kooption. Jakarta zieht immer noch Steuern aus Papua ab, aber eine spezielle Autonomievereinbarung, ähnlich der mit Aceh, dirigiert den Großteil der Prozente aus Bergbau, Holzeinschlag und anderen Ressourcen direkt in die Taschen der neuen Papua-Elite.

Das verärgert andere Teile Indonesiens. »Wir versuchen gute Bürger zu sein und bekommen nichts«, hatte mir der Leiter einer örtlichen Regierungsstelle auf den Molukken erklärt. »Wie es sich darstellt, bekommt man nur dann, was man will, wenn man herumläuft und Soldaten erschießt.« Aber die Integration durch Bestechung verärgert auch viele in Papua. Genau wie eine kleine Handvoll von Holländer ausgebildeter Indonesier nach der Unabhängigkeit Zugriff auf die Macht hatte, kontrolliert heute eine kleine Handvoll auf Java ausgebildeter Papua den Großteil der örtlichen Ressourcen. »Es gab einen klaren Wechsel. Wurden Papuas Reichtümer früher von Jakarta gestohlen, so stiehlt sie heute die papuanische Elite«, sagte mir ein Prediger in Papuas Hauptstadt Jayapura. Seiner Ansicht nach kamen sie aus zwei Gründen damit durch. »Erstens: Die Papua sind so daran gewöhnt, die Javaner für alles verantwortlich zu machen, dass sie nicht sehen, was tatsächlich passiert. Zweitens: Die Elite geht sehr schlau dabei vor, die einzubinden, die Einwände haben könnten.«

Der Unmut in Papua dauert an, aber in Aceh schien es zur Zeit der Wahlen 2012 ganz so, als hätten Jakartas Anstrengungen einer ähnlichen Politik Erfolg.

***

Ich stieg in Langsa aus dem Bus. Entlang einer Seite des zentralen Platzes der Stadt hing ein riesiges Transparent, vielleicht zwanzig Meter lang: »ERKLÄRUNG FRIEDLICHER WAHLEN 2012«, stand darauf. Es erklärte die Absicht der Bevölkerung, für eine Wahl ohne Gewalt und Schießereien zu sorgen und die Sicherheitskräfte dazu zu drängen, ebenfalls von beidem Abstand zu nehmen. Die Erklärung war von allen unterschrieben, vom Bürgermeister bis zum Leiter des Motorroller-Clubs Langsa. Auf der anderen Seite des Platzes hing das riesige Plakat eines fetten Mannes in einem Anzug, dem der Geifer aus dem Mund troff und der auf den Sitz des Bürgermeisters zueilte. Aus seinen Taschen flogen rote Hunderttausend-Rupiah-Scheine, und auf einer leeren Hosentasche stand: »5–20 Milliarden«, was besagte, dass es in diesem Teil des Landes zwischen fünf und zwanzig Milliarden Rupiah kostete, gewählt zu werden: bis zu zwei Millionen US-Dollar. »Klar, als wäre er nicht korrupt genug, um das zurückzubekommen«, bemerkte eine andere Person auf dem Plakat, das von der Wahlkommission der Stadt aufgehängt worden war. »Stoppt MO-

NEY POLITIC …!«, lautet die Schlagzeile, die letzten beiden Worte in einem leicht erratischen Englisch. Daraus schloss ich, dass es sich mit der Politik in Aceh nicht anders verhielt als anderswo in Indonesien, örtliche Parteien hin oder her.

Eine Frau in Medan hatte mir die Telefonnummer ihres Sohnes und ihres ehemaligen Mannes gegeben, des amtierenden Oberhaupts des örtlichen Parlaments von Langsa (das eigentliche Oberhaupt saß in Haft). »Frühstücken wir am Sonntag zusammen«, schlug der Ex-Mann vor, als ich ihn anrief. »Treffen wir uns um 6.30 Uhr auf dem zentralen Platz.« Ich kämpfte mich aus dem Bett, bedeckte meinen Kopf mit einem Seidentuch und ging triefäugig zum verabredeten Treffpunkt. Musik wummerte aus riesigen Lautsprechern, und oben auf einer Bühne bellte eine Frau Befehle in ein Mikro: »Eins und zwei und Arme *pumpen*, drei und vier und *dreht* euch.« Die städtischen Aerobics wurden von einem Trupp schlanker, geschmeidiger Frauen in Trainingsanzügen und Dschilbabs oben auf der Bühne angeführt. Auf dem Platz darunter mühte sich eine kunterbunte Gruppe normaler Bürger, einschließlich einer erstaunlichen Anzahl fülliger mittelalter Männer, mit den Kommandos mitzuhalten. Ich sah mich nach jemandem um, der wie ein Stellvertretender Parlamentsoberer aussehen mochte, gab auf und reihte mich in das Pumpen und Drehen ein.

Nachdem die Aerobics ihr Ende gefunden hatten, griff einer der mittelalten Männer nach dem Mikrofon. Mit der Miene von jemandem, der auf Stimmenfang aus war, dankte er uns allen, die wir uns dem gesunden Lebensstil verschrieben hatten, der Langsa in eine glorreiche Zukunft führen werde. Ich nahm an, dass das mein Mann war, stellte mich vor, und er lud mich ein, zusammen mit seiner Truppe zu frühstücken. Ich hatte auf ein ruhiges Gespräch über die örtliche Politik gehofft, aber wir schienen zu zehnt zu sein – der Politiker, seine Frau, sieben Lakaien und ich. Ich fragte einen der Lakaien, ob er jeden Sonntag eifrig an den Aerobics teilnehme. Er verzog das Gesicht. »Mit Eifer hat das nichts zu tun, Bu«, sagte er. »Das ist eine Pflichtveranstaltung.« Damit nickte er zum Stellvertreter hinüber.

Ich versuchte den Politiker in ein Gespräch zu verwickeln, doch das war schwierig, da er mit seinem Telefon beschäftigt war, und dann gab es eine Diskussion mit seiner Frau über den Preis eines rosa Laptop. Aber ich erfuhr, dass er glaubte, die Partai Aceh initiiere gelegentlich Gewalttaten, um Jakarta Konzessionen abzuringen. »Im Grunde bekommt Aceh, was Aceh will, solange wir keine Unabhängigkeit verlangen. Alles andere gibt es sofort«, sagte er. Das war, seiner Meinung nach, keine gute Sache. Es verewigte die Abhängigkeit von der Unterstützung der Zentralregierung und sorgte für eine sehr fragile Demokratie. Die Drohung mit Gewalt war zu einem Verhandlungsinstrument geworden, einem Instrument, das irgendwann schwer zu kontrollieren sein mochte.

Langsa ist eine entspannte Stadt, die sich eher nach Medan als nach Aceh anfühlt. Junge Leute flitzen auf Fixie-Bikes* herum, und in den Coffee-Shops wird eher Jazz als Dangdut gespielt. Da ich das Bedürfnis nach etwas Jugendkultur verspürte, rief ich Reza an, den Sohn des Stellvertreters, dessen Nummer mir seine Mutter ebenfalls gegeben hatte. Er holte mich mit einem Jeep ab. Reza war Ende zwanzig, intelligent und hellwach, und es machte ihm rein gar nichts aus, dass ich aus dem Hotel geeilt kam und vergessen hatte, meinen Kopf zu bedecken. Als wir um den großen zentralen Platz fuhren, bellte Reza dann aber plötzlich: »Kopf runter! Kopf runter!« Es klang dringlich, und ich legte den Kopf zwischen die Knie. Nach einer Weile sagte Reza: »Alles klar!«, und ich kam wieder hoch. Im Seitenspiegel konnte ich eine Phalanx olivgrüner Uniformen erkennen, Frauen mit Dschilbabs und langen Röcken. Sie holten Leute aus dem Verkehr. Es waren Religionspolizisten, Staatsangestellte, deren einziger Job darin besteht, die Vorschrif-

* Eingangrad, Fahrrad ohne Gangschaltung und Bremsen, meist auch ohne Freilauf, stattdessen mit Rücktrittbremse

ten der Scharia durchzusetzen. Sie überprüften, ob alle muslimischen Frauen tatsächlich Dschilbabs trugen. Zwar galt die Regel nicht für mich, »aber warum sich unnötig Ärger machen«, sagte Reza.

Später fuhr ich die Küste hinauf nach Lhokseumawe und schloss mich der Wahlkampfmannschaft meines Freundes Nazaruddin an. Die Stadt hatte sich mir auf einer Reportagereise 1990 deutlich eingeprägt, als ich Geschichten um einen Rebellenangriff auf eine Erdgasanlage nachging, die jeden Tag Gas im Wert von sieben Millionen Dollar an Japan und Korea verkaufte. Der Großteil der Einkünfte wurde unter dem US-Riesen Mobil, der die Anlage betrieb, und der Suharto-Regierung in Jakarta aufgeteilt, was die Rebellen wütend und Berichte über einen Angriff plausibel machte, wobei sich herausstellte, dass es sich bei dem angeblichen »Angriff« tatsächlich um einen Unfall gehandelt hatte, den das Unternehmen zu vertuschen suchte. Mir war es gelungen, mich an der Sicherheitskontrolle vorbeizumogeln und die Anlage zu besuchen. Als ich anschließend zurück in mein Hotel kam, klingelte das Telefon. »Ist da Miss Elizabeth?« Ja, Pak. »Hier ist Intel«, sagte die körperlose Stimme von Indonesiens Militärgeheimdienst. »Wir scheinen unseren Generalschlüssel bei Ihnen liegen gelassen zu haben. Könnten Sie einmal nach ihm sehen?« Natürlich, Pak. »Es tut mir so leid, Ihnen Umstände machen zu müssen«, sagte die Stimme.

Bis heute kann ich nicht sagen, ob sie mich einschüchtern wollten oder ob sie ihren Generalschlüssel wirklich verloren hatten. Beides scheint gleich wahrscheinlich.

Nun gab es in Lhokseumawe kein Gas mehr, die Reserven waren erschöpft, und die Stadt hatte einen leichten Einbruch erlitten. Nazaruddin wollte sie wieder auf die Beine bringen. Er träumte davon, einen wichtigen Industriehafen zu bauen, die landwirtschaftlichen Erzeugnisse aus dem fruchtbaren Aceh herzuholen, sie weiterzuverarbeiten und nach ganz Südostasien und darüber hinaus zu exportieren. Sein Wahlkampfbüro war leicht zu finden, es lag gleich hinter einem gewaltigen Plakat, das Nazar und seinen prospektiven Vize vor einer futuristischen Moscheenwirklichkeit zeigte. »BRIDGE TO METROPOLIS CITY«, lautete der Slogan, auf Englisch. Nazar stellte sich als unabhängiger Kandidat zur Wahl. Mir fiel auf, dass er und sein Vize auf ihren Plakaten die einzigen Bewerber ohne Kopfbedeckung waren. Die Kandidaten der örtlichen acehnesischen Parteien trugen goldene Teewärmer, alle anderen, einschließlich der übrigen Unabhängigen, die schwarzen Samt-Pecis eines guten Muslims.

Das Wahlkampfbüro war nach vorn offen, und an der Wand drinnen hing ein riesiger Druck, der die Wähler daran erinnern sollte, sich am Wahltag für Nazars Nummer zu entscheiden: eine Fünf aus lauter roten Händen. Darunter saßen verschiedene Männer, hauptsächlich Wahlkampfhelfer, aber auch Publikum. Mitten unter ihnen befand sich der Kandidat selbst, ein gut aussehender Mann von etwa fünfundvierzig Jahren mit einem Hunderttausend-Watt-Lächeln. Er sprang auf, als ich hereinkam, und führte mich gleich in ein klimatisiertes Hinterzimmer, das vom Hauptraum nicht einsehbar war. »Danke für die Entschuldigung, von den Krokodilen wegzukommen«, sagte er. Während der nächsten paar Wochen gewöhnte ich mich an die »Wahlkampfkrokodile«, die im Büro herumhingen und darüber redeten, wie viel Stimmen sie in den verschiedenen Teilen der Stadt beschafft hatten. Sie schmeichelten und schwatzten und erfanden immer neue Entschuldigungen, um sich mit den Kandidaten und ihren wichtigsten Mitarbeitern fotografieren zu lassen, wobei sie jedes Mal darauf hofften, dass ihnen ein Geldschein in die Hand gedrückt werden würde.

»Man kann sie nicht einfach so wegschicken, sonst starten sie womöglich eine ›schwarze‹ Kampagne gegen einen«, erklärte Nazars Vize Zoelbahry Abubakar. »Also gibt man ihnen mal fünfzigtausend, mal zwanzigtausend und manchmal auch nur Plakate und

Aufkleber zum Verteilen. Es kommt an den Punkt, dass es das wert ist, nur um sie loszuwerden.« Hatten sie ihre zwei bis fünf Euro in der Tasche, zogen die Krokodile zu einem anderen Wahlkampfbüro und wiederholten die Prozedur.

Sie waren nicht die Einzigen, die so von einem zum anderen wechselten. Eines Tages kam ein Dichter ins Büro. Er hatte Verse zum Lobpreis Nazars verfasst, im klassischen acehnesischen Format. Sie sollten bei einem »Gemeindetreffen« vorgetragen werden. Dazu würde es Rap-Musik und Comedians geben. »Wir wollen auch die jüngeren Wähler erreichen«, sagte der Kandidat. Der Dichter begann seine Verse zu verlesen, fünf eng beschriebene Seiten, und unterbrach sich hin und wieder, um eine besonders komplexe Allegorie zu erklären. Allerdings hatte er vergessen, den Namen seines Kunden in den Text einzufügen, und so sang er das Lob des Kandidaten der Partai Aceh, dem er sein Gedicht bereits verkauft hatte. Nazar drückte dem Barden zwei Hunderttausend-Rupiah-Scheine in die Hand und beantwortete einen eindeutig vorgetäuschten Telefonanruf, um den Mann aus dem Büro schieben zu können.

Nazar lud mich zu einem Spendensammlungs-Essen mit einigen chinesischen Geschäftsleuten im Restaurant eines der möglichen Unterstützer ein. Die Angestellten brachten Teller voll mit gegrillten Garnelen in Chilisoße, auf einem Holzkohlegrill bereiteten Fisch und in Knoblauch gebratenem Tintenfisch. Während ich mit dem Rest von Nazars Gefolge kräftig zulangte, knabberten unsere chinesischen Gastgeber Krabbenbrot. Der Kandidat hob zu seiner Präsentation an. Er sagte, der private Sektor sei der Motor der Wirtschaft und dass er als Bürgermeister vor allem die Bürokratie abbauen, die Schaffung neuer Jobs vereinfachen und das Wachstum anregen wolle. Der völlig kinnlose Restaurantbesitzer, dessen Ausdruck bis dahin zwischen resigniert und deprimiert changiert hatte, ließ tatsächlich ein Lächeln erkennen, als Nazar von seinem »Ihr-gebt-mir-Geld-ich-gebe-euch-Projekte«-

Skript abwich und all das sagte, was der Gastronom von jemandem erwartete, den er unterstützen sollte. Aber der Mann wusste auch, dass ein Politiker gewählt werden musste, bevor er seine neoliberalen Träume verwirklichen konnte, und die Aussichten für einen unabhängigen Kandidaten waren dürftig. »Natürlich verstehen Sie, dass wir nicht jeden unterstützen können«, knurrte ein zweiter Chinese. Sie drängten uns, das von ihnen bereitete Festmahl zu genießen, entschuldigten sich höflich und setzten sich an einen anderen Tisch, an dem der Partai-Aceh-Kandidat und seine Höflinge Chili-Garnelen verspeisten und auf ihren Auftritt vor den Lieferanten von Schmiergeldern warteten.

Einmal fragte ich eine chinesische Geschäftsfrau, welche Partei sie unterstütze. »Mit meiner Stimme nur eine«, antwortete sie geziert. »Mit meinen Möglichkeiten jedoch so gut wie alle von ihnen. Der eine muss sich ein Auto leihen, der andere braucht Plakate, warum nicht?« Verträge, die sich aus dem Verhältnis ergeben konnten, interessierten sie nicht so sehr wie der Zugang zu (manchmal kompromittierenden) Informationen. »Wollen Sie etwas über die örtlichen Politiker erfahren? Fragen Sie uns Geschäftsleute«, sagte sie. »Wir sind es, die wirklich Bescheid wissen.«

In Lhokseumawe wird allen Kandidaten Zeit in einem der großen öffentlichen Versammlungsorte zugeteilt, damit sie eine Wahlkampfveranstaltung abhalten können. Nazar wollte seinen Termin nicht wahrnehmen. Da keine politische Partei die Rechnung für ihn übernahm, wäre das Ganze zu teuer geworden. Da wären die Kosten für den Unterhaltungsteil gewesen, etliche Tausend Dollar für einen Sänger oder eine Sängerin, um genug Leute anzulocken. Man musste T-Shirts und Dschilbabs in den Parteifarben kaufen und die Leute dafür bezahlen, dass sie sie auch anzogen, was etwa drei Dollar pro Person kostete. Ein Minibus-Fahrer erzählte mir, dass er bei jeder Wahlkampfveranstaltung dreimal bezahlt werde: einmal für das Aufkleben von Plakaten auf seinem Bus (fünfundzwanzig Dollar pro Tag), dann für das Heranschaffen von Teilnehmern (zum doppelten Fahrpreis) und schließlich dafür, sich mit dem Bus in Veranstaltungsnähe aufzuhalten (Preis verhandelbar), um Staus zu verursachen. »Sie wollen, dass es wirklich voll wirkt. Da muss man nur an einer ungünstigen Stelle parken und den Nachmittag rauchend verbringen«, kicherte er. »Ich *liebe* den Wahlkampf.« Darüber hinaus erwarteten die Veranstaltungsteilnehmer, dass sie mit Essen und Trinken versorgt wurden. Es war eine kostspielige Angelegenheit.

Statt eine solche große Veranstaltung zu finanzieren, ging Nazar auf den Markt, um Wähler zu treffen. Er lief herum, schüttelte Hände und schenkte jedem Einzelnen sein leuchtend weißes Lächeln. Der Rest seines *Tim Sukses*, seines »Erfolgsteams«, der Kandidat für den Vize, der Wahlkampfmanager, verschiedene Lakaien und einige gut gestöckelte Ehefrauen, wuselten hinter ihm her und verteilten Karten. »Stimmen Sie für Nummer 5. Stimmen Sie für Nummer 5.« Das war der Grad der politischen Diskussion. Einer aus dem Team nahm das Ganze auf Video auf, ein anderer machte Fotos. Später gingen die Bilder mit Text an die örtliche Zeitung, die den »Bericht« gemäß dem vereinbarten »Paket« druckte. Zweitausend Dollar kostete es, während der zweiwöchigen Wahlkampfphase jeden Tag ein Foto zusammen mit einem Dreispalter in der Zeitung zu haben. Ganz vorn, ein paar Schritte vor dem Kandidaten und den ihn begleitenden »Journalisten«, ging ein kräftiger, glatzköpfiger Kerl mit einer Wrap-around-Sonnenbrille und einem unübersehbaren grellrosa Hemd. Die Beine breit, die Arme vor der Brust verschränkt, stand er bewegungslos da, und alle auf dem Markt konnten sehen, dass Nazar wichtig genug war, um einen Leibwächter zu brauchen.

Später am Tag, als der Nachmittag abkühlte und die Leute vorm Abendgebet auf ihren Veranden saßen, zogen wir durch eine Fischersiedlung am Rand der Stadt. Wie die Queen hatte Nazar kein Geld bei sich. Aber er instruierte seine Gefolgschaft, von den

Frauen an einem Straßenstand geöffnete Austern zu kaufen und einer anderen mit einer kleinen Gabe »für mein krankes Kind« zu helfen. Wieder wurden Karten verteilt: »Stimmen Sie für Nummer 5.« – »An uns kann man sich gut erinnern«, sagte der Kandidat für den Vizebürgermeister. »Wir sind die ohne Hüte.« Die Wähler waren erwartungsvoll – und als keine Umschläge oder T-Shirts verteilt wurden, enttäuscht. »Geizkragen«, hörte ich mehr als einmal, während ich dem Zug folgte. Über Politik redete keiner.

Am nächsten Tag ging ich zur Wahlkampfveranstaltung der Partai Aceh auf dem riesigen Platz vor dem Rohbau der neuen Moschee von Lhokseumawe. Die rote Parteiflagge flatterte an fast jeder Laterne der Stadt und begleitete die Konvois aus Pick-ups und Motorrädern, die wild hupend durch die Stadt rasten und die Stimmung anheizten. Die Straßen rund um die Veranstaltung waren mit SUVs mit Hologramm-Porträts der Partai-Aceh-Kandidaten verstopft. An einigen hing auch das Schwarzweißfoto eines schwächlichen älteren Mannes mit Eulenbrille und den englischen Worten: »MY KING OF HEROES!« Das war Hasan di Tiro, der 2009 aus Schweden zurück nach Aceh gekommen und nur acht Monate später gestorben war.

Ja, es gab Frauen mit einfachen Dschilbabs, und ja, ihre Kinder aßen kostenlose Zuckerwatte, aber diese Veranstaltung, die in etwa wirkte wie ein in einer Kaserne veranstaltetes Volksfest, war geladen mit echter Begeisterung, Inbrunst fast schon. Die Männer der parteieigenen Miliz trugen rote, weiße und schwarze Militäranzüge, rote Barette, stampften in Schnürstiefeln herum und bellten in Walkie-Talkies. Kleine Jungen liefen ihnen ehrfürchtig hinterher, und die Leute lauschten gebannt den Reden der Helden der Revolution.

Die Bühne war wie für eine Dreierhochzeit vorbereitet. Drei Zweiersofas standen in einer Reihe, jedes mit einem Seiden- und Brokatbaldachin, jedes mit einem preisträchtig aussehenden »Brautpaar«. Da saßen die Kandidaten für den Gouverneursposten von Aceh, den Bupati von Ost-Aceh und den Bürgermeister von Lhokseumawe mit ihren jeweiligen Vizes. Der Gouverneurskandidat und sein Vize schienen das ungleichste Paar. Der prospektive Gouverneur war ein beleibter, onkelhafter Arzt mit Brille und ordentlich gestutztem Schnauzbart, der einen großen Teil seines Erwachsenenlebens in Stockholm verbracht hatte – er war Hasan di Tiros Cousin. Sein politisches Sweetheart war ein stämmiger Guerillakämpfer mit Dreitagebart, ein Mann mit einem wild-robusten Schick. Es war Muzakir Manaf, der kürzlich erst den General umarmt hatte, der ihn einmal hatte vernichten wollen, und der heute so ein glühender Verfechter eines unteilbaren Indonesien war.

Ich stieg in den Rohbau der Moschee hinauf, um einen besseren Blick zu bekommen, machte mir ein paar Notizen und wurde von einem Parteiaktivisten aufgehalten. Er hatte mein Lesezeichen gesehen, eine von Nazars Wahlkarten, streckte die Hand aus und wollte es sehen. Als ich es ihm gab, zerknüllte er es und warf es auf den Boden. So etwas ist in Asien ein absoluter Frontalangriff, doch das rührte ihn nicht. Er hielt mir einen eindringlichen Vortrag über den Verrat der unabhängigen Kandidaten, wie sie dem Friedensabkommen entgegenarbeiteten, und dass jeder, der nicht für die Partai Aceh stimmte, ein Verräter sei und den Ärger geradezu herausfordere. Dann lud er mich zu sich nach Hause ein, damit ich seine Eltern kennenlernen könne. Ich sagte Ja. (Später, nach einem weiteren langen Vortrag, diesmal über den Islam als Hüter der Tugend, lud er sich selbst ein, mich hinauf in den Bergort Takengon zu begleiten. »Das ist so romantisch, Bu!« Ich sagte Nein.)

Bei ihm zu Hause, in einem kleinen ordentlichen Häuschen neben nicht mehr genutzten Bahngleisen, stellte er mich seinen Eltern und dem örtlichen »Distriktkommandeur« der Partai Aceh in seinem Viertel vor, einem weiteren gepflegt stoppeligen Mann mit einer schmalen, geraden Nase und schläfrigen Lidern über irritierend feurigen Augen. Der Kommandeur erläuterte mir seine

Version der Geschichte, die er in der »Schule des Dschungels« gelernt hatte. In den 1940ern saß die republikanische Regierung in Aceh, ja, und die Händler Acehs gaben Gold für Indonesiens nationale Sache, sicher. Aber das war ganz gewiss nicht so, weil der souveräne Staat Aceh Teil der entstehenden Nation werden wollte. »Das war immer ein Missverständnis«, sagte der Kommandeur bestimmt. »Das waren einfach nur Solidaritätsgaben an eine islamische Brudernation, um die, Entschuldigung, Bu, Kafirn im Zaum zu halten.« Aceh ist nie in einem Krieg geschlagen, nie kolonisiert worden. Also müssen wir eine unabhängige Nation sein.

Ich war leicht perplex, Hasan di Tiros Geschichtsversion aus dem Mund eines Unter-Dreißigjährigen zu hören, der Aceh nie verlassen hatte, ganz besonders, da er eine Partei repräsentierte, die im Moment so heftig Wahlkampf betrieb im nationalen indonesischen System. Offensichtlich war das Skript nicht so komplett umgeschrieben worden, wie es sich die gegenwärtige Führung der Partai Aceh, der es mit der Integration in den indonesischen Staat äußerst gut ging, womöglich gewünscht hätte.

***

Eines Abends noch vor der Wahl ging ich mit Nazar essen. Gewöhnlich schrieb er mir aus seinem Auto eine SMS und wartete, dass ich aus dem Hotel kam. Diesmal jedoch kam er hereingestürmt, nervös und ziemlich angespannt. »Ich muss Sie etwas fragen, Eliz«, sagte er. Ich hob eine Braue. »Die Sache ist die, dass ich noch vor morgen früh dreißig Millionen Rupiah brauche.« Dreißig Millionen Rupiah, das waren dreitausend Dollar, was mehr als ein Monatsbudget für mich war. Ich starrte ihn an. »Ich meine, natürlich zahle ich es nächsten Monat zurück, und es muss auch nicht alles von Ihnen kommen …« Und dann standen wir tatsächlich an einem Geldautomaten, und ich prüfte den Stand meines persönlichen Sparkontos, das ich für bedürftige Freunde, gelegentliche Schwächen und Notfälle unterhalte. Es enthielt zwölf Millionen Rupiah. Ich hob die Hälfte ab, schob das Geld in einen braunen Umschlag und gab es Nazar. Er nickte, steckte den Umschlag in die Tasche, und das war's. Ich nahm an – was sich als richtig herausstellte –, dass ich das Geld nie wiedersehen würde. Er sagte mir nicht einmal, wofür er es brauchte, und ich fragte ihn nicht danach, wobei ich später herausfand, dass er damit Studenten bezahlt hatte, die ein Auge auf die Wahllokale hatten.

Später fragte ich mich auch, was da in mich gefahren war. Ich gab den Familien, bei denen ich wohnte, immer Zuschüsse zum Essen, die alle dankbar annahmen. Aber ich war vorsichtig damit, Leuten Geld für andere Dinge zu geben. In Indonesiens »Was-dein-ist-ist-auch-mein«-Kultur, in der Vorausplanung die Ausnahme ist und die Leute das Gefühl haben, es ist ihr absolutes Recht, sich an den Mitteln des Clans zu bedienen, kann mich ein einziger Akt der Großzügigkeit zum Mitglied einer weiteren Familie machen, was unvermeidlich zu einem endlosen Strom von Bettelnachrichten führt (per SMS): »Du bist so gut … Wir kleinen Leute … Seit dem Verkehrsunfall …« Wie Nazars chinesische Restaurantbesitzer kann auch ich nicht alle unterstützen, und so weise ich am Ende alles zurück und helfe nur in den nötigsten Fällen. Und doch zahlte ich einem in den USA ausgebildeten Anwalt, der eine teure, aussichtslose Kampagne führte, sechshundert Dollar, um seine Wahlbeobachter zu bezahlen. Für einige der Menschen, die ich auf meiner Reise kennengelernt hatte, hätte das eine lebensverändernde Summe sein können. Ich begriff, allerdings erst im Nachhinein, wie leicht es ist, sich von der Spannung einer Kampagne mitreißen zu lassen.

Am folgenden Morgen gingen Nazar und sein Gefolge ins Wahllokal. »Wählt mit Herz. Keine Einmischungen!!!«, stand auf den Poloshirts der Wahlhelfer, auf Englisch: *»No intervention!!!«* Und es schien, dass die Leute tatsächlich genau das taten. Sie warteten in ordentlichen Schlangen, dass man ihre Papiere prüfte, verschwanden hinter der Sperrholzwand, wo sie ungesehen ihre Löcher in die Wahlzettel stanzen konnten, steckten sie in die verschlossenen blechernen Urnen und tauchten ihre Finger in scharlachrote Tinte, damit man sehen konnte, dass sie ihren Teil zur Demokratie beigetragen hatten. Mein Telefon klingelte: Es war der Aktivist, der mich bei der Veranstaltung der Partai Aceh angesprochen hatte – »Ihr PA-Freund«, wie Nazar ihn lachend nannte. Er war übervoll mit Adrenalin. Ich klagte darüber, dass ich mich außen vor fühlte, weil ich nicht wählen könne. »Ich bringe Sie zu einem *unserer* Wahllokale«, sagte er. »Da arrangieren wir das mit der Stimme.«

Wir trafen uns in einem Coffee-Shop und fuhren mit seinem Motorrad zu einem Wahllokal auf dem Gelände einer Moschee im Osten der Stadt. Alles war voller aggressiv wirkender, kurzhaariger Männer mit kantigen Kieferknochen und verspiegelten Sonnenbrillen, die ich mittlerweile als Getreue der Partai Aceh erkannte. Da gab es viel Schulterklopfen und Händeschütteln. »Meine Freundin braucht eine Stimme«, sagte mein PA-Freund, und einer der Sonnenbrillenträger nickte und sah auf eine Liste. Obwohl ich schnell klarmachte, dass ich nur einen Witz gemacht hatte, bin ich ziemlich sicher, dass sie eine Stimme für mich arrangiert hätten. In der halben Stunde, die ich dort war, kamen drei Mal kurzhaarige Männer mit Stapeln von Wahlbriefen und darangehefteten Ausweisen herein, die sie unter ihren Freunden verteilten, worauf die sich damit in die Schlange einreihten. Der Wahlhelfer prüfte den Namen auf dem Brief und auf dem Ausweis, aber nicht, ob beides auch zum Träger der Unterlagen passte. Ein Nicken, und die Stimme wurde abgegeben. Die Aufpasser, die von den anderen Kandidaten bezahlt wurden, um auf Betrügereien zu achten, saßen in einer Ecke und spielten mit ihren Handys. Als ich einen dieser Wiederwähler fragte, was mit seiner »Tinte« sei, hielt er mir seinen kleinen Finger hin. Die Tinte hing in Tropfen von einem Wachsüberzug auf der Fingerspitze.

Ich sah beim Auszählen der Wahlzettel im Wahllokal direkt

vor Nazars Wahlkampfbüro zu. Von den 274 dort abgegebenen Stimmen bekam mein Freund zehn. Alles in allem wurde Nazar Fünfter von elf Kandidaten. »Der Beste von denen, die es nicht mit Geldpolitik versucht haben«, sagte sein Wahlkampfmanager ermutigend. Wie erwartet, gewannen die Partai-Aceh-Kandidaten in Lhokseumawe und in weit mehr als der Hälfte aller Distrikte Acehs. Die Gouverneurswahl wurde mühelos von dem Doktor aus Stockholm (der schon einmal den Titel des »Außenministers« im mythischen Kabinett von Acehs Exilregierung getragen hatte) und seinem stoppeligen Vize gewonnen.

***

Die Neuschreibung der jüngeren und weiter zurückliegenden Geschichte Acehs interessierte mich. Die Unterbrechung der Guerilla-Aktivitäten von 1978 bis 1989, der Mischmasch der Interessen, der Separatisten, ehemalige Soldaten und Drogendealer in den frühen 1990ern zusammenbrachte, die Brutalität der Rebellen während dieser Zeit und ihr späteres Schulen-Niederbrennen, Lehrer-Umbringen, Migranten-Terrorisieren, Vermeintliche-Kollaborateure-Hinrichten und Jedem-Einzelnen-Geld-Abnehmen, um die »Sache« zu unterstützen – all das schien aus der Geschichte des Konflikts verschwunden zu sein, so wie ich sie jetzt in den Coffee-Shops von Aceh hörte.*

Ich dachte zurück, erinnerte mich besonders an zwei Personen, die ich bei meinen Reportagereisen zwanzig Jahre zuvor kennen-

* Die Brutalität der frühen 1990er-Jahre erlebte ich selbst mit. Für Berichte über spätere Geschehnisse bin ich Ed Aspinall, Elizabeth Drexler und Kirsten Schulze zu Dank verpflichtet. Schulze berichtet, dass die Rebellen von jedem Stadtwächter routinemäßig viertausend US-Dollar verlangten: fünf Prozent von allen abgeschlossenen Geschäften mit ausländischen Unternehmen, zwanzig Prozent von den örtlichen Unternehmen.

gelernt hatte, einen Studenten und die Mitarbeiterin einer NGO, und ich wollte versuchen, die beiden wieder aufzuspüren, um zu sehen, ob sich auch ihre Sicht auf jene Jahre verändert hatte.

Den Studenten, Hanifiah, hatte ich bei einer Reise nach Aceh zusammen mit Claire von der BBC im November 1990 kennengelernt. Es war schon spät, als wir in das winzige Küstendorf Idi Cut kamen und an die Tür des einzigen Gästehauses klopften, das fest verriegelt war. Ein Auge linste hinter einem Vorhang hervor, und es folgte reichlich unsicheres Murmeln und weiteres Linsen. Am Ende öffnete sich die Tür, und wir kamen in etwas, das wie die Geburtstagsparty für einen mageren, bereits kahl werdenden jungen Mann mit einem komischen Kopfputz wirkte, halb Turban, halb Verband. Das war Hanifiah. Claire und ich ließen unsere Taschen zurück und gingen zum Markt, um noch vor der Sperrstunde etwas zu essen zu bekommen. Eine der Schwestern des jungen Mannes, eine Lehrerin, kam mit uns. Im Restaurant legte ich ein Exemplar von *Tempo*, einem indonesischen wöchentlich erscheinenden Nachrichtenmagazin, auf den Tisch. Auf dem Titel war ein rauchendes Gewehr abgebildet, und dabei stand das Wort »Aceh«. Innen gab es einen Artikel, der die Richtigkeit meiner Berichte über die Rebellion, die Brutalität und Massengräber in Aceh bezweifelte. Reuters zu kritisieren war eine Möglichkeit für *Tempo*, sich auf ansonsten für die indonesische Presse verbotenes Terrain vorzuwagen. Das brachte mich in eine gefährliche Situation mit dem Militär, aber das war es wert, denn es löste eine Menge Gespräche aus.

Während Claire und ich dicke Stücke in Kurkuma und Kokosmilch gekochten Fisch aßen, verschlang die Lehrerin das Nachrichtenmagazin. Anschließend gab sie es ohne ein Wort zurück und wollte sich in kein Gespräch ziehen lassen. Auf dem Heimweg dann erzählte sie mit leiser Stimme: »Es ist heute nicht einfach als Lehrer, die Regierung zahlt nicht gut, aber wenigstens ist es sicher. Meinen Bruder haben sie einen Monat lang eingesperrt, gestern ist er wieder herausgekommen. Und natürlich sind die meisten

Privatschulen in Aceh islamische Schulen, und es ist schwer für eine Frau, dort eine Stelle zu bekommen. Deshalb sieht er so schrecklich aus: Sie haben ihn geschlagen und ihm nichts zu essen gegeben. Aber im privaten Bereich sind die Gehälter besser ...«

Später, hinter verschlossener Tür, im Dunkeln und geflüstert, hörten wir Hanafiahs Geschichte, hauptsächlich von seiner Schwester. Hanafiah saß wie betäubt dabei. Er ging noch aufs College und hatte in einem Fotokopierladen gearbeitet, um die Studiengebühren bezahlen zu können. Eine Kommilitonin war hereingekommen, um ein paar Kopien zu machen, und er unterhielt sich freundlich mit ihr. Ein Soldat, der hinter dem Mädchen her war, gefiel Hanafiahs Vertrautheit im Umgang mit ihr nicht, und er schlug ihm mit dem Kolben seiner halbautomatischen Waffe zweimal auf den Kopf, sodass der Junge bewusstlos zusammenbrach. Aufgewacht war er in einer vier mal fünf Meter großen Zelle, mit siebzig anderen Männern. Als seine Schwester das sagte, hockte sich der Junge unvermittelt auf den Boden. »Es gab keinen Platz«, flüsterte er. »So haben wir gelebt«, und er zog seine klapperdürren Glieder an den Körper wie ein Insekt, das sich vor einem Räuber unsichtbar machen wollte. Dann hielt er eine hohle Hand vor sich hin. »Zu essen jeden Tag nur so viel Reis.« Wieder verfiel er in Schweigen.

Der Junge wurde drei Tage lang befragt und herumgestoßen und schließlich, vielleicht weil es so viele Zeugen für die völlig unverschuldete Attacke des Soldaten gab, für unschuldig erklärt. Trotzdem behielten sie ihn noch einen vollen Monat in der stickigen Zelle, ohne seine eiternde Kopfwunde zu behandeln. Erst dann ließen sie ihn zurück zu seiner Familie. Das Ganze schien wie eine Strategie, die es darauf anlegte, die Rebellion weiter eskalieren zu lassen. In meinen Notizen damals stand, dass die Tatsache, einmal inhaftiert gewesen zu sein, auch wenn es völlig zu Unrecht geschehen war, »dem Jungen jede Chance auf einen Job oder eine respektable Ehe nimmt, wahrscheinlich für immer«.

Nun, zweiundzwanzig Jahre später, fuhr ich zurück zum Gästehaus in Idi Cut, um nach der Lehrerin und dem mageren Jungen mit der Kopfwunde zu suchen. Ich klopfte, und eine Frau machte auf, und bevor ich noch erklären konnte, wer ich war, fasste sie mich bei der Hand. »Sie waren hier, als Hanafiah entlassen wurde!« Sie zog mich nach drinnen zu einer Wand. Da hing ein Foto von Hanafiah, herausgeputzt in seinem Hochzeitsanzug. Richtig genährt, war er zu einem gut aussehenden Mann geworden, fast schon drall, mit schmalen Augen, hohen Wangenknochen und einem buschigen Schnauzbart. »Er ist heute ein Großer Mann, bei der Baubehörde.« Neben seinem Foto hing ein Porträt seiner Schwester, der Lehrerin. »Sie ging nach Java. Sie ist tot.«

Die Frau, eine weitere Schwester, gab mir Hanafiahs Telefonnummer. Ich rief an und begann mit einer misslichen »Sie-werden-sich-nicht-erinnern-aber …«-Einleitung. Er erinnerte sich bestens, dieser Mann, den ich seit über zwei Jahrzehnten weder gesehen noch gesprochen hatte. Er redete fast so, als wäre ich eine Freundin, die gerade nach ein paar Monaten aus der Hauptstadt zurückgekommen war. Als wir uns trafen, breitete sich ein warmes Lächeln auf seinem Gesicht aus, er ergriff meine Rechte mit beiden Händen und hielt sie eine lange Weile. Er hatte keinerlei Ähnlichkeit mit dem so mitgenommen wirkenden Skelett mit dem Kopfverband, an das ich mich von 1990 erinnerte, und doch war da eine Vertrautheit, die weit über das Wiedererkennen von seinem Hochzeitsfoto hinausging. Das Unglück eines Menschen mitzuerleben und zu beobachten, so flüchtig es auch sein mag, scheint eine instinktive Verbindung zu schaffen. Hanafiah war heute weit gesprächiger als damals, aber er redete immer noch fast in einem Flüsterton, als traute er dem Frieden nicht wirklich, als dächte er immer noch, alles, was er sagte, könnte eines Tages gegen ihn verwendet werden. Manche Sätze führte er nicht zu Ende …

Er sagte, er sei nicht wieder zurück aufs College gegangen, und zwei oder drei Jahre, nachdem der Soldat ihn niedergeschlagen hatte, habe er keine richtige Arbeit leisten können. »Ich war niemandem nützlich. Ich verlor immer wieder die Besinnung«, sagte er und ließ sich zur Seite kippen, den Kopf auf die Schulter rollen und die Zunge heraushängen. Trotz ständiger Schikanen machte Hanafiahs Familie dem Militär Druck. Hanafiah sagte, der Soldat, der ihm das alles angetan hatte, sei am Ende vor ein Militärgericht gestellt und aus der Armee entlassen worden.

So wie die Armee ihn behandelt hatte, dachte ich, Hanafiah hätte sich womöglich den Rebellen angeschlossen. GAM-Kämpfer bekamen nach der Friedensvereinbarung jede Menge hübsche Posten, was Hanafiahs Stelle in der Baubehörde hätte erklären können, der »nassesten« aller Regierungsbehörden. Aber als ich ihn fragte, ob er sich GAM angeschlossen hätte, war er entsetzt. »Warum hätte ich das tun sollen?«, fragte er. »Die Rebellen waren nicht besser als die Armee!«

Im Jahr 2000, als ein ziviler Präsident versuchte, das Militär gefügig zu machen, bot die Regierung Leuten, die unter der Armeegewalt in Aceh hatten leiden müssen, Stellen an. Hanafiah gehörte mit dazu. Einige dieser Leute hatten nur die Grundschule besucht, und alle waren von genau der Regierung brutal misshandelt worden, für die sie jetzt arbeiten sollten. Ich fragte Hanafiah, ob das nicht merkwürdig für ihn gewesen sei. »Ich versuche, keinen Groll mit mir herumzutragen«, lächelte er und breitete die Hände aus, als wollte er sagen: Wozu sollte das gut sein?

Die zweite Person, an die ich mich sehr deutlich erinnerte, war Asya, eine schlanke junge Frau mit langem, gewelltem Haar, die etwa so alt wie ich gewesen war und für ein von *Save the Children* finanziertes Mütterprojekt gearbeitet hatte. Das Büro des Projekts lag im winzigen Ort Tangse in den Bergen im Nordosten Acehs, die damals als eine Rebellenfestung galten. Als Claire und ich dort ankamen, war der Ort voller Soldaten. Einige hielten sich bei einem Getränkestand auf, tranken Tee oder Kaffee, rauchten Kreteks und waren mehr oder weniger dürftig gekleidet. Sie hatten das Hemd offen oder ganz ausgezogen, saßen breitbeinig da oder hatten die Stiefel auf leeren Bänken liegen. Die Dorfkinder kreisten vorsichtig fasziniert um ihre Waffen, die sie achtlos auf die Tische gelegt oder an die Stuhllehnen gehängt hatten. Die Soldaten waren Javaner, etwa Anfang zwanzig, und falls sie hier mitten im Guerillagebiet Angst hatten, zeigten sie es nicht. Einer von ihnen fing an, es uns zu Ehren zu übertreiben, streichelte den Lauf seines Gewehrs und schnäbelte und gurrte es an. »Das ist meine Frau«, erklärte er. »Ich küsse es, schlafe damit, und es tötet für mich.«

Tangse drängt sich an den Rand eines fruchtbaren Tales in den östlichen Ausläufern des Barisan-Gebirges. Die Holzhäuser sehen wie auf Pfähle gehobene Schweizer Landhäuser aus, die Giebel reich verziert und mit Blumen, Ranken, Mondsicheln und Sternen der Frömmigkeit bemalt. Auf Pfählen stehen sie, um vor den plötzlichen Sturzfluten geschützt zu sein, die mitunter die Flüsse herunterbrechen. Im Morgengrauen hängt ein rosa Nebel über den Reisfeldern und verwischt die Spitzen der Kokospalmen, die irgendwie nicht in diese Berglandschaft passen. Ich hatte mich aus dem Fenster der hölzernen NGO-Kantine gelehnt, wo ich die Nacht verbracht hatte, und in das Bild der Ruhe vor mir versenkt, als die Stille plötzlich von unter Stiefelsohlen knirschenden Steinen durchbrochen wurde. Die jungen Soldaten vom Getränkestand, jetzt in voller Kampfausrüstung, joggten in Formation an mir vorbei. Als sie mich sahen, winkten ein paar von ihnen mit über den Kopf erhobenen Waffen. »Jetzt kriegen wir sie!«, riefen sie. »Jetzt töten wir sie!«*

* Später erfuhr ich von Leuten, die in der Gegend auf Seiten der Rebellen gekämpft hatten, dass Soldaten der regulären Truppen, die schon länger hier stationiert waren, in denselben Moscheen beteten oder denselben Kampfsportgruppen angehörten wie die Männer, die zu den Rebellen gehörten, die Kämpfer mitunter per Funk vor bevorstehenden Kommandounternehmen warnten.

Asya, in Tangse geboren und aufgewachsen, kam und stellte sich neben mich. Sie verdrehte die Augen und wandte sich wieder ab. Im hellen Tageslicht sagte sie nichts. »Die einzige Möglichkeit zu überleben besteht darin, den Mund zu halten.« Aber nachdem die Nacht hereingebrochen war, verriegelten sie und ihre Kollegin die Kantine und erzählten flüsternd vom Leben in den Bergen. Sie waren angewidert von der Art, wie sich die Soldaten verhielten, und ebenso entsetzt von den namenlosen Rebellen. »Das sind Unmenschen, alle zusammen!« Es war Asyas Kollegin, die mir von dem nackten toten Soldaten mit dem Penis im Mund erzählte.

Als ich 2012 wieder nach Tangse kam, lebte Asya immer noch dort. Sie war über die Jahre fülliger geworden, und als ich an ihre Tür klopfte und sie beim Beten störte, wurde ihre Rundlichkeit noch von der bauschigen weißen Gebetsrobe unterstrichen. Sie hieß mich willkommen. »Wir konnten damals nicht viel sagen, nicht war?« Heute sprach sie langsam in vollständigen Sätzen wie eine Frau, die zu viel Zeit allein verbrachte. Ihr Mann war im Jahr 2000 verschwunden, und niemand hatte je wieder etwas von ihm gehört. Sie hatte keine Ahnung, wer dafür verantwortlich war. »Es war so ein Chaos«, sagte sie und hob fragend die Hände zum Himmel. »Ich könnte den einen wie den anderen die Schuld geben, doch tatsächlich können es beide Seiten gewesen sein, und wenn man erst anfängt, Leute zu beschuldigen, hasst man am Ende alle.« *Save the Children* hatte sein Projekt abgebrochen, weil es zu gefährlich schien, mit der Arbeit fortzufahren, als sich der Konflikt intensivierte, obwohl doch erfolgreich Mütter und Babys gerettet wurden. »Es war so eine Schande«, sagte Asya und schüttelte den Kopf.

An Asya war nichts von dem »Das-wäre-anstrengend«, das ich in den trägen Dörfern Ost-Indonesiens gehört hatte. Sie tat, was immer sie konnte, um über die Runden zu kommen, nahm Wäsche zum Waschen an, putzte Häuser, pflanzte Reis für andere Bauern, trocknete ihn nach der Ernte und erstellte gelegentlich Gutachten für Dorfentwicklungsprojekte. So bekam sie ihr Kind durchs College. »Wofür ich bete, ist Frieden. Ich bete dafür, dass mein Kind nicht so leben muss, wie wir es mussten, immer in Angst, immer unsicher, nie mit Vertrauen in jemanden.«

Wenn ich heute durch meine Notizen sehe, stelle ich fest, dass ich solche Aussagen ziemlich häufig gehört habe, aber nie in einem Coffee-Shop. Auf weiblichem Territorium, in der Küche, um eine Schüssel Gemüse herum sitzend, das geschält werden musste, oder über einen Wok gebeugt, in dem Kaffeebohnen rösteten, hörte ich weniger Triumphalismus, weniger Geschichten von glorreichen Schlachten im Namen der Gerechtigkeit. Der Blick auf die Geschichte dort war nuancierter. Der Coffee-Shop ist der Ort, an dem sich die Männer treffen, um ihre Ressentiments zu schärfen und ihren Groll zu pflegen, dem Zeitvertreib einer wohlhabenden Handelsnation zu frönen, die sich immer schon Nichtstun und Krieg leisten konnte. Dort hört man die Sicht der Aufschneider und Maulhelden, und diese in der Öffentlichkeit kundgegebene Sicht schafft es sehr oft in die Geschichtsbücher.

***

Von allen Städten, die ich auf meiner letzten Reise neu besucht habe, hat sich Banda Aceh, die Hauptstadt dieser geplagten Provinz, am meisten verändert. War es früher eine hübsche, aber staubige Ansammlung niedriger Landhäuser, wurde sie nach der Zerstörung durch den erbarmungslosen Tsunami vom zweiten Weihnachtstag 2004 fast völlig neu aufgebaut. Heute ist Banda Aceh eine richtige Stadt mit mehrspurigen Straßen, ordentlichen Kreisverkehren und glänzenden Regierungsgebäuden. Es gibt neue Krankenhäuser und eine Universität, riesige Supermärkte und eine Menge weniger öffentlichen Nahverkehr als früher. In Indonesien wird das als Zeichen des Fortschritts betrachtet: Alle sind reich genug, sich wenigstens ein Motorrad leisten zu können.

Im Übrigen ist die Stadt auch merklich religiöser geworden. Restaurants und Läden schließen ihre Türen während des Freitaggebets, wobei ich festgestellt habe, dass zum Beispiel Tower, das cleverste Internetcafé der Stadt, eine Einschließ-Strategie wie ein irischer Pub betrieb. Ist man beim Schließen drinnen, bleibt man und kann weitermachen.

Auch die Westküste Acehs ist viel moderner geworden. Als ich Anfang 2012 dort war, glätteten Dampfwalzen die letzten Teile einer prächtigen Schnellstraße, die jetzt die ganze Küste hinunterführt. Eine Weile schmiegt sie sich an die Berge. Darunter markiert ein Band weißer Spitze den Streifen, wo das unschuldige Meer auf friedvolles Land stößt, dennoch ist es eine unheimliche Fahrt. Es ist unmöglich, nicht daran zu denken, wozu eine wütende See fähig ist, die völlige Zerstörung, die sie bringen kann. Ich kam an ganzen Plantagen von, wie es aussah, Telegrafenmasten in wassergesättigter Erde vorbei. Das waren einmal Kokospalmen gewesen, heute tot und ohne Blätter, eine endlose Tristesse. Morgens wurde ich vom Gebetsruf einer Moschee geweckt, die aus nichts anderem als einem hoch an einem Holzpfahl angebrachten Lautsprecher bestand, und die ganze Küste hinunter sah ich Tausende und Abertausende Fertighäuser in engen Gruppen zusammenstehen, fast alle auf der meeresabgewandten Seite der Straße, zu den Bergen hin ausgerichtet. Die Indonesier haben nie die westliche Besessenheit in Bezug auf den Meerblick geteilt. Überall im Land haben die Strandhäuser Bad- und Küchenfenster, wo bei uns die großen Aussichtsfenster wären, und an der Westküste Acehs haben die Menschen einen wirklich guten Grund, ihre Abende nicht mit Betrachtungen des Meeres zu verbringen.

Alle Fertighäuser der jeweiligen Siedlung sind identisch, nur zwischen den Komplexen variieren die Modelle. Es gab ein, zwei Gruppen mit Holzhäusern auf Pfählen im traditionellen acehnesischen Stil, doch meist handelte es sich um fest auf der Erde stehende, zementgemauerte Betonbauten, die in diesem Dorf krankenhausgrün waren, im nächsten von einem rosafarbenen Beige wie der Karamellpudding früher mittags in der Schule. Alle Siedlungen haben ihre Spender, wobei deren Logos und Namen zu Adressen geworden sind. »Ibu Amna? Die wohnt in Oxfam, beim Fußballfeld.« Mit der Zeit sind die Häuser von ihren Bewohnern verändert worden, an den Rückseiten sind Anbauten gewachsen, auf den Dächern sprießen Satellitenantennen. Aber nur sehr wenige wurden neu gestrichen, und die Uniformität ist eine Erinnerung daran, dass wir vor Gott alle gleich sind.

Im Zentrum des neuen Banda Aceh steht ein Tsunami-Museum. Es bewahrt die Erinnerung an etwas, das sich tief in das Gedächtnis eines jeden gegraben hat, der damals in Indonesien war. Tage, ja Wochen nach der Flut spielten die Fernsehsender noch Begräbnismusik und zeigten Bilder der Katastrophe, Reihen über Reihen toter Kinder, ihre Leichen ausgebreitet wie Puppen in einem Spielzeugladen. Wände schwarzen Wassers, die auf hastig höher kletternde Kameras zuschießen. Busse, Häuser, Bäume, die unbarmherzig ins Land hineingeschwemmt worden waren. Die Moschee in Banda Aceh, die majestätisch aus den Ruinen ragt, das Schiff oben auf einem Dach, wehklagende Überlebende, die angespannten Rettungshelfer, die unvorstellbaren Szenen, die darauf folgen, wenn ein rachgieriger Ozean sich dreißig Meter hoch aus seinem Bett erhebt und über eine Zivilisation hereinbricht, die ihren Alltagsgeschäften nachgeht.

Das Tsunami-Museum ist ein eindrucksvolles Gebäude, eine große, auf mächtigen Säulen ruhende, von einem regelmäßigen Muster durchbrochene Rundkonstruktion, die aus einem Winkel wie eine anbrandende Welle aussieht, aus einem anderen wie ein Schiff. Hinein geht es durch einen langen, dunklen Gang, der auf beiden Seiten von schwarzem Wasser eingefasst ist. Ich fühlte mich eingeschüchtert und leicht verängstigt.

Als ich aus dem Gang herauskam, sah ich Löcher in den Wänden, Schimmelflecken und von der Decke hängende Kabel, und das alles in einem Denkmal, das sieben Millionen US-Dollar gekostet hatte und vor weniger als drei Jahren erbaut worden war. Die Bibliothek und die Toiletten waren geschlossen, aber schlimmer noch: In den auf Dutzenden von Pulten laufenden Diashows und unter den wild durcheinander auf Tafeln aufgezogenen Fotos (durchsetzt mit zahlreichen Zeichnungen des Museums selbst), in den hellen Dioramen im Stil der 1970er-Jahre mit Spielzeugfiguren und Plastikpalmen und selbst in dem neunminütigen Film, den ich mir zusammen mit Kindern ansah, die noch nicht einmal geboren waren, als die Welle zuschlug, gab es nichts, was das gedämpfte Dröhnen und das schlammig-kranke Gefühl wieder aufleben ließ, das wir alle verspürt hatten, als wir die Reihen von Leichentüchern im Fernsehen sahen. Tatsächlich war der Tod in diesem riesigen Museum, das einem Ereignis gewidmet ist, bei dem einhundertsiebzigtausend Menschen umkamen, so gut wie nicht präsent. Ich sah nur ein Foto, auf dem, ganz am Rand, ein einziger orangefarbener Leichensack zu erkennen war.

Ich sprach einen Mitarbeiter darauf an, der Schulkinder mit einem Megafon herumdirigierte und nur die Schultern zuckte. »Vielleicht wollten sie keine Gefühle aufwühlen.« Ein Denkmal für etwas, an das sich die Leute nicht wirklich erinnern sollen. Ein Museum der Amnesie, ein selektives Neuschreiben der Geschichte. Überlegt man es recht, passt das seltsam gut zu Aceh.

Vietnam
Thailand
Südchinesisches
Meer
Andamanen-See
Banda Aceh
Lhokseumawe
Tangse
Straße von Malakka
Malaysia
Aceh
Medan
Kuala Lumpur
Banyak-Inseln
Nord-
sumatra
Haloban
Singapur
Singapur
Sumatra
Riau
West-
sumatra
Bukit
Duabelas
Nationalpark
Padang
Jambi
Bangka
Jambi
Tanjung
Bandah
Bangko
Palembang
Belitung
Bengkulu
Südsumatra
Java-See
Lampung
Banten
Jakarta
West-
Java
Indischer
Ozean
Java
0
200 km

Kapitel 10

Außenseiter

Aceh, ja ganz Sumatra erwies sich als ziemlich anders als die östlichen Teile Indonesiens, durch die ich in den vorhergehenden Monaten gereist war. Sumatra ist riesig, so riesig, dass die gesamte Provinz NTT, die Molukken und die Sangihes, insgesamt sind das viertausendeinhundert Inseln, gerade mal ein Viertel seiner Fläche erreichen. Ein bewaldeter Bergzug steigt in Aceh an der Nordspitze der Insel auf und verläuft eintausendsechshundert Kilometer die Westküste hinunter. Auf der Ostseite der Berge bedeckt Regenwald die weiten Ebenen bis hin zu den riesigen Tieflandsümpfen, die von Flüssen durchkreuzt werden. So etwas ergibt gutes Plantagenland.

Auch kulturell weist die Insel etliche Unterschiede auf. Die Achinesen sitzen auf der »Veranda Mekkas« und sind stolz darauf, islamischer zu sein als irgendwer sonst im Land. Direkt südlich von Aceh, um den mächtigen Hochlandsee Toba, leben die christlichen Batak so clanbezogen wie nur sonst eine ethnische Gruppe in Indonesien. Ihre Begeisterung für Begräbnisse und andere Opferfeste steht auf einer Stufe mit der der Bewohner Sumbas. Die Minangkabau West-Sumatras sind stolze Muslime, dynamische Intellektuelle und Lieferanten der Nasi-Padang-Gerichte, die die Nation verbinden. Die Händler von Palembang an der Ostküste sind ebenfalls standhafte Muslime und in einem Grad offen und aufrichtig, wie es das im schönfärberischen Java nicht gibt. Und zu diesen vier kommen noch Dutzende weitere Bevölkerungsgruppen auf der großen westlichen indonesischen Insel.

Die Busfahrt von Medan durch Aceh hatte mich nicht nur wegen des Wahlplakatdickichts mit ehemaligen Rebellen als Gouverneurskandidaten überrascht. Für den ersten Teil meiner Fahrt von Medan nach Langsa hatte ich ein nummeriertes Ticket für einen Bus gekauft, der zu einer festen Zeit abfahren sollte. Das schien ein merkwürdiges Konzept. Im Osten Indonesiens galt als Abfahrtszeit, »wann immer der Bus voll ist«. Aber von Medan brachen wir zur vorgesehenen Zeit auf, und ich saß bequem auf dem mir zugewiesenen Platz.

Kaum einen Kilometer hinter dem Busbahnhof stoppte der Fahrer den Bus jedoch mit quietschenden Bremsen, um noch jemanden mitzunehmen, der winkend am Straßenrand stand. Dann noch jemanden und noch jemanden. Bei jedem improvisierten Halt holte der Fahrerassistent den neuen Passagier durch die hintere Tür herein, und ein Freund reichte Reissäcke oder Körbe mit Hühnern hinterher. Eine frühe Hinzufügung zur Passagierliste lächelte mich an: »Entschuldigung, hätten Sie etwas dagegen, wenn ich ...« Schnell wandte ich den Blick ab, doch es war zu spät. Jetzt saßen wir zu dritt auf zwei Sitzen. Nach ein paar Kilometern und mehreren Dutzend Stopps, mehr Lächeln und »Tut-mir-leids« waren wir schließlich dreieinhalb. Der Mann am Gang saß halb auf dem Sitz und halb auf einem Stapel Zementsäcke.

Für eine Nation, die sich so viel hin und her bewegt, sind Indonesier miese Reisende. Auf Fähren werden sie seekrank (*mabuk* – »betrunken«), bevor ich überhaupt gemerkt habe, dass das Schiff abgelegt hat, und in Bussen hält sich jeder zweite Passagier ein Fläschchen Balsem unter die Nase. Balsem, ein Allheilmittel, das wie ein mit Wick-Vaporub versetzter Mint Julep riecht, soll den Magen beruhigen. Es ist ein sicheres Zeichen, dass sich der- oder diejenige bald übergeben wird. Die Frau, die sich ganz zu Anfang der ersten vierzehnstündigen Busetappe von Medan mit auf meinen nummerierten Sitz gedrängt hatte, begann ordnungsgemäß Balsem zu schnüffeln und schließlich in eine Plastiktüte zu spucken. Das Geräusch wurde gnädig von der Dangdut-Musik geschluckt, die aus den alle zwei Meter im Bus angebrachten Lautsprechern dröhnte.

Alternativ zu den Fernbussen kann man auch eine Reihe Kurzstrecken-Minibusse nehmen (in Nord-Sumatra heißen sie »L300s«, nach dem Mitsubishi-Modell, das die meisten Fahrer benutzen). Die halten noch öfter, weil einer winkt, und machen weite Umwege, um jemanden zu Hause abzusetzen oder bei Tantchen noch ein Paket abzuholen. Ausgelegt sind sie für elf Passagiere, oft aber mit achtzehn unterwegs. Deshalb ist es eine gute Idee, sich ganz nach vorn auf den Sitz neben dem Fahrer zu schmeicheln. Vorn zu sitzen hat viele Vorteile, nicht nur, dass man etwas sieht, statt auf das strassbesetzte Dschilbab vor sich starren zu müssen. Weil die Fahrer gern ihren eigenen Raum schützen, lassen sie selten mehr als zwei Leute auf den Beifahrersitz, im Übrigen kennen sie die Gegend gut, sind oft gesprächig und informativ, haben Empfehlungen und bringen einen bis vor die Tür eines freundlichen Gästehauses. Und der Sitz vorn bringt einen auch in die Nähe der Musikanlage. Ich wurde ganz gut darin, beim Suchen in meiner Tasche aus Versehen mit dem Ellbogen die Lautstärke herunterzudrehen. Manchmal ließ mich der Fahrer auch meinen USB-Stick einstöpseln und meine eigene Musik spielen. Von den

Reaktionen hinter mir lernte ich, dass ich mit Lyle Lovett und k.d. lang durchkam, nicht aber mit Flamenco oder etwas Klassischem.

Den Fahrern zuzusehen machte ebenfalls Spaß. Ich fing insgeheim an, Preise für Multitasking zu vergeben. Auf einer einspurigen Straße, die sich aus einer unübersehbaren Kurve in die nächste Spitzkehre schlängelte, sah ich, wie sich unser Fahrer eine Zigarette anzündete, um sich anschließend mit dem qualmenden Stängel zwischen den Lippen an das Schälen einer Salak zu machen. Eine Salak ist eine tropfenförmige, mandarinengroße Frucht, innen weiß und wächsern, bedeckt von einer harten, braunen Schlangenhaut, die nur schwer herunterzupellen ist. Er manövrierte uns mit den Unterarmen durch die Haarnadelkurven, während er sich seiner Aufgabe widmete, schwatzte mit uns und lenkte zwischendurch nur mit dem rechten Ellbogen, wenn er den linken zum Schalten brauchte, Asche von der Zigarette schnipste oder ans Telefon ging.

Eines Nachmittags war ich es, die den Arm am Straßenrand reckte, direkt nördlich von Lhokseumawe an der Ostküste Acehs. Ein L300 kam neben mir zum Stehen, und ich fragte den Fahrer, einen gut aussehenden Mann Mitte fünfzig mit einem gepflegten Schnauzbart, ob er mich in Sigli absetzen könne. Er winkte mich auf den vorderen Sitz und stellte sich als Teungku Haji vor. Das verwirrte mich: Teungku ist ein acehnesischer Ehrentitel, der Menschen für ihre islamische Gelehrtheit zuerkannt wird, und Haji, oder auch Hadschis, heißt jemand, der nach Mekka gepilgert ist. Es war ein bisschen so, als würde man sich Sir Reverend nennen. Über seinem hinten und an den Seiten kurzen Haarschnitt trug Teungku Haji eine weiße, goldbestickte islamische Kappe. Er schwatzte fröhlich über die gewohnten Dinge, die Inkompetenz der Regierung, die Wahlen, die möglicherweise steigenden Benzinpreise, und fütterte mich mit frittierten, salzigen Bananenchips. »Sie sind zu mager.« Endlich fragte er mich, was ich in der wenig reizvollen Küstenstadt Sigli zu tun hätte.

Tatsächlich, sagte ich, wolle ich da nur den Bus wechseln, um ins Landesinnere in das kleine Bergdorf Tangse zu fahren – wo ich Asya wiederzufinden hoffte, die NGO-Mitarbeiterin, die ich zwei Jahrzehnte vorher kennengelernt hatte. »Es ist der Wille Gottes, dass wir uns hier treffen!«, erklärte Teungku Haji daraufhin. Von den Hunderten von Bussen, die täglich an der Stelle durchkamen, an der ich ihn angehalten hatte, war Teungku einer von nur zweien, die nach Tangse fuhren. Als wir von der Hauptstraße abbogen und westlich durch die Reisfelder fuhren, flammten die Wolken über den Bergen Zentral-Acehs orange auf, und der abendliche Gebetsruf hallte von den Moscheen talauf, talab wieder. Bei unserer Ankunft in Tangse hatten sich die Berge dann staubig purpurn eingefärbt, und ein, zwei Sterne schmückten bereits den Himmel. Teungku Haji fragte, wo ich unterkommen wolle. Ich fragte, welches Gästehaus er empfehle. »Gästehaus? Es gibt keine Gästehäuser in Tangse.«

Eine Pause.

»Warum kommen Sie nicht mit zu mir?«

Eine Pause.

Ich wollte nicht unhöflich sein. Aber das »Sag-einfach-ja« galt nicht notwendigerweise auch für von Busfahrern bei Einbruch der Dunkelheit in einem abgelegenen Dorf ausgesprochene Einladungen, Gebetskappe hin oder her.

Ich versuchte mich aus der Affäre zu ziehen. »Das ist ein sehr freundliches Angebot. Wirklich. Aber ich denke, es ist nicht nötig. Setzen Sie mich doch bitte bei der NGO-Kantine ab.« Ich war nicht sicher, ob ich das Save-the-Children-Haus wiedererkennen würde, in dem ich vor all den Jahren gewohnt hatte. Der Fahrer hatte keine Ahnung, wovon ich redete. »Es gibt keine NGO in Tangse.«

Und dann wieder: »Kommen Sie mit zu mir.«

Er sah zu mir hin, und ich wandte schnell den Blick ab. Da brach Teungku Haji in Lachen aus und schlug entzückt aufs Lenkrad. »*Aduh!* Ich meine das nicht *so*, Ibu.« Er erklärte, dass er selbst nicht aus Tangse stamme, sondern aus Biruen an der Küste, seine Frau sei jedoch hier geboren und aufgewachsen. »Sie kommen mit mir nach Hause. Sie wird wissen, was zu tun ist.«

Ibu Hamidah wusste genau, was zu tun war. Sie entrollte zwei Teppiche auf dem Wohnzimmerboden und breitete meine Schlafmatte darauf aus. »Da. Ihr Bett.« Die Teppiche waren für einen Besuch des amtierenden Gouverneurs an die örtliche Moschee ausgeliehen worden und gerade an diesem Tag aus der Reinigung zurückgekommen. »Sehen Sie«, sagte Ibu Hamidah, »es ist der Wille Gottes, dass Sie bei uns bleiben.«

So freundete ich mich mit Yufrida an. Yufrida war Hamidahs Tochter (und Teungku Hajis Stieftochter, es war für beide die zweite Ehe). Als ich ankam, saß sie vorn im Haus in einem Rollstuhl. Ich wurde Hamidah und ihren Eltern vorgestellt. Ihr Vater war ein großer, ehrwürdiger Mann mit vage arabischen Zügen, und im Puddinggesicht ihrer Mutter saßen ein betelverfärbter Mund und zwei schmale, misstrauische Augen. Yufrida blieb außen vor.

Ich begrüßte sie von mir aus, und sie grüßte zurück, undeutlich, aber doch noch verständlich. Yufrida hatte außergewöhnlich funkelnde Augen und ein helles Lächeln, das vorstehende Zähne sehen ließ.

»Kümmern Sie sich nicht um sie«, sagte die Puddinggesicht-Großmutter. »Sie ist ein Krüppel. Kommen Sie schon, geben Sie uns Geld.« Einfach so.

Yufrida saß in ihrem Rollstuhl, die Beine umeinandergewunden, den rechten Arm steif vor dem Körper, die linke Hand seitlich zu einem Haken nach oben gebogen. Sie sagte nichts, doch jetzt stellte Hamidah sie endlich vor: »Das ist Yufrida«, und fuhr ihr liebevoll durchs Haar. Hamidah behandelte ihre Tochter mit großer Güte. Trotzdem klagte auch sie vor ihr darüber, wie anstrengend es sei, sich um eine dreißigjährige, von klein auf schon behinderte Tochter zu kümmern, sie zu füttern, zu baden, auf die Toilette und wieder herunter zu hieven.

Ich ignorierte die still in ihrem Stuhl sitzende Yufrida für den Rest des Abends lieber. Wenn sie etwas sagte, begriff ich kaum, was sie wollte, und so wie alle, bis auf ihre Mutter, nicht weiter auf sie achteten, nahm ich an, dass sie Unsinn redete, wobei ich später begriff, dass es Acehnesisch war.

Am nächsten Tag ging ich mit Ibu Hamidah und ihrem Vater Kakaosetzlinge pflanzen. Er war dreiundachtzig und trug einen Fünfzig-Kilo-Sack Dünger auf den Schultern, trotzdem war nur schwer mit ihm Schritt zu halten. Bei unserer Rückkehr begrüßte uns Yufrida voller Freude, und als später ihre Cousinen von weiter oben im Dorf kamen, um Hallo zu sagen, kommunizierte sie mit ihnen, wie es deren Unbeholfenheit ihr gegenüber erlaubte. Ich begriff, dass Yufridas Verstand völlig normal arbeitete, ich hatte mich nur nicht ausreichend bemüht, sie zu verstehen.

Abends sagte ich, ich wolle einen Spaziergang machen und die Cousinen besuchen, und fragte Yufrida, ob sie Lust habe mitzukommen. Sie freute sich ungeheuer, aber Oma war entsetzt. »Das dürfen Sie nicht tun!«, sagte sie und rang die Arme in meine Richtung, als wollte sie mich in einer Rauchwolke verschwinden lassen. »Sie geht nie aus dem Haus. Das wäre eine große Schande.« Ich fragte Yufrida, ob sie sich schämen würde, wenn sie mit mir käme. Sie schüttelte heftig den Kopf. »*Tidak!*« – Nein! Klar und eindringlich. Hamidah lächelte: »Nun, wenn du einen Besuch machen willst, wirst du gut aussehen wollen.« Und sie half ihrer Tochter in frische Kleider, bürstete ihr das Haar und legte etwas Puder und Lippenstift auf, bis ich, verglichen mit ihr, ziemlich unansehnlich wirkte.

Wir müssen ein komisches Paar abgegeben haben, diese unbekannte weiße Frau, reisegegerbt und mit einem Dschilbab, das ihr alle paar Minuten herunterrutschte und kurzgeschorenes Haar sehen ließ, fluchend und sich gleichzeitig entschuldigend, weil der

Rollstuhl so über die unebene Steinstraße holperte, und im Rollstuhl die jüngere Achinesin mit ihrer Alabasterhaut, die sich nicht nur nicht beklagte, sondern breit grinste, während wir über die Buckel schlingerten. Später nahm mich ihre Mutter beiseite und erklärte mir, dass ich den Stuhl auf die Hinterräder lehnen müsse, wenn eine schwierige Stelle komme. »Yufrida hat mich gebeten, Ihnen das zu erklären. Sie hat Angst, sie könnte Sie verletzen, wenn sie es Ihnen selbst sagte.«

Die Leute starrten uns an, als wir vorbeikamen, aber wenn wir unser »Guten Abend« riefen, ich auf Indonesisch, Yufrida auf Acehnesisch, erwiderten sie unseren Gruß. Bei unserem dritten Abendspaziergang grüßten sie uns bereits, sobald wir in Sicht kamen.

Am nächsten Tag fuhren Ibu Hamidah und ich mit ihrem Motorrad etwa vierzig Kilometer das Tal hinauf nach Gumpang. Theoretisch wollten wir ein paar unabhängige Goldsucher aufspüren (ich hatte gehört, dass hier in der Gegend welche zu finden seien), tatsächlich aber ging es uns mindestens so sehr um einen Ausflug unter Frauen. Es war ein herrlicher Tag, blau und leicht stürmisch. Hinter den Reisfeldern in der Flussebene um Tangse verengte sich das Tal. Ein energischer Fluss wirbelte um die grauen Felsen im Tal und schnitt einen Schlund zwischen die Straße und die gleich daneben aufragenden Felswand auf der einen Seite und die steilen, rankenüberwachsenen Wand gegenüber. Wir kamen an einer zusammengebrochenen Hängebrücke vorbei, von der nicht mehr als zwei Drahtseile hoch über der Schlucht übrig waren. Dort in der Luft auf dem unteren Seil balancierend und sich am oberen festhaltend, überquerte ein Mittelschulmädchen mit einem Rucksack voller Bücher den Fluss, gefolgt von einem Jungen in der rötlichbraun-weißen Uniform der Grundschule sowie zwei jungen Müttern mit auf den Rücken gebundenen Babys.

Bei einem hoch über die Schlucht gebauten Restaurant legten wir eine Pause ein, tranken einen Kaffee und redeten über dies und das. Hamidah hatte wie ihre Tochter ein schönes, offenes Lächeln, und ihre Augen funkelten verschmitzt hinter zwei kleinen ovalen Brillengläsern. Sie war selbstbewusst und durchsetzungsfähig, aber nicht herrisch. »Sind Sie sicher, dass Sie ohne Ihr Dschilbab da hinein wollen?«, fragte sie, als ich auf die Tür zuging und vergessen hatte, meinen Kopf zu bedecken. »Ich meine ja nur ...«

Jetzt, wo wir ungestört fern der Familie waren und unseren Kaffee tranken, erzählte sie mir ihre Geschichte, und ich begriff, wie stark sie war. Yufrida und noch zwei weitere Kinder waren von ihrem ersten Mann, den sie als Taugenichts beschrieb. »Er stahl Autos von der Armee, verkaufte sie und verspielte das Geld, sodass er es nicht wieder zurückzahlen konnte, als sie ihn erwischten.« Sie schüttelte den Kopf, als könnte sie es immer noch nicht glauben. Irgendwann verschwand er für zwei Jahre und ließ sie mit den drei Kindern allein, aber erst als sie mit weiteren seiner Kinder konfrontiert wurde, erfuhr sie, dass er sich vor langer Zeit schon eine weitere Frau genommen hatte. Natürlich war er ihr mit Yufrida keine Hilfe. Hamidah lernte, sich auf sich selbst zu verlassen. Zur Zeit des Tsunami lebte sie in Banda Aceh, vermochte mit Yufrida aber der Flutwelle zu entkommen, nur ihr Haus wurde zerstört. »Das Gute am Tsunami war, dass wir endlich einen Rollstuhl bekamen, von einer der NGOs, die den Opfern halfen.«

Das war die einzige Unterstützung, die Hamidah, obwohl sie beim Sozialamt jahrelang um Hilfe bat, je bei der Pflege ihrer Tochter erfahren hatte. Ich fragte, was mit der Schule sei, mit einer Physio- und Sprachtherapie. Nichts. Yufrida war eindeutig gesellig und intelligent, und ich sagte, mit ein wenig Unterstützung könne sie wahrscheinlich ein weit unabhängigeres, tätigeres, interessanteres Leben führen. »Schließlich«, fügte ich hinzu, »ist sie nicht geistig behindert.«

Hamidah, die normalerweise sehr schnell mit ihren Antworten war, schwieg. Sie sah mich lange an, wandte den Blick ab und sah mich wieder an. »Das stimmt«, sagte sie. »Sie ist nicht geistig behindert.«

Am nächsten Tag zeigte mir eine Gruppe Frauen, wie man acehnesische Kuchen buk. Yufrida sah zu, wie ich unbeholfen versuchte, das Rollen und Kneten des Teigs nachzumachen, und lachte. Ich fragte sie, was ich falsch machte. »Zu dünn«, sagte sie zu meinen dürftigen Versuchen.

Eine Nachbarin mit einem Pferdegesicht zog die lange Nase kraus. »Sie ist behindert«, sagte sie, als wäre mir das noch nicht aufgefallen. »Sie muss gefüttert werden, und Sie denken, sie weiß, wie man Kuchen backt!«

Ich öffnete den Mund, um etwas zu antworten, doch Ibu Hamidah kam mir mit leiser, eisiger Stimme zuvor: »Sie ist nicht geistig behindert.«

Pferdegesicht wirkte erschreckt, als wäre ihr die Unterscheidung zwischen körperlich und geistig behindert völlig neu. Sie sagte, sie habe noch etwas zu erledigen, und ging. »Sie ist nicht geistig behindert«, wiederholte Hamidah, als die Nachbarin an der Tür war.

Später auf meiner Reise, in Kalimantan, lernte ich eine junge holländische Freiwillige kennen, die Behinderte kostenlos physiotherapeutisch behandelte. Sie hatte den Eindruck, die Religion sei die erste Hürde für indonesische Eltern, wenn sie überlegten, wie sie mit ihren behinderten Kindern umgehen sollten. »Dieses Kind wurde mir von Gott gesandt, um mich zu prüfen. Ich muss die Bürde mit Gleichmut tragen.« Der zweite Gedanke, vielleicht im Zusammenhang damit, war Scham. »Ich habe ein unvollkommenes Kind, ist das womöglich die Strafe für ein Vergehen von mir? Besser, wenn es niemand erfährt.« Und dann war da noch die Angst vor den Kosten, die mit einer Behandlung einhergehen mochten – wobei viele Eltern gar nicht erst auf den Gedanken kamen, dass eine Behandlung möglich sein könnte.

All das stimmte zweifellos, da bin ich sicher, traf aber nicht auf Hamidah zu, die zumindest versucht hatte, Hilfe für Yufrida zu bekommen. Die größte Herausforderung für Yufrida und Hunderttausende anderer behinderter Indonesier sind die Einstellungen und Verhaltensweisen von Menschen wie Pferdegesicht oder sogar ihrer eigenen Oma, aufrechten Mitgliedern einer Gesellschaft, die nicht gut mit Außenseitern umgeht.

***

Auf einer Reihe mikroskopisch kleiner Inseln vor der Küste Sumatras erlitt ich Schiffbruch mit meinen Bemühungen, mich den Menschen, unter denen ich reiste, so gut wie möglich anzupassen. Pulau Banyak (»Viele Inseln«) ist offiziell Teil der Provinz Aceh, doch die örtliche Bevölkerung spricht Malaiisch, und der Polizeichef der Hauptstadt sagte, er sei selbst »ganz und gar nicht von hier: Ich bin ein Außenseiter, was Aceh betrifft.«

Darauf schimpfte er eine Weile über die Kurzsichtigkeit der örtlichen Fischer, die sich mit einem einfachen Kompressor von einem Kanu Luft in die Lunge pumpen ließen, um in große Tiefen abzusteigen und dort Kaliumcyanid auf Hummer, Zackenbarsche und andere teure Fischarten zu sprühen, was seit 2004 verboten, jedoch immer noch weit verbreitet war. Das Gift lähmt die Tiere, was es möglich macht, sie lebend zu fangen und an Fischrestaurants zu verkaufen, die sie in ihren Aquarien ausstellen. Aber das Gift gerät auch in die Meeresströmungen und tötet genau die Korallen, von denen die Fische und andere wertvolle Arten wie Hummer und Meeresschnecken abhängen. »Ich weiß nicht mal, wie ich anfangen soll, ihnen zu erklären, wie dumm das ist.« Der Polizist schüttelte den Kopf.

Während sie damit beschäftigt waren, ihre zukünftigen Verdienstmöglichkeiten zu vernichten, erkrankten die Männer oft an der Taucherkrankheit. Einige wurden gelähmt, andere starben. Ich bemerkte, dass es in der Gegend verschiedene Möglichkeiten zu sterben gebe. Am Morgen erst hatte ich gehört, dass eine Frau im benachbarten Haloban von einem Krokodil gefressen worden war. »Nur ihre Knochen waren übrig«, sagte die Person, die mir die Geschichte durchaus genussvoll erzählte.

Der Polizist nickte. »Aber damit kommen sie schon klar. Sie holen einen Schamanen, um das Krokodil zu fangen«, sagte er und erklärte mir die Sache genauer. Der Krokodilflüsterer geht an die Stelle der Küste, wo das Opfer gefressen wurde, und treibt einen heiligen Speer in die Erde. Damit ruft er die Bruderschaft der Krokodile zusammen, und die guten von ihnen, die, die nichts Falsches getan haben, zeigen auf das unartige, das Frauen fressende Krokodil. Der Schamane fängt es, und die anderen machen sich wieder ans Fische-Fressen und schwimmen ihrer Wege.

Es schien unwahrscheinlich, dass ein Polizist, der gerade gegen die idiotische Kurzsichtigkeit der örtlichen Taucher gewettert hatte, glauben konnte, ein Mann mit besonderen Kräften könnte ein Krokodil-Konklave einberufen. »Funktioniert das?«, fragte ich. »O ja«, sagte der Polizeichef. »Es sei denn, der Schamane ist ein Betrüger.«

Ich beschloss, nach Haloban zu fahren und mit dem Krokodilflüsterer zu sprechen. Dabei ließ ich mich von einem Boot mit seltsam lakonischen holländischen Freiwilligen mitnehmen, die von einer Schildkröten-Beobachtungsstation zurückkamen, die ich bereits besucht hatte. Das Wetter war übel, doch das konnte die Jungs nicht von ihrer Weiterfahrt abhalten. Durch ein Loch in der Bordwand leerten sie das Wasser aus dem Boot, verschlossen das Loch anschließend mit einem Stück von einem alten Flipflop, und schon ging es durch die wild anbrandenden Wellen hinaus aufs Meer.

Mein gelbes Regencape erwies sich als nutzlos angesichts des von allen Seiten heranschwappenden und -spritzenden Wassers. Die Freiwilligen wirkten ganz elend. »In Irland nennen wir diese Art Wetter ›klumpig‹«, schrie ich vorgetäuscht fröhlich durch das Dröhnen des Motors und der Wellen. Einer der Holländer nickte stumm und machte zum ersten Mal den Mund auf: »In Holland sagen wir schlicht ›Scheißwetter‹.«

Wir brauchten fast zwei Stunden, um nach Haloban zu gelangen, was mir reichlich Zeit gab zu überlegen, wie viele Wochen es wohl dauern würde, bis irgendwer darauf käme, dass ich hier draußen ertrunken sein könnte. Als wir endlich ankamen, war ich bis auf die Knochen durchgefroren und vermochte meine Tasche kaum zu halten, so taub waren meine Hände. Ich knotete mir mein durchnässtes Dschilbab übers Haar und zog meine Tasche über die matschige Straße, vorbei an Halobans einzigem Coffee-Shop. Die Kaffeetrinker beäugten mich stumm. Ich hörte nicht mal ein »*Dari mana?*« – Wo kommen Sie her?, oder ein »*Hello Mister*«, da war nichts als eine Wand starrer Blicke.

Haloban verfügt über ein einziges, von einer Frau von der Insel Nias geführtes Gästehaus. Sie war bemüht freundlich, behandelte mich jedoch, als wäre ich leicht zurückgeblieben. Sie sprach *laaangsam* und sehr *deeeuuutlich* und streute hier und da ein englisches Wort ein, damit ich mich etwas mehr zu Hause fühlte. »You *mandi duli, habis itu* you *lapor diri, bari kita,* eat rice.« Dazu machte sie löffelnde Bewegungen zum Mund hin. Nachdem ich mich gewaschen hätte, könne ich gehen und mich bei der Polizei melden, sagte sie. Anschließend würden wir essen.

Ich wusch mich, grub einigermaßen trockene Sachen aus der Mitte meiner klammen Tasche und setzte mich unter die Markise vorne am Gästehaus, zur Straße hin, wo der Dorfpolizist auf einer Bank lag. In Suhartos Jahren hatten sich Ausländer bei der Polizei melden müssen, wenn sie sich in ländlichen Gebieten aufhielten, und in Aceh hatte sich das als Gewohnheit über das Ende des Konflikt 2005 hinaus erhalten. In sehr abgelegenen Gegenden, wenn ich bei Dorfbewohnern unterkomme, melde ich mich von mir aus an, um von vornherein allem Argwohn vorzubauen. Wobei die Polizisten oft eine gute Quelle für den örtlichen Tratsch sind. Aber der, der dort auf der Bank lag, verspürte ganz offensichtlich auch nicht den geringsten Wunsch, mich zu registrieren. Er hatte sein T-Shirt hochgeschoben und kratzte sich den Bauch, während er mit der anderen Hand auf seinem Handy eine Nachricht verfasste. Ich wünschte ihm einen guten Abend, doch er übersah mich bewusst. Irgendwie war ich ganz froh, dass mir so das höfliche Geplauder erspart blieb, das uns auf die brennenden Themen des Tages gebracht hätte: Krokodilflüsterer und den Diebstahl von Schildkröteneiern.

Tatsächlich war ich nach sieben Monaten Unterwegssein ein wenig müde, was die »Sag-einfach-ja«- und die »Natürlich-steige-ich-bei-dem-vom-Himmel-peitschenden-Regen-in-dein-leckes-Boot«-Erfahrungen anging. Ich fing an, mit meinem eigenen Telefon zu spielen, langte seit drei Tagen zum ersten Mal wieder in meine andere Welt und schrieb einem Autorenfreund in Jakarta. »Wie soll ich dieses Land je verstehen?«, klagte ich. »Dafür sind Lektoren da«, antwortete er.

Ich sah durch meine E-Mails. Ein paar verlangten nach Strategieempfehlungen für die HIV-Behandlungsdienste in Papua und erinnerten mich damit an eine, wie es schien, sehr lange zurückliegende Brotarbeit. Eine kam vom Redakteur einer Londoner Zeitschrift, der einen tiefsinnigen Artikel über Indonesien wollte, und dann war da eine Nachricht von Sara, meiner Londoner Lektorin, die dieses Buch für den Verlag eingekauft hatte.

Sie gab ihren Job auf.

Mein Buch war verwaist. Ich würde diesen unmöglichen Kuddelmuddel ganz allein in eine Form bringen müssen. Der Himmel stürzte über mir ein, und zum ersten Mal auf meiner Reise traten mir Tränen in die Augen.

Der Polizist, dessen Bauch immer noch im Wind flatterte, ignorierte mich auch weiterhin. Ich kann in dieser unfreundlichen Stadt nicht auf der Straße sitzen und schluchzen, dachte ich und flüchtete mich in die dunkle Zelle meines Zimmers. Dabei kam ich durch die Eingangsdiele, wo die gesamte Familie, einschließlich der Großeltern und einiger Teenager, auf dem Boden saß und eine Fernsehserie verfolgte. Als ich meine Tür hinter mir schloss, brachen mit einem Mal die letzten sieben Monate über mir zusammen, sieben Monate in feuchten, fensterlosen Flohgruben, in denen ich um vier Uhr morgens von der Moschee geweckt wurde, um fünf von den Hühnern und um sechs von den Schulkindern, sieben Monate, in denen ich immer wieder meine Kinderlosigkeit hatte verteidigen müssen, gefragt worden war, warum ich keine Freunde hätte, und mir gesagt wurde, dass ich in jungen Jahren einmal hübsch gewesen sein musste, sieben Monate ohne Klopapier, Alkohol und Gespräche auf Englisch, sieben Monate mit den immer selben sechs Unterhosen, endlosem Packen und wieder Packen von Taschen, sieben Monate des Kampfes gegen Fußfäule und geheimnisvolle Ausschläge, sieben Monate, in denen ich versucht hatte zu verstehen, was nicht zu verstehen war, und vor allem sieben Monate, in denen ich mich in eine Welt einzupassen versucht hatte, die nicht meine war: Das alles stürzte auf mich herunter, und jetzt fing ich richtig an zu schluchzen, mit Schluckauf. Rotz und Wasser heulte ich.

Die Moschee bellte direkt nebenan (super!) ihren abendlichen Gebetsaufruf heraus. Es folgte eine Ankündigung: Es werde spezielle Gebete geben, um Allah anzuflehen, die Arbeit des Krokodilflüsterers zu unterstützen, der schon seit drei Tagen ohne Erfolg draußen am Todesstrand kampiere. *Aduh!*, dachte ich. Ich muss aufhören zu schluchzen, damit ich zum Gebetstreffen für den Krokodilflüsterer gehen kann. Und dann lachte ich über mich und schluchzte immer noch weiter und dachte, wie postmodern das doch alles sei. Ibu klopfte an die Tür: »Abendessen!«

Ich putzte mir die Nase, trocknete meine Tränen, so gut es ging, und verließ mein Zimmer, um zu erklären, dass ich zu den Krokodilgebeten in die Moschee wolle und hinterher essen würde. Ibu wollte nichts davon hören. Sie nahm mich bei der Hand, führte mich zum Tisch, setzte mich auf meinen Platz und stellte einen Teller Reis vor mich hin. Dann setzte auch sie sich und führte ihr Gesicht nahe an meines heran. »Essen Sie!«

Ich aß. Sie verfolgte jede Gabel, die in meinem Mund verschwand, als wäre ich ein unberechenbares Kleinkind. Nach einer Weile, befriedigt, dass ich mich nicht davonwand, bevor ich aufgegessen hatte, lehnte sie sich zurück. »Sie sind traurig«, sagte sie. »Hmmm. Warum?«

Wie sollte ich dieser freundlichen, besorgten Frau erklären, dass ich so verquollene Augen und ein verheultes Gesicht hatte, weil meine Lektorin ihren Job aufgegeben hatte? Ich entschied mich für die einfache Lösung. »Meine Freundin ist gestorben«, sagte ich.

»Oh«, sagte sie. »Nun ...« Sie winkelte den Unterarm an und ließ ihre Hand auf die Tischplatte niedersausen. »Wenigstens wurde sie nicht von einem Krokodil gefressen.«

***

Am Ende freundete ich mich mit einigen der stummen, starrenden Fischer an Halobans Getränkestand an, aber keiner von ihnen wollte mir sagen, wo die Frau gefressen worden war. Der Krokodilflüsterer dürfe nicht gestört werden, bevor er seinen Fang nicht gemacht habe, sagten sie. Nach ein paar Tagen begannen sie über den Schamanen zu murren. Er war den ganzen Weg von der Insel Simeulue hergebracht worden, achtzig Kilometer nördlich von Haloban, und hatte drei Millionen Rupiah bekommen, das Doppelte eines monatlichen Durchschnittseinkommens in Aceh. Aber nach fünf oder sechs Tagen: Immer noch nichts. Vielleicht war er ja gar kein richtiger Flüsterer, dieser Bursche, vielleicht war er ein Betrüger.

Ich beschloss, nicht darauf warten zu können, dass ein Schamane, der möglicherweise ein Scharlatan war, ein Krokodil fing, und so packte ich denn am nächsten Tag, ging hinunter zum Anleger und verhandelte gerade mit ein paar Fischern, als der Ruf »Krokodil, Krokodil!« erklang. Den kleinen Bach hinauf und hinunter, an dem die Fischer ihre schlanken Kanus liegen hatten, hörte ich die Rufe, Männer liefen zu ihren Booten, stiegen ein und tuckerten los zum Todesstrand. »Worauf warten Sie?« Eine meiner Kaffeebekanntschaften winkte mich zu seinem Boot, und wir schlossen uns dem Konvoi an. Es gingen einige SMS hin und her. »Sie sagen, es ist sieben Meter lang!«

Die Frau war gefressen worden, während sie in der schlammigen Mündung eines kleinen Baches nach Muscheln gesucht hatte. Jetzt versuchten Dutzende Boote in die Mündung zu kommen und schubsten und drängten, als ginge es um Premium-Immobilien. Unser Boot war weiter hinten, und meine Mitfahrer bedeuteten mir, ich solle aussteigen und ans Ufer waten. Ich fragte mich, wie gesichert das Sieben-Meter-Krokodil war.

Durch das schenkelhohe Wasser erreichte ich einen kleinen Verschlag mit einem Palmwedeldach. Auf dem Boden lagen eine Schlafmatte, ein kleiner Kochtopf, eine Harpune und ein Beutel Reis. Das war das Lager des Flüsterers. Ich sah mich um und stellte fest, dass ganz gleich, wie aufgeregt die Frauen im Ort herumgelaufen sein mochten, keine von ihnen mit hergekommen war, um den Fang mitzuerleben. Die Männer dagegen stießen mich an, deuteten in eine Richtung und wollten mir den Vorgang erklären. Alle schienen darauf aus, dass etwas von dem Heldentum auf sie abfärbte. Das Krokodil habe sich auf der anderen Seite des Baches gezeigt, sagte jemand, obwohl niemand es tatsächlich gesehen hatte. Der Schamane versuchte offenbar, es in eine Rattanschlinge zu locken. Sehen Sie, da drüben.

Es fing an zu regnen. Ich zog meinen gelben Poncho an. Zwei Männer versuchten mit darunter zu kriechen, ich vertrieb sie und lachte über ihre Dreistigkeit. Es war alles ganz freundlich, doch dann war von der anderen Seite des Baches plötzlich ein wütendes Schimpfen zu hören, und jemand gestikulierte mit den Armen. Ein Winksignal überquerte das Wasser, und die Männer auf meiner Seite wandten sich mir zu und fingen ebenfalls an zu rufen und zu gestikulieren. Ich begriff, dass ich das Objekt des kollektiv aufwallenden Zorns war.

»Hier sind keine Frauen erlaubt! Das nimmt dem Schamanen die Kraft!«

Ich zog mich an den Rand des Waldes zurück. Die Männer, die bis vor wenigen Augenblicken noch so freundlich gewesen waren, kehrten mir sämtlich den Rücken zu. Die Atmosphäre wurde eisig.

Nach ein paar weiteren Minuten des Wartens war klar, dass heute niemand mehr ein Krokodil fangen würde. Niemand bis auf den Flüsterer hatte das Krokodil überhaupt gesehen, und jetzt behauptete er, dass es entkommen sei, weil die fremde Frau die Situation vergiftet habe. Die Männer, die mich so begeistert in ihr Boot geladen und mit hergebracht hatten, sahen mich nicht mehr an. Die Männer, die sich lachend unter meinen Poncho hatten stehlen wollen, waren stumm und feindselig geworden. Am Ende hatte ein junger Kerl mit stacheligem Haar und einem leicht städtischen Akzent Erbarmen mit mir. Ich könne mit ihm zurück zur Stadt laufen, sagte er. Aber in den anderthalb Stunden, die es dauerte, die an den Sandalen saugenden und an den Zehen knabbernden Mangroven zu durchqueren, hatte er kein weiteres Wort für mich.

Ich weiß immer noch nicht recht, was da schiefgegangen war, aber ich nehme an, die Männer wussten, dass Frauen in der geheiligten Welt des Krokodilfangs nichts zu suchen hatten. Nur war ich für sie ein so seltsames Geschöpf, dass ich außerhalb ihres Kosmos stand und nicht wirklich als Frau zählte. Als der Flüsterer dann sein Krokodil nicht vorweisen konnte, benutzte er mich als Entschuldigung. Es war furchterregend, wie schnell ich von einer unwichtigen Kuriosität zu einer Ausgestoßenen geworden war.

***

Fast in der Mitte Sumatras, in der Provinz Jambi, liegt der Bukit-Duabelas-Nationalpark, der etwa sechshundert Quadratkilometer umfasst und die Heimat einer eintausendfünfhundert bis fünftausend Köpfe zählenden Gruppe von Jägern und Sammlern ist. Orang Rimba (»Wald-Menschen«) werden sie von manchen genannt, von anderen schlicht Kubu, was »Wilde« bedeutet.

Bis in die frühen 1990er-Jahre hatten die Rimba praktisch keinen Kontakt mit der Welt, die sie *Terang* nennen, »das Licht«. Aber dann kamen die Kettensägen der Holzfäller, die Plantagengesellschaften und einfachen alten Landnehmer und begannen, das »Licht« in den Primärwald zu bringen, den die Rimba bewohnen. Als sie sah, dass sie ihren Lebensstil nicht vor den Eindringlingen verteidigen konnten oder eine praktikable Alternative hatten, wenn sie sich nicht wenigstens zu einem Minimum auf die Außenwelt einließen, hatte Butet Manurung, eine Bekannte von mir, eine informelle Schule für die Kinder der Rimba aufgemacht. Ihr Buch darüber, *The Jungle School*, hatte mich fasziniert, und sie brachte mich in Kontakt mit einigen ihrer ehemaligen Schüler. Mijak und Gentar gehörten zu ihren ersten Rimba-Schützlingen, und sie schickte ihnen Textnachrichten, um mich anzukündigen. Beide hatten trotz großen Widerstands ihrer Familien studiert und wurden Lehrer in der Schule, in die auch sie gegangen waren. Sie waren Freunde und Mitverschwörer in dem Versuch, auf die Zukunft ihrer Gruppe Einfluss zu nehmen, hätten aber nicht verschiedener sein können.

Ich hatte mich mit Mijak in Bangko verabredet, einer größeren Provinzstadt, wo er und eine Gruppe junger Freunde eine NGO gebildet hatten, die sich auf Naturschutz und die Rechte der Einheimischen konzentrierte.

An dem Abend, bevor wir uns treffen sollten, lud mich eine junge Frau namens Ira, die einen Getränkestand in der Nähe des Krankenhauses hatte, zu sich nach Hause ein. Dort lernte ich auch ihre Schwester kennen sowie zwei nicht näher identifizierte Verwandte. Einer war rotäugig, hatte einen buschigen Schnauzbart und sprach nur Malaiisch, außer als er darauf bestand, dass keine ehrbare Frau ohne ihren Ehemann reiste. Der andere wirkte unkonventioneller. Sein Aussehen – langes, auf eine Länge geschnittenes Haar, eine eckige Brille und manikürte Hände – deutete eher auf eine Kunstgalerie in Jakarta als auf einen örtlichen Kunsthandwerker. Nicht so seine Einstellung.

Ich erwähnte, dass ich vorhätte, ein paar Tage im Wald bei den Rimba zu verbringen, worauf er fragend Iras Schwester ansah. »Bei den Wilden«, gab sie leise das Stichwort, und er sagte gleich, das solle ich nicht tun. Vor allem, sagte er, sind sie mächtige Zauberer. »Achten Sie darauf, nicht zu spucken. Wenn Sie's tun, sammeln sie Ihre Spucke ein und belegen Sie mit einem Fluch, und Sie kommen nie wieder zurück.« Zum Zweiten waren die Wilden dreckig und dumm. Der Beweis dafür war, dass sie, wenn sie in die Stadt kamen, ihr Haar mit Shampoo wuschen, dafür aber Wasser aus der Gosse benutzten. Für mich schien das durchaus logisch für jemanden, der im Dschungel aufgewachsen war, wo alle Wasserquellen sauber sind, für den Kunsthandwerker jedoch war es so dumm, dass er es dreimal wiederholte.

Der Rat von Iras Schwester war wohlwollender: »Versuchen Sie, nicht die Nase kraus zu ziehen, wenn Sie mit ihnen zusammentreffen, und sagen Sie nicht, dass sie stinken. Das mögen sie nicht.« Einige Rimba bemühten sich sehr, sich zu zivilisieren, sagte sie. »Viele sind zum Islam konvertiert. Es gibt Fortschritte.«

Am nächsten Tag kam Mijak, um mich mit seinem Motorrad abzuholen. Dieser »Wilde« war gerade aus Jakarta zurückgekommen, trug brandneue Converse-Turnschuhe, modische Levi's-Shorts und ein langärmeliges Hemd mit geknöpftem Kragen, gebügelt, über einem sauberen Polohemd. Als wir die Stadt verließen und die Straße staubiger wurde, band er sich einen Mundschutz um und zog Handschuhe an, um seine Hände vor der Sonne zu schützen.

Wir fuhren durch Reihen von »Trans«, kleine Ortschaften, die hauptsächlich von Transmigranten aus Java bewohnt wurden, voll mit Wagen mobiler Banken und Jamu verkaufenden Frauen. Jamu ist eine Kräutermedizin. In ganz Indonesien findet man diese Jamu-Frauen, oft in die traditionelle javanische Kombination von Sarong und der langen Spitzenbluse Kebaya gekleidet, auch in Landesteilen, wo die Frauen alles verdeckende Ganzkörperkittel tragen, oder in Städten, in denen T-Shirts und enge Jeans die Norm sind.

Jeden Morgen, noch vor Sonnenaufgang, kochen die Jamu-Frauen ihre verschiedenen Tränke zusammen – den einen aus Ingwer, den anderen aus Seetang, vielleicht mit ein bisschen Ziegengalle hier oder einer Handvoll Jasminblüten da. Sie schütten sie in Glasflaschen, in denen einmal Coca-Cola war, billiger Whiskey oder Gin aus der Zeit der Holländer. Verschlossen werden die Flaschen mit kleinen Korken aus Bananenblättern. Schießlich packen die Frauen alles in einen großen Weidenkorb, binden ihn sich mit einem Sarong auf den Rücken und machen sich an ihre Runde.

Ich nehme im Allgemeinen eine Mischung aus dickflüssigem gelbem Kurkuma (gegen das Altern) und »Bitter«. Letzteres ist eine dünne braune, aus Kalmegh-Blättern zusammengekochte Brühe, die reinste Strafe, die aber ein exzellentes Stimulantium für das Immunsystem sein soll, sagen die Leute. Die Jamu-Frau setzt ihre Last ab, nimmt ein kleines Glas aus einem Eimer Wasser und teilt den heilenden Trank aus. Dann wartet sie, gespannt, und hält eine andere Flasche bereit: Ein Schluck Galgant-Honig-Likör spült den Rest der Medizin aus dem Glas und den bitteren Geschmack aus dem Mund. Jamu-Frauen sind eine gut verteilte Spezies. Ich muss meinen Morgen-Jamu wenigstens jeden dritten Tag getrunken haben, während ich unterwegs war.

Bald nahm die Anzahl der Ortschaften ab, und die Plantagen

wurden größer. Wir kamen an einem Haus vorbei, das wie eine Kreuzung aus Versailles und einem Gefängnis aussah, ein Karamellkonfekt mit gravierten Fenstern und drei alles überragenden Wachtürmen. »Gummigeld«, nickte Mijak.

Nach ein paar Stunden hielten wir vor einem verschlossenen Tor. Eine Frau erschien, kassierte fünftausend Rupiah und ließ uns in eine Gummi-Plantage. Die Gebühr gab uns das Recht, über einen gerodeten Streifen Matsch zu »fahren«. Das Motorrad bockte unter uns und versank bis zur Radnabe, bockte und versank. An den schlimmsten Stellen dieser Privat-»Straße« stieg ich ab und ging am Rand, am Ufer, entlang, hangelte mich an Wurzeln und Ästen voran, um den tiefsten Schlammlöchern zu entgehen.

Einmal rutschte ich weg. Mein Fuß verschwand. Mein Schienbein. Nach und nach ging ich in den Spagat, ein Bein versank tiefer und tiefer im Morast, während das andere hinter einer Uferwurzel klemmte. Ich zog, ruckte, hebelte, bis der Schlamm mein Bein endlich mit einem lauten Schmatzen wieder freigab.

Ohne Schuh.

Mijak war sicher durch den Sumpf gekommen und damit beschäftigt, den Matsch von seinen Converse-Turnschuhen zu wischen und zu versuchen, nicht zu mir herüberzusehen. Bis jetzt war er ziemlich förmlich mit mir gewesen. Seine Guru Butek hatte mich ihm anvertraut, und er nahm seine Aufgabe ernst. Aber der Anblick meines einen nackten Fußes, bis zum Knie hinauf in Milchschokoladenmatsch gehüllt, war zu viel für ihn. Er fing an zu glucksen.

Ich konnte mir vorstellen, wie lächerlich ich aussah, wollte aber keinesfalls eine meiner Sandalen opfern. Ich hatte nur das eine Paar, und so tauchte ich zurück in den Matsch, diesmal mit dem Arm, bis zum Ellbogen, *und* dem Bein. Nichts. Ich schob meine Hand eine Weile durch die breiige Suppe, vor Lachen ganz weich in den Knien. Endlich stieß ich auf etwas Festes. Wieder schmatzte es laut, und heraus kam meine Sandale, ein schlammgefüllter Löffel. Ich watete auf festeren Grund und spülte sie in einer Pfütze ab. Der Fersenriemen war abgerissen, aber ich würde bestimmt nicht noch mal in das Loch tauchen, um danach zu suchen. Stattdessen ersetzte ich den Riemen durch ein lila Band, das ich oben von meinem Moskitonetz abschnitt und das bis zum Ende der Reise, sechs Monate später, seinen Dienst tat.

Wann immer wir einen anderen Rimba auf der Straße trafen, blieben die Fahrer voreinander stehen, Rad an Rad, schalteten den Motor aus, saßen lange da und sahen einander stumm von oben bis unten an, wie Ameisen, die sich auf dem Weg zum und vom Ameisenhaufen begegneten. Am Ende stellte einer eine Frage, es gab einen kurzen Austausch von Informationen, noch ein langes Schweigen, ein knappes Nicken, und beide fuhren weiter.

Am längsten dauerte der Halt, als wir Mijaks *temenggung* trafen, das demokratisch gewählte Oberhaupt einer kleinen Gruppe nicht miteinander verwandter Familien, der grundlegenden sozialen Einheit der nomadischen Rimba. Er war beeindruckend gebaut und trug nichts als einen kleinen Bart und einen Lendenschurz. Auf seiner Schulter ruhte ein Gewehr, das aussah, als könnte es noch aus den Zeiten der Holländer stammen. Er ging mit seltsam nach innen gewandten Füßen, wie ich es bei vielen Rimba sah, wenn sie in einer Reihe hintereinander durch den Wald liefen. Zwei Jagdhunde trotteten neben ihm. Mijak erwies ihm größte Achtung. »Wir haben ihn gewählt, weil er der Zäheste und Stärkste von allen ist«, erklärte er mir später.

Irgendwann fand auch der Weg durch die Plantage sein Ende. Wir stellten das Motorrad ab und gingen zu Fuß weiter. Zwischen den Gummibäumen standen halbierte Ölfässer, die mit Kautschuksaft gefüllt waren. Es roch giftig, wie in einer vermüllten Seitenstraße New Yorks an einem heißen Sommertag. Hier und da trafen wir auf einige ruhige javanische Arbeiter, die Bäume anzapften und uns höflich grüßten: *»Monggo, monggo.«*

Ich fragte Mijak, wem die Plantagen gehörten. Hauptsächlich Rimba, sagte er. Warum dann die Javaner? »Die Rimba stellen sie an, damit sie die Arbeit machen. Zwei Drittel bekommt der Arbeiter, ein Drittel der Besitzer.« Es waren diese Art »Ein-Drittel/zwei-Drittel«-Verhältnisse, die Schulen und grundsätzliche Rechenkenntnisse wichtig machten. »Die Rimba zapfen die Kautschukmilch aus zwei Gründen nicht selbst ab«, sagte Mijak. »Zum einen sind sie faul, und zum anderen wissen sie nicht, wie man es richtig macht. Die Javaner arbeiten hart und töten die Bäume nicht. So sind alle glücklich.«*

Als Butet in ihrer Dschungelschule zu unterrichten begann, war es ein Zwei-Tages-Marsch von der nächsten Straße bis dorthin. Aber die Gummibäume breiteten sich weiter aus, und so verlängerte sich auch die Straße. Zwanzig Minuten, nachdem wir das Motorrad geparkt hatten, kamen wir bereits auf die Lichtung mit der Schule. Vor ihr stand ein junges Mädchen fußtief in Abfall (Indomie-Verpackungen, Imbiss-Schachteln, aus Übungsheften gerissenen Blättern und Plastikbeuteln) und kämmte sich die Haare. Um die Hüften trug sie einen blumenbedruckten Sarong, um den Hals ein Plastikhalsband. Sonst nichts. Es wirkte wie eine Gauguin'sche Dystopie, eine honigfarbene, barbrüstige Nymphe richtete sich in einem Meer aus Müll das Haar. Hinter ihr schossen zwei winzige Jungen mit kleinen Holzbögen Pfeile auf kleine pelzige Wesen in einem Baum.

Der Schulraum stand auf Pfählen, hölzern, strohgedeckt, mit offenen Seiten. Die Schule versucht sich dem Rhythmus des Waldlebens anzupassen und stattet jeden, der es möchte, mit

* Das ist ein gutes Beispiel für die Missverständnisse, die aus den Launen des Indonesischen entstehen können, das oft das Subjekt des Verbs weglässt. Mijak sagte tatsächlich: »... und zum anderen wissen nicht.« Ich habe das »sie« eingefügt, wobei er auch »wir« gemeint haben kann. Wenn er von seiner Gruppe sprach, benutzte er beides, je nach den Umständen.

den Grundfähigkeiten aus, die nötig sind, um mit den Menschen in den »Trans« zu interagieren, vielleicht sogar mit den Mächten, die die Welt der Rimba heute formen, den Behörden, die für die Nationalparks zuständig sind und die Landrechte durchzusetzen versuchen, oder auch den Cowboys, die diese Rechte bedrohen.

Ich schlief mit Mijak und zwei jungen, ebenfalls in der Schule unterrichtenden Rimba im Klassenzimmer. Am Morgen stand einer von ihnen auf und rief: »Schule! – *Sekolah!*« Niemand kam. Als ich hinunter zum Fluss ging, um zu baden, stieß ich auf eine Gruppe kleiner kichernder, planschender Jungen. Was ist mit der Schule?, fragte ich. Vielleicht nach der Jagd, antworteten sie.

Später am Tag gingen Mijak und ich los und suchten Gentar. Er war in einem anderen Teil des Waldes, etwa zwei Stunden mit dem Motorrad entfernt. Geplant war, ihn in dem Trans zu treffen, dem javanischen Transmigrationsdorf, das ihm am nächsten lag, und mit ihm dann in den Wald zu gehen und bei seiner Familiengruppe zu bleiben. Wir fanden ihn, doch er sagte, der Plan habe sich geändert. Ein Kind war an einer »Außen-Krankheit« erkrankt, die der eigene Schamane nicht heilen konnte, und so war die ganze Gruppe aus dem Wald gekommen, um dem javanischen Schamanen nahe zu sein. Plan B war daher, in Gentars Haus im Trans zu bleiben und am nächsten Tag einen Tagesausflug in die Wildnis zu unternehmen.

Ich war enttäuscht. Ich hatte mich auf etwas Waldleben gefreut, eine Abwechslung von den Betonsteinbungalows, in die mich die Leute schon so oft gastfreundlich aufgenommen hatten, ordentliche Häuser mit Zementböden, mattrosa Vorhängen anstelle von Türen und nackten Glühbirnen, die die ganze Nacht brannten.

Aber Gentars Haus war kein Bungalow mit rosa Vorhängen. Es war eine zwei Quadratmeter große schwarze Plastikplane unter einer Ölpalme. Die Plane hing über einer zentralen Stange und wurde an jeder Ecke von einem Stock gehalten. Der Boden bestand aus Palmblattstängeln, die Küche aus einem gespaltenen Stock über einem offenen Feuer unter der vorderen Ecke der Plane. Dort saß Gentars Frau, ein schönes, barbrüstiges Mädchen, das aussah, als wäre es noch keine zwanzig, mit seinen drei nackten Kindern.

Gentar hatte Gaben aus der Stadt mitgebracht: Päckchen mit gekochtem Reis und Katzenfisch, Fertignudeln und Kartoffelchips mit Käsegeschmack. Seine Frau und die Kinder fielen über die Chips her, vertilgten sie systematisch und warfen die glänzende, regenbogenfarbene Verpackung auf den Boden ihres ansonsten weitgehend biologisch abbaubaren Zuhauses.

»Wo ist eure Plane?«, fragte Gentar. Mijak und ich sahen einander an. Ich hatte eine Schlafmatte, ein Moskitonetz und ein paar Sarongs, aber keine Plane. Ich holte meinen Regenponcho hervor, doch der beeindruckte Gentar nicht. Er schickte uns zurück ins Trans, um Vorräte zu besorgen.

Als wir zurückkamen, hatte Gentar seine Shorts gegen ein purpurn-goldenes Handtuch eingetauscht und spielte mit seinen Kindern. Das jüngste, ein etwa zweijähriges pummeliges Mädchen mit laufender Nase, hing voller Amulette, um es vor bösen Geistern zu schützen. Gentar gab seinem mittleren Mädchen, einer Fünfjährigen, eine größere Machete, die sie dem Hausbauer bringen sollte. Wie dazu geboren, scharfe Waffen zu tragen, die halb so groß waren wie sie selbst, trug das Kind sie zu Mijak, der entsetzt schien.

Er trat von einem Converse auf den anderen und rang die Hände, die immer noch in den Handschuhen steckten, die sie auf dem Motorrad vor der Sonne hatten schützen sollen. Da wir nur ein paar Nächte hier sein würden, schien es kaum die Mühe wert, einen Unterschlupf zu bauen. Ich blickte zu den sich über uns zusammenziehenden Regenwolken hinauf und wieder zu Mijak. Er wandte sich ab. Ich hatte plötzlich den Eindruck, dass Mijak als angehender Anwalt, mochte er auch jagend und sammelnd bei seiner Gruppe in diesem Wald aufgewachsen sein, kaum besser für das Überleben im Dschungel gewappnet war als ich, und ich fragte mich, ob man sich bestimmte Unfähigkeiten selbst zuzufügen vermochte, in einer Art psychosomatischen Reaktion auf eine Welt, zu der man dem Gefühl nach nicht wirklich gehörte. Mijaks eigentlicher Platz, ich konnte mich des Gefühls nicht erwehren, war ein trendiges Café in Jakarta, in dem er mit jungen studentischen Aktivisten Cappuccino trinken konnte.

Wir sahen beide hoffnungsvoll Gentar an. »*Aduh!* Großstadtpinkel!«, rief er.

Gentar hatte dickes, lockiges Haar und eine breite Nase, die einen Großteil seines Gesichts einzunehmen schien. Obwohl seine Brauen strenge Linien über das Gesicht zogen und seine Augen schwer darunter hingen, war er einer der verschmitztesten Indonesier, die ich je kennengelernt habe. Jedes Grinsen ließ eine dürftige Sammlung Zähne sehen, und er grinste viel. Gentar hatte einen Riesenspaß daran, die Großstadtallüren seines Freundes aufs Korn zu nehmen, worauf Mijak ebenso gutmütig antwortete, wie die Sticheleien gemeint waren. Die beiden waren kürzlich erst zusammen in Jakarta gewesen, was ihre ehemalige Lehrerin Butek organisiert hatte. Auf dem Weg vom Flughafen in die Stadt hatte Mijak Gentar davon abhalten müssen, aus dem Bus zu steigen, um zu sehen, was damit nicht stimmte, als es eine Weile nicht weiterging. »Ein alltäglicher Verkehrsstau, und dieser Dschungelhase dachte, der Bus wollte nicht mehr!«, lachte Mijak, hatte aber nichts dagegen, dass Gentar uns einen Unterschlupf baute.

Während der nächsten Stunden kamen die Leute aus ihren ein paar Ölpalmen entfernten Unterständen, bis sich eine ziemliche Menge angesammelt hatte. Männer in Lendenschurzen oder Shorts, barbrüstige Frauen und eine Unzahl Kinder in winzigen Sarongs, viel zu großen Shorts, Amuletten oder rein gar nichts. Alle hockten in sicherer Entfernung von mir und spekulierten über mein Geschlecht. *»Jantan atau betina?«*, fragten sie einander. »Ist das ein Eber oder eine Sau?«

Einer, der offenbar schon mehr Kontakt mit »dem Licht« gehabt hatte als die meisten anderen, erklärte feierlich, ich sei ein *»banci«*, ein Transsexueller. Er war einer der schönsten Menschen, die mir in meinem Leben begegnet sind. Seine glatte, karamellfarbene Haut lag auf hohen Wangenknochen, die Mandelaugen darüber waren vollkommen, der Mund voll und ebenmäßig, mit dem Anflug eines Schnäuzers und einem Kinnbart. Das lange Haar fiel ihm in Wellen auf die Schultern, und er hatte den Sarong einer Frau zu einem Lendenschurz gewickelt, der zwei perfekt geformte Hinterbacken sehen ließ. Aus dem Augenwinkel betrachtete ich die fließenden Locken und das Blumenmuster seines fliederfarbenen Sarongs und dachte: Bin *ich* die Transe?

Die meiste Zeit, die ich mich im und um das Lager herum befand, starrte mich dieses ständige Publikum einfach nur an, völlig ausdruckslos. Auch wenn ich lächelte und winkte, bekam ich keinerlei Reaktion. Als ich Gentars Familie dann aber die Geschichte von meiner verlorenen Sandale erzählte, mit viel Pantomime und satten Schmatzgeräuschen, konnte ich die Zuschauer hinter mir vor Lachen johlen hören. Als ich mich umdrehte, erstarrten sie augenblicklich wieder, als spielten wir das Spiel, bei dem sich alle an den Führer anschleichen und ausscheiden, wenn er sich umdreht und sie bei einer Bewegung erwischt.

Nach Einbruch der Dunkelheit gingen Gentar und seine Frau hinunter zum Fluss, um Frösche zu fangen. Mir war nicht ganz klar, wie die Jagd ablaufen sollte, die einzige Ausrüstung bestand aus einer Taschenlampe, einem kleinen Kochtopf und einer großen Machete. Ich ging dennoch mit. Innerhalb von Sekunden, *zack!*, war Gentar vom Ufer ins Wasser gesprungen, hatte einen großen Fisch mit dem Griff seiner Machete betäubt und in den Kochtopf gesteckt. Die gleiche Technik schien bei Fröschen und Fischen so winzig wie mein kleiner Finger zu funktionieren, wobei sich Letztere auch mit bloßen Händen fangen ließen. Als wir zurück zu unseren Planen gingen, füllten der große Fisch, sechs kleine und ein Frosch den Topf. Obwohl ich schenkeltief durchs Wasser gewatet war und nach allem gegriffen hatte, was sich bewegte, hatte ich nichts zum Fang beigetragen. Am nächsten Morgen kam das älteste Mädchen und brachte mir eine dampfende Schale Reis. Daraus hervor ragte ein Stock mit frisch gegrilltem Fisch und einem Froschbein. Es war eines der besseren Frühstücke meiner Reise.

***

Nach dem Frühstück brachen Gentar, Mijak und ich nach »drinnen« auf, hinein in den Wald, der das wahre Zuhause der Rimba ist. Kilometer um Kilometer ging es über Ölplantagenland, in das hier und da ein Stück Busch eingestreut lag. In einem von ihnen fanden wir die Spuren eines Malaienbärs. Dieses schwarze Tier mit einem dunkelgelben V auf der Brust ist der kleinste aller Bären, wobei erwachsene Männchen immer noch mehr wiegen als ich. Der Malaienbär hat eine sehr lange Zunge, mit der er wilden Honig aus Nestern in Baumstämmen holen kann. Ich hatte noch keinen in freier Wildbahn gesehen, in der Klassifikation der Weltnaturschutzunion IUCN gelten sie als »gefährdet«. »Seht ihr oft Bären?«, fragte ich Gentar. »Ob wir oft welche sehen?« Seine Augen blitzten. »Wir essen oft welche.«

Unter einem bedrohlichen Himmel fuhren wir einen Hügel hinauf und kamen in eine Szenerie der Verwüstung. Abgeschlagene Äste, verkohlte Baumstämme, herausgerissene Wurzelballen, die vom Regen langsam zu Skeletten ausgewaschen wurden. Es gibt wenige Landschaften, die entmutigender sind als ein frisch gerodetes Stück Regenwald. Der neue Bewuchs, Unkraut, Ranken, Gräser, nichts Schönes oder auch nur Nützliches, wuchert über die toten Baumstämme wie Bandenmitglieder, die auf feindliches Territorium vordringen. Weit entfernt markierte eine grüne Wand den Ort, wo die Kettensägen aufgehört hatten, und erinnerte daran, dass hier viertausend Jahre lang Regenwald aufgeragt hatte, bevor ihn Dröhnen und Ächzen, Rufen und Krachen innerhalb von Tagen in diese postapokalyptische Brache verwandelt hatten.

Gentar, der unterwegs fröhlich dahingeschwatzt hatte, blieb stumm. Ich fragte ihn, ob die Gegend, durch die wir die letzten anderthalb Stunden gefahren waren, in seiner Kindheit noch ganz mit Regenwald bedeckt gewesen war. Er drehte sich um, sah mich an und sagte: »Das war 2006 noch alles Wald.«

Das war das Jahr, da Bapak Seribu, Mr. Eintausend, hierherkam. Gentar und Mijak konnten mir nichts Näheres über ihn sagen, nur dass er aus Medan stammte. Sie sagten, dieser Mann brachte das nötige Kapital und die Ausrüstung mit, um tausend Hektar Primärdschungel zu roden, teilte das Land in einzelne Parzellen auf und verkaufte es für eine Million Rupiah pro Hektar an die Dorfbewohner. »Mit welchem Recht?«, fragte ich.

»Recht? Recht! Ha!«, explodierte Gentar. »Ohne Erlaubnis, ohne Rechte. Alles, was der Kerl hatte, war ein Arsch in der Hose.«

Später, als Mijak und ich das Gebiet der Rimba wieder verließen und über eine Staatsstraße fuhren, röhrte eine Gruppe Männer in einer Benzin- und Testosteronwolke hinter uns heran. Sie trugen keine Helme, waren heftig tätowiert und hatten riesige Kettensägen hinten auf ihren übergroßen Enduros. Massenvernichtungswaffen. Mijaks Körper versteifte sich. *»Preman buta hukan«*, sagte er. »Waldvernichter.«

Der Wald, der einst dort wuchs, wo Gentar sein Motorrad gestoppt hatte, war immer von den umherziehenden Rimba genutzt worden, doch sie setzten sich nicht zur Wehr, als Bapak Seribu die Vernichter schickte. Zum Teil, sagten meine beiden jungen Begleiter, weil die Rimba kulturell gegen Konflikte sind. Aber auch, weil das grundsätzliche Konzept, Rechte zu haben, ganz zu schweigen von den geltenden indonesischen Gesetzen, für die Rimba erst Gestalt annahm, als Gentar (Butets erster Rimba-

Schüler) lesen und Indonesisch sprechen und schreiben lernte. Als er Mijak und seine Freunde zu unterrichten begann und sie mit Aktivisten und NGOs in Kontakt traten.

Heute versuchte Mijak als Mittler zwischen der Welt seiner Geburt und der modernen Welt seiner Träume zu wirken. Durch ihre kleine NGO haben sich die jungen Rimba mit AMAN verbunden, einer Dachorganisation, die angibt, 1 992 indigene Gruppen in ganz Indonesien zu vertreten, und durch die sie auf nationaler Ebene Einfluss nehmen können. AMAN hilft Mijak, die einschlägigen Gesetze zu finden, die er lesen muss, aber die Kämpfe, die die Rimba zu führen haben, sind fast alle streng lokal. Die NGO verzeichnet Verstöße und teilt sie der Polizei mit, schreibt Transparente und organisiert Proteste vor dem Büro des Gouverneurs von Jambi. Bisher vergeblich.

Es ist keine einfache Aufgabe, die sich die beiden da vorgenommen haben. In Indonesien gibt es zweiundfünfzig nationale Gesetze, Verträge und Dekrete zum Umweltschutz. Viele widersprechen einander, und um alles noch schwieriger zu machen, benutzen die beiden Regierungsbehörden, die für den Schutz der Bäume zuständig sind, das Umweltministerium und das Forstministerium, verschiedene Karten. 2010 initiierte der Präsident ein Projekt, um eine einzige, verbindliche Karte Indonesiens zu schaffen, aber die Arbeiten liefen sich fest. Zwar waren sich alle einig, dass eine einzige, verbindliche Landnutzungskarte Indonesiens gebraucht würde, nicht einigen konnte man sich jedoch darüber, welche Daten ihr zugrunde liegen sollten. Auf einer der beiden existierenden Karten gibt es vierzig Millionen Hektar Primärwald, den es auf der anderen nicht gibt. Mit anderen Worten ging zwischen den Regierungsbehörden ein Gebiet ursprünglichen Regenwalds »verloren«, das größer ist als Japan. Und dabei geht es nur um das Zentrum. Distrikt-Karten, genau wie die Gesetze zur Landnutzung auf Distriktebene, weichen ebenfalls voneinander ab.

Tatsächlich macht das kaum etwas aus, da sich sowieso niemand an Vorschriften oder Karten zu halten scheint. Nachdem wir weitere Kilometer über gerodetes Land mit hier und da frisch gepflanzten Ölpalmen gekommen waren, hielt Gentar erneut an, sprang vom Motorrad und trat im Gestrüpp herum, erst neugierig, dann zunehmend wütend. Er suchte nach dem Grenzstein des Nationalparks, der hier bisher gestanden hatte und die Stelle bezeichnete, ab der keine Rodungen mehr erlaubt waren.

Da war kein Stein mehr – und auch kein Wald.

Das Land wurde hügeliger, Ölpalmen wichen Gummibäumen. Nach einer halben Stunde sah ich etwas vor uns, das wie ein richtiger Wald aussah. Als wir jedoch näher kamen, sahen wir uns der Szenerie eines weiteren Massakers gegenüber. Diesmal gab es kein Unkraut oder Wurzelballen. Herrliche Ex-Bäume lagen ausgestreckt, wo sie gefallen waren, wahrscheinlich erst tags zuvor. Um die Stämme herum flog noch das Sägemehl, Splitter standen wie gerade zerbrochene Zahnstocher gezackt in die Luft.

Endlich, mehr als zwei Stunden, nachdem wir den Ort verlassen hatten, der 2006 noch mit Dschungel bedeckt gewesen war, fanden wir in den kühlen Schutz des Waldes. Ich sehnte mich danach, vom Motorrad zu steigen, durch den Dschungel zu gehen und den Lärm des Motors gegen die magischen Geräusche der Natur einzutauschen. Ich wollte den Kopf in den Nacken legen, ohne die Baumwipfel sehen zu können, wollte das Zersetzen des Mulches unter meinen Füßen spüren, wollte genießen, was von diesem majestätischen, aber machtlosen Königreich noch übrig war. Für junge Männer, die als Waldnomaden aufgewachsen sind, ergibt es jedoch keinen Sinn, zu Fuß zu gehen, wenn es nicht unbedingt nötig ist. Wir blieben auf den Motorrädern, solange der Pfad befahrbar war.

Weniger als einen Kilometer in den Wald hinein wurde das Blätterdach aufs Neue von Sonnenstrahlen und hellem, wucherndem Grün durchbrochen. Junge Gummibäume standen in sorgfältig bemessenen Abständen, Maniok und andere Nährpflanzen wuchsen entlang der Ränder der Lichtungen. Diese Pflanzungen gehörten Gentar und anderen Familien seiner Gruppe. Nahebei stand ein kleines Bambushaus auf einer etwa schulterhohen Plattform. »Mein eigentliches Haus«, sagte Gentar mit seinem zahnlosen Grinsen.

Einmal im Jahr verbringen die Rimba-Familien einen Tag damit, dem Wald Land abzugewinnen. Sie fällen Bäume mit der Axt, verbrennen das verbleibende Buschwerk, um den Boden zu düngen, und pflanzen Maniok, Süßkartoffeln und andere Grundnahrungsmittel. Einen großen Teil ihrer übrigen Ernährung decken sie durch die Jagd (auf Frösche, Fische, Bären und andere Tiere). In einem Nasi-Padang-Restaurant in der Trans-Siedlung schlug ich vor, Huhn zu essen, und Gentar streckte angewidert die Zunge heraus: Kein richtiger Rimba würde ein Tier essen, das von Menschen aufgezogen wurde, sagte er. Die Rimba sammeln Pflanzen und Wurzeln zum eigenen Verzehr, Honig, Rattan und wilden Kautschuk verkaufen sie. Als Transmigranten und Plantagenarbeiter auf ihr Territorium vordrangen, begann der Markt für diese Produkte zu wachsen, und die Rimba »lernten das Geld kennen«, was Mijak auf die Mitte der 1990er-Jahre datierte.

Geld für wilde Kautschukmilch bedeutete, dass die Leute Kettensägen kaufen konnten, und das hebelte die Regeln aus, mit denen die Rimba ihre Waldrodung begrenzt hatten: Mit einem Mal konnte eine Familie dem Wald an einem Tag mehr als das Zehnfache an Boden abgewinnen als zuvor, und mehr Land bedeutete, dass sie mehr Gummibäume anpflanzen und mehr Geld verdienen konnten. Und wo Platz für Gummibäume gemacht wird, kehrt der Dschungel nicht zurück wie früher, wenn das Land ein, zwei Jahre für Reis und Gemüse genutzt worden war, bevor sie weiterzogen.

Kautschuk ist gleich Geld ist gleich Kettensägen ist gleich mehr Kautschuk und mehr Geld, und es gibt Motorräder, um leichter zwischen dem Markt und der Pflanzung hin- und herzukommen, was mehr Zeit in der Stadt bedeutet und damit auch Reis, Zucker und Kartoffelchips mit Käsegeschmack in regenbogenfarbenen Verpackungen, Benzin und neue Setzlinge. Dazu ist mehr Geld nötig, also werden mehr Bäume gefällt und Gummibäume gepflanzt. Eines führt zum anderen, immer weiter.

Gentar organisierte einen Kochtopf aus dem verlassenen Lager, und wir wanderten ein Stück durch den Wald bis zu einem Fluss. Mit erstaunlicher Fertigkeit entzündete er dort ein perfektes Lagerfeuer, während Mijak ordentlich auf einer Plastiktasche saß und zusah, und bald schon aßen wir die Fertignudeln, die wir aus der Trans-Stadt mitgebracht hatten.

Danach war Zeit für eine Ruhepause, und wir kletterten in das »Haus« von jemandem. Die offene Bambusplattform war etwa brusthoch, und darunter hing eine Kettensäge. Am anderen Ende der Plattform stand ein großer Pappkarton, in dem bis vor Kurzem noch ein Fernseher gewesen war. Styroporstücke lagen auf dem Waldboden um die Hütte verstreut. Ich zeigte auf den Karton und hob fragend eine Braue. »Ein Fernseher«, sagte Gentar ausdruckslos. »Mit welchem Strom betrieben?« »Einem Generator.«

Gentars Frau erzählte mir später, dass sie und die drei Kinder, als Gentar in Jakarta gewesen war und sie ohne Motorrad zurückgelassen hatte, sechs Stunden vom Lager auf die Plantage gebraucht hätten, wo wir zu ihnen gestoßen waren. »Wie in alten Zeiten«, sagte sie. Jetzt, wo fast alle Motorräder hatten, sagte sie, sei alles so viel leichter. Aber wenn den Motorrädern Fernseher und Generatoren folgen, so scheint es mir, wird das Umherziehen bald schwerer denn je werden, und wenn die Gummipreise oben bleiben, könnte das Konsumdenken dem nomadischen Leben eher ein Ende setzen, als es die Entwaldung vermag.

Auf der langen Fahrt zurück sah ich einen Baum, der majestätisch hoch über die traurigen Wipfel der Ölpalmen aufragte. Kleine hölzerne Pflöcke ragten in regelmäßigen Abständen aus seinem Stamm. »Das ist unser Honigbaum«, sagte Gentar. Über Generationen sammeln sich die Bienen in besonderen Bäumen und produzieren kleinzellige Waldhonigwaben, die von den Rimba in einem fast schon religiösen Ritual gesammelt werden. Die Gemeinschaft hatte den Baum geschützt, als die Kettensägen kamen, aber: »Die Bienen wollen ihn nicht mehr. Für sie gibt es hier nichts mehr.«

Nach Einbruch der Dunkelheit räkelten Mijak und ich uns in unserem kleinen Unterschlupf und sprachen über die Zukunft. Mijak sagte, sein Ziel sei es, sichere Landrechte zu erlangen, damit »die Rimba weiter nach ihrem Adat im Wald leben können«. Ich fragte, ob es wirklich das sei, was er sich wünsche, im Wald zu leben. »Das ist etwas anderes«, kam es sofort zurück. »Ich bin jetzt ein Muslim. Meine privaten Wünsche haben damit nichts zu tun.«

Gentar kam dazu, als Mijak seine persönlichen Träume entfaltete. Zunächst wollte er auf eine Schule für ökologische Landwirtschaft, die ein Freund Butets auf Java betrieb. Dann würde er ein paar Hektar Land kaufen, nicht zu weit von Gentars entfernt, und Gummibäume anpflanzen, als Sicherheit für seine Kinder. War das geschafft, wollte er aufs College und Jura studieren, im zweiten Jahr heiraten, »aber keine Rimba-Frau. Zum einen würden wir unterschiedlichen Religionen angehören, und zum anderen würde ich bereits wissen, wie die Welt funktioniert, und sie nicht ...« Gentar und ich verzogen das Gesicht, doch Mijak war mit seinen Plänen noch nicht am Ende. »Dann bekommen wir zwei Kinder, erst einen Jungen, dann ein Mädchen, und dann ...«

Gentar brach in lautes Lachen aus. »Wow, erst einen Jungen, dann ein Mädchen. Wofür brauchst du eigentlich eine Religion, wenn du bereits Gott bist ...?«

Gentar hatte seinen Eltern versprochen, er würde den Wald nie verlassen und weiter auf Rimba-Weise leben. Und so war es auch. Er hatte das Mädchen von nebenan geheiratet, jagte nachts

Frösche und war so ansteckend glücklich, wie ich es kaum je erlebt habe. Nicht auf eine gedankenlose Edler-Wilder-Art, eher auf eine überlegte »Was-brauche-ich-mehr?«-Weise.

Er ist sich völlig bewusst, welche Bedrohung die fortschreitende Entwaldung auf der einen und der Eifer der »baumliebenden« NGOs auf der anderen Seite für seinen Lebensstil bedeuten. Aber im Moment kann er noch mit seinen Kindern spielen, seine Freunde ärgern und seinen Kautschuk verkaufen. »Ich habe die Leute in Jakarta gesehen, wie sie den ganzen Tag in ihren Autos hocken«, sagte er. »Inwiefern ist das besser, als unter einem Baum zu sitzen?«

Als wir den Wald verließen, fragte mich Mijak, welchen Monat wir hätten. Gesprochen benennen viele Indonesier die Monate nach ihrer Nummer. Monat fünf, sagte ich. Gut, sagte er. Dann: »Heißt das Juni?« Nein, wir haben Mai. »Was kommt nach dem Mai?« Dieser junge Mann, der das Naturschutzgesetz 5/1990 und das Raumordnungsgesetz 26/2007 zitieren kann, aber in einer Welt aufwuchs, in der die Zeit als Durian-Saison oder Honig-Saison gesehen wurde, wusste die Monate nicht der Reihe nach aufzuzählen.

Theoretisch sollte die NGO Mijaks und seiner Freunde zur Verteidigung der Rechte der Rimba es ihm erlauben, einen sauberen Turnschuhfuß in der Welt der Cappuccinos, Landrechte und zivilisierten Religionen und einen anderen, schmutzigeren in der Welt des Fischfangs und Bärenessens stehen zu haben. Aber es scheint wenig wahrscheinlich, dass die Welt Bapak Seribus und seiner Waldvernichter lange mit der der Rimba und ihrer Honigbäume koexistieren kann. Mijak kann das traditionelle Leben der Rimba nur dann verteidigen, wenn er den Kampf nach den im »Licht« beschlossenen Regeln führt, und um das erfolgreich zu tun, muss er selbst in diese Welt passen und sich in das moderne Indonesien einfügen, in dem kein Platz ist für die Rimba-Kosmologie.

Als wir seinen Oberen im Wald trafen, hatte Mijak ihm gegenüber allen möglichen Respekt bezeugt, danach jedoch ließ er den Kopf hängen. »Die Alten reden und reden vom Adat«, sagte Mijak. »Aber sie begreifen nicht, dass das Rimba-Adat da draußen im Licht wertlos ist.«

***

Ich hatte Verständnis dafür, wie Mijak in zwei verschiedenen Welten zu existieren versuchte. Meine atheistische, geschiedene, arbeitslose, nomadische Wirklichkeit stellte in Jakarta kein Problem dar. Aber in anderen Landesteilen musste ich einiges davon wegglätten, wollte ich in die Häuser und Leben der Menschen aufgenommen werden. Seit Monaten jetzt log ich jeden Tag Dutzende Male, was mich selbst betraf: Ich genoss eine lange Freistellung von meiner Arbeit im Gesundheitsministerium. Ich lebte in Jakarta und hatte einen Mann, der im privaten Sektor arbeitete und Muslim war. Ich war praktizierende Katholikin. Mein Mann und ich respektierten den Glauben des anderen, und das bot keine zu großen Probleme, da wir keine Kinder hatten.

Meine Kinderlosigkeit war das Einzige an meinem erfundenen Ich, das der Wahrheit entsprach. Ich hatte vorher gewusst, dass es kommentiert werden würde, aber nicht, in welchem Maß. Von den dicken Frauen mit Dschilbab hörte ich: »Wie meinen Sie das, keine Kinder? Sie meinen, noch keine.« Dann, nach einem Blick auf die grauen Strähnen auf meinen Schläfen: »Wie alt sind Sie?« Und schon meldete sich jemand mit pockennarbigem Gesicht zu Wort: »Wo sind Sie zur Behandlung gewesen? Sie sollten nach Singapur gehen, in Singapur können sie alles.« Ein Ellbogen stößt in die Rippen der Pockennarbigen: »Nein, warte, sie sollte mit meinem Cousin sprechen. Er hat eine Spezialmedizin. Drei Frauen im Dorf wurden schwanger nach seiner besonderen Behandlung.«

Von den Männern: »Wie meinen Sie das, keine Kinder? Warum gehen Sie nicht und holen sich eins?« Und ein dünner, wölfischer Mann verengte die Augen und sagte: »Ich nehme an, Ihr Mann hat Sie verlassen? Wie viele Kinder hat er mit seiner jüngeren Frau?«

Ich konnte den Leuten nicht sagen, dass ich nie Kinder gewollt habe. Das wäre *definitiv* nicht zu akzeptieren gewesen, und so antwortete ich mit einem selbstmitleidigen Blick, so gottesfürchtig wie ratlos. Ich zeigte zum Himmel, deutete an, sie sollten Gott fragen, warum ich noch nicht mit Nachwuchs bedacht worden sei, und zuckte die Schultern, um zu zeigen, dass ich mich in mein Schicksal gefügt hätte. Dennoch, es war zermürbend, Tag für Tag von Fremden nach seinen Eierstöcken befragt zu werden. Etwa eine Woche, nachdem ich die zerstörten Wälder der Rimba verlassen hatte, frühstückte ich in Tanjung Pandan, der Hauptstadt Belitungs, einer Zinn produzierenden Insel vor der Küste Sumatras. Es ist ein florierender Ort mit chinesischen Läden und Bungalows aus der Kolonialzeit. Nach dem Foto an der Wand zu urteilen, war der Coffee-Shop, in dem ich saß, seit den 1940ern unverändert geblieben.

Der Besitzer trug Nylonshorts, ein Netzhemd und Plastiksandalen, die Uniform chinesischer Händler, wenn sie in ihrem Laden stehen, und zählte abgegriffene Tausend-Rupiah-Scheine in die Schublade eines Teak-Schreibtisches. Er lud mich ein, mich zu ihm und seinen Freunden zu setzen, und wir gingen das Skript durch. »*Dari mana?*« – Woher kommen Sie? »*Wah, Inggris,* Manchester United! Aber Ihr Indonesisch ist so gut. Woher kommt Ihr Mann?« Als wir zum »Wie viele Kinder?« kamen, rutschte es einfach so aus mir heraus: »Zwei, aber die sind schon erwachsen«, und das Gespräch ging weiter. Ich hätte mich treten können, nicht schon Monate früher auch Kinder erfunden zu haben.

Nachdem seine Freunde gegangen waren, stellte sich der Coffee-Shop-Besitzer als Ishak Holidi vor, ein Mitglied des örtlichen Parlaments. Der Coffee-Shop ist ein Familienbetrieb und eine gute Möglichkeit, an dem dranzubleiben, was die Leute denken und worüber sie reden, sagte er. Wir unterhielten uns ein paar Stunden über die örtliche Regierung, Investitionen im Bildungssektor, politische Verantwortlichkeiten und Möglichkeiten, die Abhängigkeit vom Bergbau zu reduzieren. As ich am nächsten Morgen zum Frühstück kam, war Pak Ishak fürs Parlament gekleidet. Er winkte mich heran. »Wir sind jetzt Berühmtheiten«, lachte er und zeigte mir die örtliche Zeitung. Da waren wir, er und ich, wie wir dumm in die Handykamera von jemandem grinsten, und unter dem Bild stand die Titelzeile: »Ausländische Besucherin erklärt Belitung-Kuchen für köstlich.« Der Artikel selbst begann mit: »Elizabeth, Mutter zweier Kinder ...«

Und es ging noch weiter: Auch meine nicht existierenden Kinder bereiteten mir Kopfschmerzen. Zwar war bei den Männern die Fruchtbarkeitsfrage mit meiner Auskunft schnell geklärt, aber die Frauen erwarteten, dass meine Kinder Namen hatten, Geschlechter, Alter, Berufe, ganze Lebensgeschichten. Die Sache stellte sich als ziemlich aufwendig heraus, und so kehrte ich bald schon zu meiner Kinderlosigkeit zurück.

Philippinen
Sulu-
See
Südchinesisches
Meer
Sabah
Brunei
Celebes-
See
Malaysia
Sarawak
Ost-
kalimantan
Singkawang
Pontianak
Putussibau
West-
Borneo
Äquator
Sintang
kalimantan
von
Jakarta
Zentral-
kalimantan
Straße von Makassar
Sulawesi
Süd-
kalimantan
Java-See
Java
Madura
West-
java
Semarang
Zentraljava
Bali-See
Yogyakarta
Ostjava
Lombok
Bali
Sumbawa
Indischer
Ozean
Sumba
0
200 km

Kapitel

11

Indigene Künste

Miss Äquator stand stocksteif in der gleißenden Mittagssonne, Schweiß lief ihr in kleinen Rinnsalen über das gepuderte Gesicht. Auf ihrem Kopf balancierte unsicher ein großer silberner Globus, in dem ein Pfeil steckte. Es war ein Styropor-Stanniol-Modell des Denkmals, das hinter ihr aufwuchs.

Nach einem weiteren kurzen Boxenstopp in Jakarta war ich nach Pontianak geflogen, der größten Stadt in West-Kalimantan und der einzigen Stadt der Welt, die genau auf dem Äquator liegt. Es war der Tag der Herbst-Tagundnachtgleiche, an dem die Leute am Äquator, wenn die Sonne ihren Zenit erreicht, keinen Schatten mehr werfen. Am 1908 von den Holländern erbauten und in jüngster Zeit von einer stolzen Lokalregierung massiv ausgeweiteten Äquator-Denkmal hatten sich Scharen von Besuchern zum Tagundnachtgleiche-Fest eingefunden, und sie drängten vor, um sich mit der schattenlosen Schönheitskönigin fotografieren zu lassen.

Der Bürgermeister von Pontianak trug einen perlgrauen Seidenaufzug mit einem um den Leib geschlungenen Tuch, das dicht mit Goldfäden durchwirkt war. Der Sarong seiner Frau war dazu passend bestickt. Vor der Sonne wurden die beiden durch einen riesigen Sonnenschirm geschützt, den ein in Batik gekleideter Lakai über ihnen drehte, und so sahen sie für alle Welt wie ein Sultan und seine Frau aus vorkolonialen Zeiten aus.

Kalimantan ist der indonesische Teil der gigantischen Insel Borneo, die die Karte der südostasiatischen Inselwelt beherrscht. Die vier Provinzen, aus denen Kalimantan zur Zeit meiner Reise bestand, nehmen die südlichen drei Viertel der Insel ein. Nördlich, hinter den dschungelbedeckten Bergen im Zentrum Borneos, liegen die malaysischen Staaten Sabah und Sarawak sowie das winzige, unabhängige Sultanat Brunei.

Obwohl er relativ dünn besiedelt ist – pro Quadratkilometer leben in Kalimantan nur fünfundzwanzig Menschen im Vergleich zu eintausendfünfundfünfzig auf Java –, schafft es dieser Landesteil, ethnisch sehr komplex zu sein. Die graue Seide des Bürgermeisters von Pontianak war die traditionelle Kleidung der malaiischen Muslime aus Sumatra und der malaiischen Halbinsel, die sich lange, bevor die Europäer hier eintrafen, an den Küsten Kalimantans niederließen und die Flüsse hinauffuhren. In den Wäldern im Inneren lebten auch damals schon viele Ethnien, die heute unter dem Sammelbegriff »Dayak« bekannt sind. Im Allgemeinen wohnten die Dayak in gemeinschaftlichen Langhäusern nahe bei einem Fluss und paddelten oder stapften in die nahen Wälder, um Land für vorübergehende Pflanzungen freizumachen. Darüber hinaus gründete bereits im 18. Jahrhundert eine große chinesische Gemeinde im Westen der Insel einen unabhängigen Staat. In jüngerer Zeit kamen Migranten aus Java, Madura und anderen überfüllten Teilen Indonesiens her, einige im Rahmen der von der Regierung initiierten Transmigrationsprogramme, andere von der Arbeit auf den Ölfeldern und in den Kohlebergwerken angezogen, die Süd- und Südost-Kalimantan zu den reichsten Gebieten der Nation gemacht haben. Fast zwanzig Prozent der Bevölkerung Kalimantans wurde anderswo geboren.

Hinter dem Denkmal präsentierten dreizehn Schulgruppen ihre äquatorbezogenen Wissenschaftsprojekte für die örtlichen Fernsehkameras und die Jury eines naturwissenschaftlichen Wettbewerbs der Provinz. Eine Gruppe erklärte die Sieben Wunder des Äquators, einschließlich verschwindender Schatten, Wasser, das auf den beiden Seiten der trennenden Linie in unterschiedlichen Richtungen in den Abfluss strudelte (was faktisch nicht nachweisbar war, aber gleich von mehreren Gruppen leidenschaftlich »demonstriert« wurde), schwacher Schwerkraft und hochintensiven Sonnenlichts. Die meisten Schüler waren chinesischstämmig, gingen auf eine teure Privatschule und präsentierten ihre Projekte auf Englisch. »Die Intensität des Sonnenlichts ist ein großer Reichtum, weil wir daraus Sonnenkraft machen«, erklärte ein Junge. Ein anderer stieß ihm den Ellbogen in die Rippen. »Solarstrom, nicht Sonnenkraft«, kicherte er.

Ich fragte, wie viel von Pontianaks Strom tatsächlich mit »Sonnenkraft« hergestellt werde. »Nun, fast keiner. Wir reden nur über das Potenzial«, sagte einer der Jungen. Ich schlug halb scherzend vor, sie sollten zum Bürgermeister gehen und ihm von dem Potenzial berichten, und dass sie Pontianak zu einem Modell der Energieeffizienz machen könnten. »Ja, das machen wir!«, riefen sie auf Englisch. »Wir sind die neue Generation. Wir können die Welt verändern.«

***

Auf diesem Teil meiner Reise hatte ich Begleitung. Ich war im Netz auf einen Blog gestoßen, *Gangs of Indonesia*, und hatte der Autorin Melanie Wood geschrieben, wie sehr ich ihre Arbeit schätzte. Während meines Boxenstopps in Jakarta hatten wir uns dann in einer Cocktailbar getroffen, einem Ort voller indonesischer Yuppies, die abwesend in ihren Granatapfel-mit-Schwaden-von-frischem-Ingwer-Cocktails rührten und ihre iPads streichelten. Wir unterhielten uns eine Weile, und ich erwähnte, dass ich zwei Tage später nach Kalimantan aufbrechen würde. »Da komme ich mit«, sagte sie.

Ich sah sie von oben bis unten an. Sie trug eine gut geschnittene Bluse, einen kurzen dunkelblauen Rock und elegante Slingpumps. Ich konnte sie mir in keinem rostigen Bus mit von der Decke baumelnden Spucktüten vorstellen und versuchte ihr zu erklären, wie ich reiste, doch das beeindruckte sie nicht.

Melanie war eine wunderbare Reisebegleiterin. Sie war zäh, erfindungsreich und für fast alles zu haben. Und sie war groß und blond und hatte durchdringende blaue Augen. Neben ihr wurde ich so gut wie unsichtbar und sah kaum mehr ausländisch aus. Das bedeutete, dass Melanie die Rolle des Publikumsmagneten übernahm, von Kinderhorden verfolgt wurde, für endlos viele Fotos in Positur gehen und sich der Tyrannei der allgegenwärtigen Handys unterwerfen musste. Ich hatte das Gefühl, Urlaub zu haben.

Singkawang, etwa vier Stunden nördlich von Pontianak die Küste hinauf, ist eine der wenigen Städte Indonesiens, deren Bevölkerung mehrheitlich chinesischstämmig ist. Die ganze Stadt hat eine sehr straits-chinesische* Atmosphäre, die Häuser sind zumeist zweistöckige Geschäftshäuser mit Schwingtüren, Kolonaden und verzierten Metallvordächern, die dem Erdgeschoss Schatten spenden. Sie könnten auch in Singapur oder im Penang etwa des Jahres 1940 stehen, sieht man von der schäbigen Bauqualität der 1980er-Jahre einmal ab.

An unserem ersten Abend in Singkawang saßen Melanie und ich in einem offenen Laden, der auf einen Tee spezialisiert war, der ein wenig wie Rotbuschtee aussieht, tatsächlich aber aus einer ört-

* »Straits« nach der Straße von Malakka

lichen Variante der wilden, von den Dayak gepflückten Chrysantheme gemacht ist. Um uns floss eine Prozession junger Leute auf Vespas und Lambrettas. Die wunderschön restaurierten alten Roller waren der letzte Schrei. Ihre Fahrer trugen die dazu passenden Retrohelme – dass dem Gesetz nach eigentlich Integralhelme Pflicht waren, wurde rundum ignoriert. Selbst brandneue Hondas waren so hergerichtet, dass sie nach den 1950ern aussahen.

Ich kam mit Hermanto ins Gespräch, dem Besitzer des Teeladens. Er sagte, nach Singkawang kämen nicht viele westliche Besucher. »Das Einzige, wofür wir bekannt sind, ist Menschenhandel!«, sagte er fröhlich. Ich hatte tatsächlich gehört, dass die Stadt das Zentrum eines riesigen Brautversandhandels sei. Stimmte das? Die Bräute ja, sagte er. Der Versandhandel nicht.

Das Brautgeschäft hatte ernsthaft in den frühen 1970ern angefangen, als taiwanesische Firmen damit beschäftigt waren, die Bäume West-Kalimantans zu Bau- und Sperrholz zu verarbeiten. In die Stadt kommende Geschäftsleute hatten festgestellt, dass die chinesischen Frauen von Singkawang gute Gefährtinnen für die vielen ärmeren Taiwaner sein könnten, die im obligatorischen Militärdienst gealtert waren, ohne eine Frau zu finden, und so alarmierten sie die traditionellen Kuppler, die immer noch vielen taiwanesischen Eltern halfen, die richtigen Ehepartner für ihre Kinder zu finden. Die Kuppler arbeiteten mit Briefen und Fotos, und wenn sie und die Familien übereinkamen, fuhr die Frau nach Taiwan. Hermanto sagte, die meisten Bräute in jenen frühen Tagen seien Anfang vierzig gewesen, nach indonesischen Maßstäben alte Mädchen. »Natürlich taten manche Männer so, als wären sie reicher, als sie es tatsächlich waren, und es gab Enttäuschungen. Aber meist waren die Arrangements für beide Seiten von Vorteil.« Heute, sagte Hermanto, benutzten die Leute immer noch Kuppler, aber es gebe weniger unglückliche Ergebnisse. »Die möglichen Partner skypen miteinander, und die Flüge sind so billig, dass der Mann fast immer erst herkommt, um zu sehen, ob sie sich verstehen.«

Zeitungsberichte, die diese Zusammenführungen als »Handel« beschrieben haben, zitieren fast immer dieselbe Frau: Maya Satrini. Google sagte mir, dass sie in der AIDS-Kommission des Distrikts Singkawang saß, also ging ich hin und schaute, ob ich sie in ihrem Büro finden konnte. Sie war nicht da, aber ihre Kollegen hatten die gleiche entspannte Einstellung zum Braut-Markt wie Hermanto. Sie sahen die Zusammenführung von taiwanesischen Männern mit örtlichen Frauen kaum anders als die Partnersuche im Internet. »Man zahlt eine Gebühr für eine Dating-Website, und man zahlt eine Gebühr für einen Heiratsvermittler. Wo liegt da der Unterschied?«, sagte eine Frau.

Der Hauptunterschied besteht in der Aufgabe des Heiratsvermittlers, dafür zu sorgen, dass die Familie der Braut den Brautpreis bezahlt bekommt. Das war in den traditionellen chinesischen Gesellschaften seit Jahrtausenden so, wird seit einigen Jahren aber als »Verkauf« von Frauen gesehen. Die Bedenken der »Handels«-Kritiker finden in den von den Vermittlern aufgesetzten Verträgen weitere Nahrung, die oft auf drei bis fünf Jahre limitiert sind. Das bedeutet, dass die Frau, wenn es mit der Verbindung nicht klappt, zurück nach Hause kommen kann, ohne das Gesicht zu verlieren, genau wie eine Wanderarbeiterin nach einem Zwei-Jahres-Vertrag als Hausmädchen in Malaysia wieder nach Hause kommt. Im Unterschied zu den Verträgen der Hausmädchen steht in diesen Verträgen jedoch, dass aus der Verbindung hervorgegangene Kinder beim Vater bleiben.

»Wenn sie aus einer armen Familie stammt, kann die Heirat mit einem dieser Männer die beste Möglichkeit sein, ihren Eltern zu helfen, und die Achtung vor den Eltern ist immer noch ein wichtiger Teil unserer Tradition«, sagte Hermanto. Ich war verblüfft. Ich hatte nicht gedacht, dass es in Indonesien arme chinesischstämmige Familien geben könnte.

***

Einige der ersten schriftlichen Aufzeichnungen über das Leben auf den Inseln, die am Ende zu Indonesien verschmolzen, sind in chinesischer Sprache verfasst. Händler vom chinesischen Festland waren für weit über tausend Jahre ein integraler Bestandteil der Wirtschaft des Archipels und haben auch einen kulturellen Beitrag geleistet. So gehörte der chinesische Admiral Zheng He, ein muslimischer Eunuch aus Yunnan, zu denen, die den Islam in die nördlichen Häfen Javas brachten. Trotzdem ist Indonesiens Verhältnis zu seinen chinesischen Einwanderern angespannt.

Viele der frühen chinesischen Einwanderer waren Händler, denen die Türen zu ihren Heimathäfen versperrt worden waren, nachdem der Kaiser der Ming-Dynastie im späten 13. Jahrhundert allen privaten Handel untersagt hatte. Da sie nicht in ihre Heimat zurückkehren konnten, ließen sich diese Männer an der Nordküste Javas nieder, lernten Javanisch und heirateten einheimische Frauen. Mitte des 17. Jahrhunderts wurden mindestens vier javanische Städte von Männern chinesischer Abstammung regiert.

Die Chinesen brachten von den örtlichen Herrschern benötigte Fähigkeiten mit. Prinzen und Sultane bewunderten ihren Geschäftssinn und machten sie zu Hafenmeistern, Zollbeamten und Steuereintreibern. Die Niederländische Ostindien-Kompanie, die VOC, tat es ihnen nach. Sie bediente sich chinesischstämmiger Inselbewohner, um die unbeliebte Reissteuer einzutreiben, mit der sie ihre zahlreichen Gefechte mit Sultanen und lokalen Potentaten finanzierte. Die Kolonialregierung war skeptisch, der breiten »eingeborenen« Bevölkerung zu erlauben, reich zu werden, und verlieh der kleinen chinesischen Minderheit das Monopol, Opiumhöhlen, Leihhäuser und Spielhöllen zu betreiben.

Die Holländer verkauften gut etablierten chinesischen Händlern auch die Rechte, größere Unternehmungen zu betreiben – in Kalimantan Gold zu schürfen, auf Sumatra Zinn abzubauen und auf Java und Sumatra Zucker-, Tabak- und Pfefferplantagen zu betreiben. Statt Einheimische einzustellen, holten die Bosse Hunderte, manchmal Tausende Arbeiter vom chinesischen Festland. Diese neu Eingewanderten mussten nicht integriert werden, wie es bei den Händlern der Fall gewesen war. Zu Beginn des 20. Jahrhunderts gab es über eine halbe Million Menschen chinesischer Abstammung in Niederländisch-Ostindien, die Hälfte außerhalb von Java. Viele von ihnen lebten in einer chinesischen Blase, sprachen die Sprache ihrer Heimatprovinz in China, lebten mit den Speisen, Gebeten und Heiratsritualen ihrer Vorfahren und arbeiteten, arbeiteten, arbeiteten.

In Singkawang stießen Melanie und ich auf eine Keramikfabrik mit einem altmodischen »Drachen-Brennofen«, einer Art achtzig Meter langem, buckligem Tunnel mit einer bienenkorbförmigen Brennkammer am Ende. Die Bauweise, die, wie uns die Arbeiter erklärten, aus der Provinz Guangdong in Südchina stammte, war uralt, obwohl dieser letzte Ofen erst in den 1970ern gebaut worden war. Ich ging in den Tunnel hinein und sah Hunderte brennfertige Rohlinge aufgereiht, alle bereits in Glasuren ununterscheidbarer Regentag-Graus getaucht. Wenn eintausend Rohlinge darin sind, wird die Tür mit Ziegeln verschlossen, das Feuer in der Brennkammer entzündet und mit Holz gefüttert. Zwanzig Stunden später hat sich der braune Ton aufgehellt, leuchtet orange und grün, braun und hellblau, und die Schalen, Statuen und Schmuckdrachen sind fertig für den Verkauf.

Hinten im Hof gab es noch eine Ziegelfabrik. Ein junger Mann mit der schlanken Figur und den feinen Gesichtszügen des Nordchinesen kam mit einer Schubkarre von einem kleinen Teich etwas unterhalb der Fabrik und brachte frisch ausgegrabenen Lehm. Er knetete ihn ein wenig, formte große Klumpen und legte sie zwei an einem Tisch stehenden Frauen hin. Jede nahm eine Handvoll und drückte sie in eine längliche, rechteckige Form, zog eine Metallklinge darüber, um die obere Fläche zu glätten, und schlug den frisch geformten Ziegel auf den Tisch. Pro Ziegel bekamen die Frauen sechzig Rupiah, etwa 0,6 Euro-

Cent. Sie sagten, sie schafften etwa dreihundert bis vierhundert Stück am Tag.

Ich hatte das Ziegelmachen bereits in Süd-Sulawesi gesehen, wo die Ziegel von Frauen mit von Lepra verstümmelten Händen geformt wurden. Bei ihnen gesessen hatte die Besitzerin der Fabrik, eine hübsche, junge chinesischstämmige Frau in einem rosa Trainingsanzug. Das war in fast ganz Indonesien die natürliche Ordnung der Dinge. Hier in Singkawang taten Chinesinnen die Arbeit und verdienten dabei weniger als zwei Euro pro Tag.

Ich war betroffen, und das auf eine Weise, wie es ein Besucher zu Kolonialzeiten gewesen wäre, hätte er einen Holländer beim Zuckerrohrschneiden auf dem Feld gesehen. Und plötzlich wurde mir bewusst, wie vollkommen ich die Stereotype der einheimischen Indonesier über die Babahs, wie die chinesischen Händler manchmal genannt werden, internalisiert hatte. Nett ist das nie gemeint. Alle Chinesen sind gewiefte Geschäftsleute, sagt das Vorurteil, arbeiten hart und halten zusammen. Obwohl sie sich gegenseitig großzügig unterstützen, versuchen sie den einheimischen Indonesiern stets noch eine Rupiah mehr abzupressen. So werden sie reich.

»Ich habe jahrelang für die Babahs gearbeitet«, hatte mir ein indonesischer Geschäftsmann früher auf meiner Reise in Ost-Indonesien erklärt. »Ich habe zugesehen und gelernt. Vor allem, hart zu arbeiten.« Allerdings hatte er schließlich das Gefühl gehabt, dass im Zentrum ihres Lebens ein Vakuum herrschte. »Immer geht es nur um Geld, Geld, Geld. Von morgens bis abends, Geld, Geld, Geld. Essen, Geld, schlafen, Geld, sterben. Aber am Ende frage ich mich, wofür?«

Der antikommunistische Feuersturm von 1965 gab vielen indigenen Indonesiern die Möglichkeit, Rache an den hart arbeitenden, zusammenhaltenden Chinesen zu nehmen, Rache für den Neid, den sie auf sie verspürten, und die Abhängigkeit von ihnen in Bezug auf so viele Dinge, die sie wollten und brauchten. Sukarno und die PKI hatten Peking schöngetan, also musste jeder Chinese Kommunist sein und war damit Freiwild. »Es war doppelt ungerecht, waren viele in der chinesischen Gemeinde hier doch Flüchtlinge, aus China geflohen, nachdem die Kommunisten 1949 den Bürgerkrieg dort gewonnen hatten«, sagte Hermanto, der Besitzer des Chrysanthementee-Ladens. »Und dann wurden sie beschuldigt, zur PKI zu gehören und …« Er fuhr sich mit dem Finger über die Kehle.

Die chinesischen Indonesier, die das Jahr 1965 überlebten, wurden rundum diskriminiert. Im Staatsdienst, beim Militär und allen anderen Institutionen waren sie unwillkommen und so wurden sie, vergleichsweise gut ausgebildet, noch tiefer in Märkte, Handel und kleine Unternehmen gedrängt, gehören die doch in fast ganz Indonesien dem privaten Sektor an. Sie hielten die Köpfe unten, arbeiteten hart und verstärkten ihre verwandtschaftlichen Netzwerke, auf die sie in gefährlichen Zeiten zurückgreifen konnten. Wirklich anders als Mama Bobos riesiger Clan auf Sumba funktionieren diese Netzwerke nicht. Nur dass der Austausch unter den chinesischstämmigen Indonesiern nicht über Büffel, sondern Verträge und Kapital stattfindet. Und beides wird nicht geopfert, sondern dazu genutzt, weitere Verträge und weiteres Kapital zu generieren.

Wie die javanischen Herrscher der vorkolonialen Zeit brauchte Suharto das Kapital und die geschäftlichen Verbindungen, die ihm die chinesische Diaspora zur Verfügung stellen konnte. Er vergab Monopole, und dafür trugen die chinesisch-indonesischen Kompradoren viele von Suhartos politischen Operationen. Indonesien erhielt Investitionen in exportorientierte Industrien, und die Chinesen wurden reicher. Typischerweise war es allerdings so, dass sich Suharto das, was er mit der einen Hand gab, mit der anderen wieder zurückholte. Er vertiefte die soziale Diskriminierung der Chinesen. Chinesische Schulen, Tempel und Zeitungen wurden geschlossen und chinesischstämmige Bürger dazu gedrängt, indonesisch klingende Namen anzunehmen.

Mitte der 1990er-Jahre veröffentlichte die australische Regierung ein Buch mit einer plakativen Tabelle, die zeigte, dass die chinesische Ethnie achtzig Prozent der indonesischen Wirtschaft kontrollierte. Weniger plakativ war Fußnote 17, die immer übersehen wurde (auch von mir in meinen Berichten für Reuters) und erwähnte, dass die Zahlen die Teile der Wirtschaft außen vor ließen, die von Staatsunternehmen oder multinationalen ausländischen Konzernen kontrolliert wurden. Eine Überarbeitung der Zahlen deutet darauf hin, dass den chinesischen Indonesiern knapp ein Drittel des nationalen Vermögens gehörte – was immer noch acht Mal mehr war, als man es von einer Gruppe erwarten würde, die gerade mal 3,5 Prozent der indonesischen Bevölkerung ausmacht.

Ihr überproportionaler Wohlstand führte dazu, dass die chinesischen Indonesier leicht zum Sündenbock zu machen waren, wenn die jeweils Herrschenden das Gefühl hatten, sie müssten den Leuten erlauben, politisch Dampf abzulassen. Der erste große Angriff auf die chinesische Gemeinschaft hatte im Jahr 1740 stattgefunden, und die neuerlichen Plünderungen und systematischen Vergewaltigungen chinesischer Frauen erreichten einen Höhepunkt in dem Chaos, das zum Sturz Suhartos führte. Seitdem wurden viele der diskriminierenden Gesetze der Suharto-Ära aufgehoben, und die chinesischstämmigen Indonesier haben angefangen, bilinguale Schulen einzurichten, und gehen wieder in konfuzianische Tempel. »Es ist heute viel besser«, erklärte mir ein chinesischer Ladenbesitzer. »Womit ich meine, dass ich mich nicht ständig fragen muss, ob ich durch das Jahr komme, ohne dass mein Laden niedergebrannt wird.«

In Singkawang übernahm Melanie die Rolle, die meine Reuters-Fotografin Enny früher für gewöhnlich gespielt hatte. Wenn ich durch die Stadt fuhr und nach Abenteuern Ausschau hielt, saß sie hinten auf unserem gemieteten Motorrad und stieß mir in die

Rippen, sobald sie etwas Interessantes sah. Auf einen solchen Stoß hin kam ich vor einer alten chinesischen Dame zum Stehen, deren Gesicht von einem dichten Vorhang frisch gemachter Nudeln eingerahmt wurde, die sie zum Trocknen hinaus auf die staubige Straße gehängt hatte.

Ich grüßte sie, aber die Frau sprach praktisch kein Indonesisch. Also kramte ich mein eingerostetes Mandarin hervor und versuchte es damit. Es funktionierte: Sofort hellte sich ihr Gesicht auf, und sie wurde recht gesprächig. Die Nudelfabrik gehöre ihrem Sohn Ah Hui, sagte sie und lud uns ein, uns umzusehen.

Es war wie der siebte Kreis der Hölle. Unter einer einzigen nackten Glühbirne stand eine riesige Maschine, die ein wenig wie ein mittelalterliches Folterinstrument aussah, surrte und schepperte. In ihren Schlund schüttete Ah Hui, mager, mit nacktem Oberkörper, schwitzend, ein Gemisch aus Mehl, Eiern und Wasser. Schepper, schepper, tuck-tuck-tuck, surr, zitter, *klack*, bäng, *bumm*, klack. Es fühlte sich an, als spielte jemand in meinem Schädel Schlagzeug. Die Maschine rülpste giftigen schwarzen Rauch aus, und plötzlich war es still. Ein Bolzen hatte sich losgerüttelt. Einer der jugendlichen Arbeiter fischte im Teig herum, zog den Bolzen hervor, steckte ihn zurück an seinen Platz und setzte die Maschine wieder in Gang. Irgendwann kam eine Schicht Teig hervor, wurde gedreht, gepresst, vermengt und um einen großen Stock gewickelt. Das Ergebnis sah aus wie eine riesige Toilettenrolle.

Als die gezahnten Regale entlang der Wand voller Klorollen hingen, wurden die Mangeln durch Klingen ersetzt und das Schneiden begann. Ein besonders schöner Dayak-Junge mit einem alten roten Cowboyhut setzte sich vor die Öffnung des Maschinenungeheuers, und als es anfing, Nudeln auszuspucken, fing er sie mit polierten Holzstöcken auf und gab sie an einen Trupp Jungen weiter, die sie nebenan in den Trockenraum hängten. Es war ein großer Raum mit einem Dachfenster und etlichen mit Spinnweben und Ruß überzogenen Deckenventilatoren. Verstreut auf dem

Boden, verdeckt von den Vorhängen trocknender Nudeln, standen rostige Brenner, befeuert mit Gas aus auf dem Boden liegenden Schläuchen. Ich bemerkte sie erst, als meine nackten Füßen den Flammen von einem von ihnen zu nahe kamen. Die Brenner beschleunigten den Trocknungsprozess. Es war ein Inferno.

Hinter den Nudelvorhängen, keinen Meter von der schlagenden Klotür entfernt, dampfte ein heißer Bottich fertiger Nudeln über einem offenen Feuer. Weich geworden, wurden sie verpackt und gingen an Straßenverkäufer in der ganzen Stadt.

Obwohl er das Geschäft bereits in dritter Generation führte, war Ah Hui nicht optimistisch, was seine Zukunft betraf. Sein eigener Sohn war erst sechs. »Wenn er alt genug ist, wird er eine solche Arbeit nicht mehr machen wollen.« Ah Hui sagte, schon jetzt bestehe seine gesamte Belegschaft aus Dayak. »Chinesische Kinder wollen höhere Löhne, und dann bleiben sie gerade lange genug, um das Geschäft zu erlernen, machen sich selbstständig und konkurrieren mit einem.«

Als wir gingen, gab mir Ah Huis Mutter eine riesige Tüte Nudeln mit. »Es ist so schön, jemanden zu treffen, der Mandarin spricht«, sagte sie. »Kaum jemand von euch jungen Leuten tut das noch.«

Zurück beim Chrysanthemeentee-Laden, berichtete ich Hermanto davon. Sein eigener Vater sei Mandarin-Lehrer gewesen, sagte er. Obwohl er ein paar Texte unter dem Dach ihres Hauses versteckt gehalten hatte, traute sich der Lehrer nach 1965 nicht, Suhartos Politik zuwiderzuhandeln. Nicht einmal den eigenen Sohn lehrte er die Sprache. »Ich bin Teil einer verlorenen Generation«, sagte Hermanto. »Ich habe das Gefühl, dass man mir meine Wurzeln genommen hat.«

***

Ethnizität und Herkunft sind Themen, die sich mächtig über Kalimantan zusammenballen und manchmal mit verheerender Gewalt entladen. Die Ermordung der Chinesen 1965 war eine Anomalie: Der anhaltende Bruch besteht zwischen zwei ziemlich unterschiedlichen ethnischen Gruppen, den Dayak und den Malaien, die Borneo beide als das Heimatland ihrer Vorfahren betrachten. Vor mehr als einem Jahrhundert ließ der größte aller Abenteuer-Autoren, Joseph Conrad, seinen ersten Roman auf Borneo spielen. »... wo die Malaien und die an Flüssen siedelnden Dayaks oder Kopfjäger unablässsig miteinander im Streit liegen«, schrieb er 1895.*

Die auf Sumatra, der Halbinsel Malaysia und Borneo verbreiteten Malaien errichteten Sultanate, aus denen vor Jahrhunderten die größeren Handelszentren Kalimantans entstanden. Reich wurden sie durch das Sammeln und Verkaufen von Exotika aus den Wäldern der Insel: Schnabelaufsätze des Rhinozerosvogels, Rhinozeroshorn, Gold, Indigo, Kampfer und das so hübsch benannte Drachenblut, ein leuchtend rotes, von Apothekern genutztes Naturharz. Das alles, und andere Herrlichkeiten des Waldes, wurde von den Dayak, den farbigen Waldbewohnern, die in den Jungengeschichten des späten viktorianischen Zeitalters so prominent vertreten waren, gesammelt und die Flüsse hinuntergepaddelt. Die Geschichten erzählen von großen, dampfenden Strömen, die sich faul durch üppige, stinkende Dschungel schlängeln. Tätowierte Wilde mit gedehnten Ohrläppchen und spitzen Zähnen sitzen auf den Veranden ihrer gemeinschaftlichen Langhäuser, spitzen Pfeile für ihre Blasrohre und warten auf ihren nächsten Kopfjäger-Feldzug.

Von den Kolonisten gefürchtet und von den jüngeren Regimen vernachlässigt, haben die Dayak ihre Existenz während eines Großteils der Geschichte an den Rändern des Staates verbracht und waren in Bürokratie und Politik ständig unterrepräsentiert. Sie waren nicht in der Lage, ihre Wälder gegen Suharto und seine

* Joseph Conrad: Almayers Wahn, S. Fischer Verlag, Frankfurt 1993, S. 46

Kumpane zu verteidigen. Hunderte Quadratkilometer ihrer Heimat landeten im Schlund der taiwanesischen Sperrholzindustrie, und auch ihre traditionellen Systeme der Stammesführung, ihr Adat, vermochte den Attacken durch Suhartos Einheitsstruktur nicht standzuhalten.

Mitte der 1990er-Jahre war es eine kleine Gruppe gut ausgebildeter, städtischer Dayak leid, zu Wilden erklärt zu werden, und noch übler stieß ihnen auf, dass die meisten Regierungsjobs an die Malaien gingen, die von Jakarta bevorzugt wurden, weil sie nette, zivilisierte, aus diversen Sultanaten stammende Muslime waren, die Suhartos Leute verstanden. Diese kleine Gruppe Dayak bildete das Institut Dayakologi. Zuverlässige Verbündete fand es unter internationalen Entwicklungs-Fashionistas, die seit einiger Zeit begonnen hatten, sich auf den Schutz von Bäumen, Tigern und exotischen Bevölkerungsgruppen zu konzentrieren, und denen es gelungen war, die Vereinten Nationen dazu zu überreden, ein Jahrzehnt der indigenen Völker der Welt auszurufen. Bald schon beherrschten die Führer der Dayak die Rhetorik indigener Rechte fließend, und heute beschreibt die Organisation ihre zentralen Ziele folgendermaßen: »Gleichberechtigung und Gerechtigkeit zwischen den Geschlechtern, Brüderlichkeit, Freiheit, die Durchsetzung der Menschenrechte, Demokratie, Offenheit, Gerechtigkeit, Gemeinsamkeit und Gewaltbekämpfung, damit der Prozess der Marginalisierung, der Unterdrückung und Ausbeutung und der Vormarsch der Globalisierung gestoppt werden können, sodass die Würde, die Werte und die Souveränität der indigenen Dayak-Gemeinschaft erhalten bleiben können.«

Die Sprache ist modern und gibt den Verbitterungen Ausdruck, die seit Conrads Tagen und früher an den Dayak nagen. Auch heute noch finden die wirklichen politischen Schlachten zwischen den Dayak und den Malaien statt, wobei eine dritte ethnische Gruppe, die Madurer, wie ein Punchingball zwischen die beiden geraten sind.

Madura ist eine verdorrte, übervolle Insel vor der Nordostküste Javas, auf der es schwer ist, seinen Lebensunterhalt zu verdienen. Die Madurer haben den Ruf, wild und brutal zu sein. Als ich die Insel besuchte, wollte mir niemand ein Motorrad vermieten, weil ein paar Tage zuvor ein umherziehender Spielzeugverkäufer (»ein Außenseiter wie Sie« – aus West-Java, wie sich herausstellte) getötet und sein Motorrad gestohlen worden war. »Stellen Sie sich vor, das passiert Ihnen«, erklärte mir eine Madurerin mit drei Hondas, die ich hoffnungsvoll betrachtete. »Dann sind Sie tot, aber ich, ich verliere ein Motorrad.« Und dann weit ernster: »Auf dieser Insel können Sie niemandem trauen. Nicht einem.«

Die Dayak haben sich mit den Madurern Gefechte geliefert, seit diese als Transmigranten Mitte der 1960er nach Kalimantan kamen. Dann, 1997, verhielt sich eine Gruppe Madurer einigen Dayak-Frauen gegenüber rüde. Der daraus erwachsende Streit eskalierte in einer Art Rausch, der die ganze Provinz erfasste: eintausendfünfhundert Madurer wurden umgebracht, Zehntausende verloren ihr Zuhause und drängten sich in Flüchtlingslagern zusammen.

Als ich mich im Büro der AIDS-Kommission des Distrikts Singkawang mit den Frauen dort unterhielt, stellte ich fest, dass dieses Vermächtnis zu wirklich unwahrscheinlichen Gesprächsentwicklungen führen kann. Zunächst redeten wir über Sex, was für Leute, die mit HIV-Infizierten arbeiten, ein alltägliches, normales Thema ist. Wir kamen auf die Prostitution, streiften kurz die Alternativen zur Missionarsposition und waren auch schon bei der Antiklimax der Ehe. Wir entschieden, dass man den Status einer Ehe an der Unterwäsche der Frau ablesen kann. Solange sie zueinander passende Spitzenwäsche trägt, hat sie es entweder noch nicht zur ersten Base geschafft oder sie ist verliebt. Dann gibt es ein leichtes Abrutschen in »passend-aber-bequem«, dann die unvermeidliche »Was-immer-sauber-ist«-Phase: das ehedem weiße, jetzt ergraute Unterteil wird zu einem roten Oberteil getragen, das auch schon bessere Tage erlebt hat. »Erst dann weiß man, dass man wirklich und richtig verheiratet ist«, sagte Ibu Ibit, eine Malaiin in ihren frühen Dreißigern.

Es gibt etwas gänzlich Universelles an dieser Art von Frauenunterhaltung. »Wenn ich daran denke, wie viel Zeit ich damit verbracht habe, mir die Haare zu waschen«, sagte Ibit lachend. »Damals, als wir umeinander geworben haben, meine ich. Mein Haar musste immer glänzen und duften, obwohl ich doch ganz genau wusste, dass ich mein Dschilbab nicht abnehmen würde. Heute, schon wenn es ein wenig kalt ist, sehe ich meinen Mann an ...«, sie wirft einen langsamen Blick zur Seite, halb frevlerisch, halb schuldbewusst, »und ich sage: Es ist etwas kalt, Schatz. Sollten wir das Bad nicht auf den Morgen verschieben?«

Die Unterhaltung trieb weiter, und irgendwie landeten wir bei den ethnischen Auseinandersetzungen von 1997. »Da sind alle schier durchgedreht«, sagte Olin, eine Dayak. Sie beschrieb, wie ihr älterer Bruder und seine Freunde eines Tages mit einem menschlichen Herz nach Hause gekommen waren, das sie einem madurischen Einwanderer herausgeschnitten hatten. »Sie legten es in den Hof, und unsere Ältesten wollten, dass wir alle davon aßen«, sagte Olin. Es heißt, dass Krieger, die das Herz ihres Feindes essen, unbesiegbar werden. »Mein älterer Bruder hatte bereits davon gegessen, und als ich mich weigerte, wurde er ernsthaft wütend und bedrohte mich mit seiner Machete. Alle schrien und bestanden darauf, dass ich etwas aß, und am Ende schluckte ich ein kleines Stückchen.« Olin erzählte das mit absolut monotoner Stimme. »Dann rannte ich hinters Haus und übergab mich. Eine ganze Woche lang konnte ich nicht wieder damit aufhören.« Erst als jemand vorschlug, ein Stück Hund zu essen, hatte sich Olins Magen wieder beruhigt.

Ich fragte Ibit, ob sie sich ebenfalls noch an etwas von den »Unruhen« erinnere. »Oh, wir hatten unsere eigenen Unruhen«, sagte sie und erzählte von einem Nachahmungs-Pogrom 1999.

Ibit beschrieb ihren täglichen Nachhauseweg von der Mittelschule in Tebas, wo sie aufgewachsen war, einer kleinen Stadt in Sambas, etwa eine Stunde nördlich von Singkawang.

»Der Unterricht war vorbei, und ich ging nach Hause, und diese Kerle, Jungs, die ich kannte, gingen mit die Straße entlang und schwenkten Menschenköpfe herum. Am liebsten verknoteten sie zwei Köpfe an den Haaren und warfen sie über die Stromleitung, sodass sie da hingen wie ein Paar an den Schnürsenkeln zusammengebundene Schuhe.«

»Wenn du dir Angst anmerken ließest, wurde es noch schlimmer«, fuhr sie fort. »Dann rief einer von ihnen, ein Teenager noch: ›He, du da! Fang!‹, und sie warfen eine abgeschnittene Hand in deine Richtung. Das schienen sie witzig zu finden. Es war fürchterlich.«

Ibu Ibit erzählte das mit völlig tonloser Stimme, als wäre es fürchterlich, aber irgendwie auch ganz normal. Die anderen Frauen im Büro schüttelten angewidert und resigniert, wie es schien, die Köpfe. Ja, so war das damals. Und dann redeten wir über den besten Ort in der Stadt, um Fisch zu essen, und planten einen Besuch im Bordell, in dem Olin Kondome verteilte.

Das Institut Dayakologi verteidigte die erste Welle dieses Gemetzels energisch und sagte, es sei das Gebot ihres Adat gewesen.* Das war unangenehm für die internationale Bewegung für indigene Rechte. Von den Unterlegenen wird erwartet, sich gegen einen patriarchalischen Staat zur Wehr zu setzen oder gegen einen ausbeuterischen internationalen Konzern, vielleicht sogar einen Speer zu werfen oder ein, zwei Autos in Brand zu setzen. Aber sie sollen keine landlosen Bauern hinmetzeln und im Namen indigener Traditionen deren Herzen essen.

Die Gewalt von 1997 schockierte die Nation, und die Dayak wussten die Aufmerksamkeit zu ihrem Vorteil zu nutzen. Sie ver-

* Siehe Jamie S. Davidson: *From Rebellion to Riots: Collective Violence on Indonesian Borneo*, University of Wisconsin Press, Madison/WI 2009

langten eine größere politische Beteiligung, und Suharto, der immer noch auf dem Thron saß und zunehmend an Sicherheit verlor, besetzte schnell einige lokal bedeutende Positionen, die bis dahin immer an Malaien gegangen waren, mit Dayak. Was die Malaien wütend machte. Abgeschlagene Köpfe und Kannibalismus gehören zwar traditionell nicht zum malaiischen Repertoire, und bisher hatte es auch keine Konflikte mit den Madurern gegeben, waren es doch muslimische Glaubensbrüder, aber als die Malaien ihre Jobs verloren, lagen die Nerven blank, und als in der Situation ein madurischer Einwanderer einem Malaien ein Huhn stahl, kam es zum Kampf. Drei Leute fanden den Tod, und plötzlich rannten die Malaien herum, enthaupteten Madurer und warfen mit abgetrennten Händen nach Ibu Ibit. Wenigstens fünfhundert Madurer starben 1999, und fünfzigtausend verließen die Region Sambas, darunter auch Einwanderer der zweiten und dritten Generation, die keine andere Heimat hatten und in Lagern um die Provinzhauptstadt Pontianak landeten.

Obwohl die Dayak während der Jahre der Dezentralisierung auch weiter Vorteile für sich zu erringen versuchten, erkannten sie doch die Bereitschaft der Malaien, auch zu schmutzigen Mitteln zu greifen, und zeigten sich zunehmend offen für Kompromisse mit ihnen. In Kalimantan wie in vielen anderen ethnisch gemischten Gegenden Indonesiens ist der »Kuhhandel« zu einem ausgleichenden Moment der Politik geworden. Jeder Bürgermeister oder Bupati hat einen Stellvertreter, und oft überschreiten diese Paarungen ethnische Grenzen: Der eine ist ein Dayak, der andere ein Malaie. Selbst die verhassten Madurer kommen dabei mittlerweile zum Zug. So viele von ihnen sind nach Pontianak geflohen, dass sie dort einen eigenen Stimmenblock bilden. Als ich die Stadt 2012 besuchte, war der Bürgermeister Malaie, sein Stellvertreter ein Madurer.

***

Aufscheinende Blitze extremer Gewalt sind üblich im modernen Indonesien. In den frühen Suharto-Jahren wurden sie sehr schnell gestoppt. In Kalimantan wütete die Gewalt länger, da die Unterstützung des Präsidenten durch das Militär bereits brüchig wurde. Dann trat Suharto zurück, und das Gerangel um die Macht zwischen der zivilen alten Garde, den islamischen Radikalen, den Streitkräften und den örtlichen Potentaten begann. Verkehrsunfälle führten zu lokalen Ausschreitungen, die Streitkräfte, die die Flammen eigentlich hätten löschen sollen, fachten sie stattdessen noch an, und Tausende kamen sinnlos zu Tode.

Am schlimmsten wütete die Post-Suharto-Gewalt auf den östlichen Gewürzinseln der Provinz Molukken, etwa zweitausend Kilometer südöstlich von West-Kalimantan. Die Wurzeln des Konflikts dort reichen Jahrhunderte zurück und sind verwickelt genug, um ein eigenes Buch zu füllen, dennoch in aller Kürze: Die holländischen Kolonisierer zogen die Christen der süd-molukkischen Inseln den Muslimen der Sultanate im Norden vor, und die besser ausgebildeten Christen behielten ihren Zugriff auf die Bürokratie bis in die Mitte der 1990er-Jahre, bis Suharto im Rahmen eines seiner schwierigen politischen Balanceakte die Muslime zu umwerben begann. »Christen«-Jobs gingen an Muslime. Gleichzeitig begannen Einwanderer aus hart arbeitenden muslimischen Ethnien auf Sulawesi den entspannteren örtlichen Händlern die Molukken-Märkte abzujagen, und es kam zu einer wachsenden Rivalität organisierter krimineller Banden entlang religiöser Trennlinien.

Im Januar 1999 dann war eine Auseinandersetzung zwischen einem christlichen Busfahrer und einem muslimischen Fahrgast der sprichwörtliche Funke, der das Pulverfass entzündete.

Beide Seiten reizten sich gegenseitig, und wenn die dem Konflikt zugrunde liegenden Eifersüchteleien auch nichts mit Glaubensfragen zu tun hatten, verliefen die Frontlinien doch schnell zwischen Kirche und Moschee. Mohammed beleidigende Zeichnungen wurden auf eine Mauer der Provinzhauptstadt Ambon geschmiert, auf einer anderen wurde ein Bild von Christus entstellt. Menschen, die nicht wirklich an Gebet und Religion interessiert waren, banden sich Stirnbänder um – weiß die Muslime, rot die Christen, fast so, als ginge es zu einem Fußballspiel – und schlossen sich dem Kampf an. In einigen Gegenden Ambons waren neun von zehn jungen Männern ohne Arbeit, und der improvisierte Heilige Krieg war eine Möglichkeit, Frustrationen abzubauen und ein Gefühl von Sinn zu entwickeln.

Die Armee tat nichts. Die Polizei tat nichts.

Die Kämpfe breiteten sich im Süden bis Tual und im Norden bis Halmahera aus. Bis 2002 wurden fünftausend Menschen umgebracht und siebenhunderttausend, ein Drittel der Bevölkerung der Provinz Molukken, aus ihrem Zuhause vertrieben. Sogar im idyllischen Ohoiwait, wo ich auf dieser Reise Weihnachten verbracht hatte, waren die Muslime davongejagt worden. Wenn ein Jahrzehnt später auch einige von ihnen zurückzukommen begannen, waren doch viele der Gemeinschaftsgärten, die Mama Ince und ihre Freundinnen im unteren Dorf so sorgfältig pflegten, auf Land gepflanzt, das mit der Asche eines niedergebrannten muslimischen Hauses gedüngt war.

Heute erklären die Menschen die Gewalt als das Werk eines nicht näher bezeichneten »*provokator*«. »Wir haben uns mit unseren Nachbarn immer gut verstanden«, hörte ich Leute überall in Molukken sagen, in Ohoiwait, Tual, in Banda, Saparua und Ambon. »Ja, die Muslime bzw. Christen mussten die Insel verlassen, aber wir wollten nicht, dass sie gehen.« In Banda sagten fast alle, die ich auf die »Unruhen« ansprach, dass sie ihre christlichen Nachbarn persönlich zum Hafen gebracht und verabschiedet hätten, als sie geflohen seien. »Ich habe extra noch für sie gekocht und ihnen Kissen für die Reise mitgegeben.« Das Gleiche hörte ich, Wort für Wort, von wenigstens einem Dutzend Leute. »Ich habe für sie gekocht, und ich habe ihnen Kissen mitgegeben. Wir wollten nicht, dass es passiert. Wir konnten sie nicht vor dem Provokator schützen.«

Der Provokator gehört zu Indonesiens riesigem politischem Verschleierungsvokabular. Die Bedeutung des Wortes wird bewusst vage gehalten, gewöhnlich aus dem Grund, dass die Regierung sich näher damit beschäftigen müsste, würde man ein Problem genauer bezeichnen. Wobei in diesem Fall alle wussten, dass mit dem Provokator eine radikale islamische Gruppe namens Laskar Jihad gemeint war, die mit dem Segen höherer muslimischer Politiker und der ausdrücklichen Absicht aus Java gekommen waren, die Provinz Molukken von Christen zu säubern.

Tatsächlich kam der Provokator aber erst mehr als ein Jahr später – *nachdem* die Muslime aus Ohoiwait aus ihren Häusern hatten fliehen und die Christen aus Banda sich an den Kissen ihrer Nachbarn hatten festhalten müssen. In den sechzehn Monaten des Konflikts, bevor die Dschihadisten überhaupt auftauchten, wurden Hunderte, wahrscheinlich Tausende Menschen beider Religionen von Nachbarn, Cousins, Kollegen, Schulkameraden und Kunden, die alle ebenfalls indigene Molukker waren, zerhackt oder erschossen.

Die Gewalt auf den Molukken wurde religiös genannt, die in Kalimantan ethnisch. Aber wie bei den meisten Konflikten ging es in beiden Fällen hauptsächlich um den Zugang zu Ressourcen. Und beide Male wurden sie von indigenen Bewohnern initiiert, die dachten, Einwanderer aus anderen Teilen des Landes würden ihnen gegenüber in »ihrer« Heimat bevorzugt. Während meiner Reise 2011/12 gingen Kirchen auf Java in Flammen auf, weil die darin betenden Batak aus Sumatra wirtschaftlich erfolgreich waren, und auf Sumatra wurden Hindus angegriffen, weil hart arbeitende balinesische Transmigranten sich bessere Motorräder gekauft und schönere Häuser gebaut hatten als die örtlichen Lampung.

»Indigen« ist im indonesischen Kontext ein kniffliger Begriff. Obwohl sie sich im 13. Jahrhundert bereits in die Küstengemeinden Javas integriert und vor mehr als zweihundert Jahren in Kalimantan eine demokratische Republik gebildet haben, werden Indonesier mit chinesischen Wurzeln niemals als indigen betrachtet werden, so viel ist klar. Aber fast alle Indonesier sind auf der einen oder anderen Insel indigen, und in der historischen Rhetorik haben sich die Inseln freiwillig zusammengeschlossen, um eine Nation zu bilden, in der alle die gleichen Rechte haben. Es ist schwer zu argumentieren, dass die Dayak irgendwie »indigener« sind als die Malaien, die seit Beginn der bekannten Geschichte in Kalimantan leben und zu denen auch die Jäger und Sammler Sumatras, die Rimba, gehören. Konstitutionell sollten die Madurer, die ebenfalls einen indigenen Teil dieser Republik ausmachen, das gleiche Recht wie alle anderen haben, in Kalimantan zu leben. Die Dayak, mit denen ich gesprochen habe, sahen das allerdings nicht so.

***

Der Bus nach Sintang, mitten im Herzen West-Kalimantans, hatte ein Loch in der Windschutzscheibe, direkt vor meiner Nase. In Sternenform von ihm weg bewegten sich lange Risse, von denen der größte mit Kunststoffzement verklebt war, allerdings nicht gut genug, um den Regen nicht hindurchlecken zu lassen. Ein Sukarno-Aufkleber, ganz cool mit schwarzem Peci und Sonnenbrille, hielt die am gefährlichsten aussehenden Ränder des Risses zusammen. Von weiter oben auf der Windschutzscheibe sah eine vollbusige Blonde mit Schwesternhaube, Rot-Kreuz-Bikini und russischen Hurenschuhen auf den Präsidenten herab. Scheibenwischer gab es nicht, aber eine Menge Wasser wurde durch die Vibrationen eines gigantischen Gettoblasters vom Glas geschüttelt. Auf der Playlist stand Rock aus den frühen 2010er-Jahren, aus dem *Hotel California* prominent herausragte, was komisch war, sah der chinesischstämmige Fahrer doch aus, als wäre er erst vierzehn Jahre alt. Irgendwann kam der Bus ruckelnd zum Stehen. »Ruhepause«, rief der Fahrer, obwohl wir eindeutig eine Panne hatten. Ich ging, um meine »Pause« abzuhalten, und als ich aus den Büschen zurückkam, sah ich den Fahrer auf dem Rücken liegen und Benzin durch einen Gummischlauch saugen, was etwas damit zu tun hatte, einen »Absaugschlauch« zu schaffen, wie er sagte, als ich ihn fragte. Der Junge wischte sich den Mund am Ärmel ab, und es funktionierte. Weiter ging es. Ich hatte keine großen Erwartungen an die Stadt, in die wir unterwegs waren. Ich rechnete mit einem kleinen Durchschnittsort.

Tatsächlich ist Sintang groß, aufstrebend, voller neuer Motorräder und kurioserweise ohne öffentlichen Nahverkehr. »Wie bewegen sich die armen Leute hier hin und her?«, fragte ich Danaus, einen jungen Dayak und öffentlichen Angestellten, mit dem wir uns in der Stadt anfreundeten. »Es gibt eigentlich keine armen Leute in Sintang«, sagte er. Kautschuk und Palmöl hat allen Geld in die Taschen gespült.

Sintang nutzt sein Flussufer ziemlich gut, was ungewöhnlich für eine indonesische Stadt ist. Der majestätische Kapuas wird von Restaurants und Kneipen hoch auf Pfählen gesäumt, um sie vor Überschwemmungen zu schützen. Die meisten haben Terrassen über dem Wasser, von denen aus man den Sonnenuntergang genießen kann. Nun, gewöhnlich liegen sie über dem Wasser. Als wir kamen, zu Ende einer ungewöhnlich langen Trockenzeit, hatte der Pegel des Flusses einen absoluten Tiefststand erreicht, und die meisten Restaurants lagen Hunderte Meter vom Wasser entfernt. Verlassen auf Sandbänken standen auch auf massive Stämme gebaute Bootshäuser, deren Besitzer es herbeisehnten, dass der Fluss wieder anstieg, damit sie ihr Leben wieder in den Griff bekamen.

Melanie und ich verbrachten unverhältnismäßig viel Zeit in den aufs Trockene geratenen Restaurants, denn trotz aller politischen Spannungen untereinander schienen Malaien und Dayak ihre

Kochkünste miteinander verbunden zu haben, um außergewöhnlich köstliche Speisen zu kreieren. Von der christlichen Dayak-Seite kamen riesige Flussgarnelen, Schwein mit knackigen Waldpilzen und viel Blättriges: Farne und leuchtende Kürbisblüten zum Beispiel. Die Malaien fügten dem Gewürze und cremige Jengkol-Bohnen hinzu, die an überreifen Camembert erinnerten, mit Tomaten und Schalotten gekocht. Beide Küchen verbinden sich perfekt in einem Gericht mit dicken Stücken Fisch in Knoblauch, Ingwer, Chili und Zitronengras, eingewickelt in große, essbare leicht bittere Blätter und sanft gegart in einer Koriandersoße.

Melanie und ich machten uns auf die Suche nach einem Dayak-Langhaus. Laut Landkarte der Provinz ist das Gebiet um Sintang mit Dschungel bedeckt, tatsächlich sind es aber Ölpalmen. Kilometer um Kilometer ragen sie in gleichmäßigen Abständen aus der nackten Erde: gerade, graue Stämme mit dichten, spitzblättrigen Kronen, die den Himmel verdecken. Stundenlang holperten wir durch diese monotone Landschaft, dann endlich der Dschungel, etwa sechs Minuten lang, dann eine Lichtung mit einem Dayak-Langhaus.

Das Haus wirkte leicht abweisend: ein breites, flachbäuchiges, auf Pfählen hockendes Tier wie ein Komodo-Drache, der sich vom Boden erhoben hatte, bereit zuzuschlagen. Die Seitenwände waren ein Dickicht aus Ästen und zersplittertem, mit Rattan zusammengebundenem Bambus, die sich vom Boden zum mit Holzschindeln gedeckten Dach nach außen lehnten. Etwa alle fünfzig Meter führte eine schiefe Leiter oder ein mit Kerben versehener, von den Füßen der Bewohner geglätteter Baumstamm hinauf in eine offene Türöffnung und wurde von Dunkelheit verschluckt. Grüne Gummistiefel ragten in komischen Winkeln aus den Wänden, als wären Leute mit dem Kopf zuerst in das Haus katapultiert worden und stecken geblieben.

Es war gespenstisch ruhig. Von beiden Seiten der letzten Türöffnung fixierten hölzerne Statuen potenzielle Eindringlinge mit unbeweglichem Blick. Man hatte das Gefühl, durch die Bambuswand beobachtet zu werden, aber keine Ahnung, von wo genau die Blicke kamen. Es waren eindeutig Leute da – gelegentlich konnte ich ein Kichern hören oder Farbe durch die dunkle Bucht hinter einer Türöffnung segeln sehen. Ich wusste, die Kinder im Langhaus hatten uns entdeckt, zeigten sich aber nicht. Melanie versuchte sie mit ihrer Kamera hervorzulocken. Die Freude, für Fotos zu posieren, scheint ein universaler Wesenszug aller Indonesier zu sein.

Ich hörte ein Schlagen hinter mir. Ein Mann hockte neben einem Plastikplanschbecken und schlug mit einem Stock auf einen Erdklumpen ein. Nach jedem Auftreffen rieselte eine mächtige Drachentätowierung ins Wasser, es gab Hunderte kleine Spritzer und ein Wühlen und Sprudeln. Der Mann schlug Ameisen aus ihrem klumpigen Nest, um die Katzenfische im Wasser zu füttern.

Pak Anton war gerade zurückgekehrt, nachdem er zwanzig Jahre jenseits der Grenze in Malaysia gelebt hatte. Dort war mehr Geld zu verdienen. »Aber Sie geben auch alles wieder aus. In Malaysia muss man sogar fürs Furzen zahlen, arbeitet den ganzen Tag, sieht seine Frau nie und spielt nicht mit den Kindern. Wozu das alles dann?«

Heute, sagte Anton, sei es fast genauso leicht, Geld auf der indonesischen Seite der Grenze zu verdienen. Man konnte Gummibäume oder Ölpalmen pflanzen und seine Erträge an die Plantagengesellschaften verkaufen. Oder man konnte, wie Anton, Bungalows mit Portikus für Leute bauen, die am Gummi reich geworden waren und nicht mehr in einem Langhaus leben wollten. Das brachte ihm etwa eintausend Dollar pro Monat ein, und fürs Furzen musste er hier nicht zahlen. Genauso wenig wie für andere Notwendigkeiten des Lebens. »Hier kann ich noch in den Wald gehen, ein Stück Boden freimachen und so viel Reis anbauen, wie ich brauche. Fisch bekomme ich aus dem Fluss, Gemüse ernte ich auf dem Hang daneben, nichts kostet was«, sagte er. Trotzdem machte er sich Sorgen, wegen der Umwelt. Nach den Rodungen der Suharto-Jahre und mit den Gummi- und Palmöl-Plantagen heute musste Anton viel weiter gehen, um einen Platz zum Reisanbau zu finden. Und er befürchtete, dass die Düngemittel und Pestizide die Flüsse vergifteten, die so wichtig waren für das Leben der Dayak. Er trinke bereits kein Flusswasser mehr, sagte er, und züchte Katzenfische für den Fall, dass es im Fluss irgendwann keine mehr gebe.

Anton lud mich ins Langhaus ein. Es war der Länge nach in der Mitte unterteilt, halb offen und halb mit Wänden versehen. Auf der Wandseite folgten achtundzwanzig Türen aufeinander. Jede führte in den persönlichen Bereich einer einzelnen Familie, mit einem Schlafraum und dahinter einer Küche. Der endlos lange offene Raum war ein gemeinsamer Wohnbereich.

Es war Sonntagnachmittag, und die Leute ruhten sich von ihrer Arbeit auf den Waldfeldern aus. Einige Frauen webten, mit Hüftwebrahmen. Andere fertigten große Perlenarbeiten an, für die diese Bevölkerungsgruppe berühmt war. Eine Frau wickelte ein halbes Dutzend Baumwollfäden um ihren großen Zeh, setzte sie unter Spannung und rieb sie mit Waldbienenwachs ein, um sie zu stärken. Danach nahm sie, eine nach der anderen, winzige Glasperlen von einem großen vielfarbigen Haufen, fädelte sie auf den einen oder anderen der Fäden und flocht sie in einer komplizierten Abfolge zusammen, wodurch nach und nach ein klassisches Dayak-Motiv entstand.

Eine füllige Frau vernähte Palmblätter und erstellte so einen breiten, spitz zulaufenden Hut, der sie vor der Sonne schützen würde, wenn sie zu ihrem Gemüsegarten im Wald paddelte. Diese Hüte, unterschiedlich mit Perlen, Gehäkeltem und Stickereien geschmückt, hingen überall an den Wänden der Langhäuser Kalimantans, neben Geweihen, bemalten Sampan-Rudern und Guns-N'-Roses-Postern.

Eine faltige, aufwendig tätowierte alte Frau, die ihre ausgeleierten Ohrläppchen von den schweren Messingringen befreit hatte, hockte da und webte komplizierte, bauchige Körbe zur Aufbewahrung von Betelnüssen. Ein zahnloser Mann reparierte spitzzähnige Fischreusen mit frischem Rattan, während einer seiner Enkel schreiend herumrannte und so tat, als schösse er mit Pfeil und Bogen auf alle möglichen Dinge.

Ich fragte einen alten Mann, wie viele Enkel er habe. »Eine Menge.« Er fing an, sie an den Fingern abzuzählen, und schüttelte endlich den Kopf. »Oh, ich weiß es nicht. Viele. Mehr als in ein Sampan passen.«

Anton stellte mich einer ganzen Gruppe Männer vor. Einer war ein pensionierter Soldat. Ich zog ihn mit einem riesigen Wandgemälde auf, das ich in Sintang gesehen hatte und das auf mehreren Hundert Metern die Tugenden der indonesischen Armee als Entwicklungshelfer darstellte. An einer Stelle bauten Soldaten eine Moschee und eine Kirche, kameradschaftlich Seite an Seite. Es gab eine Operation gegen Glücksspiel und Alkohol, bei der Soldaten den voller Scham mit erhobenen Händen vor ihnen knieenden Dorfbewohnern mit dem Finger drohten. Im Staub rollte eine Flasche, und ein Kampfhahn schlug mit den Flügeln. Um die »Moral« wiederherzustellen, tranken die Soldaten und das »Volk« ein Stück weiter gemeinsam Kokosmilch.

Der ehemalige Soldat zog eine Grimasse: *Dwifungsi*, die »Doppelfunktion« der Suharto-Zeit, die es der Armee erlaubte, nicht nur als Verteidigungskraft zu wirken, sondern auch als politisches Instrument bis hinunter auf die Dorfebene, war völlig aus der Mode gekommen. Aber er sagte, den Großteil seiner Zeit bei den Streitkräften über sei das hier eine friedliche Gegend gewesen. »Alle denken, die Dayak sind so wild, aber das ist nur eine Art, uns abzustempeln. Tatsächlich hassen wir Konflikte.«

Ich fragte ihn nach dem Konflikt zwischen den Dayak und den Madurern 1997. War der nicht ziemlich gewalttätig gewesen? »Oh, das ist etwas ganz anderes«, sagte er. »Das war kein Konflikt. Da haben die Madurer nur bekommen, was sie verdienen.«

Der Ruf des Hinterhältigen, Betrügerischen, Grausamen, dem ich auf Madura begegnete, begleitete die Madurer auch, als sie sich andernorts in Indonesien niederließen. »Ein Madurer kommt und fragt, ob er das Gras um deine Kokospalmen schneiden darf, und du sagst, klar, aber lass meine Kokosnüsse in Ruhe«, erklärte der Soldat. »Später dann findest du ihn schlafend auf deinem Feld, neben sich einen großen Korb Gras, aber wenn du die Hände hineinsteckst, stellst du fest, es ist nur ganz oben Gras, darunter sind nichts als Kokosnüsse. So liegt er vor dir, schlafend, mit offenem Mund, und zufrieden, dass er dich ausgetrickst hat. Natürlich musst du ihn dann töten.«

***

Später am Abend schleppte Danaus, der junge, im Staatsdienst stehende Dayak, den ich in Sintang kennengelernt hatte, Melanie und mich zu einem kulturellen Tanzwettbewerb in der Distrikthalle. Es herrschte ein ziemlicher Trubel, selbst der Bupati war da und trug ein Batikhemd mit einem Dayak-Motiv. Der Wettbewerb fand in zwei Teilen statt, erst kamen die Dayak, dann die Malaien, gefordert war eine moderne Interpretation kultureller Traditionen. Die Gewinner der beiden Teile würden an einem Wettbewerb in der Provinzhauptstadt Pontianak teilnehmen. Der Stolz des Distrikts stand dabei auf dem Spiel. »Jetzt werden Sie den wahren Dayak-Geist sehen«, sagte Danaus.

Beim ersten Tanz ging eine Gruppe Frauen mit perlenverzierten Kleidern und weiten, konischen Hüten sehr langsam im Kreis und hob und senkte eine steife Plastikpuppe. Das blonde, blauäugige Baby bewegte sich zwischen Himmel und Erde und wurde eine überaus lange Zeit mit Segenswünschen bedacht. Als die Gruppe schließlich abzog, klatschte ich müde und fragte mich, wie viele Wettbewerber es wohl gab. Danaus wirkte verlegen. »Sie haben nicht verstanden, dass sie kreativ sein sollten«, murmelte er.

Dann eine Explosion. Ein junger Mann jauchzte an meinem Ohr vorbei und schlug auf einen Gong. Trommeln erschallten von überallher, Pfeifen schrillten, und ein Instrument wie eine Kreuzung aus Geige und Didgeridoo unterlegte das Ganze mit einem Klagelaut. Durch die Seitentüren kamen junge Männer in Lendenschurzen auf die Bühne gestürmt, Muskeln arbeiteten unter Tätowierungen. Schon sprangen sie einander auf die Schultern und balancierten auf Schenkeln. Danaus' Laune hob sich.

Innerhalb von Minuten schmolzen die Tätowierungen und flossen in Rinnsalen die Körper hinunter, die Lendenschurze begannen sich zu lösen, und darunter hervor kamen Radfahrershorts. Danaus' Freude verging, diese »Dayak-Krieger« improvisierten Bewegungen aus Malaien-Tänzen. Die Menge klatschte und kreischte zustimmend, doch Danaus schüttelte nur den Kopf. »Die jungen Leute mögen ja nichts über ihre Kultur wissen, die Juroren aber schon«, sagte er. »Dayak und Malaiisches zu vermischen, das ist fatal.«

Nachdem einige weitere Dayak-Gruppen aufgetreten waren, verkündete Danaus, wir würden gehen. Gerade waren Mädchen mit brennenden Öllampen auf den Köpfen herumgesprungen, während Krieger mit nacktem Oberkörper und Nashornvogelfedern im Haar einen Würfel aus weißen Blättern angriffen. Damit, erklärte mir Danaus, werde die Praxis gefeiert, Mädchen von der Pubertät bis zu dem Zeitpunkt wegzuschließen, da ihr Märchenprinz, ihr einzig wahrer Auserkorener, an die Tür schlug. Es gefiel mir unerwartet gut, diese städtischen jungen Leute zu sehen, wie sie voller Leidenschaft eine Kultur neu interpretierten, der sie sich nur mit Entsetzen selbst unterwerfen würden. Ich sagte, ich wolle noch etwas länger bleiben, aber nein. »Jetzt kommen nur noch Malaien«, sagte Danaus, »und ich möchte, dass Sie noch jemanden kennenlernen.«

Es war Sonntagabend, halb zehn, aber Danaus war entschlossen, mich seinem Mentor, Pak Aksiman, vorzustellen, der gerade zum Leiter der Baubehörde des Distrikts ernannt worden war. Wir warteten eine Weile in einem hellgrünen Empfangsraum mit orangefarbenen Friesen. Oben über der Treppe hing ein Kronleuchter, der aussah, als zöge er die Schultern ein, um in den schmalen Raum dort zu passen. Eine Wand wurde von einem großen Aquarium voller exotischer Fische eingenommen, an den anderen hingen Gemälde von wilden Pferden, die durch Bergbäche sprengten.

Nach einer Weile kam ein Lakai herein und sagte: »Sie können jetzt nach oben gehen.« Statt unter dem Kronleuchter durchzugehen, wechselten wir nach rechts in einen großen neuen Flügel, der noch nicht mal halb fertig, aber wohl dreimal so groß wie das ursprüngliche Gebäude war. Nach drei Stockwerken Zementstaub gelangten wir in einen höhlenartigen Spielraum. Entlang der Wände verliefen glänzende Chromstangen, zwischen die immer wieder Mercedes-Sterne eingestreut waren. Um eine Tischtennisplatte verteilt saß eine Gruppe Männer, rauchte, trank und hofierte Pak Aksiman. Sie sprachen über Flipflops.

Das war ein Thema, bei dem ich auf der Höhe war. Unter Deck einer Pelni-Fähre vor einigen Monaten hatte jemand den Fernseher eingeschaltet. Der Ton war schlecht, das Bild ein Schneesturm, aber es schien ganz so, als betrachteten wir einen Berg Flipflops. Der Berg spross aus einer geschäftigen Menge und schien zu wachsen. Wir spekulierten darüber, was da vorging. »Moderne Kunst«, schlug ein Passagier vor. »Das ist ein Protest gegen ›Made-in-China‹«, meinte ein anderer. »Ha!«, antwortete ein Dritter. »Wenn sich dem Protest alle anschließen, läuft ganz Indonesien barfuß herum!«

Tatsächlich war ein fünfzehnjähriger Junge verhaftet worden, weil er ein Paar Flipflops gestohlen hatte, die zufällig einem Polizisten gehörten. Der Mann hatte den Jungen zusammengeschlagen, worauf ihn dessen Mutter wegen Brutalität anzeigte. Das wiederum machte andere Polizisten wütend, die den Jungen einsperrten. Jetzt sah er fünf Jahren Gefängnis entgegen, während Leute, die Abermillionen Dollar gestohlen hatten, Richter bestachen und ungeschoren davonkamen. Das Schlimmste, was den Großkriminellen blühte, waren ein, zwei Jahre. Flipflops wurden schnell zum Symbol für Indonesiens Abscheu vor der Arroganz des Gesetzes.

Von Wellen süßen Kaffes befeuert, saßen wir um Pak Aksimans Tischtennisplatte und lösten bis spät in die Nacht die Probleme der Welt. Es ging viel um »Mob-Gerechtigkeit« als Ersatz für einen ordnungsgemäßen Rechtsvollzug. Pak Aksiman gab den Holländern die Schuld an Indonesiens verdorbenem Rechtssystem, hatten sie doch unterschiedliche Gesetze für unterschiedliche Leute erlassen.

In den frühen Jahren der Kolonialzeit hatte sich die Regierung Niederländisch-Ostindiens kaum Gedanken um Gerechtigkeit und Gerichtsbarkeit gemacht. Solange die wirtschaftlichen Transaktionen holländischem Recht entsprechend abgewickelt wurden, sah sie wenig Grund, sich in die verschiedenen Adat-Systeme einzumischen, nach denen die Leute lebten. Mit der Zeit jedoch wurden die Adat-Gesetze kodifiziert. Holländische Rechtsgelehrte sammelten sie, wie Alfred Wallace Käfer sammelte, säuberten sie und spießten sie zwischen den Deckeln von vierzig Bänden auf, um sie anschließend in neunzehn weitreichende Systeme einzuteilen.

So verfügte Niederländisch-Ostindien zu Ende des 19. Jahrhunderts über mehrere sich überlappende Rechtssysteme. Das erste, ein westliches Gesetzbuch, schützte die Rechte des Einzelnen, verlangte ausgebildete Richter und blieb Europäern vorbehalten. Dann gab es das Eingeborenengesetz. »Eingeborene« gingen zu einem von drei Gerichten: Streitpunkte im Zusammenhang mit der Scharia wurden vor islamischen Gerichten verhandelt, von lokalen Größen geführte Adat-Gerichte kümmerten sich um Dinge wie Ehe- und Erbangelegenheiten, und für Straftaten gab es Eingeborenengerichte, die hauptsächlich mit Buschanwälten ohne richtige Rechtsausbildung besetzt waren. »Ausländische Orientalen«, zumeist Chinesen und Araber, galten als »Eingeborene«, es sei denn, es ging um Wirtschaftliches, bei dem sie als »Europäer« eingestuft wurden.*

Letzte Berufungen in Fällen, die vor Eingeborenengerichten verhandelt worden waren, gingen vor europäische Gerichte, wodurch das örtliche Rechtssystem dem staatlichen unterworfen wurde.

»Wir haben immer noch drei Gesetzbücher, wie zu Kolonialzeiten«, schnaubte Pak Aksiman. »Die höheren Beamten wie ich sind heute das Äquivalent der Holländer damals, die Geschäftsleute entsprechen den Chinesen, und das einfache Volk hat die Rolle der ›Eingeborenen‹ übernommen. Wie zum Teufel soll man ein Land richtig führen, wenn das Gesetz von der Klasse abhängt?«

Als ich das einer befreundeten Anwältin erzählte, lachte sie. »Es hängt nicht von deiner Klasse ab, sondern von deiner Brieftasche. Du weißt, wie es hier ist. Die Gerechtigkeit geht an den höchsten Bieter.« In Untersuchungen zur Korruption stufen zwei Drittel der Indonesier die Generalstaatsanwaltschaft als »schmutzig« und »verkommen« ein. Nur politische Parteien und das nationale Parlament gelten als noch korrupter. Kürzlich ließ die relativ unabhängige Kommission für die Ausmerzung der Korruption (KPK) einige Richter von Korruptionsgerichten verhaften, weil sie Bestechungsgelder dafür genommen hatten, Vorwürfe gegen Angeklagte niederzuschlagen. Freisprüche sind für die Richter kein Problem, wenn die Staatsanwälte bereits bestochen wurden,

* Das Klassifikationssystem war ungeheuer komplex und verschob sich mit der Zeit. Indonesische Frauen von Europäern und ihre Kinder wurden europäisch. Uneheliche Kinder von Europäern waren europäisch, wenn ihre Väter sie anerkannten. Zudem konnten sich »Eingeborene« zu Europäern ehrenhalber qualifizieren, wenn es dem Generalgouverneur gefiel: Sie wurden »Amtsblatt-Europäer« genannt. Ein neuerlich druckvolles Tokio erwirkte 1899, dass auch allen Japanern der »Europäer«-Status zuerkannt wurde.

um in ihre Anklagen Schlupflöcher einzubauen. Die Überwachung des Systems ist äußerst schlecht. Die KPK musste tätig werden, weil sich eine eigens eingerichtete Justizkommission zur Säuberung der Gerichte als nutzlos erwiesen hatte. Die letzten Daten besagen, dass die Kommission 2008 1.556 Berichte über richterliches Fehlverhalten bekam, davon 212 untersuchte und siebenundzwanzig an den Obersten Gerichtshof weiterreichte, der in keinem der Fälle aktiv wurde.

Die Holländer hinterließen zweifellos ein äußerst mangelhaftes Rechtssystem – und die Indonesier haben wenig dafür getan, es zu verbessern. Ihre Führer waren bei Erlangung der Unabhängigkeit oft von den Holländern ausgebildete Anwälte, die die »Eingeborenen-Gerichte« des Kolonialsystems im Prinzip übernahmen, komplett mit schlecht ausgebildeten Anklägern, einem Strafgesetz in einer Sprache, die nur eine winzige Handvoll Leute verstand und vom alten Kolonialstaat dazu gedacht war, die Einheimischen in ihren Schranken zu halten. Und übernommen wurde auch die Realität einer herrschenden Klasse, die das Gesetz diktierte und selbst darüberstand.

Heute gibt es dreimal so viele Indonesier wie in den frühen 1950ern, aber nur halb so viele Gerichtsverfahren. Das Misstrauen gegenüber dem Rechtsstaat beginnt lange, bevor ein Fall die Gerichte erreicht, bei der Polizei. Mehr als sechs von zehn Indonesiern halten die Polizei für korrupt bis sehr korrupt, und so nehmen sie das Gesetz nicht selten in die eigenen Hände. Menschen werden von einer wütenden Masse zu Tode geprügelt, weil sie dabei erwischt wurden, wie sie ein Huhn stahlen. Vielleicht haben sie auch die Kontrolle über ihr Auto verloren und einen Fußgänger angefahren. Oder ein eifersüchtiger Nachbar hat sie der Hexerei beschuldigt. Und wenn sich in solch einem Vorfall zufällig ein »Eingeborener« und ein »Einwanderer« gegenüberstehen, kann aus dem, was eigentlich auf einer Polizeiwache oder vor einem Amtsgericht geklärt werden sollte, schnell ein kleiner Bürgerkrieg werden, der Hunderte Leben kostet. Mit alarmierender Häufigkeit wendet sich der Mob sogar gegen die Polizei selbst. Während ich das hier schreibe, Ende März 2013, berichten die Zeitungen von dem Polizeichef eines Subdistrikts, der vom Mob erschlagen wurde, als er die Verhaftung eines Buchmachers leitete, der ein illegales Glücksspielgeschäft betrieb. Der Mob überwältigte die Polizisten, als die Frau des Buchmachers sie beschuldigte, Büffeldiebe zu sein. Das war einer von dreizehn Vorfällen allein in den ersten drei Monaten 2013, in denen der Mob die Polizei angriff. Solange die Indonesier glauben, dass Polizei und Gerichte bis in den Kern korrupt sind (»Zeige den Diebstahl eines Huhnes an, und du verlierst einen Büffel«, lautet ein javanisches Sprichwort), wird der Mob auch weiter das Gesetz in die eigenen Hände nehmen.

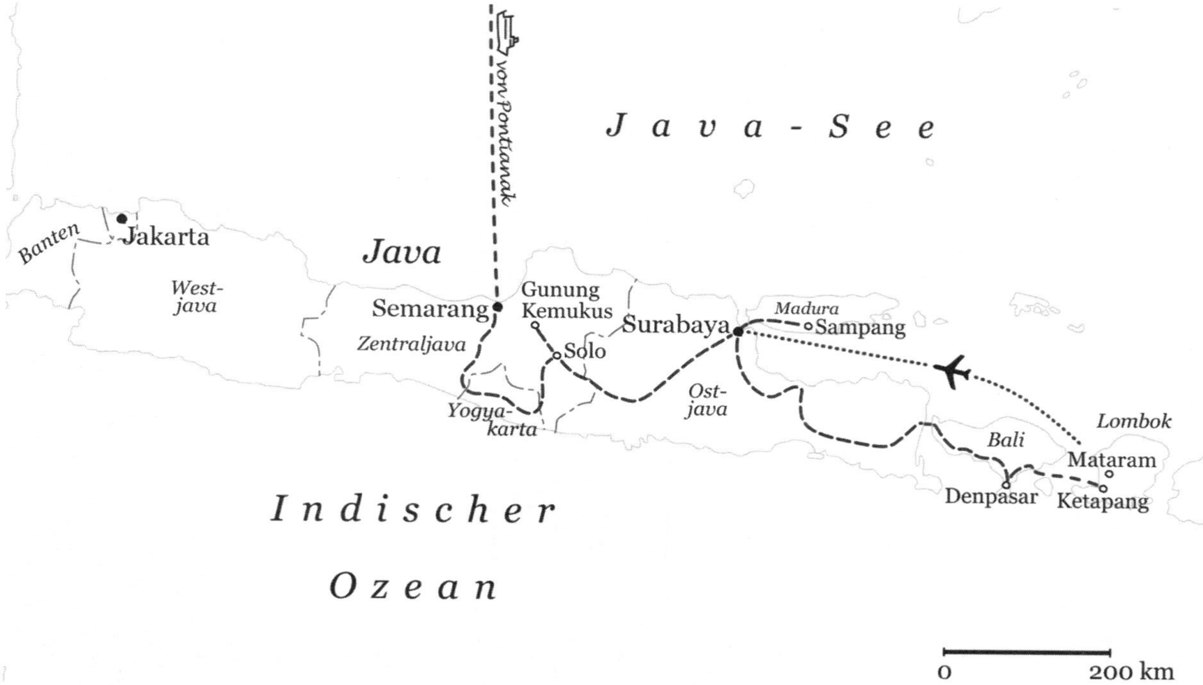
von Pontianak
Java-See
Jakarta
Banten
West-
java
Java
Semarang
Zentraljava
Gunung
Kemukus
Solo
Yogya-
karta
Surabaya
Madura
Sampang
Ost-
java
Bali
Lombok
Mataram
Denpasar
Ketapang
Indischer
Ozean
0
200 km

Kapitel 12

Wunderheiler

Während meiner Reise holte ich mir meine gewohnte Dosis Weltnachrichten online in Internetcafés, die noch eine relativ neue Erscheinung in den Städten Indonesiens sind. Sie befinden sich unter einem der allgegenwärtigen Mobilfunkmasten, beim Hafen oder am Busbahnhof, und vielleicht drängen sie sich auch neben ein Nasi-Padang-Restaurant. Im Allgemeinen sind es kleine Läden mit taillenhohen Kabinen. Etwa einen halben Meter über dem Boden, auf umgedrehten Getränkekisten, stehen die Computerschirme. Jugendliche drängen sich hinter den Tastaturen. Die Mädchen kommen gewöhnlich in schnatternden Gruppen, drücken sich vor die Webcam und posten die Fotos auf Facebook. Die Jungen sind öfter allein und führen Online-Kämpfe mit Rennwagen oder Drachen. Ein, zwei Mal im Laufe eines Jahres sah ich auch eine Wikipedia-Seite, wo jemand eindeutig seine Hausaufgaben machte. Für die meisten jungen Indonesier ist das Internet jedoch reine Unterhaltung. Das spiegelt sich in der Sprache. Online Gehen heißt *main internet*, im Internet »spielen«. Als Aufsicht sitzt dabei in den Internetläden für gewöhnlich ein Teenager mit unreiner Haut an einem Schreibtisch, spielt Computerspiele, gibt den DJ für die Musik, die aus den an die Wand geschraubten Lautsprechern wummert, und sammelt das Geld von den Leuten ein, wenn sie gehen.

Ich versuchte die Musik auszublenden, das Kichern und das *Knall! Bäng!* der Online-Spieler, las Online-Zeitungen und informierte mich so gut es ging darüber, was in der Welt vorging. Ich war natürlich auch interessiert, was ausländische Reporter über Indonesien zu sagen hatten. »Indonesiens wachsende religiöse Intoleranz«, lautete eine typische Schlagzeile im *International Herald Tribune*. »Indonesien leidet unter Anstieg religiöser Angriffe«, sagte die *Financial Times*. »Wachsende religiöse Gewalt von Indonesien ›ignoriert‹«, donnerte der *Sydney Morning Herald*. Die Artikel zitierten das Setara-Institut, das die religiöse Freiheit in Indonesien beobachtet und 2012 264 Angriffe auf religiöse Minderheiten dokumentierte. Sie berichteten von blockierten Kirchenbauvorhaben und ins Gefängnis geworfenen Atheisten, von zusammengeschlagenen und getöteten »abweichlerischen« Muslimen und ihren niedergebrannten Moscheen. Sie erinnerten an das Bombenattentat in einem balinesischen Nachtclub, bei dem zweihundert Menschen zu Tode gekommen waren, und die Bomben im Marriott-Hotel in Jakarta 2003 und 2009 mit neunzehn Toten. Islamistische Gruppen waren stolz darauf, diese Angriffe als ihr Werk bezeichnen zu können.

Viele kluge Bücher sind über die verschiedenen Geschmacksnoten des Islam auf Java und anderer Religionen im gesamten Archipel geschrieben worden, viele fein geschliffene Berichte haben das Verhältnis zwischen Islam und Politik im Nahen und Mittleren Osten, in Indonesien und andernorts in der Welt seziert. Die

Innereien terroristischer Netzwerke werden analysiert und diskutiert, die Fortpflanzungslinien des Extremismus genau nachverfolgt. Einige sehen in Indonesien eine fortschreitende arabische Invasion, andere eine Wiederbelebung indigener Glaubensformen.

Ich persönlich hatte die Leute während meiner nun fast ein Jahr andauernden Reise nur in höchst nüchterner, banaler Weise über Religion als einen unabänderlichen Bestandteil unseres Lebens wie Essen oder Schlaf reden hören, und das auch in Aceh und Süd-Sulawesi, wo in der Vergangenheit für einen islamischen Staat Krieg geführt worden war. Gelegentlich wurde Gewaltausbrüchen wie dem Krieg auf den Molukken ein religiöses Label aufgeklebt, doch wenn die Feuer gelöscht waren, erkannten die meisten Leute an, dass es um Geld, Jobs und politische Macht gegangen war, nicht um den Glauben.

Natürlich fragten die Leute für gewöhnlich, was für einer Religion ich angehörte. Für viele Ausländer klingt das zudringlich, da es um etwas geht, das wir für eine Privatsache halten, aber in Indonesien ist die Religion ein wichtiger Bestandteil der Identität. Seit Suharto muss jeder Indonesier seine Religion auf seinem Ausweis angeben. Der »Glaube an den einen Gott« ist das erste der fünf Prinzipien der Staatsphilosophie Pancasila. Man kann kein gottloser Kommunist sein, wenn man einer Religion angehört.

Unter Suharto konnten sich die Indonesier ihre Religion aus einem Fünfer-Katalog aussuchen: Islam, Hinduismus, Buddhismus, Protestantismus und Katholizismus. Heute dürfen sie sich auch Konfuzianer nennen. Platz für eine von den Hunderten lokal verwurzelter Glaubensrichtungen wie Mama Bobos Marapu-Religion gibt es nicht, sie wurden unter den Sammelbegriff »Adat« gefasst, und die Leute, die ihnen angehören, wählen die »Religion«, die am besten zu ihrer Geschichte und ihrer Ernährungstradition passt. Keine Gruppe, die ihre wahre Religion mit Festmahlen mit Schweinefleisch und Rindfleisch feiert, könnte beispielsweise muslimisch oder hinduistisch sein, und so stand in Mama Bobos Ausweis auch »Kristen«, was für protestantisch steht.

Das Einzige, was man als guter Bürger absolut nicht sein darf, ist Atheist, wie ich es bin. Ich habe alle Achtung vor dem Glauben anderer Menschen, nur selbst keinen. Manchmal, wenn ich mich mit jemandem, die oder den ich zufällig auf der Straße kennengelernt hatte, näher anfreundete, gestand ich einige meiner Lügen aus unserem anfänglichen Geplauder: Also, wenn ich ehrlich bin, gibt es keinen leidenden Ehemann in Jakarta, und nein, ich habe keine Auszeit von meiner Arbeit beim Gesundheitsministerium genommen. Gottlos zu sein habe ich niemals zugegeben. Für die meisten Indonesier wäre es schlicht unverständlich, ganz so, als behauptete ich, nicht zu atmen.

So bekannte ich mich denn zum Glauben meiner Eltern und sagte, ich sei katholisch. Wenn ich es Leuten in stark muslimischen Gegenden gegenüber tat, sagten sie manchmal: »Nicht so schlimm«, als wäre der Umstand, keine Muslimin zu sein, ein leicht peinlicher Makel. Aber sie luden mich dennoch ein, bei sich zu wohnen, ich wurde deswegen weder ausgeschlossen noch diskriminiert.

Indonesier leben die Rituale ihrer gewählten Religion intensiver als die meisten Menschen in Europa. Viele tragen Kennzeichen ihres Glaubens, vielleicht ein Dschilbab oder eine Peci-Kappe, ein Kreuz oder ein Buddha-Amulett um den Hals. Darüber hinaus gibt es fürchterlich viel gemeinsames Beten in der Moschee, der Kirche oder dem Tempel. Ich war auf meiner Reise durch Indonesien öfter in einer Kirche als seit Jahren, oder saß respektvoll lauschend in der ruhigen Ecke einer Moschee. Es wurde einfach erwartet und war Teil des Mich-Einfügens.

Die unterhaltendste Messe, die ich auf meiner Reise erlebt habe, war sicher die in der Mega-Kirche der ROCK, der Representatives of Christ's Kingdom, in Ambon, der Hauptstadt der Provinz Molukken. Die Kirchenmitglieder können ihrem eigenen

Radiosender lauschen, während sie darauf warten, ihren Wagen dem kirchlichen Parkservice anzuvertrauen. Ich kam nicht lange nach Weihnachten 2011 nach Ambon und betrat ein höhlenartiges, wunderbar klimatisiertes, mit bunten Lichterketten, Erlöser-Plakaten und Lametta geschmücktes Gebäude. Eine gute halbe Stunde vor Beginn der Messe, der zweiten von vieren an diesem Tag, waren das Parkett und die Balkone bereits übervoll mit Leuten, und wer noch kam, wurde in einen Zusatzraum geführt, wo er die Zeremonie auf einer gigantischen Leinwand mitverfolgen konnte. Wir im Saal hatten unsere eigene große Leinwand und etliche Fernsehschirme, auf denen die Minuten und Sekunden bis zum Beginn der Messe heruntergezählt wurden.

Ich verbrachte einige Zeit damit, meine Mitbetenden zu bewundern. Die Männer trugen Anzüge, Batik- und Ikat-Hemden aus prunkvoller Seide. Die Frauen wackelten auf fünfzehn Zentimeter hohen, königsblauen Wildleder- oder Strass-Plateauschuhen dahin, eine in einem süßen, ärmellosen Cocktailkleid, eine andere in einem sich eng um den Hintern schmiegenden Goldvolant. Aber mir blieb auch noch Zeit, das Flugblatt zu lesen, das man mir beim Hereinkommen in die Hand gedrückt hatte. In Ohoiwait und den anderen Städten, in denen ich in der Kirche gewesen war, hatten wir einen Messfahrplan bekommen, auf dem alle Lesungen und Gebete ausgedruckt waren. Hier bei den ROCK stand auf dem Zettel nur:

*Matthäus 28:18–20**

Dann, auf Englisch:

Bless the City – Segne die Stadt
Change the World – Verändere die Welt

* Die Verse rufen zur Bekehrung und zum Gehorsam auf.

Breakthrough – Durchbruch
Building Family Values – Familienwerte formen
Atmosphere – Atmosphäre

Darüber hinaus gab es nur noch eine Kontonummer auf dem Blatt, für Spenden, obwohl wir alle auch Umschläge bekommen hatten und an den Ausgängen durchsichtige Sammelcontainer standen, von denen etliche bereits halb voll waren.

Die Uhr auf der Leinwand und den Bildschirmen sprang von 09:59:59 auf 10:00:00. Magischerweise (seit fünfundzwanzig Jahren hatte ich es in Indonesien nie erlebt, dass etwas pünktlich begann) füllte sich die Bühne mit Chorsängern und der Raum mit Lobpreis. Hauptsächlich schmetterten die Leute die Worte so mit, wie sie auf der riesigen Karaoke-Leinwand vor uns eingeblendet wurden, doch zum Ende des ersten Liedes wiegten sich einige meiner Nachbarn bereits hin und her, klatschten in die Hände und sprachen in Zungen. Tränen der Ekstase rannen ihnen über die Wangen.

Nach ein paar Liedern schmolz der Chor dahin, und an seine Stelle trat ein jugendlich frisch wirkender Prediger mit Boygroup-Frisur und rotbrauner Seidenkrawatte. Er brachte *Jeeeeesus* in unsere Leben. *Amin!* Für unsere Familien. *Amin!* Für unsere politischen Führer. *Amin! Amin!* Für Indonesien. *Amin!* Für unsere kleinen, vernachlässigten, abgelegenen Inseln. *Amin! Amin!* Er begann das Tempo zu erhöhen und riss jetzt Witze über den staatlichen Stromversorger PLN: »Sie sagen, 2012 wird ein Jahr der Dunkelheit sein, und wenn ihr der PLN treu bleibt, dann ist das sicher so. Denn nur *Jeeeeesus* bringt sein Licht in jeden Tag des Jahres!« Lachen, aber auch fleißiges Mitschreiben, und obwohl die Stand-up-Comedy noch eine ganze Stunde weiterging, gelang es dem Mann, nur zwei Dinge zu sagen: 1) Es ist eure Pflicht, den Namen Jesus zu verbreiten. 2) Wenn wir geduldig warten, wird Jesus unser Verlangen erfüllen.

Um 11.55 Uhr schloss er mit einem leisen »*Amin*«. Es folgte ein weiteres ausgelassenes Lied, und dann, auf die Sekunde genau zwei Stunden, nachdem die Messe begonnen hatte, war sie vorbei, und alle wackelten und stolzierten aus dem Raum.

Ich bin sicher, das Konzept kommt aus irgendeinem Regal des amerikanischen Bibelgürtels, und genau wie in jenen fernen Mega-Kirchen ging es auch hier nicht um soziales Engagement, sondern um persönliche Befriedigung. Nichts, aber auch gar nichts wurde von der Gemeinde verlangt, als Umschläge zu füllen und abzugeben. In der Hauptstadt der drittärmsten Provinz Indonesiens fiel nicht ein einziges hingehauchtes Wort über die Gleichheit vor Gott, keine Bemerkung dazu, dass die Korruption eine Sünde ist, gegen die wir gemeinsam kämpfen könnten, nicht der kleinste Hinweis darauf, dass die Representatives of Christ's Kingdom einander oder anderen helfen könnten. Bei den Tränen, dem Reden in Zungen, diesem Ausbruch religiösen Eifers ging es um nichts anderes, als unterhalten zu werden, während wir geduldig auf unser nächstes Paar königsblauer Wildlederschuhe warteten.

Auch der Islam stellte seit einigen Jahren den Unterhaltungswert vor das soziale Engagement, wenigstens in der Mittelklasse. Während meiner Zeit in Jakarta hatte ich routinemäßig ein Auge auf die Veranstaltungspläne der Predigerberühmtheiten, um meine Fahrten durch die Stadt besser planen zu können. Trat Aa Gym, jung, gut aussehend, mit Turban, in einem noblen Hotel in Süd-Jakarta auf, stand die Gegend voller Mercedes und BMWs, die üppig gepflegte Frauen mit Hermès-Dschilbabs und Manolo-Blahnik-Schuhen ausspuckten. Die daraus resultierenden Verkehrsstaus konnten Stunden dauern.

Abdullah Gymnastiar, alias Aa Gym, verlor die Gunst seiner ihn anbetenden weiblichen Gemeinde, als er sich eine zweite Frau nahm und darüber in Lügen verstrickte. Aber es gab und gibt genug Turban tragende Prediger, die Ersatz bieten. Das Rezept stimmt mehr oder weniger genau mit dem der ROCK überein:

Man nehme zwei Teile Unterhaltung, streue einen Teil Spendensammeln ein und würze das Ganze mit Publikumsbeteiligung und Gerede über ein Versprechen wahr werdender Träume.

Das Gericht lässt sich auf allen Arten von Tellern servieren. Islamischer Fernseh-Evangelismus ist ein so großes Geschäft, dass einige Sender Talentshows ausstrahlen, um neue Gesichter zu finden: Die letztjährige Gewinnerin einer Show, ein achtjähriges Mädchen, war während des Fastenmonats täglich für Predigten verbucht, und ein zum Islam konvertierter Texaner namens Craig (Abdurrohim) Owensby, ein Mega-Kirchen-Prediger aus Jerry Falwells Gefolgschaft, hat in Zusammenarbeit mit Aa Gym und anderen beliebten Fernsehpredigern ein Vermögen mit täglichen Koran-Dosen und begleitenden Predigtbissen via SMS verdient.

Koranlesewettbewerbe sind in Indonesien so beliebt wie die Besuche des Fußballteams von Manchester United. Als ich auf Sumatra war, direkt vor meinem Besuch im dahinschwindenden Rimba-Wald, wurde ich zu einem solchen Spektakel eingeladen. Eine ganze Woche lang fluteten die Muslime der Provinz Jambi die Stadt Bangko, um ihre örtlichen Starprediger um einen Platz bei den nationalen Koranlesemeisterschaften kämpfen zu sehen. Ganze Familien, Schulklassen und umeinander werbende Paare trieben über den Festplatz, auf dem der Wettbewerb abgehalten wurde. Einige scherten aus der Menge, kauften Popcorn oder Zuckerwatte, fuhren Autoscooter oder besuchten die Zelte, die die Herrlichkeiten der verschiedenen Distrikte Jambis bewarben, aber der Großteil der Menge war wegen des Wettbewerbs da.

An einem Ende des zentralen Platzes kniete die aktuelle Kandidatin auf einem Podium hinter dem heiligen Buch, von allen Seiten mit Plexiglas umgeben, in einem kleinen klimatisierten, lärmgeschützten Teich inmitten des dunstig-heißen Meeres der Wettbewerbsbesucher. Die Leute reckten die Hälse, um sie zu sehen und ihre Haltung und alle anderen sichtbaren Merkmale ihrer

Frömmigkeit zu beurteilen. Das Bild der Sängerin wurde auch auf einen mächtigen digitalen Bildschirm in der Mitte des Geländes projiziert, wie bei einer Live-Übertragung aus dem Royal Opera House auf den Trafalgar Square an einem Sommerabend, ohne den Champagner. Hier war das Publikum allerdings intensiver bei der Sache, und es gab erregte Diskussionen um die Stimme der Kandidatin, die aus den Lautsprechern über den Platz schallte. »Es ist das größte gesellschaftliche Ereignis des Jahres«, sagte Ira, die mich zu dem Wettbewerb eingeladen hatte.

Viele von Indonesiens Fernsehpredigern haben keine nennenswerte religiöse Ausbildung. Einer der beliebtesten begann seine Karriere als Schauspieler in einer religiösen Seifenoper, und tatsächlich benehmen sich etliche eher wie Entertainer und nicht wie Geistliche. Die indonesische Rundfunkkommission berichtet von einem ganzen Strom von Beschwerden traditioneller Hüter des Glaubens, die den Starpredigern vorwerfen, eher schlüpfrig als heilig zu sein.

Mittelklassefrauen von der Art, die Jobs in Banken und PR-Agenturen haben und ihre Kinder in Privatschulen parken, scheinen diese Kost besonders zu genießen. Dschilbabs sind zu einem erstaunlich komplexen Modeaccessoire unter der reicheren Klientel geworden. Ist es in Ordnung, ein Tuch von Dior mit einer Nadel von Chanel festzustecken? Komplizierte Arrangements mit einem Hütchen aus purpurner Seide über dahinfließender zartrosa Gaze ist heute an Arbeitsplätzen ziemlich normal, an denen bei meinem ersten Aufenthalt in Indonesien die meisten Frauen ihr Haar noch unbedeckt trugen. Tatsächlich ist es in allen Gesellschaftsschichten so, dass heute mehr Indonesier die Symbole ihres Glaubens zur Schau tragen als noch Ende der 1980er-Jahre.

Der Boom scheint mit der Lockerung der Bestrebungen zur nationalen Einheit einherzugehen, wie sie noch von Suharto angestrengt wurden. Als ich 2001 zurück nach Jakarta kam, um für das

Gesundheitsministerium zu arbeiten, fiel mir auf, wie viele meiner muslimischen Freunde und Kollegen jetzt fünfmal am Tag beteten, während des Ramadan fasteten und sich wie Araber anzogen. Meine christlichen Freunde trugen weit mehr Kreuze und gingen in die Kirche. Wahlveranstaltungen fingen im ganzen Land mit einem Gebet an (obwohl viele ihre Veranstaltungen auch mit anzüglichem Dangdut-Tanz würzten). Selbst Workshops, in denen wir Prostituierten beibrachten, Kondome an ihre Freier zu verteilen, begannen mit einer kleinen religiösen Andacht.

Die Überwachung des Sex-Geschäfts war damals Teil meines Jobs. Hin und wieder stieg ich auf mein Fahrrad, schlängelte mich über die verstopften Schnellstraßen hin zu Jakartas Hafengebiet und durch die heruntergekommenen Rotlichtbezirke, um zu sehen, was dort ablief. Für gewöhnlich tat ich das um die Mittagszeit, vorher war noch niemand da. Wartete ich jedoch bis nachmittags, ließ die Dangdut-Musik die Wände der Bordelle erzittern, und es war schwer, ein normales Gespräch zu führen.

Eines Tages kam ich an einem Stand mit Kondomen und Antibiotika vorbei und sah, dass die Bordellanbauten leerer als gewöhnlich waren. Eines der Mädchen bot mir einen Kaffee an. »Schlechter Tag heute?«, fragte ich. »Es ist Freitag«, antwortete sie. Natürlich, der muslimische Feiertag. »Unsere Kunden sind noch alle zum Beten in der Moschee.«

Ich fragte sie, ob die Predigten in der Moschee ihre Kunden womöglich zaudern ließen, Sex zu kaufen. Sie lachte. »Warum?«, sagte sie. »Sie tun damit ja nichts Schlechtes.« Sie erklärte mir, besonders fromme Kunden vollzögen vorher eine Heiratszeremonie. »Dann kommen wir zum Sex, und eine Stunde später verstößt er mich.« Indem er dem Wortlaut des religiösen Gesetzes folge, erklärte sie mir, könne der Kunde immer behaupten, ein guter Muslim zu sein.

Die kommerzialisierten, den Schriften folgenden Religionen sind keine Triebkräfte des Wandels in Indonesien. Im Gegenteil.

Verstädterung und Mobilität verwässern das Stammessystem und die kollektivistische Kultur, die so vieles im indonesischen Leben stützen. Die Religion stellt den dabei verloren gehenden Trost der Vorstellung eines bekannten Universums wieder her und ist ein sichtbarer Ausweis von Identität, die dem im clanbezogenen Indonesien so stark prononcierten Bedürfnis nach Zugehörigkeit entgegenkommt. Moderne Indonesier schließen sich mehr denn je orthodoxen Religionen an.

In den Teilen Indonesiens, die noch näher an ihren Traditionen leben, bremst die Religion den Fortschritt. Denn ernsthaft: warum vorausdenken, Pläne machen und auf eine veränderte Zukunft hinarbeiten, wenn sowieso alles in Gottes Hand liegt? »Hier in der Gegend«, sagte ein Freund, der in einem bisher kaum von der modernen Welt berührten Teil des Landes einen Tauchclub unterhält, »ist es fast schon ein atheistischer Akt vorauszuplanen.«

***

Fast genau ein Jahr, nachdem ich mich auf meine ausgefallene Reise durch Indonesien gemacht hatte, nahm ich eine Fähre von der Äquatorstadt Pontianak in Kalimantan nach Java. Ich freute mich auf den letzten Monat meiner Reise, begann mich aber gleichzeitig wegen der Diskrepanz zwischen dem zu sorgen, was ich bei meinen Vorstößen in Internetcafés zu lesen und in meinen Gesprächen mit ganz normalen Indonesiern zu hören bekam. War mir ein plötzlicher Anstieg von Angst vor dem religiösen Extremismus entgangen? Unterwegs auf die Insel, auf der die meisten Indonesier leben, auf Deck sitzend, beschloss ich, gezielt Ausflüge an Orte mit einem besonderen religiösen Anstrich zu unternehmen und die Leute zu fragen, was sie über die »wachsende religiöse Intoleranz« dachten. Es war dieser Beschluss, der mich nach Solo brachte, mitten auf Java, eine Stadt, die als Brutstätte des islamischen Fundamentalismus gilt. So haben zum Beispiel die

Männer, denen der Bombenanschlag auf den balinesischen Nachtclub 2002 zur Last gelegt wird, in Solo studiert.

Ich kam in eine Stadt mit einer gespaltenen Persönlichkeit.

Im Zentrum Solos steht der Kraton, der Sultanspalast, der eine Stadt in der Stadt ist. Die massive weiße Mauer, die ihn umgibt, wird von eleganten hellblauen, bogenförmigen Toren durchbrochen, die zu den kleinen Familienquartieren der vielen Bediensteten des Sultans führen. In den Straßen rumdum neigen sich Ziegeldächer über hübsche, oft mit Bougainvilleen und Passionsblumen geschmückte Veranden. An den Getränkeständen blubbern große Zinnkessel mit stummeligen Ausgüssen über Holzkohlefeuern, und der für Zentral-Java so typische Geruch von Ingwertee weht von ihnen herüber. Eine Spezialität der Stadt sind Milchmixgetränke, von denen viele allein aus der Liebe der Indonesier für Wortverkürzungen und Wortspiele entstanden sind. Ich konnte nicht widerstehen und bestellte mir ein ziemlich abscheuliches Gebräu aus süßem Ingwer, Kaffee, Sirup und Milch, dessen Zutaten *JAhe*, *MAnis*, *KOpi*, *siRUP* und *Susu* sich zu *Jaman Korups* zusammenziehen ließen, dem »Zeitalter der Korruption«.

Westlich außerhalb der Mauern erstreckt sich ein Labyrinth aus Straßen mit einem ganz anderen Geruch nach Honig und Paraffin. Das ist das Batikviertel. In kleinen Hinterzimmern stehen lauter winzige Woks auf ebenfalls winzigen Kohlebecken. In einen davon taucht eine Frau ein Instrument, das ein wenig wie eine Pfeife aussieht. Sie füllt die kupferne Höhlung der Pfeife mit warmem Bienenwachs, bläst in die Spitze, die daraus hervorragt, und zeichnet geduldig goldene Linien auf den weißen Stoff auf ihrem Schoß. So legt sie das Design an, was der erste von wenigstens vierzehn Schritten im aufwendigen Prozess der Herstellung eines einzelnen Sarongs ist. Sieht man von der Glühbirne über ihr ab, könnte es eine Szene aus präkolonialen Zeiten sein.

Tritt man nach Osten aus den Mauern des Kraton, verlischt das Bild des anmutig freundlich Javanischen. Dieser Teil der Stadt ist vom Charakter her eindeutig nahöstlich. Es gibt zwei riesige Moscheen im Saudi-Stil, praktisch nebeneinander. Ich fragte mich, ob es für beide wohl tatsächlich genug Betende gab, bis ich begriff, dass eines der Gebäude ein im Stil einer Moschee gebautes Krankenhaus war. Fast jeder Laden bot hier etwas, das nach orthodoxem Islam schmeckte. Man konnte Pilgerfahrten nach Mekka buchen, und es gab Souvenirs für Pilger, die bereits dort gewesen waren, aber nicht genug Geschenke für die Familie im Gepäck hatten unterbringen können und jetzt zusätzliche Mitbringsel brauchten. Ich sah muslimische Hotels, die keinen Alkohol oder Besuche von unangemeldeten Gästen erlaubten, und ging in einige von ihnen, um zu sehen, ob sie mir ein Zimmer geben würden, aber alle sagten, sie seien ausgebucht. Schulen unterrichteten Arabisch, und die Puppen in den Schaufenstern trugen Dschilbabs und Ganzkörperkleider. Dieser Teil Solos ist so orthodox sunnitisch, wie er nur sein kann, obwohl die Stadt in einem Teil Javas mit einem über Jahrhunderte ganz anderen religiösen Empfinden liegt.

Bis ins späte 19. Jahrhundert war der Islam in Indonesien eine örtlich begrenzte Angelegenheit. Am stärksten war er in großen Handelshäfen, Orten wie Makassar in Süd-Sulawesi, Aceh und den anderen Häfen Sumatras. In ländlichen Gebieten wie Zentral-Java war er wenig mehr als eine leicht verschmierte Tünche auf dem traditionellen Glauben an Vulkangeister, Flussgeister und Dorfpatrone.

Dann investierten die Holländer in Häfen und Dampfschiffe, und immer mehr Leute pilgerten nach Mekka. Bis 1885 waren die Besucher aus »Jawa«, dem allgemeinen Begriff in arabischen Aufzeichnungen, wenn es um Muslime aus Südost-Asien geht, die größte Pilgergruppe in Mekka, und die Hadschis kamen mit einer erneuerten Begeisterung für den orthodoxen Islam zurück nach Hause, dazu mit neuen, für die Holländer gefährlichen Vorstellungen panislamischer Politik.

Die frisch heimgekehrten Hadschis wollten ihre Heimatreligion von allen Noten und Aromen befreien, die sie über die Jahrhunderte in den reichen Kulturen der Inselwelt Indonesiens angenommen hatte. Aberglaube und Mystizismen, die Rituale von Aussaat, Ernte und Dorfleben hatten sich mit den islamischen Gebeten und Orthodoxien verbunden – und mussten jetzt wieder entfernt werden, um zu einem reinen, vorgestellt arabischen Islam zurückzukehren. Die Reformer bevorzugten rationale Interpretationen des Koran und errichteten ein wichtiges Netzwerk aus Schulen, die sich fest auf den Unterricht von Wissenschaft und weltlichen Fertigkeiten konzentrierten, wie sie von einem modernen Staat benötigt wurden.

Ihr Rationalismus brachte sie in Widerspruch mit den heimischen javanischen Muslimen, deren geistige Erben ich auf dem Gunung Kemukus, dem Berg Kemukus, fand, etwa eine Stunde nördlich von Solo. Der Kemukus ist eigentlich eher ein Hügel, und die Gläubigen beten dort am Grab eines muslimischen Heiligen, der für seinen Geschäftssinn verehrt wird. An den besucherreichsten Abenden (alle fünfunddreißig Tage, wenn der siebentägige islamische Kalender auf bestimmte Weise mit dem fünftägigen javanischen zusammentrifft) strömen Tausende Männer in Batikhemden und Frauen mit ihren schönsten Dschilbabs den Kemukus hinauf zum Grab des Heiligen und hoffen auf Hilfe bei ihren Finanzproblemen. Als ich dort war, kamen den ganzen Abend über nicht mehr als hundert Pilger. Alle kauften ein Bananenblatt voller Blumen und einen Plastikbehälter mit heiligem Wasser. Zusammen kostete das einhunderttausend Rupiah, knapp zehn Euro. Sie knieten vor dem Grab nieder, bei einem muslimischen Geistlichen, dem sie ihre Probleme zumurmelten, gaben ihm ihre Blumen, die über einem Kohlebecken mit Weihrauch geschwenkt wurden, und einen Umschlag mit Geld, noch einmal einhunderttausend Rupiah. Der Umschlag verschwand in der Tasche des Geistlichen, die Blumen bekamen sie zurück. Anschließend ging es in das kleine Heiligtum über dem Grab, wo sie sich zu Boden warfen, Weihwasser auf die Grabstätte sprenkelten, ihre Blumen über deren rautenförmige Enden rieben und noch einmal murmelnd ihre Probleme erklärten, diesmal dem toten Heiligen.

Dann kamen sie wieder heraus und sahen sich nach einer Fremden um, mit der sie schlafen konnten.

Es ist dieser anonyme Sex, der den Segen des Heiligen besiegelt und die Geschäfte der Leute saniert. »Wo es einen Mutterleib gibt, da ist Gott«, erklärte mir ein javanischer Schriftsteller, als ich ihm gegenüber meiner Überraschung über das Ausdruck gab, was sich da auf dem Kemukus tat. »Sex und Geistlichkeit gehen immer zusammen.«

Die örtliche Regierung scheint das anders zu sehen. Sie hat ein Schild aufgestellt, voller Schimmelflecken, aber immer noch lesbar.

Dies ist ein Ort des Pilgerschaft und Erholung
Nicht für andere Dinge
(Glücksspiel, Alkohol, Unmoral)
Missstands-Team, Distrikt Sragen

Die Distriktversammlung vergibt auch die Lizenzen für die Bars, die sich an den Hügel klammern: das »Hot Lips«, eine wummernde »Sexy Karaoke Bar« und Dutzende weitere Etablissements. Der Heilige hat sich fraglos als Segen für die Puffbesitzer erwiesen und Tausenden Frauen die Portemonnaies gefüllt, die hier an den Spitzenabenden arbeiten. Die Dorfbewohner, die Treffen ermöglichen und Zimmer vermieten, verdienen auch nicht schlecht. Eine Frau machte sich an mich heran, als ich auf den Stufen vor dem Heiligtum saß. »Sie können mit dem Prediger schlafen, wenn Sie wollen«, sagte sie und nickte zu dem rundbäuchigen grauhaarigen Mann mit der dicken Brille hinüber, der damit beschäftigt war, Blumen über dem Kohlebecken zu schwenken und Umschläge wegzustecken. Ich zog abwehrend an meinem Kopftuch und lehnte so höflich wie nur möglich ab.

»Und wie wäre es mit seinem jüngeren Bruder?« Die Frau richtete die Lippen auf einen der Torwächter, der ein glänzendes gold-weißes Batikhemd trug. Der Mann bleckte seine vorstehenden Zähne und grinste mich an. »Sie können es bei mir machen«, drängte die Frau. »Es kostet nichts, nur eine kleine Gabe für den Heiligen ...«

Die Bittsteller am Grab waren eine sehr unterschiedliche Klientel. Eine College-Studentin wurde bei ihrem ersten Besuch hier am Grab von einem onkelhaften Begleiter Schritt für Schritt durch das Ritual geführt. Eine unglaublich fette Frau drückte sich gegen einen sehr dunklen jungen Mann mit Busbahnhof-Krokodil-Frisur, neuen Monster-Mash-Hiphop-Shorts und nicht zusammenpassenden beigefarbenen Nylonstrümpfen. Er schob sich unbehaglich von ihrem alles erfassenden Busen weg und verstreute noch ein paar Blumen. Sie rutschte ihm hinterher. Gemeinsam tanzten sie auf ihren Knien um das Grab, bis er nach einer vollen Umrundung schließlich seine beim Eingang zurückgelassenen cremefarbenen Lacklederschuhe erreichte, sie packte und floh.

Ich unterhielt mich draußen vor der Grabstätte mit einem offenbar regelmäßigen Besucher. Er hieß Budi und hatte die Statur eines Muskelmanns im Zirkus. Wie brachte er all diese heilige Promiskuität mit den Lehren des Islam zusammen? »Das sind verschiedene Dinge«, sagte er. »Der Islam ist etwas, das hier existiert ...«, er legte eine Hand auf die Stirn. »Die javanische Kultur sitzt hier ...«, damit legte er die andere Hand auf sein Herz und klopfte darauf. »Das ist etwas, was man nie verliert.«

Die Kluft zwischen Kopf und Herz führte während der ersten Jahre Indonesiens auf dem Weg zu einem Staat zu einem hässlichen Zerwürfnis. Die Modernisten bildeten politische Parteien, die ein vereintes Indonesien mit einer Scharia-Gerichtsbarkeit anstrebten, nach der Weltsicht eines Mannes, der dreizehn Jahrhunderte früher in einer fernen Wüste gelebt und gewirkt hatte. Stark in ihren Dörfern und Gegenden verwurzelte Javaner, die das Anrufen Allahs mit ihrer Ehrerbietung für lokale Geister verbanden, wollten nicht auf diese Weise gleichgemacht werden. Sie lehnten den in ihren Augen arabischen Islam und seine politischen Parteien ab und schlugen sich stattdessen auf die Seite von Nationalisten und Kommunisten, die den streng weltlichen (und sehr javanischen) Sukarno unterstützten. Religiöse Differenzen wurden so auf die politischen Parteien übertragen, und die Religion – und die jeweilige Form des Islam, der man anhing – wurde etwas, wofür man kämpfte. Zum spektakulärsten dieser Kämpfe kam es 1965. Die orthodoxen Muslime hielten sich für moralisch höher stehend als die altmodischeren Dorfbewohner, und als die Armee dem antikommunistischen Blutbad jenes Jahres Vorschub leistete, standen die muslimischen Führer an vorderster Front. Indem sie abweichende religiöse Ansichten mit dem Kommunismus gleichsetzten, gaben sie ihren jungen Anhängern die Erlaubnis, javanische Muslime zu töten, deren Glaube weniger rein war.

Als sich der Staub auf die Blutlachen senkte, betrieb Suharto eine Trennung zwischen Religion und Politik. Seine Bürokratie arbeitete daran, die »spirituelle« Seite des Islam zu »bereichern«. Religiöse Lehrer wurden ausgebildet und unterstützt, Moscheen einladender für alle Besucher. Im Ergebnis drang der Islam weiter in die Leben vieler Millionen Javaner vor, die bis dahin nur ein höchst flüchtiges Interesse an ihrer Religion gezeigt hatten. Obwohl viele der stärker javaorientierten Muslime, die 1965 überlebt hatten, zum Christentum übertraten, behielt die Mehrheit den Islam in ihren Ausweisen, begann regelmäßiger in die Moschee zu gehen, und ihre Kinder wurden in der Schule aufs Neue mit orthodoxeren Glaubensgrundsätzen konfrontiert.

Wie es die Umstände wollten, entsprach diese Entwicklung der allgemeinen Bewegung der Gesellschaft. Mehr und mehr Javaner verließen ihre Dörfer und zogen in die ungeordnete Welt der

Städte, an Orte, an denen die Netze des Austauschs nicht existierten, die sie mit ihren Nachbarn verbunden und örtliche Glaubenssysteme unterstützt hatten. Ein vereinheitlichter, geografisch entwurzelter reformistischer Islam, wie sie ihn jetzt mit anderen islamischen Gemeinden außerhalb Javas, mit den Achinesen, den Minangkabau, den Bugis, teilten, entsprach ihren Bedürfnissen weit besser als eine Religion, die vom Gebet am dörflichen Heiligtum abhing.

Seltsamerweise war der Gunung Kemukus einer der wenigen Orte in Indonesien, an dem mich niemand nach meiner Religion fragte. Dafür wollten viele wissen, welche geschäftlichen Probleme ich hätte. Einer von ihnen war der junge Mann mit den Nylonstrümpfen. Er murmelte etwas über den Cashflow. Darüber wisse er alles, sagte er. Er hatte sich in eine Eiscreme-Franchise-Kette eingekauft, eine Art Pyramidensystem in Gresik an der Nordküste Javas. Vier von sechs Subunternehmern waren es leid geworden, mit dem Wagen herumzuradeln und Eis zu verkaufen, hatten aufgegeben und es dem Nylonstrumpf überlassen, die gemeinsamen Schulden zurückzuzahlen. In ein paar Tagen musste er zwanzigmillionen Rupiah zurückzahlen, etwa zweitausend Euro.

»Ich weiß nicht, wie ich das schaffen soll, Tantchen.« Er schien wirklich verzweifelt. Vom Wunder des Gunung Kemukus hatte er auf Facebook gelesen, holte sein Telefon heraus und zeigte mir die Seite. »Aber ich finde niemanden, der mit mir schläft.« Ich sagte ihm, einige der anderen Frauen am Grabmal hätten interessiert gewirkt. »Ja, die lassen sich kaufen, aber wenn es nicht von Herzen kommt, funktioniert es nicht«, sagte er und wandte seinen niedergeschlagenen Blick auf mich. »Bitte, Tantchen ...«

***

Obwohl Orte wie der Gunung Kemukus immer noch gut besucht werden, ist der Islam in Indonesien heute orthodoxer als noch zur Zeit von Suhartos Machtübernahme. Saudi-Arabien hat Schulen und Moscheen im Land finanziert, in denen der nahöstliche Islam gelehrt wird. Die klassischen Moscheen Zentral-Sumatras und Javas mit ihren bescheidenen dreistufigen Terracottadächern, die an die Form indonesischer Vulkane erinnern und sich in seine Dörfer einfügen, weichen zunehmend Bauten im nahöstlichen Stil, pompös mit Kuppeln und Minaretten. Das einfache Kopftuch, das lange als Dschilbab diente, verliert Boden gegenüber komplizierteren Konstruktionen, die auch nicht eine Haarsträhne sichtbar werden lassen. Einige Mädchen tragen bereits Dschilbabs, bevor sie laufen lernen. Eine kleine, aber wachsende Minderheit Frauen bedeckt sich komplett, und in Landesteilen wie Madura und Süd-Sulawesi ist es mittlerweile ganz normal, Männer nicht in traditionellen Sarongs und Kappen zur Moschee gehen zu sehen, sondern in bodenlangen Gewändern und mit Turbanen.

Nichts davon schien den Menschen, die ich auf Fähren und Veranden, in Bussen und an Getränkeständen traf, einen Kommentar wert. Da ging es endlos um die Korruption und den miserablen Zustand der staatlichen Straßen, der Schulen und des Gesundheitssystems. Sorgen um das Anwachsen eines religiösen Fundamentalismus wurden nie offen geäußert. Unter meinen Mittelklasse-Freunden in Jakarta jedoch verbreitete die offensichtliche Arabisierung des Islam in Indonesien große Angst. Sie sorgten sich besonders um zwei Gruppen. Eine war die Gerechtigkeits- und Wohlfahrtspartei PKS, eine nach dem Beispiel der Muslimbrüderschaft in Ägypten geformte parlamentarische Partei, die andere die Islamische Verteidigungsfront FPI, eine selbsternannte Moralwächtertruppe, die gern in Rotlichtbezirke einfällt und im Namen Allahs lizenzierte Bars zertrümmert.

Bei einem meiner Boxenstopps in Jakarta traf ich mehr oder minder zufällig auf eine besorgte Gruppe von Freunden in einem bei der Art Aktivisten beliebten Café, die es sich leisten können, den Wochenlohn eines Ziegelmachers für einen Cappuccino auszugeben. Einer von ihnen war Fotograf, und er lud mich in seine neue Ausstellung ein, die von einem bei der Alliance Française arbeitenden Freund in Auftrag gegeben worden war. Eine andere, eine junge Anwältin, erzählte, dass sie gerade einen Job bei der Nationalen Frauen-Kommission angenommen habe. Ebenfalls dabei war ein Freund, der bei der Organisation von Jakartas schwulem Q!-Filmfestival mitmachte. Die Gruppe war zusammengekommen, um eine Demonstration zu organisieren. Sie sollte einen Gegenpol zur Islamischen Verteidigungsfront bilden, die ihre Kräfte zur Demonstration gegen ein Konzert von Lady Gaga sammelte. Die bloße Anwesenheit der Popsängerin im Land, so die FPI, werde junge Indonesier homosexuell machen.

Am nächsten Tag, unterwegs zu meinem Zahnarzt, wählte ich dummerweise eine Strecke, die mich durch den Kreisverkehr beim Hotel Indonesia im Zentrum Jakartas führte. Der mächtige Kreisel bewegt sich um einen Springbrunnen, aus dem eine von Suhartos triumphalistischen Skulpturen aufwächst. Sie trägt den Spitznamen »Hänsel und Gretel« und stellt einen jungen Mann und eine junge Frau dar, die mit erhobenen Händen die Moderne willkommen heißen. Die Pflastersteine um den Brunnen sind zum zentralen politischen Demonstrationsort Jakartas geworden, lässt sich hier doch am erfolgreichsten Aufmerksamkeit finden, indem man die Arterien der sowieso schon stark verstopften Stadt vollends blockiert. Als ich kam, war alles voller bärtiger Männer in langen weißen Gewändern. Einige bellten Parolen durch Lautsprecher, andere hielten Transparente in die Höhe, auf denen auf Englisch zu lesen war: »GO TO HELL LADY GAGA THE MOTHER MONSTER.« Die Bärtigen hatten eine große Anzahl junger Mädchen mit Dschilbabs zusammengeholt, die Plakate trugen, auf denen – auf Indonesisch – stand: »YA ALLAH! SCHÜTZE MICH VOR DEN VERSUCHUNGEN DES VERHASSTEN GAGA-TEUFELS.« Ein Foto der Popsängerin war mit einem großen Kreuz durchgestrichen, und darüber stand: »Stoppt den Import von Unmoral nach Indonesien.«

Polizisten versperrten die Straße, die zu meinem Zahnarzt führte, und so dachte ich, ich könnte mich ebenso gut für eine Weile der Gegendemonstration anschließen, simste den Freunden, die sie geplant hatten, und fragte, auf welcher Seite des Kreisverkehrs sie seien. »Hab's nicht geschafft«, antwortete einer. »So viel Arbeit und dann der Verkehr.« »Am Ende war es mir zu viel«, schrieb ein anderer. Später nahm ich mir einige von ihnen deswegen vor: Wenn sie ernsthaft besorgt waren wegen der »wachsenden religiösen Intoleranz«, den Beschränkungen ihrer Glaubensfreiheit und der Gefahr, nicht mehr leben zu können, wie es ihnen gefiel, sollten sie dann nicht die Mühe auf sich nehmen, sich durch den Verkehr zu kämpfen und ihre Stimmen gegen die religiösen Eiferer der FPI zu erheben? »Es geht doch nicht wirklich um Religion, oder?«, antwortete meine Freundin, die Anwältin. »Die FPI, das sind doch nichts als bezahlte Schläger, die von Politikern engagiert werden, wenn sie ein paar Stimmen gewinnen oder ihre Geschäftsinteressen verteidigen wollen.«

Seit der Zeit der Holländer, und vielleicht schon früher, haben die Mächtigen in Indonesien gemeinsame Sache mit Schurken und Gangstern gemacht, um ihre politischen Ziele durchzusetzen. Allgemein als *preman* bekannt, was vom holländischen *vrijman* (dem »freien Mann«)* kommen soll, rufen die Gangster Furcht und widerstrebenden Respekt hervor. Dafür, dass sie die Drecksarbeit der Politiker übernehmen, lässt man den Preman relativ

* Das talismanische Wort *merdeka*, das allgemein »Freiheit«, aber auch die Erlangung der nationalen Unabhängigkeit von der Holländer-Herrschaft bezeichnet, ist auf einer malaiisch-holländischen Wörterliste von 1603 mit der Bedeutung »freier Mann« versehen. Es kommt von *Mahardikkhika*, einem Sanskrit-Wort, das bei den Holländern zu *Mardijker* wurde und befreite Sklaven und ihre Nachkommen bezeichnet.

freie Hand bei ihren kriminellen Geschäften, und sie sind tief in Prostitution, Glücksspiel, Drogenhandel und vieles andere verwickelt. Indonesien in den 2010er-Jahren gleicht in vieler Hinsicht dem Chicago der 1920er-Jahre. Nationalistische Organisationen wie die Pemuda Pancasila, die Pancasila-Jugend, geben öffentlich zu, zur Erlangung ihrer politischen Ziele Gewalt einzusetzen. In dem Film *The Act of Killing* von 2012 erklärt der ehemalige indonesische Vizepräsident Jusuf Kalla einer Versammlung der Pancasila-Jugend, dass die Preman unverzichtbar sind, um die Arbeit zu tun, die Bürokraten nicht tun können. »Wir brauchen Preman, um die Straße zu öffnen. Benutzt eure Muskeln!«, sagt er vor der Kamera. »Muskeln sind nicht *nur* dafür da, Leute zusammenzuschlagen, aber manchmal geht es nicht anders ...« Und man sieht, wie es unter den orangefarbenen und schwarzen Arbeitsuniformen zuckt, als Kallas aggressive Zuhörerschaft ihm applaudiert.

Preman gibt es in verschiedenen Ausführungen, in orangeschwarzen Arbeitsuniformen, in gewöhnlichen ledernen Motorradjacken und auch langhaarig und tätowiert. In jüngerer Zeit sieht man sie auch mit Turbanen oder gestrickten Kappen, in langen weißen Gewändern und mit zottigen Bärten. Zum ersten Mal habe ich eines Nachts 2002 einen dieser heiligen Gangster erlebt. Es war gegen zwölf, und ich wollte Eris Hallo sagen, einem Freund, der einen der schäbigeren Schwulen-Nachtclubs Jakartas führte. Hinter uns flatterte eine Gruppe transsexueller Tänzer in ihren körperformenden Unterhosen herum und mühte sich vor ihrem Auftritt, die falschen Wimpern festzubekommen. Da kam einer der Angestellten hereingestürmt: »Sie sind hier.«

Eris öffnete eine Schublade und nahm einen Umschlag heraus. Bald darauf tauchte ein junger Mann mit typischem Bart und langem, weißem Gewand auf. Die obszönen Rufe der halbnackten Transen ließen ihn völlig ungerührt. Es gab ein schnelles *»salaam alaikum«*, Eris übergab den Umschlag, der Heilige nickte und war auch schon wieder weg.

»Gott, die sind genauso übel wie die Leder-Preman, mit denen du es früher zu tun hattest«, sagte ich mit einem Lachen. »Was meinst du mit ›genauso übel‹?«, sagte er. »Das *sind* die Ledertypen. Das sind dieselben Leute, sie haben nur ihr Outfit geändert.«

Die Gangster, die Eris ausnahmen, hatten sich der Islamischen Verteidigungsfront FPI angeschlossen. Die Gruppe bildete sich 1998, als die Behörden eine mobile Zivilisteneinheit brauchten, um den protestierenden Studenten etwas entgegensetzen zu können. Jakartas Polizeichef gab zu, der FPI Geld und logistische Unterstützung gegeben zu haben. Dafür hatten FPI-nahe Trupps die studentischen Aktivisten weit von dem Ort ferngehalten, an dem die Regeln für die Wahl von Suhartos Nachfolger festgelegt wurden. Die islamischen Krieger griffen auch das Büro der Menschenrechtskommission an, die eine Untersuchung zu den militärischen Übergriffen in Ost-Timor führte. Das Arrangement brachte merkwürdige Bettgenossen zusammen. Die Streitkräfte haben ein heikles Verhältnis zum politischen Islam: Einerseits sieht die streng säkulare, aber ebenso streng rechtsgerichtete Armee die islamistischen Gruppen als Bollwerk gegen den Sozialismus, andererseits fürchtet sie, die Islamisten, wenn sie denn zu stark werden, könnten die nationale Einheit bedrohen. 1998 waren die Generäle zu einem Handel mit der FPI bereit, weil sie ihnen weniger bedrohlich schienen als die weltliche Studentenbewegung, die die Menschenrechtsverletzungen des Militärs unter die Lupe nehmen wollten.

Die FPI erkannte schnell die sich durch die Demokratie bietenden Marktchancen: Eine zunehmend lautstarke, freiheitsliebende Wählerschaft mochte sich gegen altmodische politische Schläger wie die Pancasila-Jugend auflehnen, aber niemand durfte sich offen gegen junge, die Moral des Islam verteidigende Männer aussprechen. Die würden immer straffrei vorgehen können.

Für mich sind die FPI und ihresgleichen kein Zeichen der Arabisierung des indonesischen Islam, sondern eher das genaue Gegenteil. Sie haben die gut etablierte Rolle der Preman übernommen und verkaufen ihre Heiligkeit an den Meistbietenden. Was könnte indonesischer sein als das?

Die Gerechtigkeits- und Wohlfahrtspartei PKS hat einen ähnlichen Wandel durchgemacht. Hervorgegangen aus islamischen Studiengruppen an den besseren weltlichen Universitäten Indonesiens, mithilfe von Leuten, die im Nahen Osten studiert haben, schien die Partei zunächst einer Ideologie zu folgen und ein nützliches Sozialprogramm zu haben. Die PKS arbeitete hart in den Stadtzentren, wirkte der vorherrschenden Korruption entgegen, übertraf die Regierung bei den Hilfsleistungen nach Überschwemmungen und anderen Katastrophen und bot denen ihre Dienste an, die von den sich selbst bedienenden Politikern vernachlässigt wurden.

Erst 2002 gegründet, gewann die PKS bei den nationalen Wahlen im Jahr 2004 bereits sieben Prozent, was fünfundvierzig Sitze im Parlament bedeutete. Sie unterstützte ein kontroverses Anti-Pornografie-Gesetz und schnitt bei der nächsten Wahl noch besser ab. Dann wurde ein Abgeordneter der PKS dabei fotografiert, wie er bei einer Plenarsitzung im Parlament auf seinem Tablet einen Porno ansah, und das saubere Gutmenschen-Image begann zu bröckeln. Als die PKS ins Kabinett kam und sich weiter in die indonesische Politik verstrickte, verlor sie ihre Leidenschaft für Reformen, und der ehemalige Parteivorsitzende wurde zu einem der Hauptprotagonisten in einem riesigen Bestechungsskandal, in dem es im Wesentlichen um die Manipulation von Rindfleischimportquoten ging.

Die von den Muslimbrüdern inspirierte PKS, die mittlerweile »Partai Kotor Sekali« genannt wurde, die »Sehr Schmutzige Partei«, ist durch und durch indonesialisiert und ihre ehedem idealistischen Mitglieder sind eng eingewoben in das politische Bedien- und Verteilsystem. Der Klientelismus erweist sich einmal mehr als wirksames Instrument zur Zähmung des politischen Extremismus.

Dennoch sorgt sich die städtische Mittelklasse. Sie deutet auf um sich greifende Bestimmungen lokaler Regierungen, die von der Scharia und dem Islam inspirierte Gesetze einführen, und spricht von zunehmenden Indizien dafür, dass die weltliche Basis des Landes unterminiert wird. Der Bürgermeister, der meinen Freund Nazaruddin bei den Wahlen in Lhokseumawe schlug, landete einen Klassiker, indem er die Frauen gesetzlich zwang, zum Schutz ihres Anstands hinter dem Mann auf dem Motorrad nur seitlich im Damensitz mitzufahren. Tagelang entlud sich in den Zeitungsschlagzeilen und Tweets in Jakarta ein Sturm der Entrüstung, aber in den Dörfern und Kleinstädten, die am stärkten von diesen religiösen Regelungen betroffen sind, werden sie nicht anders als alle anderen Regeln betrachtet: als simples Ärgernis. Als mich der junge Mann, der mich durch die angesagteren Coffee-Shops begleitete, aufforderte, mein offenes Haar vor der Religionspolizei zu verbergen, hatte ich meiner Überraschung Ausdruck gegeben, dass sie ihre Aufgabe so ernst nähme. »Nur gegen Ende des Monats, wenn das Geld knapp wird und sie den Leuten Strafen aufbrummen wollen«, hatte Reza geantwortet. Die Indonesier weisen regelmäßig darauf hin, dass die meisten der Scharia-Verordnungen nicht diejenigen betreffen, die sie erlassen. Den Frauen wird ständig erklärt, wie sie sich anzuziehen haben, aber keinem der sich aus öffentlichen Kassen bereichernden Staatsdiener wurde bisher die Hand abgeschnitten.

Michael Buehler, ein Politologe, der die Scharia-Verordnungen in den ersten Jahren der Dezentralisation beobachtet hat, erklärte mir, ein Großteil der religiösen Erlasse stamme gar nicht von den Vertretern der muslimischen Parteien. Vielmehr seien es die alten Krokodile aus den weltlichen Parteien der Suharto-Ära, die, nach Legitimation und Unterstützung suchend, die Scharia in die Gesetzgebung einfließen ließen. Sie wollten sich bei den örtlichen Predigern einschmeicheln, da sie glaubten, so an die Stimmen von deren Gemeinden zu kommen. Die weltlichen Kandidaten versprachen, wenn sie mithilfe der Geistlichen gewählt würden, sämtliche von den Predigern entworfenen Scharia-Verordnungen zu erlassen.

In letzter Zeit allerdings hatte Michael eine Veränderung festgestellt, besonders in den sich schnell verstädternden Gegenden West-Javas. »Die Scharia-Verordnungen zu islamischer Kleidung sind *so was* von aus der Mode«, spaßte er. Die Kandidaten bei lokalen Wahlen erzählten ihm, dass sich nur noch die Geistlichen in den unterprivilegiertesten Gegenden mit dem Versprechen von Scharia-Verordnungen kaufen ließen. Die Mittelklasse folgt heute eher Facebook und Twitter als den muslimischen Führern, sagte einer. Wollen sie auch heute noch die religiöse Karte spielen, müssen die Politiker Knöpfe drücken, die den Interessen individueller Wähler entsprechen.

***

Der ehemalige Gouverneur von Jakarta, Fauzi Bowo, glaubte offenbar, die richtigen Knöpfe drücken zu können, indem er der religiösen Bigotterie Konzessionen machte. Er und ich waren einmal Nachbarn, seine offizielle Residenz lag eine Straße von meinem ehemaligen Zuhause in Jakarta entfernt. Im September 2012, zu Ende seiner ersten fünf Jahre im Amt, musste er sich zur Wiederwahl stellen. Pak Fauzi und sein Kandidat für den Vize behaupteten beide, Betawi zu sein, »eingeborene« Jakarter. Beide sind Muslime. Ihre Gegner waren »Außenseiter«. Der Kandidat für den Gouverneursposten, Joko Widodo,* alias Jokowi, war zwar ebenfalls Muslim, stammte aber aus Zentral-Java, wobei ihm das tatsächlich einen Vorteil gegenüber dem »eingeborenen« Fauzi verschaffte, da sechsunddreißig Prozent der Jakarter Javaner sind und nur achtundzwanzig Prozent Betawi. Aber Jokowis Mitkandi-

* Joko Widodo wurde im Herbst 2014 zum Präsidenten gewählt

dat war gleich ein doppelter Außenseiter: chinesischstämmig und dazu noch Christ.

Das Wahlkampfteam Fauzi Bowos argumentierte völlig unverfroren. Muslimen sei es nicht erlaubt, für nicht muslimische Kandidaten zu stimmen, sagten sie. Eine Stimme für jemand anderen als Fauzi sei eine Stimme gegen Gott, erklärte ein bekannter Prediger seiner Gemeinde, während der Kandidat neben ihm stand. Nach den indonesischen Wahlgesetzen ist es weder Politikern noch Geistlichen erlaubt, ihre Gegner im Wahlkampf religiös oder ethnisch anzugreifen. Aber Fauzi stand da und strahlte.

Am Wahltag war ich zufällig in Jakarta, in meinem alten Haus. Ich ging hinaus, am Haus des Gouverneurs vorbei, und kam eine Minute später schon in den Park, in dem eines der Wahllokale für die Wähler von Menteng eingerichtet worden war. Menteng ist ein Viertel mit Villen aus der Zeit der Holländer und viel neoklassischem Protz. Das Wahllokal war mit Satin verkleidet, von Energiesparbirnen erleuchtet, besaß einen Kühlschrank für ausreichend Getränke und strömte die Atmosphäre einer Parteiniederlassung aus: Damen in ihren besten Batikseiden saßen da und taten sich taktvoll an Obsttellern gütlich, während ihre Männer mit ihren BlackBerries wichtig klingende Telefongespräche führten. Hinter ihnen hatten uniformierte Dienstmädchen ein Auge auf die mit rosafarbenen Rollern herumfahrenden und auf ihren iPads Vampire tötenden Kinder.

Ich schwatzte mit ein, zwei meiner Nachbarn. Sie ereiferten sich über die »schwarze« Kampagne des Amtsinhabers und sprachen zuversichtlich von einer neuen Ära. Wenig später setzte ich mich auf mein Motorrad und fuhr eine Viertelstunde weiter nach Tanah Tinggi, einem Viertel, das von vielen seiner Bewohner als Slum bezeichnet wird. Tatsächlich ist es eine bunte Mischung. Es gibt wackelige Buden aus gestohlenen Zinkplatten, die an die in der Holländer-Zeit für die »eingeborenen« Staatsdiener gebauten

Häuser geschustert wurden, stolze zweistöckige Neubauten in grellen Farben, die die Früchte harter Arbeit in anderen, besser bezahlten Provinzen sind, und einige größere Mietshäuser, die wie direkt aus einem Dickens-Roman hierher versetzt aussehen, nur dass damals nicht so viele Einwegspritzen herumgelegen haben.

Alles Leben schien sich hier, in den zwei Meter breiten Gassen zwischen den Mietshäusern, zu sammeln. Im Zentrum des Viertels gab es einen offenen Gully, über dem man sich die Zähne putzen, in den man sein Kochwasser abgießen und seine Kinder pinkeln lassen konnte – Gemeinschaftstoiletten gab es weiter den Weg hinunter, nahe genug, um sie zu riechen, aber zu weit, um nur zum Pinkeln hinzugehen. Ibu Nining, eine lächelnde, in einen gelben Bausch gehüllte Frau, lud mich in ihr Haus ein. Es war etwa zwei mal zwei Meter groß, mit einer Leiter an der Wand, die in einen ebenso großen darüberliegenden Raum führte. Alles war voll mit Besitztümern, einem Flachbildfernseher, zwei riesigen Lautsprechern, einer Karaoke-Maschine und einem Reiskocher. Ein kleiner Vulkan Plastikspielzeuge war ausgebrochen und hatte kopflose Puppen über das freie Stück Boden verstreut. Mitten im Raum, an einer dicken Feder, hing eine dieser wunderbaren Babytragen, in denen man die Kinder mit minimalem Aufwand in den Schlaf wiegen kann. Darin schlummerte ein pralles zweijähriges Baby mit offenem Mund. Ich selbst saß in der Tür, es gab da unten nicht genug Platz für die vollbusige Nining, das Baby, mich und all die Sachen. Wobei sie in diesem Haus zu siebt lebten, Nining, ihr Mann, das Baby und vier weitere Kinder, von denen das älteste bereits sechzehn war.

An der Wand gegenüber hing ein Aufkleber: »Gute Muslime wählen Muslime.« Darunter hatte jemand einen Schnauzbart gemalt, das Symbol für Fauzi Bowo, der manchmal auch »Tache« genannt wurde.* Bald würden die Wahllokale schließen. Ich fragte

* Tache befahl meinen Kollegen einmal, einige Tausend AIDS-Plakate

Nining, ob sie gewählt habe, und rechnete damit, dass sie mir den Tintenfleck an ihrem kleinen Finger zeigte, dem Zeichen, dass jemand seiner Bürgerpflicht gefolgt war. Aber nein. »Wozu?«, sagte sie. »Für arme Leute wie uns ist es egal, wer regiert.«

Ich lief durch Nadeln und Matsch zum nächsten Wahllokal, um die Stimmauszählung zu verfolgen. Im Wahllokal von Tanah Tinggi gab es keinen Kühlschrank, keine Satintischdecken und keine Teller mit aufgeschnittenem Obst. Als es zu regnen begann, beeilten sich die Wahlhelfer, die Stimmzettel vor dem Wasser zu schützen, das durch die Deckenplane pladderte. Aber alle trugen ordentliche Batikhemden und Namensschilder, um ihre offizielle Rolle zu unterstreichen, und alle waren äußerst sorgfältig bei dem, was sie taten.

Sie hatten sich eine Karaoke-Maschine ausgeliehen, um die Ergebnisse durchgeben zu können. In Indonesien werden die Urnen bei allen Wahlen öffentlich aufgeschlossen, die Stimmzettel einzeln herausgeholt und hochgehalten, damit alle sehen können, welcher Kandidat »gelocht« wurde. Heraus kam der allererste Stimmzettel: »Kandidat Nummer 1: Fauzi Bowo!«, erklärte der Offizielle. »Tache! Tache!«, riefen die Unterstützer des Gouverneurs. Ein Strich wurde auf der Tafel gemacht. Die Beobachter der einzelnen Wahlkampfteams legten ihre eigenen Strichlisten an.

Hervor kam der nächste Zettel. »Tache! Tache!« Die ersten sieben oder acht Stimmen gingen an den Amtsinhaber Fauzi Bowo. Die religiöse Karte zu spielen hatte in Indonesien am Ende also doch Erfolg. Der Gedanke verdarb mir die Laune, doch dann gab es eine Serie für den Herausforderer Jokowi und seinen nicht akzeptierbaren christlichen Partner. So ging es weiter, mal gab es vier, fünf Stimmen für den einen, dann für den anderen. Vielleicht waren die Leute in Gruppen von Freunden oder Verwandten gekommen, die das Gleiche gewählt hatten. Während der Offizielle

einzustampfen, weil ihm sein Foto darauf nicht gefiel. »Mein Schnauzbart ist krumm«, erklärte er.

tiefer und tiefer in die Urne griff, lagen die beiden Kandidaten Kopf an Kopf. Endlich holte er den letzten Stimmzettel heraus und hielt die Urne in die Höhe, um uns zu zeigen, dass sie leer war. Wie ein Zauberer machte er das, der uns seinen Zylinder zeigte, bevor er ein Kaninchen daraus hervorholte.

Das Ergebnis waren fünfundsiebzig Stimmen für den Herausforderer Jokowi zu fünfundsiebzig für den Amtsinhaber Fauzi Bowo. Zwei Stimmen waren ungültig. Wie Ibu Nining hatte die Hälfte der Leute, die für dieses Wahllokal registriert waren, keine Stimme abgegeben. Ich eilte zum nächsten Wahllokal, wo die Auszählung noch im Gang war. Dort gewann der religiös entzweiende Amtsinhaber mit komfortablem Vorsprung, genau wie im nächsten und übernächsten Wahllokal.

Alles in allem hatte Fauzi Bowo in Tanah Tinggi gewonnen, einem der am dichtesten bevölkerten Teile Jakartas mit vierzigtausend Seelen auf gerade mal zwei Dritteln eines Quadratkilometers. Dennoch hatten die Wählerbefragungen Jokowi längst zum Gewinner in der Stadt insgesamt erklärt. Die Kommentare auf Twitter hatten etwas Triumphierendes: »Tache: Sieh, was passiert, wenn du mit der Religion zu spielen versuchst!«

Als ich zurück zum noblen Wahllokal vorm Haus des alten Gouverneurs kam, holten sie gerade das letzte Stück Satin ein und luden die Stapelstühle in den Wagen der Catering-Firma. Ich fragte den Leiter des Wahllokals, wie das Ergebnis in den drei Lokalen in unserem kleinen Park ausgefallen sei: 574 zu 186. »Für wen?«, fragte ich. Der Mann sah mich vernichtend an. »Was denken Sie denn? Nicht für *ihn*!« Er nickte zu Fauzi Bowos Haus hinüber und wandte seine Aufmerksamkeit wieder seinem Walkie-Talkie zu.

Der Reformer Jokowi hatte also drei Viertel der Stimmen in Menteng gewonnen, dem Zuhause derer, die alles hatten und denen es so, wie es war, bestens ging. Die Leute im Slum von Tanah Tinggi dagegen hatten Fauzi Bowo gewählt, einen Mann, der die Armen während seiner zwanzig Jahre in den höheren Gefilden der

Regierung Jakartas, die letzten fünf als dessen Gouverneur, durchgängig vernachlässigt hatte. Bei diesen Menschen also, den Ungebildeten und Unterbeschäftigten, den Müttern, die ihre Zeit darauf verwenden, ihre Kleinen von weggeworfenen Spritzen fernzuhalten, und den Vätern, die ihre Familien damit zu ernähren versuchen, dass sie leere Flaschen aus dem Müll von Menteng sammeln, bei diesen Menschen verfängt die religiöse Karte.

Das liegt zum Teil mit daran, dass die Moschee oft eintritt, wo der Staat versagt. Die Tür des Predigers ist für seine Gemeinde vierundzwanzig Stunden am Tag geöffnet. Er gibt kleine Darlehen für Notfallbehandlungen im Krankenhaus und schreibt Briefe, damit Kinder ein Stipendium bekommen. Diese hilfreichen Gesten haben in der wachsenden Mittelklasse an Wert verloren, die sich um sich selbst kümmern kann, aber in den armen Teilen der Stadt und in den sehr ländlichen Gebieten schaffen sie immer noch Bindungen, die den Prediger zu einem Mächtigen unter den Machtlosen machen.

***

Als die Islamische Verteidigungsfront FPI verlangte, dass die Regierung Lady Gaga die Einreise nach Indonesien verweigerte, schenkte ihr der Koordinierende Minister für juristische, politische und Sicherheitsbelange Djoko Suyanto keine Beachtung. Wer sie nicht möge, könne den Konzerten ja fernbleiben, sagte er. Und *rumms!*, stand die FPI vor seinem Büro und protestierte. Als ein Journalist anrief, um einen Kommentar dazu zu bekommen, antwortete der Minister mit einer SMS: *»EGP« – enang gue pikirin* ist Teenagerslang und lässt sich grob mit »Das interessiert mich einen Scheiß« übersetzen, was, wie ich damals dachte, ziemlich gut reflektierte, was der Großteil der Indonesier vom Extremismus hielt.

Die meisten Indonesier scheinen Gruppen wie die FPI aus ihrem Denken auszublenden, weil sie das Gefühl haben, das Leben ist zu kurz, um sich wegen einer Handvoll Eiferer Sorgen zu machen. Einige wenige jedoch sind *gezwungen*, sich wegen ihnen Sorgen zu machen, weil sie ihr Leben bedrohen. Moscheen, die Minderheitssekten gehören, werden von Muslimen angesteckt, Kirchen bedroht, Atheisten eingesperrt.

Nach meinem surrealen Besuch des Sex-Berges Kemukus fuhr ich bis nach Lombok, der Insel östlich von Bali. Das streng muslimische Lombok nennt sich das »Land der tausend Moscheen«. Ein paar davon sind fürchterlich vulgär, große lila Pickel wachsen aus Reisfeldern auf, lindgrüne fliegende Untertassen parken neben dem Markt, Straßen sind mit neuen Minaretten gespickt, obwohl keine fünfhundert Meter entfernt längst eine Moschee stand. Lombok gehört auch zu den immer zahlreicher werdenden Orten Indonesiens, an denen Mitglieder der Ahmadiyya-Gemeinschaft aus ihren Dörfern vertrieben werden. Die Ahmadiyya sind eine eng zusammenhaltende Untergruppe der Muslime, die in Bildung investieren, hart arbeiten und in aller Regel erfolgreich sind. Es gab sie schon vor der Unabhängigkeit des Landes (der Komponist der indonesischen Nationalhymne war ein Ahmadiyya), doch die Eiferer wenden sich erst in jüngerer Zeit gegen sie.

Manche halten die Ahmadiyya für harmlose Spinner, ein wenig wie die Scientologen. Aber eine ziemliche Anzahl Menschen, die ich getroffen habe, einschließlich einer Hebamme in Lombok, eines Busfahrers in Surabaya und eines Polizisten auf der ost-javanischen Insel Madura, drohten bei bloßer Erwähnung der Sekte bereits zu explodieren. Sie alle erklärten mir gleich, dass die Ahmadiyya Abtrünnige seien, die falsche Lehren verbreiteten. »Was für falsche Lehren?«, fragte ich wieder und wieder. »Sie haben einfach unrecht. Sie sind darauf aus, die Öffentlichkeit zu verwirren. Sie sind gefährlich«, sagte die Hebamme. Niemand vermochte mir jedoch zu erklären, worin sich der Glaube der Ahmadiyya von seinem eigenen unterschied.

Tatsächlich ist die Sekte in den Augen der Zurück-nach-Medina-Sunniten mit der Erbsünde ihres Gründers befleckt. Mirza Ghulam Ahmad, ein Gelehrter aus der Zeit Britisch-Indiens, war ein großer Selbstvermarkter, der sich zum Propheten erklärte. Für die sunnitischen Puristen ist das ein Sakrileg. Seit Mohammed hat es keinen Propheten gegeben, und wer etwas anderes glaubt, kann sich nicht einen Muslim nennen. Und um ihren Irrtum noch schlimmer zu machen, sind die Ahmadiyya auch noch Pazifisten, die das Konzept eines mit Waffen ausgetragenen Dschihad zugunsten eines heiligen, mit dem Stift ausgetragenen Krieges ablehnen. Aber kaum einer, der sich gegen sie wendet, scheint das zu wissen.

Vor ein paar Jahren brannten die Bewohner des Dorfes Ketapang im Westen Lomboks dreißig Ahmadiyya-Familien aus ihren Häusern. Ich beschloss, sie zu besuchen, und fragte in einer Schule nach dem Weg ins Dorf. »Da werden Sie nicht willkommen sein«, warnte mich die Kindergartenleiterin. Und sie hatte recht. Ketapang wächst wie ein Tumor entlang einer Seitenstraße des ländlichen Lombok, verschlossen, feindselig. Ich stellte mein Motorrad an der Straße ab und betrat das Dorf. Eine Wand mich anstarrender Augen. Stille.

An einem Getränkestand unter einem weiten Mangobaum lagen drei junge Burschen in Fußballtrikots (Juventus, Barça und ein Verein, den ich nicht kannte) auf der Erde und spielten mit ihren Handys. Ich bestellte einen Kaffee. Die Standbesitzerin sah von ihrem Mahlstein auf und machte sich gleich wieder daran, Chilis zu zerkleinern. Ich wartete. Nach ein paar Minuten sagte einer der Burschen (der so stacheliges Haar hatte, dass er einem damit die Augen hätte ausstechen können) etwas im örtlichen Sasak zu der Frau, und sie stöhnte und gab mir einen Kaffee. Ich versuchte mit den Burschen ein Gespräch über Fußball anzufangen, aber damit war kaum etwas aus ihnen herauszubekommen. Ich kam auf die Wahlen – verschiedene Kandidaten für das Amt des Dorfoberen hatten ihre Transparente zwischen die Häuser gehängt. Es brachte nichts.

Überall im Dorf war es das Gleiche. Alle waren einsilbig, argwöhnisch, vorsichtig. Eine Frau beantwortete meine Fragen zu ihrer Arbeit: Das ganze Dorf schien von der Produktion von Besen aus Bambusstäben und Kokosmatten zu leben, was etwa dreitausendsechshundert Rupiah pro Tag einbrachte, rund vierzig Cent. Über etwas Allgemeineres wie Schulen, Korruption oder Religion wollte niemand reden. Und aus irgendeinem Grund konnte ich mich nicht dazu bringen, einfach zu fragen: »Was ist eigentlich mit Ihren Ahmadiyya-Nachbarn geschehen?«

Wenn die Sieger so schmallippig waren, hatte ich wenig Hoffnung, viel mehr aus den Opfern herauszubringen.

***

Lomboks leidgeprüfte Ahmadiyya-Gemeinde war, wie sich herausstellte, das genaue Gegenteil ihrer ehemaligen Nachbarn: extrem gastfreundlich, wobei sie sich für die Umstände entschuldigten, unter denen sie lebten. Sie wohnten in einem heruntergekommenen Regierungskomplex in der Inselhauptstadt Mataram, etwa fünfundzwanzig Kilometer von ihrem Heimatdorf entfernt. Der »Transito« war in den 1970ern als Zwischenstation für Transmigranten aus Java und Bali errichtet worden, die weiter nach Osten wollten. Heute bog sich Sperrholz in grauen Schichten von den Decken, und Eimer fingen das Wasser auf, das durch die Dächer tropfte.

Die gesamte Gemeinde lebte in einer großen, mit dicken braunen Vorhängen unterteilten Halle, die nicht bis hoch zur Decke reichten. So entstanden zwei Reihen »Häuser«, jedes einzelne etwa zwei mal drei Meter groß. Ibu Nur, die ganz besonders freundlich war, zog den Vorhang zurück, um mir ihr Zuhause zu zeigen. Es sah aus wie eine Mischung aus Ibu Ninings Haus in Tanah Tinggi und dem Flüchtlingslager nach der Schlammlawine auf Ternate: Plastikkisten stapelten sich vor einer Wand, an einer Bastleine hingen Schuluniformen, und eine Schlafmatte lag ordentlich aufgerollt an der Seite, damit die Kinder ihre Hausaufgaben auf dem Boden machen konnten.

Seit fast zehn Jahren lebten Ibu Nur und ihre Familie jetzt hier.

Sie lud mich ein, zum Abendgebet zu kommen. Alle drängten sich hinten aus der Halle in einen kleinen Gebetsraum direkt neben den Gemeinschaftstoiletten. Kinder wetteiferten darum, unters Dach zu klettern. Zuspätkommer füllten den Hof und beteten im Regen. Es gab keine Lautsprecher und keine Predigt. Ein Gemeindeältester, Pak Syahudin, leitete das Gebet, die Anwesenden folgten ihm. Danach saßen wir im dichter werdenden Halbdunkel und sahen zu, wie der Regen durchs Dach pladderte. Ich fragte spaßend, ob der Raum hinten als eine der tausend Moscheen des Landes gelte. »Ha! Die Leute sind so selbstgefällig. Es ist das Innere, was zählt«, sagte Ibu Nur.

Ich fragte sie, was sie dächten, warum die Leute in Ketapang ihre Arbeit zur Seite gelegt und sie angegriffen hätten. Nur und die anderen jungen Frauen der Gruppe schrieben die Angriffe »sozialer Eifersucht« zu. Dieser so vage wie allgegenwärtige Begriff wird immer dann benutzt, wenn es in einer Gemeinschaft zum Konflikt mit einer Gruppe kommt, die wirtschaftlich erfolgreicher als die anderen ist. Die Ahmadiyya waren nach Ketapang im Westen Lomboks gezogen, nachdem man sie aus dem Osten vertrieben hatte. Sie waren besser ausgebildet gewesen als die Leute dort, hatten über bessere Beziehungen verfügt und härter gearbeitet. Sie wurden reicher. Ihre Geschichte ist die Geschichte von Migranten überall in Indonesien.

Pak Syahudin ließ die Frauen reden und widersprach ihnen dann. Für ihn war der zündende Funke ein politischer gewesen. »Acht Mal hat man uns aus den Dörfern gejagt, in denen wir lebten. *Acht Mal.* Und das immer nach dem Besuch eines hohen Tieres.« Er nannte ein Kabinettsmitglied der islamischen Mond-und-Stern-Partei und einen Bupati-Kandidaten von der PKS. Syahudin glaubte, die Angriffe würden von Leuten bewusst provoziert, die dachten, durch ihre kompromisslose Haltung gegenüber einer religiösen Minderheit Stimmen gewinnen zu können.

Es ist durchaus wahrscheinlich, dass sich mit religiöser Bigotterie auf der unteren lokalen Ebene, auf der Vorurteile leichter manipulierbar sind, Stimmen gewinnen lassen. Auf nationaler Ebene funktioniert es nicht. In der Abgeschlossenheit der Wahlkabine zeigen die meisten Indonesier kein Interesse daran, von Leuten regiert zu werden, die Politik und Religion miteinander vermischen. Tatsächlich hat der Anteil der islamischen Parteien, der bei den Wahlen 1955 mit vierundvierzig Prozent am höchsten lag, seit 1999 und dem neuerlichen Beginn wirklich demokratischer Wahlen stetig abgenommen. Bei den Wahlen 2009 entschieden sich weniger als dreißig Prozent der Wähler für islamische Parteien, die drei großen Gewinner waren alle streng weltlich. Und die Umfragen sagten für die Zukunft eher noch schlechtere Ergebnisse für die Religiösen voraus.

Dennoch hat die nationale Regierung in jüngerer Zeit wenig getan, um dem Gesetz zu folgen und religiöse Minderheiten zu schützen. 2011 griffen mehr als eintausend Leute etwa zwanzig Sektenmitglieder in einer Ahmadiyya-Moschee in West-Java an und töteten drei von ihnen. Die Polizei nahm einige Verhaftungen vor, woraufTrucks weiß gewandeter Eiferer mit Megafonen gegen die Polizeistation vorrückten und alle Abtrünnigen und ihre Unterstützer bedrohten. Keiner der Angreifer wurde mit einer Mordanklage belegt, und nur etwa ein Dutzend Männer bekamen wegen kleinerer Vergehen ein paar Monate Gefängnis. Die längste Strafe erhielt einer der überlebenden Ahmadiyya, weil er einen Mann geschlagen hatte, der mit einer Machete auf ihn losgegangen war.

Vor ihrem ärmlichen Heim in Lomboks Transito sitzend, nannte Nur das Versagen der Regierung, Minderheiten zu schützen, reine Feigheit. »Sie haben eine riesige Angst vor Demonstrationen. So einfach ist das.«

Rund dreizehn raue Jahre währte das demokratische Experiment Indonesiens nun, und es war mehr oder minder unabänderlich, dass Organisationen wie die FPI sofort auf die Straße gingen, sobald die Regierung Andersgläubige verteidigte. Jakarta könnte sich dazu aufschwingen, religiöse Minderheiten zu verteidigen, wenn es dächte, die Wähler könnten auf die Straße gehen und religiösen Pluralismus verlangen, aber dazu wird es nicht kommen. Die meisten Indonesier sind für den Gedanken religiöser Freiheit, doch wird die große orthodoxe Sunniten-Mehrheit, nur um die Rechte von Minderheiten zu schützen, die sie für Irre halten, keine Barrikaden stürmen und sich der Handvoll Fanatiker entgegenstellen, die ihre Bereitschaft zu töten und zu verstümmeln gezeigt haben. Es ist ihnen einfach nicht wichtig genug. Wie den Koordinierenden Minister für juristische, politische und Sicherheitsbelange kümmert es die meisten Indonesier einen Scheiß, was andere Leute glauben.

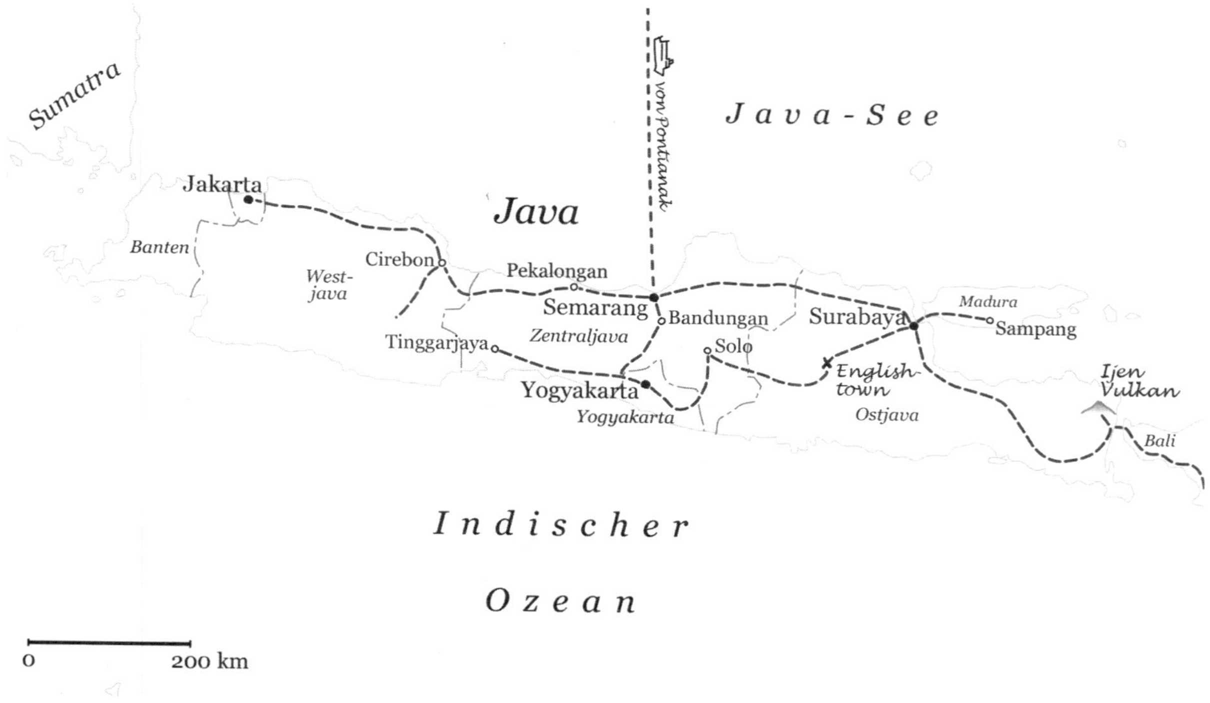
Sumatra
Java-See
Java
von Pontianak
Jakarta
Banten
West-java
Cirebon
Pekalongan
Semarang
Bandungan
Tinggarjaya
Zentraljava
Solo
Surabaya
Madura
Sampang
English town
Yogyakarta
Yogyakarta
Ostjava
Ijen Vulkan
Bali
Indischer Ozean
0
200 km

Kapitel 13

Das andere Indonesien

Ein Jahr lang war ich auf den Straßen und Gewässern Indonesiens unterwegs, bevor ich nach Java kam (die gelegentlichen Boxenstopps in Jakarta, das fast eine eigene Nation bildet, nicht mit eingerechnet). Ich hatte zwanzig Provinzen und die vier größten Inseln besucht, Sumatra, Sulawesi, die indonesischen Teile Neuguineas und zuletzt Borneo, dazu Dutzende kleinerer Inseln – einige so klein, dass sie nicht einmal auf der Karte verzeichnet sind. Als ich von der Fähre aus Pontianak stieg, war mein Bild Javas von den Meinungen eingefärbt, denen ich während meiner Reise an all den verschiedenen Orten begegnet war: Java ist ein Ort mit ebenen, gut beleuchteten Schnellstraßen, über die Menschen in Geschäftsanzügen zu Gesprächen fahren, bei denen sie wichtige Geschäftsabschlüsse besiegeln. Auf Java bekommen alle eine gute Ausbildung und werden in wundervollen Krankenhäusern behandelt, wobei einige überraschenderweise immer noch Reisbauern sind und ungemein hart arbeiten, um der fruchtbaren Erde jedes Jahr drei Ernten abzuringen.

Die Javaner sind ausnahmslos und immer höflich, wurde mir von unverblümteren Zeitgenossen erklärt, da geht's ständig *inggih*, *inggih*, *inggih*, jajaja, aber pass bloß auf, bevor du dich versiehst, hast du schon ihren Kris, den Dolch, im Leib, den sie hinter dem Rücken versteckt halten. Sie sind nicht so offen wie wir, nicht so freundlich, sagten die Leute in fast allen anderen Teilen Indonesiens (selbst in den unfreundlicheren Gegenden). Das ist ihr Überlegenheits-Ding.

Ich kam in Semarang an, das mitten an der Nordküste der Insel liegt. Es war vier Uhr morgens, als meine Pelni-Fähre aus Kalimantan in den Hafen dampfte. Wir machten neben drei weit größeren Pelni-Schiffen fest, von denen zwei ebenfalls gerade angekommen waren. Es war ein wildes Durcheinander. Am gewohnten Ansturm der Träger die schmale Planke hinauf drängten sich die Passagiere in Gegenrichtung vorbei, die Planke hinunter. Nur gab es diesmal zusätzlich einen Stau, da sich die Leute vorbeugten, die Schuhe auszogen, die Hosen hochrollten, die Röcke, immer würdevoll, über die Knie zogen und das Gepäck auf Schulterhöhe wuchteten. Jeder Passagier musste etwa zehn Meter durch knietiefes Wasser waten, um aufs Trockene zu gelangen. Ich fragte einen der Stewards, was denn da vorgehe. »Wir haben Flut, Bu«, sagte er. Zweimal innerhalb von vierundzwanzig Stunden stehen die Anleger eines der größten javanischen Häfen unter Wasser. Wenigstens eine der weit verbreiteten Vorstellungen von Java (»die Javaner bekommen die ganze Infrastruktur«) lag damit nass vor meinen Füßen.

Semarang war einst der größte Hafen von Niederländisch-Ostindien: der Ort, von dem aus all der Zucker, Tee und Kaffee aus dem fruchtbaren Zentral-Java seine Reise in die Küchenschränke Nordeuropas antrat. Heute ist es eines der größten Industriezentren Indonesiens. In seinem Hinterland werden Cola und Pepsi abgefüllt, Puppen und Pharmazeutika, Möbel und Textilien hergestellt. Der Hafen selbst wurde von Jakarta und Surabaya überholt, aber er ist immer noch der drittgrößte Javas und ein wichtiger Umschlagplatz für Waren wie für Passagiere. Trotzdem waren nicht nur die Kaianlagen reparaturbedürftig.

Kurz nach Sonnenaufgang nahm ich ein Motorradtaxi in die Stadt. Wir pflügten durch das Matschwasser in Schlaglöchern unbekannter Tiefe. Vor uns traf ein Oberschüler mit seinem Fahrrad auf einen im Wasser verborgenen Stein, schwankte und fiel. Als er aufstand, sah er aus wie ein Vanilleeis, das auf einer Seite in Schokolade getaucht worden ist, halb weiß, halb braun. Eine Träne wusch sich einen Pfad über die linke Wange.

Semarang versinkt, und das alte Kolonialviertel, vielleicht das hübscheste in ganz Indonesien, versinkt am schnellsten. Zwölf Zentimeter sind es laut Megaputri Megaradjasa, alias Ibu Jenny, jedes Jahr. Ich war während der Überfahrt in einem Zeitungsartikel auf Jennys Namen gestoßen. Sie organisierte ein Festival, um das Erbe des alten Semarang zu feiern, mit einer Oldtimer-Autoparade, traditionellen Spielen und Speisen. Ich hatte das Festival um einen Tag verpasst, wanderte aber natürlich dennoch durch die Altstadt. Es war so wunderbar wie traurig. Das charakteristischste Gebäude, die Gereja Blenduk, die »Kirche mit der Kuppel«, stammt aus dem Jahr 1753. Sie ist sehr schön restauriert und leuchtet nachts wie ein Stück Bernstein, in dem die Träume der kolonialen Vergangenheit eingeschlossen sind. Mit ihrer Kupferkuppel und den farbigen Glasfenstern steht sie stolz zwischen zwei Uhrtürmen, die morgens, mittags und abends in perfektem Gleichklang verkünden, dass es neun Uhr ist.

Die meisten Gebäude der Altstadt wurden im späten 18. und frühen 19. Jahrhundert erbaut, von den großen Unternehmen jener Tage, Handelskompanien, Plantagenbetreibern, Banken, wobei es auch einige Regierungsgebäude gab. Einige von ihnen wurden frisch herausgeputzt, aber die verjüngten Schönen stehen Schulter an Schulter mit anderen, die ihrem tropischen Schicksal überlassen sind. Ein Fensterladen schwingt lose vor einem eleganten Bogenfenster an der Fassade eines Hauses, das wie intakt dastand. Durchs Fenster sieht man ein klaffendes Loch, wo einst das Dach war. Im Nebenhaus dreht sich eine schmiedeeiserne Wendeltreppe ins Nichts, die oberen Stufen sind vom Rost zerfressen. Gras quillt aus kaputten Regenrinnen, Bäume brechen aus Spalten hoch in den Wänden einst herrlicher Handelspaläste und verdecken die allgegenwärtigen Schilder: »Zu verkaufen/vermieten.«

Rund um die verfallende Größe geht das Leben weiter. Aus gerettetem Holz und zerbrochenen Dachziegeln haben sich die Leute winzige Behausungen gebaut, die gaudiesk an der zerfallenden Mauer irgendeines lange vergessenen Regierungsgebäudes lehnen. Ein kleiner Junge steht geduldig in einem Plastikeimer mitten auf einer gepflasterten Straße, während sein Vater ihn wäscht. Unter einer schönen schmiedeeisernen Balustrade packt eine Gruppe Männer ihr tragbares Restaurant aus und serviert einem Strom chinesischer Geschäftsmänner in SUVs eine reichhaltige Hühnersuppe. Der Straßenstand hat seinen eigenen Parkplatz-Zuteiler.

Semarang war schöner, als ich es mir vorgestellt hatte, und schlimmer vernachlässigt. Ich spürte Ibu Jenny im Toko Oen auf, einem von ihrer Familie 1936 gegründeten Coffee-Shop. Sie sagte, sie freue sich über den Erfolg des Festivals, das sie nicht zuletzt organisiert hatte, um Fachleute für den Erhalt kulturellen Erbes herzubekommen. Dabei hatte sie nicht wirklich gewusst, was sie erwarten konnte: »Es herrscht die allgemeine Meinung, dass wir Indonesier nicht an der Geschichte und unserem Erbe interessiert sind, besonders nicht dem kolonialen Erbe«, sagte sie. Aber alle Veranstaltungen waren bestens besucht gewesen.

Das Ziel von Jennys Oen-Stiftung ist es, dass Semarang bis 2020 in das Weltkulturerbe aufgenommen wird. Als ich hereinkam, unterhielt sie sich gerade mit einem holländischen Professor für den Erhalt und Schutz von Orten wie Semarang, der auf der das Festival begleitenden Konferenz gesprochen hatte. Er war riesig, in jeder Hinsicht, mit einem befriedigenden Verrückter-Professor-Haarschopf und dem Aussehen eines Mannes, der einen Humpen Bier oder zwei zu schätzen wusste. Zudem war er charmant, gebildet und voller Informationen.

Als die VOC Semarang 1678 zu errichten begann, schützte sie die Stadt mit einem Kanalsystem vor Überflutungen, das immer noch existiert, aber den Anforderungen nicht mehr genügt. »Wobei das wirkliche Problem ein weit jüngeres ist«, sagte der Professor. »Um den Durst der stark wachsenden Einwohnerzahl und all der Firmen zu stillen, die sich am Rand der Stadt niedergelassen haben, pumpt Semarang Grundwasser an die Oberfläche, wodurch Meerwasser in die entstehenden Hohlräume gesaugt wird und nun langsam bis zu den Füßen der Bewohner Semarangs steigt, beginnend in der Altstadt, die dem Meer am nächsten liegt. Das wiederum schwächt den Willen der Leute, Geld in die Restaurierung der alten Gebäude zu stecken.« »Eine gute Restaurierung ist eine immense Investition«, sagte Jenny. »Es ist schwer, die Unternehmen, denen die Häuser gehören, dazu zu bringen, so viel Geld in sie zu stecken, wenn die Gefahr besteht, dass ihre Angestellten bald schon zur Arbeit schwimmen müssten.«

»Wem gehören die Gebäude?«, fragte ich. Jenny und der Professor verdrehten die Augen. Landbesitz ist eine schwierige Sache in Indonesien, besonders wenn es um Liegenschaften geht, die bis zum Beginn der Unabhängigkeit den Holländern gehörten. Etliche Unternehmen haben sich damals einfach aus dem Staub gemacht, einige wechselten den Namen, andere wurden verstaatlicht, aber ohne eine einvernehmliche Übertragung der Vermögenswerte. Auf dem Papier gehören viele der Gebäude Unternehmen, die bankrott gegangen oder in riesigen Konzernen wie Unilever aufgegangen sind. Da lag das zweite Problem: Selbst wenn sie sicher sein konnten, dass die Häuser nicht im Wasser versanken, wären die meisten Firmen äußerst unwillig, in ihre Restaurierung zu investieren, solange die Möglichkeit bestand, dass ihre Besitzrechte in Frage gestellt wurden.

»Wie fest stand die örtliche Regierung hinter Jennys Rettungsbemühungen?«, fragte ich. Mehr Augenverdrehen. Der Bürgermeister von Semarang saß in Jakarta im Gefängnis, nachdem er vor ein paar Monaten der Korruption überführt worden war. »Für diese Regierung hat nur eines Priorität«, sagte Jenny und stopfte sich imaginäres Geld in die Taschen, »und das ist ganz sicher nicht der Erhalt der alten Kolonialstadt.«

Der Professor erläuterte mir die einzig denkbare Lösung: Sie mussten einen »Polder« bauen, einen riesigen Deich um die Altstadt, und aus dem fortwährend Wasser hinauspumpen. Ich dachte an die stinkenden Kanäle, die dazu dienen sollten, Jakarta vor einer Überflutung zu schützen. Jedes Jahr türmt sich der Müll tonnenweise in ihnen. Jedes Jahr, wenn der Regen einsetzt, wird der Müll gegen die Fluttore gespült, blockiert sie und macht sie mehr oder weniger unbrauchbar. Jedes Jahr wird die Stadt überschwemmt. Ein Schutzsystem Semarangs müsste leicht zu warten sein und große Mengen Müll vertragen können. »Das geht schon, die Müllbeseitigung kann in das System mit eingebaut werden«, sagte der Holländer. »Das geht schon«, sagte die Indonesierin, »wir können genug Leute einstellen, um den Müll einzusammeln, bevor er die Entwässerung verstopft.« In Nachhinein betrachtet, scheint Jennys Antwort die realistischere der beiden. Wenn die Infrastruktur auf Java auch sicher um etliches besser ist als irgendwo sonst in Indonesien, ist sie doch immer noch weit unterdurchschnittlich entwickelt. Und Javas Reservoir an billigen Arbeitskräften wird noch eine Weile einen Ausgleich schaffen müssen.

***

Eine Freundin in Jakarta brachte mich mit ihrer in Semarang lebenden Cousine Evi zusammen. Der Familie gehört eine auf Es Teler spezialisierte Imbisskette. Es Teler, das ist ein Getränk/Nachtisch/Essen, bei dem kleingeschnittene Avocados, Jackfrüchte, Kokosmilch und eine Reihe gallertartiger, wurmhafter, klebriger Dinge auf einen Berg aus geraspeltem Eis gelöffelt werden, eine Art Sorbet. So kommt eine merkwürdig berauschende Zuckerbombe zustande. Evi wollte ein paar Tonnen Avocados und einen Vorrat Palmzucker einkaufen fahren und fragte, ob ich nicht mitkommen wolle.

Ich sehnte mich eigentlich danach, Zeit in einer »richtigen« Stadt zu verbringen, wollte wider meine Natur in einem hübschen, klimatisierten Einkaufszentrum sitzen, wo ich einen Cappuccino mit frischer Milch und ohne Zucker bekam. Ich wollte ins Kino und mich in einem richtigen Buchladen umsehen, wollte irgendwo sitzen, wo es ein offenes, schnelles WLAN gab und ich mit meinen Freunden skypen, tweeten und Blog-Beiträge schreiben konnte – wo all die Dinge möglich waren, die auch die jungen Indonesier in den großen Städten Javas taten. Einem Palmzuckereinkauf konnte ich jedoch nicht widerstehen.

Eine Verwandte fuhr Evi, ihren Mann und mich aus der Altstadt in die Hügel hinauf. Noble Spas, Gartenrestaurants und Anwesen mit Säulenportikus wichen ordentlichen Mittelklasse-Wohnvierteln. Darauf folgten erschwinglichere, kistenförmige Reihenhäuser, frisch errichtet nach den Siedlungsplänen von Bauinvestoren. Noch ein Stück weiter kamen die Lagerhäuser und Fabriken, die Semarang trockenlegten und versinken ließen, und endlich erreichten wir offene Felder voller Chili und Ingwer, Tabak und Soja, Rosen und Auberginen. Nirgends sonst in Indonesien hatte ich so etwas gesehen. Es war das absolute Gegenteil des chaotischen »Steck-einen-Stock-in-die-Erde-und-wirf-ein-paar-Maiskörner-hinein«-Ansatzes von Adonara oder Halmahera. Nirgends war Unkraut zu sehen. Die Pflanzen standen in sorgfältig gleichmäßigen Reihen. Wie Ikat-Tücher gemustert waren die Felder. Chilis standen ordentlich neben Kirschtomaten, rote Rosen reihten sich neben rosafarbene und weiße. Kein Zentimeter Boden wurde verschwendet. Dennoch hatte das Ganze nichts Industrielles. Bauernfamilien kümmerten sich um ihre Felder. Sie entschieden, was sie anbauen wollten und wann, basierend auf den Marktpreisen und der nötigen Energie, die sie darauf verwenden konnten. Diejenigen, die am härtesten arbeiteten und am meisten Geld mit ihren Erträgen verdienten, übernahmen oft auch die erste Handelsebene, kauften die Ernten anderer Dorfbewohner auf und verkauften sie an die Großkunden aus Semarang.

Ibu Sanna war so jemand. Wir besuchten sie, weil Evi darüber nachdachte, mit ihr zusammen in den Ingwergroßhandel einzusteigen. Makellos frisiert und geschminkt, in einem mit Silberfäden durchwirkten dunklen Elasthan-Top und ohne einen Tropfen Schweiß auf der Stirn, ging sie mit uns in der Mittagshitze über ihre Chili-, Tabak- und Ingwerfelder. In letzter Zeit hatte sie von anderen Bauern zusätzlich Ingwer aufgekauft und ihn zusammen mit ihrem an Sidomuncul weiterverkauft, einen der größten Hersteller traditioneller javanischer Medizin wie Tolak Angin, ein Tonikum auf Ingwer- und Honigbasis. In gleicher Weise, wie sich die Leute auf Englisch »eine Erkältung einfangen«, »dringt der Wind« in die Indonesier »ein«. Um dieses *masuk angin* zu vermeiden, trinken sie Tolak Angin, was wörtlich »den Wind zurückweisen« bedeutet. Ich trage den Saft ebenfalls mit mir herum, zusammen mit Ibuprofen bildet er meine Reiseapotheke, und so war ich neugierig, wo er herkam. Ich war in Semarang bereits an einer Sidomuncul-Fabrik entlanggeschlendert und hatte gedacht, mich an den Wachmännern vorbeimogeln und mit den Betriebsleitern reden zu können, wie es überall sonst in Indonesien funktionierte. Aber ich wurde nachdrücklich abgewiesen, was die Größenordnung und Professionalität der Firmen auf Java unterstrich im Vergleich zu denen, in die ich andernorts hineingestolpert war.

Die Größenordnung war auch Sannas Problem. Sie hatte unterschrieben, pro Monat fünfundzwanzig Tonnen Ingwer zu liefern, war aber nicht immer in der Lage, so viel bei den örtlichen Bauern einzusammeln. Zudem hatte sie nicht das Kapital oder die Lagerkapazität, Ingwer zu bevorraten, was eine Voraussetzung dafür war, so sicher liefern zu können, wie sie es versprochen hatte. Am Ende hatte sie den Vertrag deshalb wieder aufgeben müssen. Evi, die auf dem sanft ansteigenden Götterberg der indonesischen Versorgungskette eine Stufe über Sanna stand, wollte jetzt von ihr kaufen, was immer Sanna beschaffen konnte. Den benötigten Rest für einen Riesenabnehmer wie Sidomuncul würde sie aus anderen Quellen und ihren eigenen Beständen decken.

Wir waren aber nicht nur des Ingwers wegen zu Sanna gekommen, sondern auch, weil sie gesagt hatte, sie könne gute Mengen *gula aren* besorgen, den krümeligen braunen Zucker, der aus dem Saft der Aren- oder Zuckerpalme gekocht wird, der *Arenga pinnata*. Dieser Zucker ist eine zentrale Zutat für eine wirklich gute Es-Teler-Zuckerbombe. Ibu Sanna wechselte aus ihrem Cocktailparty-Top in ein noch eleganteres Outfit, ein bodenlanges Kleid aus Baumwoll-Jersey mit einer passenden Jacke, die sich eng um ihren Busen legte und großzügig über das Hinterteil floss. Es war der klassische javanische Mix: unbestreitbar zurückhaltend, aber doch auch unleugbar sexy.

Während wir darauf warteten, dass Ibu Sanna ihr Make-up auffrischte, spazierte ich durch ihr Viertel. In den Häusern sah ich an Ladegeräte angeschlossene Handys und mit dünnen Spitzendecken bedeckte Fernseher. Äußerlich schien sich die Szenerie seit Generationen kaum verändert zu haben. Reis, Taro-Wurzeln und andere nicht identifizierbare Stärkelieferanten lagen zum Trocknen in geflochtenen Körben ausgebreitet, die auf Terrakotta-Platten oben auf hölzernen oder aus Bambus geflochtenen Wänden standen. Eine an einem der Häuser lehnende rote eiserne Schubkarre sprengte das Bild mit schriller Modernität.

In einem anderen Filmset-reifen Dorf sahen wir einen Mann mit zwei dicken Bambusrohren an den Enden einer Tragestange über der Schulter. Hinten hing zusätzlich ein voller Kanister, vorn als Gegengewicht eine frische Jackfrucht, die er mit der unten auf seinen Rücken gebundenen großen Machete abgeschlagen hatte. Wir folgten ihm nach Hause.

Die Bambusrohre und der Kanister des Mannes waren mit frischem Zuckerpalmsaft gefüllt. »Probieren Sie, er ist köstlich!«, sagte er. Seine Frau tauchte ein Glas in eines der Rohre. Heraus kam es mit einer pissefarbenen zähen Flüssigkeit gefüllt, in der ein paar tote Bienen und andere unidentifizierbare Dinge trieben. Die Frau hielt Evi das Glas hin, die leicht davor zurückzuckte. Also nahm ich es und trank. Der Saft war lauwarm, schmeckte süßlich und nicht weiter besonders.

Der Mann verkaufte seinen Zucker für siebzehntausend Rupiah das Kilo, hatte aber keine Vorräte. Er dirigierte uns in ein nahes Dorf, wo wir auf ein schönes Mädchen trafen, das in einer roten Bluse auf einer Veranda saß und sich das hüftlange Haar bürstete. Es war eine Szene wie aus einem Zhang-Yimou-Film. Aber sobald die junge Frau hörte, was wir wollten, war es mit der Trägheit vorbei. Sie drehte sich das Haar zu einem Knoten und wurde ganz Geschäftsfrau. Ja, sie habe Zucker. Ja, von bester Qualität. Das Huhn, das unter der Bambusglocke auf dem Lehmboden der Küche kratzte, sah nicht zu der Artgenossin hinüber, die gerade für den Topf gerupft wurde. Wir inspizierten den Saft, der auf dem Holzofen blubberte. Nach sechs, sieben Stunden wurde die Masse in Schüsseln gegossen, in denen sie sich setzte. Wir drehten glatte, feste Zuckerkuchen in den Händen. Evi stimmte zu, das war beste Qualität. Hatte die junge Frau davon fünfzig Kilo?

Ja. Und der Preis? Zwanzigtausend das Kilo. Nein, sagte Evi, nicht der Verbraucherpreis, der Großhandelspreis. Zwanzigtausend, wiederholte das Mädchen mit dem langen Haar. Evi und Sanna verfielen beide in ihr Schnellfeuer-Javanisch, wobei Evi hin und wieder den Kopf schüttelte und auf Indonesisch wiederholte: »Zu dem Preis nimmt Jakarta ihn nicht.« Sie bot achtzehntausend. Der nächste Schritt der Verhandlungen bestand offenbar darin, Tee zu kochen, Bananen zu braten und eine Menge höfliches Geplänkel hinter sich zu bringen. Ich machte einen Spaziergang durchs Dorf. Das Mädchen mit dem langen Haar zog los und sammelte fünfzig Kilo Zucker aus verschiedenen Häusern ein. Sie begannen ihn abzuwiegen, wozu sie ihn in Einzelportionen an eine Waage hängten, wie ich sie in vielen ländlichen Küchen Indonesiens gesehen hatte: eine schräge Rute, ein großer Haken, ein verschiebbares Messinggewicht. Das Mädchen bestand auf den zwanzigtausend pro Kilo. Das war das letzte Wort. Keine weitere Diskussion.

Evis Mann begann ein weiteres kompliziertes Spiel auf seinem Telefon. Der fahrende Cousin rauchte. Der gesamte Handel, das Hin und Her, das höfliche Geplänkel und die beinharten Ansagen kamen aus Frauenmündern. Das spiegelte, was ich in vielen häuslichen Szenen überall in Indonesien erlebt hatte: Die offiziellen Machtpositionen der Bupatis, Dorfoberen, religiösen Führer und Schamanen hatten die Männer inne. Aber für gewöhnlich waren es die Frauen, die entschieden, wie viel Büffel geschlachtet wurden, welche Reisfelder zu verkaufen waren und wer von den Kindern aufs College ging.

Während sich die Verhandlungen weiter hinzogen, ging ich aufs Neue spazieren und unterhielt mich mit einer Gruppe Frauen, die für Indofood, den Produzenten der Indomie-Nudeln, Zwiebeln schälten. Sie bekamen fünfhundert Rupiah das Kilo, geschält gewogen, etwa fünf Euro-Cent. Die Schnellsten von ihnen schafften zehn Kilo am Tag. Als ich zurückkam, lud Evis Mann den Zucker ins Auto. Wie viel haben Sie gezahlt?, fragte ich Evi auf Englisch. »Natürlich achtzehn. Das arme Mädchen, hat noch nie so viel auf einmal verkauft und kennt den Unterschied zwischen Ladenpreis und Großhandelspreis nicht.«

Die Gewinnmargen waren hier genauso knapp bemessen wie

unter den Thunfisch-Fischern in Nord-Sulawesi. Aber auf Java schienen die Güter durch noch mehr Hände zu gehen und brachten jedes Mal ein paar zusätzliche Cent ein. Auf der einen Seite lässt sich argumentieren, dass diese winzigen Margen die Wirksamkeit eines wettbewerbsorientierten Marktes illustrieren, andererseits spiegeln sie möglicherweise auch nur die Tatsache wider, dass auf Java Zeit (und damit Arbeit) praktisch kein Wert beigemessen wird. Das Mädchen mit dem langen Haar verdiente fünf Euro mit zwei Stunden Reden, Handeln und Bananen-Braten. Evi würde das Doppelte verdienen, vor Abzug der Kosten, die sie in diesem Fall allerdings auf unsere nächste Aufgabe, den Avocado-Kauf, aufschlagen würde.

Das alles schien nicht viel – bis ich ausrechnete, was die Zwiebelschälerinnen verdienten: etwa fünfzig Cent pro Tag.

***

Zu Beginn meiner Reise war ich Ahmad Tohari begegnet, einem der berühmtesten Schriftsteller Indonesiens. Er hatte mich eingeladen, ihn bei sich zu Hause zu besuchen, wenn ich nach Java käme. So fuhr ich denn aus der Avocado-Anbaugegend Bandungan in südwestlicher Richtung nach Tinggarjaya, eine kleine Stadt in der Region Banyumas in Zentral-Java. Die Fahrt war ein Schock.

Eher zufällig nahm ich einen Bus der Efisiensi-Linie. Es hingen keine Spucktüten von der Decke, und im Gepäcknetz saßen keine Hühner. Es gab auch keine Risse in der Windschutzscheibe, die von Aufklebern in Form von daliegenden, aus ihren Bikinis platzenden Krankenschwestern zusammengehalten wurden, und statt der posierenden Rüpel mit Vokuhila-Frisur und Monster-Mash-Shorts gab es ein lächelndes Mädchen in einer ordentlich gebügelten Uniform, das mir eine gekühlte Flasche Wasser und dazu ein handverpacktes Brötchen mit Rote-Bohnen-Füllung brachte. Die gesamte Fahrt über hatte ich einen bequemen Platz ganz für mich allein, und wenn ich den Film auf den aus der Decke klappbaren Bildschirmen sehen wollte, konnte ich die zur Verfügung gestellten Kopfhörer benutzen. Wenn nicht, konnte ich die Stille genießen, ohne Dangdut. Der Bus hielt zu festgelegten Zeiten an festgelegten Orten, an denen es Reihen blitzblanker Toiletten gab. Wir hatten keine einzige Panne und machten auch keine Umwege, um die Tante des Fahrers zu besuchen. Und die Reise von mehreren Hundert Kilometern kostete gerade mal fünfzigtausend Rupiah, was etwa ein Viertel dessen war, was ich auf anderen Inseln für die gleiche Entfernung hatte zahlen müssen, für Fahrten in mit Reissäcken und Ziegen vollgepackten Rostlauben. Java war eindeutig anders.

Pak Tohari saß mit seinem Enkel und ein paar jungen Journalisten auf der Veranda seines Hauses. Er war fürs Freitagsgebet in einen einfachen Sarong und ein gestreiftes Hemd gekleidet, fragte mich nach den letzten Stationen meiner Reise, und schon erzählte ich ihm von Pak Aksiman, dem kein Blatt vor den Mund nehmenden Dayak, der das Bauamt von Sintang leitete und nicht gerade schmeichelhaft über Indonesiens javanische Führer geredet hatte.

»Die Javaner kolonisieren uns mit ihrer Mentalität«, hatte der Dayak gesagt. »Für sie gibt es nur eine Richtschnur, und das ist, zu tun, was der Boss will, ob er sich um Ihre Bedürfnisse kümmert oder nicht.« Die erste Aufgabe der Dezentralisation bestand nach Pak Aksiman darin, diese Mentalität abzuschütteln. »Natürlich werden die Leute immer versuchen, dem Boss zu gefallen«, sagte er. »Aber in unserer Kultur haben wir das Recht, dafür eine Gegenleistung zu erwarten.«

Ich fragte Pak Tohari, ob er die javanische Kultur tatsächlich für so hierarchisch halte.

Er deutete auf die Straße vor uns. Die Mutter seiner Frau war in diesem Haus aufgewachsen, sagte er, und als sie noch ein Mädchen war, kam der Adipati manchmal in seiner Kutsche vorbeigefahren. Der Adipati war eine Art Super-Bupati. Obwohl er letztlich ein verherrlichter Diener der Holländer war, benahm er sich wie ein Sultan. Vor seiner Kutsche liefen Lakaien und schwenkten Glocken. »Wenn sie die Glocken hörten, mussten alle aus den Häusern kommen und sich an der Straße verneigen. Ansehen durften sie den Adipati nicht, und es war verboten, das Gesicht in die Sonne zu heben.« Pak Tohari schüttelte staunend und angewidert den Kopf. »Das war in den 1940ern. Den 1940ern!«

Der Schriftsteller sprach erhitzt über die krebsartige Wirkung dieser Art von Feudalismus, die an den Höfen von Yogyakarta und Solo weiter im Osten fest verwurzelt war. Er wies auf die Sprache der Sultanatsstädte hin, mit ihren feinen Abstufungen des Respekts. Die anwesenden jungen Journalisten nickten weise. Sie unterstützten Pak Tohari bei einer Zeitschrift, die dazu dienen sollte, die in Banyumas gesprochene weit egalitärere Form des Javanischen neu zu beleben.

Mir dämmerte zum ersten Mal, dass »Javanisch« ein fast so schwer zu fassender Begriff wie »Indonesisch« ist. Ich war zu leichtfertig damit umgegangen. Zwar hatte ich einen Unterschied zwischen Javanern und den Sundanesen gemacht, die in West-Java leben, eine vollkommen andere Sprache sprechen und sogar ihren Tee ohne Zucker trinken. Und noch weiter westlich lebten die Bantenesen in der Provinz Banten, die sich selbst im ganzen Archipel als Wunderheiler verkaufen und Riesengeschäfte mit der Penisvergrößerung machen. Trotzdem hatte ich gedacht, dass sich so gut wie alle, die Javanisch als erste Sprache sprachen, also der Großteil der dreiundsiebzig Millionen, die auf den östlichen zwei Dritteln der Insel leben, als Träger einer gemeinsamen »javanischen Kultur« beschreiben ließen.

Pak Tohari belehrte mich eines Besseren. Die Kultur Banyumas' sei weniger hochnäsig und hierarchisch als die Yogyakarta/Solo-Version des Javanischen, sagte er. Es waren die beiden Höfe im Zentrum der Insel, die das Land über Jahrhunderte mit einer lähmenden Katzbuckelei infiziert hatten, glaubte der Schriftsteller, und das mit einer schon obsessiven Bevorzugung der Form vor dem Inhalt. Als die Sultane zu bezahlten Funktionären der Holländer wurden und keine wirkliche Politik mehr machen konnten, kodifizierten die Nachkommen der um Vorrang wetteifernden Fürsten all ihre historischen Rivalitäten in winzige Variationen der Art, wie eine Tänzerin die Finger zurückbog, oder die Muster der Batik, die ein Fürst eines gewissen Ranges tragen durfte.

***

Ich war dieser Sorge um die Form bereits 1989 begegnet, als mich Reuters zur Krönung des Sultans von Yogyakarta geschickt hatte. Für Sukarno waren die meisten Sultane Lakaien der Holländer, und er erlaubte ihren Höfen nach der Unabhängigkeit, ins Koma zu verfallen. Aber Sultan Hamengkubuwono IX. war gegen seine holländischen Zahlmeister fest für die Republik eingetreten, und sein Hof war voller Leben geblieben. 1988 war der geliebte Sultan gestorben, und jetzt nahm sein Sohn seinen Platz auf dem Thron der zentral-javanischen Stadt ein.

Wir mussten Hofkleider tragen, um in den Palast eingelassen zu werden. Als ich in einem Sarong und einer langen, taillierten Kebaya-Bluse aus meinem Zimmer kam, wartete die Reuters-Fotografin Enny bereits auf mich. Sie hatte sich das Haar zu einem traditionellen Knoten gebunden, vergrößert durch ein großes, falsches Konde-Haarteil mit Jasminblüten. Dazu trug sie einen Sarong in einem für Yogya typischen weiß-braunen Design und eine Brokat-Kebaya. Es war das perfekte Outfit für eine javanische Dame der höheren Gesellschaft, hätten nicht zwei riesige Nikon-Kameras wie Patronengurte darübergehangen. Ich lachte.

Enny dagegen lachte nicht. »So kannst du nicht gehen!« Offenbar war die Batik, die ich gewählt hatte, aus Solo, dem anderen zentral-javanischen Sultanat mit einem Kraton, einem Palast, der nur etwa eine Stunde mit dem Auto entfernt lag. Es hatte sich im späten 18. Jahrhundert von Yogya abgespalten, und fortan hatten die beiden Kulturkriege miteinander ausgetragen. Bei einer Yogya-Krönung eine Solo-Batik zu tragen wäre ungefähr so gewesen, wie zu einer königlichen Hochzeit in England mit einer Unterhose auf dem Kopf zu erscheinen. Ich zog mich um.

Zehntausende drängten sich in den Straßen Yogyakartas, um den neuen Sultan vorbeifahren zu sehen. Er saß in einer mit Jasminblüten-Girlanden geschmückten Pferdekutsche, auf der oben eine riesige goldene Krone prangte. Darüber drehte sich ein goldener Schirm, das Amtszeichen des Sultans. Innerhalb des Palastkomplexes ging der Kutsche eine Prozession treuer Bediensteter in einer Reihe seltsamer Uniformen voran. Da waren Musketiere mit Schlumpfmützen und Flinten aus der Kolonialzeit, ein Trupp rotfrackiger Trommler mit napoleonischen Dreispitzen und eine Phalanx von Schwertträgern mit Zylindern. Die Palastfrauen trugen Pfauenfederfächer und marschierten mit verschiedenen Brusttüchern dahin, mit Brokat und Batik, was zweifellos Bände über ihren Status verriet. (In früheren, polygameren Zeiten gab der Sultan dadurch seinem Wunsch Ausdruck, welche Frau ihm an einem beliebigen Tag »dienen« sollte, indem er ihr ein mit einem dreieckigen Bergmotiv gesäumtes Brusttuch schickte.) Eine Gruppe Zwerge und eine Gruppe Albinos, und sogar ein oder zwei Albino-Zwerge, liefen ebenfalls in der Prozession mit. Sie schritten in gekürzten Sarongs und mit glänzenden roten Fezen dahin, die Brust nackt, und trugen offensichtlich zur Macht des Sultans bei.

Der Sultan selbst, ein moderner Mann, der später der indonesischen Handelskammer vorstand und sich gern als Präsidentschaftskandidat Indonesiens gesehen hätte, saß auf einem erhöht stehenden Thron. Er trug eine golden abgesetzte schwarze Samtjacke und eine lange Perlenkette, und auf seiner Brust glitzerte ein großer diamantener Strahlenkranz. Völlig ausdruckslos saß er da, während sich Hunderte Höflinge vor ihm zu Boden warfen. Die aristokratischeren von ihnen durften sich weit genug erheben, um ihm das Knie küssen zu können.

Heute, ein Vierteljahrhundert später, werden die Sultanate überall im Land neu belebt, was der Explosion des Interesses an örtlichen Identitäten entspricht. Als der Sultan von Solo seine Nachbarn aus Yogya 1995 zu einem Kraton-Festival einlud, war das weitgehend eine lokale Angelegenheit. 2012 hatte das Sultanat von Buton in Bau-Bau die Vertreter von einhundertzwanzig Kratons aus ganz Indonesien zu Gast. Einige dieser »Paläste« hatte ich besucht, die meisten waren heruntergekommene Holzbauten voller hübscher Fotos vergangener Glorie. Ihre Hausherren mit dem Sultan von Yogyakarta zu vergleichen wäre das Gleiche, wie ein paar exilierte mitteleuropäische Adlige, die ihr Leben in einem möblierten Zimmer in Nord-London fristen, auf eine Stufe mit Königin Elizabeth II. zu stellen.

***

Der javnische Schriftsteller Pak Tohari stimmte dem Dayak-Bürokraten Pak Aksiman völlig zu, was die Altlast all dieser Unterwerfung anging: eine Kultur, in der jeder nur versucht, dem eigenen Vorgesetzten zu dienen, und der nicht zur Verantwortung zu ziehende Vorgesetzte nichts als die eigenen Interessen im Sinn hat.

Das hat sich auch in die Sprache gestohlen: *Asal Bapak Senang* – »solange Vater glücklich ist«, gewöhnlich mit ABS abgekürzt – bedeutet, dass man nie über die Anweisungen der Vorgesetzten hinausdenken muss. Und dann gibt es noch »*Belum dapat petunjuk.*« – Ich habe noch keine Anweisungen bekommen. Diese Sätze bekam ich ständig von den Bürokraten der Suharto-Ära zu hören, wenn ich Informationen über einen Entwicklungsplan oder ein finanzielles Deregulierungspaket zu erhalten versuchte. Ohne Anweisung von oben redete niemand, ganz zu schweigen davon, dass er etwas Aktives unternommen hätte.

Selbst der Mann, der diese Kultur feigen Gehorsams beherrschte, hatte am Ende genug davon. In den frühen 1990ern startete Suharto eine Kampagne gegen die *»petunjuk«*-Kultur. Er ordnete an, die Staatsbeamten anzuweisen, nicht nur auf Anweisungen zu warten, sondern selbst die Initiative zu ergreifen. Ich dachte damals, das wäre eine interessante Geschichte für Reuters, rief das Büro des Vizepräsidenten an und fragte den Stabschef, ob er ein Interview zum Thema arrangieren könne.

»Ich fürchte, das wird nicht möglich sein«, sagte er.

»Warum nicht?«, fragte ich.

»Belum dapat petunjuk, Bu. Ich habe noch keine Anweisungen bekommen.«

Es scheint einen Widerspruch im Herzen der javanischen Kultur zu geben. Einerseits ist da der grundsätzliche Egalitarismus des javanischen Dorflebens, der alle mit anpacken lässt, um dem überfüllten Land so viel Reis wie nur möglich abzuringen. Andererseits ist die Machtstruktur, in der das geschieht, außergewöhnlich hierarchisch, und alle verbeugen sich dienend vor ihren Vorgesetzten. Vielleicht erklärt das auch den zentralen politischen Widerspruch: das schnelle Wachstum der indonesischen kommunistischen Partei nach der Unabhängigkeit und die Leichtigkeit, mit der Suharto in der Gegenbewegung die politischen Hierarchien neu einrichtete.

Pak Tohari war ein Beobachter dieser Gegenbewegung. Seine im Jahr 1965 angesiedelte Romantrilogie, die unter dem deutschen Titel *Die Tänzerin von Dukuh Paruk* herauskam, war das erste große Werk eines indonesischen Schriftstellers, das die Turbulenzen jener Zeit beschrieb. Vordergründig die Geschichte einer pubertierenden Ronggeng-Tänzerin, die den Lüsten ihrer zahlreichen Bewunderer entsprechen muss, geht es tatsächlich um die Rolle des Militärs bei der wahllosen Tötung mutmaßlicher Kommunisten. Ich fragte den Autor, was er glaube, warum die Kommunisten zunächst so geliebt und dann so geschmäht worden seien.

»Den *wong cilik*, den ›kleinen Leuten‹, nun, niemand hatte je versucht, ihnen etwas Gutes zu tun. Das Versprechen einer Landreform und eines besseren Bildungssystems, das hat viele Menschen angesprochen«, sagte Pak Tohari. Aber die kommunistische PKI, so fuhr er fort, wirkte auch sehr spaltend. Sie verfolgte muslimische Prediger und verunglimpfte die drei Teufel der Stadt (kapitalistische Bürokraten, Korrumpierer und betrügerische Manipulatoren) und die sieben Teufel des Dorfes (Grundherren, Händler, Mittelsmänner, Erpresser, Banditen, Geldverleiher und Wucherer). Toharis eigener Vater galt als landbesitzender Teufel, obwohl seine anderthalb Hektar unmöglich genug hervorbringen konnten, um seine zwölf Kinder zu ernähren.

Bis Mitte 1966 fand wenigstens eine halbe Million Indonesier den Tod.* Einige waren übereifrige Kommunisten gewesen, andere hatten nur Seitenblicke auf die Tochter des Nachbarn geworfen, waren Frauen, die einst einen Schüler vor seinen Klassenkameraden bloßgestellt hatten, Geschäftsleute, die sich geweigert hatten, dem Dorfsäufer ein Darlehen zu geben.

Nach dem Hinschlachten: Schweigen.

»Ich wartete und wartete auf die großen Namen, dass sie schrieben, was geschehen war«, sagte Pak Tohari. Nichts. Endlich hielt er es nicht mehr aus. »Ich hatte mit eigenen Augen gesehen, wie Menschen erschossen worden waren, und konnte nicht länger schweigen.« Dabei wusste er, er konnte nicht einfach vortreten und über Politik schreiben. »Ich musste es in einen Porno verpacken, in diese ganze sexy *ronggeng*-Geschichte. Auf die Gewalt

* Ein Mantel des Schweigens wurde darübergebreitet, sodass es keine offiziellen Zahlen gibt. Schätzungen gehen von 200 000 bis zu über einer Million Opfern aus. Eine sorgfältige Betrachtung dieser Schätzungen liefert Roger Cribb: *How Many Deaths? Problems of the statistics of massacre in Indonesia (1965–1966) and East Timor (1975–1980)*, in: Ingrid Wessel / Georgia Wimhofer (Hrsg.): *Violence in Indonesia*, Abera Verlag, Hamburg 2001, S.82ff.

kam ich erst am Ende des zweiten Bandes.« Daher die Hauptfigur Srintil, ein junges Mädchen, das die Selbstachtung ihres Dorfes durch ihren Ruhm als Tänzerin in der erregenden, tief in der Kultur verwurzelten Ronggeng-Tradition wiederherstellt. Ihr Kindheitsliebster läuft davon und schließt sich voller Verzweiflung der Armee an, als sie anfängt, »Gäste« zu empfangen, wie es all diese Tänzerinnen taten. Später ist der junge Soldat bei den Tötungen der Dorfbewohner dabei, denen vorgeworfen wird, Kommunisten zu sein.

»Zu Srintil wurde ich zum Teil von der Frau dort drüben inspiriert«, sagte Pak Tohari und schob die Lippen in Richtung des Hauses auf der anderen Straßenseite. »Als sie jung war, lief sie mit einem Megafon herum und verkündete kommunistische Parolen.« Ich fragte ihn, wie sie überlebt hatte. »Sie war sehr, sehr hübsch.«

Nach wie vor widerstrebt es vielen Indonesiern, das Gemetzel zur Kenntnis zu nehmen, das Suharto an die Macht brachte. Vor einigen Jahren noch befahl der Generalstaatsanwalt, sämtliche Bestände von vierzehn Schulbüchern zu verbrennen, weil sie die Schuld für die Geschehnisse von 1965 nicht eindeutig der PKI zuschoben.

2012 dann, fast fünf Jahrzehnte danach, gab die nationale Menschenrechtskommission einen Bericht heraus, in dem die Tötungen von 1965/66 als »staatliches Programm« beschrieben wurden:

> *... ein staatliches Programm zur Vernichtung der Mitglieder und Anhänger der Indonesischen Kommunistischen Partei ... das zu Mord, Auslöschung, Versklavung, Zwangsdeportationen, Freiheitsberaubung/willkürlicher Gefangennahme, Folter, Vergewaltigung, Verfolgung und gewalttätigem Verschwinden führte.*

Der Generalbundesanwalt wies den Bericht sofort zurück. Sein Kollege, der Koordinierende Minister für juristische, politische und Sicherheitsbelange, sagte, das Militär habe nur getan, was habe getan werden müssen, um die Nation zu retten.

***

Auf mein Staunen über die Brutalität von 1965 hatte Ahmad Tohari gesagt: »Blutbäder sind eine Art javanische Tradition«, und verwies auf die Figur Kumbokarno in den Wayang-Schattenspielen, einen edlen Helden, der mit seinem bösen Bruder kämpft und getötet wird. Der Dalang, der Puppenspieler, entleibt die Figur Glied für Glied. »Am Ende reißt er ihr den Kopf ab, und die Menge liebt es, sie lechzt geradezu danach«, sagte Tohari.

Das Wayang wird von Ausländern so oft als Metapher für alles Unlogische und Unerklärbare in Bezug auf Indonesien benutzt, dass es zu einer Art Witz geworden ist, einem veralteten Klischee, so wie Leute über den Londoner Nebel und Schweizer Kuckucksuhren reden. Kein Indonesier hatte das Wayang während meiner Reise als Metapher verwendet, und ich hatte es auch von den Javanern nicht erwartet. Doch sie taten es, ziemlich oft sogar. Dem ehemaligen Bupati ist seine Frau nachgefolgt, hört man, aber der Mann ist immer noch der Puppenspieler und entscheidet, welchen Verlauf die Dinge nehmen. Die Leute benutzen Spitznamen von Wayang-Figuren, wenn sie über einen neuen Chef oder eine potentielle Freundin reden, sodass alle sofort wissen, um was für eine Art Person es sich handelt.

Nach meinem Besuch bei Ahmad Tohari wohnte ich ein paar Tage bei einem Freund, der sich vor Kurzem erst ein bequemes Haus am Rand der Reisfelder in einem hübschen Dorf außerhalb von Yogyakarta gebaut hatte. Kharisma hatte einen gut bezahlten Job bei einem Forschungsinstitut in Jakarta, für das er über das Internet von zu Hause arbeitete. Sonntagmorgens traf er sich mit den anderen Männern des Dorfes, den Bauern, dem Polizisten, dem Dorfoberen, und sie brachen Steine für einen neuen Entwässerungskanal. Ich schloss mich den Frauen an, wir bereiteten ein gemeinsames Mittagessen und wuschen danach ab. Das war *gotong royong*, die Art kooperativer Arbeit auf Dorfebene, die sowohl Sukarno als auch Suharto als das Herz des indonesischen Lebens bezeichnet und hochgehalten hatten, die tatsächlich aber zutiefst javanisch ist.

Als Kharisma mit seiner Gemeinschaftsarbeit fertig war, gingen wir zum Essen in ein Thai-Restaurant, eines der vielen wunderbaren Lokale, die in letzter Zeit aus den Reisfeldern um die zunehmend anspruchsvollen Vororte Jakartas schießen. Kharisma erzählte mir, die nahe gelegene Region Gunung Kidul, die er als einen dürren »Flecken der Armut« im ansonsten fruchtbaren Java beschrieb, sei früher einmal eine PKI-Hochburg gewesen. Entsprechend brutal sei die Gegenbewegung ausgefallen.

Ich hielt einen Bus in Richtung Gunung Kidul an und setzte mich neben eine Frau, die auf dem Nachhauseweg von ihrer Arbeit als Pflegerin in einem Krankenhaus war. Sie stellte sich als Tini vor und lud mich ein, bei ihr im Gunung-Kidul-Dorf Nidoredjo zu wohnen. Es sei der Tag der jährlichen »Säubert-das-Dorf«-Zeremonie, sagte sie, was heiße, dass auch das alljährliche Wayang aufgeführt werde, und ob ich nicht mitgehen wolle. Ich staunte aufs Neue über Indonesiens Freundlichkeit absolut Fremden gegenüber und sagte Ja, gern. Auf dem Weg zu Tinis Haus fiel mir auf, dass auf vielen Dächern Zinknachbildungen von Wayang-Figuren Wache hielten, oft mit den Jahreszahlen des Hausbaus zwischen sich eingeschrieben: 2010, 2012. Selbst auf diesem Flecken der Armut schien es allerorten neu errichtete Häuser zu geben.

Es war ein geschäftiger Abend. Erst gab es ein Gemeindegebet in der Grotte der heiligen Jungfrau Maria (das Dorf war 1966 kollektiv zum Christentum übergetreten), anschließend durfte ich an einem Treffen der Bauern-Kooperative teilnehmen, wo etwa dreißig Männer und zwei oder drei Frauen in ihrer besten Batikkleidung saßen und ungeheuer höflich miteinander waren, während sie zu einer Einigung über Düngersubventionen kamen. Danach endlich das Dorf-Wayang. Ich hatte das Gefühl, mich in einen Film der Suharto-Ära über die goldene Zeit des javanischen Dorflebens verirrt zu haben.

Als wir kurz nach zehn zum Wayang kamen, hatte es gerade angefangen. Provisorische Essensstände säumten den Pfad hinunter zu einem aufwendigen Zelt über einer solide gebauten Bühne. Quer über das hintere Ende der Bühne war ein riesiges weißes Baumwolltuch gespannt, die Leinwand. Davor hing ein blendend helles elektrisches Licht, das von einem geschnitzten Maskenschirm verdeckt wurde. Unten entlang der Leinwand verlief ein Regal aus Stämmen frisch geschlagener Bananenbäume, in dem hundert oder mehr Wayang-Puppen steckten, der Größe nach geordnet. Die größten und beeindruckendsten waren auf Plätze außerhalb der Leinwand verbannt. Zum Zentrum hin, wo der Puppenspieler saß, wurden die Figuren kleiner und handhabbarer. Die aus Büffelleder akkurat ausgestanzten Puppen bis hin zu den Mustern auf ihren Batik-Sarongs waren bemalt und teilweise vergoldet. Das schien eine Menge Mühe für etwas, das nur als Schatten zu sehen sein würde.

Aber die Zuschauer saßen alle auf der Seite des Puppenspielers, der Seite, auf der man die schönen, farbigen Puppen in ihrer ganzen Pracht bewundern konnte. Und da saß auch eine Gruppe uniformierter Musiker, alle mit einer an den Lippen hängenden Kretek, alle ins Leere starrend, während sie ihren Gongs und Xylofonen außergewöhnlich komplexe Melodien entlockten. Hinter dem Orchester knieten vier beleibte Frauen mit ausladenden Perücken im Mikado-Stil, die sie umso runder wirken ließen. Das waren die Sängerinnen, jede einzelne begleitet von einer geräumigen Handtasche, aus der Puderdosen, Lippenstifte und Taschentücher zum Betupfen der zart sich hebenden Brüste hervorsahen. Die Frauen hatten ihre Glanzzeiten weit hinter sich, aber ihr Gesang war immer noch großartig.

»Sieht denn niemand mehr von der Schattenseite aus zu?«, fragte ich den Mann neben mir. Er lachte. »Wann haben Sie das letzte Mal ein Wayang gesehen?!« »Das ist mehr als zwanzig Jahre her«, gestand ich. »Oh, seitdem hat sich einiges verändert«, sagte er. Als das Wayang elektrifiziert wurde, drängten die Zuschauer mit Macht auf die andere Seite der Leinwand. Vorher, als das Licht noch aus einer großen, flackernden Laterne kam, war es viel leichter gewesen, die Schatten mit Leben zu erfüllen (und weit schwerer, irgendeinen Glamour auf der Bühne zu präsentieren). »Heute will das Publikum *alles* sehen. Es geht vor allem um das In-Szene-Setzen.«

Der Puppenspieler stand im Mittelpunkt, hinten aus seinem Sarong ragte markant sein Dolch hervor. Der Mann wusste sich eindeutig in Szene zu setzen. Im Alltagsleben war er Architekt und arbeitete hauptsächlich mit Ingenieuren an Infrastrukturprojekten. Unter anderem hatte er auch die neue Rollbahn für den örtlichen Flughafen gebaut.

Das Einzige, was auf der »Leinwand« zu sehen war, war ein *laaaaanges* Gespräch zwischen einem giftigen Kerl und seinem knollennasigen Gegenüber, und doch wurde im Publikum immer wieder scharf eingeatmet, gelacht und gemeinsam geseufzt. Der Architekt stickte neue Muster in wohlbekannte Geschichten und hielt so das Dorf in seinem Bann. Abgesehen von den Kindern natürlich, die mit offenen Mündern schlafend auf dem Schoß ihrer Eltern lagen. Einige Leute wanderten auch herum, weil sie hungrig waren oder keine Zigaretten mehr hatten, oder weil sie sich einfach nur die Beine vertreten und erkunden wollten, was es an den Essensständen gab.

Ich wechselte auf die andere Seite der Leinwand, um zu sehen, ob da überhaupt jemand den Schatten zusah. Wie sich herausstellte, hatte sich das Komitee der Dorfgrößen, die das Budget für die Veranstaltung kontrollierten, hier versammelt, um die Früchte seiner Organisationsarbeit zu genießen. Es waren alles Männer, zumeist in schicken Batikhemden und mit Peci-Kappen, die nicht auf dick gepolsterte Sofas in die erste Reihe gedrängt worden waren, wie es bei einer der kulturellen »Ersatz«-Zeremonien in den Teilen des Landes der Fall gewesen wäre, die ihr Adat neu zu entdecken versuchten. In diesem Dorf gab es keinen offensichtlichen »Großen Mann«. Ich versuchte die Hierarchie zu erkennen, die bei einem staatlich gesponserten Event klar herausgestellt worden wäre. Wer war hier wer? Ich kaprizierte mich auf einen Mann als Dorfoberen, der ein schön geschnittenes nachtblaues Jackett im Nehru-Stil trug. Am nächsten Tag kam er aus seinem Laden, um mich zu begrüßen, und trug ein Maßband um den Hals. Es war der Schneider des Dorfes.

Auf der Leinwand gab es einen Kampf zwischen zwei Figuren und ihren Anhängern. Dann verschwanden die Schatten. Die Männer tranken ihre Tassen mit süßem Kaffee aus und standen auf. Es war erst Mitternacht – normalerweise dauerte ein Wayang doch bis zum Morgengrauen? Konnte es wirklich schon vorbei sein?

Natürlich nicht. Die Männer wechselten nur auf die andere Seite der Leinwand, um das Zwischenspiel mit Gesang und Comedians zu verfolgen. Diese Art Unterbrechung war schon vor etwa zwanzig Jahren eingeführt worden, um das Publikum bei der Stange zu halten. Im Moment redete ein sich pampig gebender Mann auf eine hübsche Frau ein, die sich an den verfeinerten Bewegungen des javanischen Tanzes verging und sich leicht anzüglich wiegte und drehte. Ihr knöchellanges Kebaya-Gewand war an den Armen und um die Taille durchsichtig und über der Brust mit Blumen und Pailletten bestickt. Sie widersprach, flirtete und klimperte mit den Wimpern, sittsam und kess zugleich.

Es gab etwas Rap auf Javanisch und jede Menge Spott für Politiker und prominente Dorfbewohner, und dann begann das Komiteemitglied, mit dem ich mich gerade unterhielt, auf mich zu deuten, und ich wurde auf die Bühne geholt und in einer mir unverständlichen Sprache leicht (?) verspottet. Ich flüchtete mich in pantomimische Komik, machte den pampigen Comedian zu meinem Ehemann und beschimpfte ihn, weil er mit der Tänzerin geflirtet hatte. Ich drohte ihm übertrieben mit dem Finger, schmollte und legte die Stirn in Falten. Am Ende bekam er einen vorgetäuschten Tritt in den Hintern, und ich floh zur allgemeinen Belustigung von der Bühne. Als ich am nächsten Tag durchs Dorf spazierte, war ich jedermanns beste Freundin.

Ich ging gegen zwei Uhr, da war die Veranstaltung noch in vollem Gang. Auf dem Heimweg über die stillen Felder hörte ich die Gongs zweier weiterer Orchester. Die Dörfer taten sich für gewöhnlich zusammen, um die Kosten für das jährliche Wayang zu drücken, doch im Jahr 2012 liefen die Dinge offensichtlich auch auf diesem Flecken der Armut so gut, dass sie sich entschieden hatten, sich gegenseitig Konkurrenz zu machen. »Die haben mehr für ihre Orchester gezahlt, aber wir haben die besseren Comedians«, meinte Pak Wardi, der Mann, der mich auf die Bühne geschoben hatte.

Am nächsten Tag sah ich Pak Wardi wieder. Auf einem Spaziergang durch den Ort entdeckte ich einen Schuppen voller Frauen, die sich über eine augenscheinlich knifflige Aufgabe beugten. Vor jeder von ihnen waren zwei riesige Nägel in eine Werkbank getrieben, zwischen denen sich ein strammer weißer Faden spannte. Kleine Päckchen schienen etwas eher Widerliches zu enthalten: menschliche Haare.

Es war tatsächlich so. Mit einem Werkzeug, das aussah wie eine winzige Häkelnadel, banden die Frauen immer zwei Haare gleichzeitig um den Faden und zogen sie fest gegen die danebenliegenden. So produzierten sie falsche Wimpern. Die Haare stammten aus Frisörläden, wo sie auf dem Boden zusammengekehrt worden waren. Zwar hatte man sie anschließend gewaschen und behandelt, aber dennoch ... Als ich fragte, ob ich ein Foto machen dürfe, lachte eine der Frauen und sagte: »Ja, so verdienen sich dumme javanische Dorffrauen ihren Lebensunterhalt.«

Der Betrieb arbeitete für ein koreanisches Unternehmen und war erst vor vierzehn Tagen eröffnet worden. Die Arbeiterinnen bekamen 392 Rupiah, weniger als vier Cent, für ein Paar »Model-Wimpern Nummer 5«. Da sie noch in der Anlernphase waren, schafften sie nicht mehr als ein Dutzend Paar am Tag. Wer die ersten drei Monate Probezeit überstand, erwarb sich das Recht auf verschiedene Zuschläge, die zum großen Teil mit der Produktivität verbunden waren. Eine wirklich gute Arbeiterin schaffte etwa das Vierfache von dem, was die schnellste Frau hier im Moment produzierte, und konnte fast siebzig Euro im Monat verdienen.

Während ich mich mit den Arbeiterinnen unterhielt, erschien Pak Wardi vom Wayang-Komitee. Ihm gehörten der Wimpern-Betrieb und das angrenzende rosafarbene Haus mit den Säulen vorn. Trotzdem trug er einen rot-weißen Overall wie die Leute, die an den nationalen Pertamia-Tankstellen Autos, Busse und Motorräder betankten. Er und seine Frau luden mich auf einen Kaffee in ihr Haus ein, und unter einem übergroßen Porträt des Gründervaters Sukarno erzählte er mir seine Geschichte. Früher hatte ihm ein schönes Stück Land und eine Flotte Minibusse und Taxis gehört, doch dann beschloss er sich für das örtliche Parlament aufstellen zu lassen, als Kandidat der PDIP von Sukarnos Tochter Megawati Sukarnoputri. Er verlor, und die Kampagne war sein Bankrott. »Jetzt fangen wir noch einmal ganz von vorne an«, sagte seine Frau. Mit seiner Arbeit an der örtlichen Tankstelle hatte Pak Wardi genug für das Zinkdach, die Werkbänke und die Neonbeleuchtung seines Wimpern-Betriebs verdient, und dafür, dass er und seine Frau den Raum zur Verfügung stellten, die Arbeiterinnen einstellten und führten, wurden sie von den Koreanern mit 3,5 Prozent am erwirtschafteten Umsatz beteiligt. »Ein Schritt nach dem anderen«, sagte er. Ich bewunderte ihn dafür.

Pak Wardi war offensichtlich ein wahrer Unterstützer der nationalistischen Plattform der PDIP. Es enttäuschte ihn, dass die Wähler heutzutage mehr auf das Geld sähen als auf die Ideologie. »Die Parteiregeln erlauben den Kauf von Stimmen nicht«, sagte er, »aber wenn die anderen dieses Spiel spielen, müssen wir es auch tun, ob wir es mögen oder nicht.« Er zuckte die Schultern. »Das System ist durch und durch verfault, was kann man da erwarten?«

Hier scheint das demokratische Und-so-weiter heute wenigstens als sozialer Gleichmacher zu wirken. Nicht notwendigerweise im traditionellen Sinn, indem es Menschen Zugang zur Macht gibt, die nie etwas zu sagen hatten, aber doch zumindest durch eine Umverteilung des Wohlstands als Vehikel sozialer Mobilität in beide Richtungen.

***

Jahrelang konnte man es durch Indonesien reisenden Ausländern nachsehen, wenn sie glaubten, der einzige in der Schule gelehrte fremdsprachige Satz sei: *»Hello, Mister.«* Es ist ein Zeichen großen Fortschritts, dass ich heute manchmal selbst auf den entlegeneren Inseln mit einem *»Hello, Missus!«* angesprochen werde. Wenn sich Dorfkinder noch weiter vorwagen, müssen sie sich im Allgemeinen vorher Mut machen. Es gibt viel Gekichere und Geschubse und gegenseitiges Anschieben. Am Ende tritt eines der Kinder vor und schreit: *»Wossyonem!«*, bevor es über den eigenen Mut erschrickt und sich zurück zwischen die anderen duckt. Wenn ich mich dann umdrehe und sage: »Mein Name ist Eliz, und wie ist deiner?«, bricht ein Tumult aus, und die Kinder rennen schreiend davon.

Diese Kinder leben Welten von den Jungen in Pontianak (mit ihren Äquatorprojekten) entfernt, die in zweisprachige Schulen gehen und sich auf Englisch an naturwissenschaftliche Themen heranwagen. Die Sprache des internationalen Handels, Englisch, ist etwas, was viele Indonesier sehnlichst lernen wollen, und in den größeren Städten des Landes gibt es eine wachsende Anzahl bilingualer Schulen, doch die sind immer noch den Reichen und Super-Reichen vorbehalten. Für Indonesier mit großen sprachlichen Ambitionen, aber ohne Geld, gibt es die *Kampung Inggris* – »Englishtown«.

Ich hatte auf meiner Reise von einigen jungen Leuten von dieser *Englishtown* gehört, einem Dorf in Ost-Java, in dem alle ständig Englisch sprächen. Zwar hatte ich niemanden getroffen, der dort tatsächlich Englisch gelernt hatte, aber es sollte Intensivkurse geben, und es hieß, dass auch in der Post und in Coffee-Shops Englisch gesprochen werde und man bei Englisch sprechenden Familien wohne. Nach meinen Abstechern ins schizophrene Solo und zum sexuell aufgeladenen Gunung Kemukus wohnte ich eine Weile bei einem Zuckerbauern in der Nähe der Stadt Kediri, und eine junge Frau erzählte mir, dass ich weniger als zwanzig Kilometer von diesem mythischen Ort entfernt sei. Ich lieh mir ein Motorrad und fuhr durch Zuckerplantagen in Richtung Pare, wo Kampung Inggris liegen sollte. Der Zucker wich Gummi, dann Reisfeldern, und hin und wieder tauchte ein brandneues Wohnviertel aus den Feldern auf. *»Islamic Village«* nannte sich eines, und die englischen Worte prangten golden auf einem beeindruckenden Torpfosten. Hinter dem Tor folgten grell senffarbene Drei- und Vier-Zimmer-Reihenhäuser, und das Torhaus selbst trug ein Dach, das ihm das Aussehen einer Moschee geben sollte. Ein Gärtner malte schwarze und weiße Streifen auf Bordsteine und jagte Ziegen davon, die von den nebenan liegenden Feldern gekommen waren.

Das erste Zeichen, das darauf hindeutete, dass ich hier in Englishtown war, bestand in einer Reklametafel: *»Mr Bean Laundry. The Wash Service. Dry Clothes (kering). IRoned Clothes (sterika).«* Ich fragte die Frau in der Wäscherei auf Englisch, ob ich hier in Englishtown sei. Sie verstand mich nicht. Als ich weiterfuhr, klärte sich die Frage jedoch: Jedes zweite, dritte Haus war mit Plakaten bedeckt, die Englischkurse anboten und alle möglichen Vergünstigungen versprachen. Wie das folgende von »INTENSE«, geschmückt mit dem Foto eines Kleinkinds mit Sprachlabor-Kopfhörern:

I ntegrate between science and spiritual – Integriert zwischen Wissenschaft und spirituell
N umber you among INTENSE family – Zähl dich zur INTENSE-Familie
T each you how to speak English better – Lehrt Dich, wie du Englisch besser sprichst
E nrich your vocabulary every day – Bereichert dein Vokabular jeden Tag
N ecessitate you to pratice your English in INTENSE dormitories – Fordert dich, dein Englisch in INTENSIV-Wohnheimen zu üben
S how you the ways to learn English easily – Zeigt dir die Wege, Englisch leicht zu lernen
E nglish is easy if you think it's easy – Englisch ist leicht, wenn du denkst, es ist leicht.
INTENSE IS COMMITTED 2 U! – INTENSE IST FÜR DICH DA!«

Das Seruni Camp (»*The Developing Confidence Camp* – Das Vertrauens-Entwicklungs-Lager«) bot Sprach- und Grammatikkurse an, dazu Zimmer mit Bad, WLAN und freier Gesundheitsversorgung, alles für zweihunderttausend Rupiah im Monat, weniger als zwanzig Euro. Ich betrat den angeschlossenen Coffee-Shop. »*Cari siapa, Bu?*«, fragte die Besitzerin, die gerade für eine Reihe Schüler Milkshakes mixte. »Nach wem suchen Sie?« Ich sagte, ich suchte nach einem Kaffee und einer Stadt, in der die Leute selbst in Coffee-Shops Englisch sprächen. Sie lachte und nickte zu ihren Gästen hinüber, eine Gruppe stachelhaariger Jungs im späten Teenager-Alter. »Ja, *die* sprechen Englisch, Bu. Ich kann kein Wort.«

Die Jungen unterhielten sich tatsächlich auf Englisch, und gar nicht mal so schlecht. Sie kamen aus ganz Java und Sumatra und sagten, in christlichen Wohnheimen gebe es auch Schüler aus Ost-Indonesien. Viele träumten davon, ein Stipendium zu bekommen und in Übersee zu studieren. Hatten sie Englisch in der Oberschule gelernt? »Sie sind hier in Indonesien, Miss«, sagte ein junger Mann aus Riau. »Da gibt es sechs Schuljahre, und am Ende können Sie nicht mehr als ›*Hello Mister*‹.« Und ein anderer fügte hinzu: »Die Lehrer können auch kein Englisch.«

In Kampung Inggris ging es besser, obwohl keiner der Lehrer ein Muttersprachler war. »Manchmal wissen wir nicht, ob die Lehrer recht haben. Ich meine, wie kann ein einziges Wort so viele Bedeutungen haben?«, fragte der Jung aus Riau. Als Beispiel führte er das Wort *»leeff«* an und ratterte die indonesischen Begriffe für »Blätter«, »verlassen« und »leben« herunter und dazu noch ein Adverb, das »sofort« bedeutet. Die ersten drei verstand ich: *leaf, leave, live*. Aber »sofort«? »Sie wissen schon, wenn Sie Fußball gucken. *Leeff* aus Old Trafford.« Ah, *live*! *Laiif* – ich übertrieb den Unterschied in der Aussprache, aber sie zeigten mir die Lautschrift in ihrem Schulbuch, die tatsächlich für alle vier Wörter identisch war.

Als ich zur Toilette hinter dem Haus ging, traf ich auf einen Trupp Mädchen mit Dschilbabs. Sie hatten sich die langen Röcke bis hoch zu den Schenkeln gezogen, saßen um eine Wanne, schälten Gemüse und schwatzten über eine koreanische Boy-Group. Auf Englisch. Die Besitzerin erzählte mir, dass sie dieses »Camp« erst im Vorjahr eingerichtet habe. »Alle haben es gemacht, und da dachte ich, warum es nicht auch versuchen?« Ihrer Rechnung nach gab es jetzt 174 Englischschulen in Kampung Inggris. Angefangen habe das alles mit Pak Kalend von der BEC, sagte sie.

Die BEC war weit mehr als nur ein Kampung-Haus mit einem Plakat an der Fassade. Hinter einem beeindruckenden Tor lag eine ansehnliche Moschee, dahinter folgte der eigentliche Schulkomplex. Im Büro saß ein junger Mann mit einem dünnen Bärtchen und einer gehäkelten muslimischen Gebetskappe, der gleich aufsprang und nach meinen Wünschen fragte. Minuten später kam Pak Kalend. Er war von gedrungener Statur, hatte ein Mondgesicht mit einer breiten Nase und einen ordentlich gestutzten grauen Schnauzbart. Er schüttelte mir herzlich die Hand. »Wie kann ich Ihnen helfen, *dear Madam*?« Sein Englisch war höflich und korrekt. Ich sagte, ich sei gekommen, um dem Gründer des berühmten Kampung Inggris meinen Respekt zu zollen. »*Dear Madam*, bitte nennen Sie unseren Ort nicht so. Ich wollte nie ein Kampung Inggris bauen, und tatsächlich sprechen die meisten Leute hier kein Wort Englisch. Nennen wir es ›Kampung Kursus Berbahasa Inggris‹.« Das mochte es besser treffen, aber »Englischkurs-Stadt« oder *»English language course town«* hat längst nicht den Klang von *»Englishtown«*.

Muhammad Kalend Osen wechselte ins Indonesische, um mir seine Geschichte zu erzählen. Er war ein Kutai Dayak und gehörte damit einem der wenigen muslimischen Dayak-Stämme an. Geboren war er in Ost-Kalimantan. »Aber ich wusste, ich wollte nicht einfach dort im Dschungel bleiben.« Mit siebenundzwanzig und kaum einer Schulbildung zog er nach Java und studierte ein paar Jahre bei einem sprachkundigen religiösen Lehrer. Dann, nur weil der Geistliche eine Weile nicht da war, begann Pak Kalend ein paar Staatsbedienstete zu unterrichten, die einen Englischtest zu bestehen hatten. Das war 1977. Heute nimmt die BEC eintausendsechshundert Schüler pro Jahr auf. »Bis jetzt sind es neunzehntausend Leute, die bei uns Englisch gelernt haben.« Pak Kalend strahlte vor Stolz, aber er war kein Angeber. BEC steht für »Basic English Course«. »Ich habe die Schule so genannt, weil es das ist, was ich vermitteln kann. Die Grundlagen. Dafür verbürge ich mich.«

Der Campus war voll mit jungen Leuten in ordentlichen Uniformen, die sämtlich Englisch miteinander sprachen. Es war der

»Show-and-tell«-Tag, die Schüler hatten Plakate gemalt, mit denen sie sich gegenseitig ihr Leben erklärten. Sahen sie Pak Kalend, kamen sie herbeigelaufen, ergriffen seine Hand und legten sie sich zum Ausdruck ihres Respekts auf die Stirn. Bei mir machten sie es genauso, worauf ich mir sehr alt vorkam, dann schoben sie sich gegenseitig weg und versuchten uns ihre Geschichten zu erzählen. Ein ziemlich talentierter Junge hatte ein Selbstporträt in die Mitte seines Plakats gezeichnet. Wie Elektronen um einen Kern kreisten Blasen mit seinen Eltern, seinem Heimatort und seiner Schule. In der letzten, äußersten Blase war ein Stapel sorgfältig gezeichneter Hunderttausend-Rupiah-Scheine zu sehen, bei denen stand: »Mein Ziel ist es, Geschäftsmann zu werden.« Er wusste sich vor Aufregung kaum zu halten, als er uns seine Zukunft erläuterte und in klarem, selbstbewusstem Englisch sagte: »Wo ich herkomme, haben wir viele Mangos. Ich werde die Mangos billig kaufen und teuer verkaufen.«

Ein paar Tage zuvor hatten Politiker in Jakarta darüber diskutiert, Englisch aus dem Lehrplan der Grundschulen zu streichen, um mehr Platz für religiöse und moralische Unterweisungen zu schaffen. Ich fragte Pak Kalend, was er von dem Plan hielt. Er lachte und starrte mich dann an. »Sie machen *Witze*, nicht wahr? *Bitte*, sagen Sie, dass das ein Witz ist.« Ich schüttelte den Kopf. Der Dayak-Autodidakt verbarg sein Gesicht in den Händen und hob dann den Blick mit einem leicht ätzenden Lächeln. »Nun, solange sie nicht versuchen, sich auch hier einzumischen, und mir vorschreiben wollen, was ich zu tun habe, kann es nur mehr Gewinn für mich bedeuten.«

***

Bis ich, vorbei an Tabak-Lagerhäusern und vulkanischen Schwefelminen, Surabaya erreichte, Indonesiens zweitgrößte Stadt, war ich vollkommen von der Vorstellung abgekommen, dass sich ganz

Java in eine einzige Ansammlung von Einkaufszentren und Wohnkomplexen im Baukastenstil verwandelt hatte, die durch glatte Teerstraßen miteinander verbunden waren und von der viel gepriesenen »aufsteigenden Mittelklasse« bevölkert wurden. Die Transformation war im Gang, sicher. Achtzig Millionen Javaner leben heute in von der Regierung als urban klassifizierten Teilen der Insel (definiert nach dem Grad der Elektrifizierung, der Menge an Asphaltstraßen, dem Prozentsatz der nicht in der Landwirtschaft arbeitenden Menschen und dem Zugang zu staatlichen Leistungen). Aber damit bleiben immer noch siebenundfünfzig Millionen in richtigen, altmodischen Dörfern.

Viel auf Java entspricht auch heute noch den Beschreibungen des legendären amerikanischen Anthropologen Clifford Geertz aus den 1950er-Jahren. Es gibt eine starke politische Hierarchie, aber die Tradition des dörflichen Kollektivismus bleibt in ländlichen Gebieten stark. Dennoch scheinen die Menschen das Gefühl zu haben, dass der Geist sozialer Solidarität bedroht ist und dem Druck der modernen Wirtschaft nicht standzuhalten vermag, vor allem nicht der Transformation in jenes neue Java mit McDonald's, Indomaret, Mautstraßen und bewachten Wohnanlagen, das die Insel Biss für Biss auffrisst.

Auf den anderen Inseln des Archipels kam am Ende fast jedes Gespräch auf die Herrlichkeiten und Wechselfälle der regionalen Autonomie. Auf Java, wo die Menschen natürlich nicht die gleiche euphorische Befreiung vom javanischen Kolonialismus empfinden konnten, war die große Sorge, dass sich die Insel in ein einziges Jakarta verwandeln könnte, eine ungeheuer eigennützige Gesellschaft, in der sich niemand um seine Nachbarn kümmerte, ja nicht einmal um die eigene weitere Verwandtschaft, ein Ort, an dem alle nur versuchten, die anderen hinter sich zu lassen.

Der Ausdruck, der diese schreckliche Aussicht allgemein zusammenfasst, ist *»loe loe, gue gue«*. Er stammt aus der Alltagsprache Jakartas und lässt sich wörtlich mit »du du, ich ich« übersetzen: Was dir gehört, gehört dir, was mir gehört, mir. Jeder für sich, einer gegen den anderen. Immer wenn ich den Ausdruck hörte, musste ich an die politischen Verhandlungen zwei Jahrzehnte früher denken, als Mohammad Mahathir in Malaysia, Lee Kuan Yew in Singapur und Suharto in Indonesien von den »asiatischen Werten« schwärmten. Fehlgeleitete Westler mochten die asiatischen Führer ja dafür kritisieren und ihnen unterstellen, dass sie auf den Rechten des Einzelnen herumtrampelten, tatsächlich aber schützten die visionären Führer Südostasiens eine Kultur, die das Wohl des Kollektivs vor das Wohl des Individuums stellte.

Es ist sicher wahr, dass Jakarta mit seinen Überschwemmungen, dem Verkehr und den Millionen meist knurriger Einwohner ein erschreckendes Beispiel dafür ist, wie der Egoismus des Einzelnen das allgemeine Glück zerstören kann. Aber jetzt kam erst einmal Surabaya.

Surabaya ist etwa ein Drittel so groß wie Jakarta, liegt rund drei Viertel des Weges östlich die Nordküste hinunter, hat einen riesigen Hafen, ein blühendes Industriegebiet und einen der größten Rotlichtbezirke Südostasiens. Als ich Anfang der 2000er zuletzt hier gewesen war, schien es ziemlich wahrscheinlich, dass Surabaya dem Weg Jakartas folgen würde. Damals bereitete ich mich in der Stadt auf eine HIV-Studie vor, zählte die Strichjungen entlang der Flussufer und watete auf einem riesigen, zu einem Freiluft-Puff umfunktionierten Friedhof durch ein Meer gebrauchter Kondome und zerschlagener Whiskyflaschen.

Jetzt, zehn Jahre später, hatten sich die entsprechenden Zonen am Flussufer in gut beleuchtete, gepflegte Parks mit freiem WLAN verwandelt, und Surabaya war praktisch müllfrei.

Für jemanden, der noch nie in Indonesien war, ist es schwer, das volle Gewicht dieser letzten Worte zu ermessen: Surabaya ist praktisch müllfrei. Ebenfalls schwer ist es, zu erklären, wie allgegenwärtig der Müll in diesem Land ist. Er ist eines der stärksten verbindenden Elemente Indonesiens, gleichsam ein überall auffindbarer roter Faden, gewoben aus den Überbleibseln der kommerziellen Waren, die, in winzige Beutelchen und Tütchen umgepackt, ihren Weg in jeden Kiosk des Landes finden.

All das Verpacken produziert eine Menge Abfall. Am Ende meiner langen Bootsfahrt durch die Inselwelt des Regierungsbezirks Südwest-Molukken, nachdem ich den Müll von fünf Tagen in einer einzigen Plastiktüte verdichtet hatte, fragte ich die grimmige Köchin des Frachters, wo die Mülleimer ständen. Sie sah mich an, als wäre mir ein zweiter Kopf gewachsen, nahm die Tasche und warf sie ins Meer. Bei anderer Gelegenheit erzählte mir jemand Geschichten darüber, wie merkwürdig Ausländer doch seien. »Ich habe gesehen, wie sie eine leere Zigarettenschachtel zerdrückt und eingesteckt haben, statt sie auf die Erde zu werfen!« Mein Gegenüber wusste sich vor Lachen kaum zu halten. »Stellen Sie sich das vor!« Ich griff in meine Tasche und holte daraus hervor: drei Bonbonpapiere, das Plastiksiegel einer Wasserflasche und ein paar benutzte Busfahrkarten. Das war so absurd, dass der Mann alle auf Deck zusammenrief, um sich diese Frau anzusehen.

Alles landet auf der Erde, ausnahmslos, und einzelne Firmen nutzen diesen Umstand sogar aus, um bei ihren Kunden Punkte zu sammeln. So wird Frutamin, ein Zuckerwasser in verschiedenen toxisch anmutenden Geschmacksnoten – bis vor Kurzem noch im Besitz von Pepsi –, in kleinen Plastikbechern angeboten, die sich in hübsche bunte Blumen verwandeln, wenn man sie auf die Erde wirft und richtig zertritt. Es hat absolut keinen Sinn, altmodische *Tss-tss*-Geräusche zu machen, wenn Leute Müll auf die Straße oder ins Meer werfen. Fast überall in Indonesien reagieren die Leute darauf nur mit Unverständnis: Was wollen Sie denn?

Einige der schönsten Strände der Welt sind über der Wasserlinie knöcheltief mit alten Flipflops, leckenden Batterien, Shampooflaschen, Fertignudelbechern, alten Wahl-T-Shirts und rostigen Dosen bedeckt. Gelegentlich, besonders dort, wo NGOs gerne zusammenkommen, sieht man schon mal ein handgemaltes Schild: Keinen Müll wegwerfen! In zehn von zehn Fällen ist es halb unter den Überbleibseln der Wegwerfkultur begraben, in der Indonesien alle anderen aussticht.

Und doch war die zweitgrößte Stadt Indonesiens so gut wie müllfrei. Das erstaunte mich derartig, dass ich zum Rathaus fuhr, um herauszufinden, was hier vorging. »Müll? Sicher!« Ohne eine weitere Frage brachte mich ein freundlicher Wachmann in den vierten Stock und stellte mich Ibu Anis vor, einer Verwaltungsangestellten, die alles über das Thema wusste. Ich sagte, ich sei erstaunt über die Sauberkeit der Stadt und würde gern wissen, wie sie das machten. »Fangen wir vorn an«, sagte sie. Ich war eindeutig nicht der Erste, dem die Veränderung der Stadt aufgefallen war.

Im Jahr 2001, der berauschenden Zeit, nachdem Suharto die Nation aus dem Griff verloren hatte, wurde Surabayas Müllkippe nach Massendemonstrationen der um sie herum lebenden Menschen geschlossen. Tatsächlich hatte es die Müllkippe lange vor ihren Nachbarn gegeben, die wegen der guten Zugangsstraße dort hingezogen waren. »Dann begannen sie gegen die Lastwagen, den Lärm und den Gestank zu protestieren«, sagte Anis. »Man war geneigt zu sagen, nun, ihr hättet eure illegalen Häuser eben nicht gleich neben einer Müllkippe errichten sollen! Aber was soll man machen?« Nachdem die Kippe geschlossen worden war, stapelte sich der Müll an allen Ecken der Stadt, er ließ sich nicht mehr ignorieren. Das machte es möglich, eine Art Volksbewegung zu starten, sagte Ibu Anis, und mithilfe von »Tu-Gutes-Geldern« von Unilever bildete die Stadt »Müllkader« aus. Ich hob eine Braue: Unilever ist einer der größten Hersteller von Haushalts- und Kosmetikprodukten in Indonesien und damit auch einer der größten Produzenten ebenjener glänzenden Verpackungen, die in den Kanälen landen. »Ich weiß, ich weiß. Es ist eine Ironie, oder?«, sagte Ibu Anis. Aber das Programm funktionierte.

Es gibt heute vierzigtausend Freiwillige in der Stadt, die das Recycling in ihrem Viertel organisieren. Ein Großteil von ihnen hat zudem die Aufgabe übernommen, ihre Gegend zu begrünen, und selbst noch die engsten Seitenstraßen Surabayas werden von Wandbildern offener, grüner Landschaften gesäumt, vor denen Topfpflanzen und Blumen aufgereiht stehen.

Darüber hinaus ist ein großes Netzwerk NGO-geführter und von der Stadt geförderter Müllbanken entstanden, an denen man nicht einfach nur recycelbare Materialien abgeben kann wie auf den Wertstoffhöfen unserer Städte. Nein, es sind richtige Banken, mit Sparbüchern, Barauszahlungen und festen Zinsen. Einzelpersonen und Nachbarschaften können bei ihnen ein Konto aufmachen, ihr Müll wird gewogen, und sie werden dafür bezahlt. Fünftausend Rupiah gibt es für ein Kilo sauberes Plastik, wenn sie das Geld auf ihr Konto einzahlen; lassen sie es sich auszahlen, etwas weniger. Die NGO verkauft das Plastik für siebentausend Rupiah weiter an Recycling-Unternehmen.

Ich besuchte eine der Müllbanken. Eine Frau mit einem Buckel und nur mehr einem Zahn kam mit einem Sack voller Plastikflaschen hereingehumpelt. Sie zeigte mir ihr Sparbuch, sie hatte über zweihunderttausend Rupiah auf ihrem Konto. Damit bezahle sie, erklärte sie mir, ihre Stromrechnung. Die Müllbank hat ein Abkommen mit dem staatlichen Stromversorger ausgehandelt, sodass die Leute mit ihren Müllersparnissen ihr Licht finanzieren können. Normalerweise werden die Nachbarschaftskonten ein paar Wochen vor dem jährlichen »Sauber-und-grün«-Wettbewerb geleert, bei dem jede kleine Gruppe Häuserblocks heftig darum wetteifert, sich mit Orchideen und Ruhm zu schmücken. »Es ist erstaunlich, wie hart die Leute dafür arbeiten, einen Pokal für ihre Nachbarschaft zu gewinnen und ihren Namen in die Zeitung zu bekommen«, hatte Ibu Anis gesagt. Die tatkräftigsten Müllkader gewinnen eine Studienreise nach Singapur, eine der liebsten Quellen der gegenwärtigen Bürgermeisterin von Surabaya für neue Ideen.* Tri Rismaharini ist eine ausgebildete Architektin und eine von acht Frauen unter Indonesiens oberen fünfhundert Regierenden. Zur Bürgermeisterin wurde sie gewählt, nachdem sie die Stadtsäuberungsbehörde geleitet hatte.

Surabaya scheint mir eine Stadt, der es gelungen ist, trotz aller Modernisierung einige der besseren Seiten des javanischen Kollektivismus zu erhalten. *Loe loe, gue gue* ist am Ende doch nicht der unvermeidliche Punkt, zu dem die Straße des Fortschritts führt. Und ich stelle fest, dass Surabaya das alles nicht mit den Mitteln erreicht hat, die gemeinhin von den javanischen Radschas und den holländischen und indonesischen Bürokraten als ihren Erben benutzt wurden. Surabaya hat die »kleinen Leute« nicht terrorisiert, hat ihnen nicht mit Bestrafung oder nicht eintreibbaren Bußgeldern gedroht. Nein, diese Stadt hat etwas einzigartig Un-Indonesisches getan: Sie hat Anreize geschaffen und die Menschen dafür belohnt, das Richtige zu tun, statt sie für ihre »Verfehlungen« zu bestrafen – was zeigt, dass ein System gezielter Anreize auf Gemeindeebene wirklich funktionieren kann.

Eine Kollektivkultur ohne Feudalismus. Vielleicht liegt da Indonesiens nächstes »Und-so-weiter«.

* Die Idee für die Müllbank stammt aus Yogyakarta. »Wir stehlen gute Ideen von überall und verbessern sie«, hatte mir Ibu Anis bei meinem Besuch in ihrem Büro erklärt. »Da sind wir ohne Stolz.«

Epilog

Ich begab mich auf den Weg zurück nach Jakarta, besuchte Batikbetriebe und Reisbauern und wusste, dass ich all die verschiedenen indonesischen Nationen, die mir begegnet waren, unmöglich in ein einziges Buch packen konnte, ganz zu schweigen davon, dass es noch tausend andere Gesichter dieses Landes zu entdecken gab.

Zu meinem Abschiedsessen in Jakarta (meinem soundsovielten über die Jahre) kam ich eine Stunde zu spät, trug eine mit einem lila Band reparierte Sandale, ging während des Essens ans Telefon und hörte geduldig einem aus dem zweitausendsiebenhundert Kilometer entfernten Tanimbar anrufenden übergewichtigen Transsexuellen zu, der mir erklärte, wie betrunken er sei. Am Ende zogen mich meine (indonesischen) Freunde damit auf, ungeheuer »indonesisch« geworden zu sein. Ich beschloss, das als Kompliment zu verstehen.

Ganz zu Beginn meiner Reise hatte eine Frau neben mir an Deck einer Fähre einen schreienden kleinen Jungen damit zu beruhigen versucht, dass sie auf mich deutete und ihm sagte, er solle der netten Oma einen Kuss geben. Ich hatte mich umgesehen, aber da waren keine Omas. Der kleine Kerl war zu mir gekommen und hatte mich mit triefender Nase umarmt. *Ich eine nette Oma?!* Ich war entsetzt: Ich war trinkfest, rauchte gelegentlich, wusste an einer Kneipentheke in verschiedenen Sprachen zu flirten und war sogar in Yoga konkurrenzfähig. Eine nette Oma! Aber während der folgenden Wochen und Monate meiner Reise gewöhnte ich mich an den Rhythmus eines gewöhnlichen Lebens an außergewöhnlichen Orten, an ein Leben mit sich wiederholenden Unterhaltungen, geistlosen Aufgaben und einer ungewohnten Menge öffentlicher Frömmigkeit, ein Leben eindeutig ohne Alkohol, Zigaretten oder Flirts mit Fremden. Und es machte mir nichts aus.

Mit wenig mehr als einem Schulterzucken wartete ich auf Fähren, die achtzehn Stunden verspätet waren, und sah Frauen mit Wasserkanistern auf den Schultern, dem Rücken und gleichzeitig noch auf dem Kopf, ohne sie danach zu fragen, ob sie schon einmal daran gedacht hätten, sich eine Schubkarre zu bauen. Wenn ich einmal etwas fragte, gab ich mich oft sehr schnell mit der meistverbreiteten Antwort zufrieden: »*Begitulah.*« So ist es nun mal. Nach und nach begann ich zu akzeptieren, dass es eine Menge über Indonesien zu wissen gibt, über die Welt und das Leben, von dem ich nie etwas erfahren werde.

In einigen Dingen jedoch bin ich sicherer geworden. Auf dem Weg zum Flughafen, als ich Indonesien nach dreizehnmonatiger Rundreise wieder verließ, sagte der pensionierte Architekt, der mein Taxi steuerte, er glaube nicht, dass Indonesien den Fliehkräften der Dezentralisierung zu widerstehen vermöge. Er fürchtete, das Land werde auseinanderbrechen. Ein Jahr zuvor noch hätte ich angefangen, seine Sorge zu teilen, jetzt wäre ich ihm fast an die Kehle gegangen, um die Integrität dieser Nation zu verteidigen, die 1945 ihre Unabhängigkeit erklärt und seitdem so viele »Und-so-weiter« durchgestanden hat.* Die Fäden, die diese Nation zusammenhalten, lassen sich nicht so leicht wieder lösen.

Der robusteste von ihnen ist zweifellos der Kollektivismus – auf Java auf Dorfebene, im Rest des Landes eher clanbezogen und landesweit durch ein riesiges Bürokratienetz formalisiert. Fast alle Indonesier sind wenigstens in ein Netz gegenseitiger Verpflichtung eingebunden, oft in mehrere. Das verschafft vielen ein Gefühl von Sicherheit. Der Alltag scheint weniger sorgenvoll als in sozial stärker fragmentierten Nationen. Der Glaube (und der Fatalismus, der nicht selten damit einhergeht) spielt dabei ebenfalls eine Rolle. Es hat wenig Sinn, sich wegen einer Zukunft zu sorgen, die in Gottes Hand liegt.

Wo persönliche Netzwerke so weit reichen, vermischen sich private und öffentliche Verpflichtungen, und die Fäden des Kollektivismus verweben sich zu stärkeren Strängen des Nepotismus und der Korruption. Internationale Beobachter schimpfen über die dem Land durch Korruption entstehenden Kosten und haben kaum einen Gedanken für die Rolle übrig, die sie dabei spielt, das Inselmosaik des Archipels mit seinen so verschiedenen Menschen zu einer Nation zu verbinden. In Indonesiens gegenwärtiger Inkarnation ist der Nepotismus der Preis der Einheit.

Als Bewohner eines mit Schätzen gesegneten Landes eint die Indonesier auch ihre außergewöhnliche geistige Großzügigkeit, ihre Toleranz für das andere. Sie heißen Fremde wie mich in ihren Häusern und ihrem Leben willkommen und scheuen keine Mühen, Menschen in Not zu helfen. Sicher, sie können auch zu tolerant sein, zu langsam, um aufzustehen und die größeren Freiheiten gegen eine Minderheit von Gaunern, Schlägern und sich bereichernden Führern zu verteidigen. Und wenn die Toleranz zusammenbricht, haben sich die Indonesier auf allen Inseln als zu ungeheuren

* 1945 gehörte Papua natürlich noch nicht dazu.

Brutalitäten fähig erwiesen. Aber angesichts der Vielschichtigkeit des Landes sind diese Einbrüche selten. Keine andere Nation hat in weniger als siebzig Jahren so große Unterschiede zu einem allgemein friedlichen Ganzen verschmolzen.

Wie alle eher problematischen Freunde hat auch Indonesien seine Kehrseiten. Die Mitarbeiter in den Touristenbüros sind unglaublich inkompetent, das stimmt (aber auch ungeheuer charmant). Die Polizei wird von Zeit zu Zeit versuchen, ein Schmiergeld aus dir herauszuholen, zweifellos (aber sie hilft dir auch, dein Motorrad zu stehlen, wenn du deinen Schlüssel verloren hast, und bringt dich damit zum nächsten Schlosser.) Die Regierung macht es sich zur Gewohnheit, ohne auch nur ein Minimum an Vorbereitung politisch umwälzende Neuerungen zu verkünden, sicher (wobei, wenn das neue »Und-so-weiter« nicht funktioniert, sie schnell mit einem anderen bei der Hand ist – »Nationenbildung durch Herumprobieren«, hat es mir gegenüber ein pensionierter General einmal mit einem Lächeln und einem Achselzucken genannt), aber Indonesiens Vorzüge, seine Offenheit, sein Pragmatismus, die Großzügigkeit seiner Menschen und ihr entspanntes Verhältnis zum Leben, sind am Ende die bestechenderen Züge – und wichtiger.

Auf dem Flughafen, bei meinem Abschied, fand ich eine nette, saubere, moderne, zur JCO-Kette gehörende Cappuccino-Bar. Links schäumte ein junger Mann ein Blumenmuster auf eine Tasse überteuerten Kaffee. Rechts warteten zehn, zwölf Leute, die Geschenkpackungen mit Donuts für Verwandte in fernen Provinzen kaufen wollten. »Ich nehme zwei mit Schokolade, und vier mit Käse, und dann noch, nein, warten Sie, viermal Schoko und ... He, Budi, denkst du, Onkel Karma mag Erdbeer ...?« Der junge Mann hinter der Theke legte die Donuts in eine Schachtel, holte sie wieder heraus, legte sie wieder hinein. Die Schlange hinter Budi wuchs.

Ich ging zum Kaffeemacher, der mit seiner Milchschaumkunst fertig und ohne Kunden war, und bestellte einen Cappuccino. »Sie müssen sich hinten anstellen, Bu.« Aber hier ist keine Schlange. »Die Schlange da drüben.« Er zeigte auf das Gemenge der Donut-Käufer.

Ich stellte mich an. »Was soll das heißen, die Blaubeer-Donuts sind nicht Teil der Sonderpreis-Aktion? Wie viele waren das? Fünf? Okay, nehmen Sie sie wieder heraus und geben Sie mir dafür zwei Schoko-Crunch und drei mit Kokosnuss.« Ich brauchte eine Viertelstunde, um erneut bis zur Kaffeetheke vorzudringen. Während dieser Zeit hatte der Kaffeemacher nicht einen Kunden bedient.

»Sie müssen zugeben, dass es ziemlich unsinnig ist, mich in der Donut-Schlange warten zu lassen, wenn ich nur einen Kaffee will«, sagte ich, als er meine Bestellung bearbeitete. Er lächelte und nickte zustimmend.

»*Ya, begitulah Indonesia, Bu!*«, sagte er. So ist Indonesien! Und er gab mir einen Kaffee mit einem wunderschönen Herzmuster im Schaum.

Dank

Dieses Buch ist das Produkt der Gewogenheit vieler Freundinnen und Freunde und, ganz besonders, zahlloser Fremder (von denen ein Gutteil am Ende zu Freunden wurde). Einige davon haben Sie im Buch kennengelernt, die Großzügigkeit vieler anderer blieb im Text verborgen, wird aber dennoch nicht weniger geschätzt.

Besonders dankbar bin ich den vielen Menschen in Indonesien, die mich in ihr Zuhause und ihr Leben aufgenommen haben. In grob der Reihenfolge, in der ich mich ihrer Gastfreundschaft aufgebürdet habe, möchte ich einigen von ihnen danken und mich bei den vielen entschuldigen, deren Namen ich nie erfahren habe. Auf Sumba: Mama Lakabobo und Familie; Delsi, Ira, Asi, Juli, Dewa Lado und ihrer Mutter Paulina; Piter Tibu und seiner Familie, Karel Nooijen und Rosa; Andre Graff und Koni, zusammen mit Lexi, Billy, Domi und Daris; Imam Ladoregitera und Familie. Anderswo in NTT, in Detutsoko: Anton, auf Adonara: Mama Paulina und Familie, in Boti: der Familie Benu. In der Provinz Molukken: Karry auf Kisar; Dedi Wijaya und all den Pengajar Muda in Saumlaki, der Familie Notabulen in Ohoiwait und Tual, Ibu Tina in Banda, Ibu Edith in Ambon. In der Provinz Nord-Molukken: Vera, Tesi und Familie in Weda und Lelilef, Ron und Linda Sinke am unerwarteten, herrlichen Weda Reef and Rainforest Resort; Ibu Elizabeth, Jongky und Familie auf den Sangihe-Inseln, Flora Tanujaya und Familie in Manado. In Jayapura: Bpk Freddy und Familie. In Aceh: Syahyuzar Aka und Reza in Langsa, Bpk Adam und Familie in Idi Cut, mit besonderem Dank an Hanafiah; Nazaruddin Ibrahim und seinem gesamten Wahlkampfteam in Lhokseumawe; Hamidah Abubakar, Yufrida und Familie als auch Asya in Tangse; Nina Rachmadani und Familie in Singkil; Fidel in Pulau Banyak. Anderswo auf Sumatra, in Sidikalang: Samuel Sihombing und Familie, zusammen mit Lidya und der Belegschaft von Petrasa, in Payakumbuh: Gus Sakai, in Harau: Ibu Nelsi und Familie, und in Jambi: Ira Yurda, Mijak, Gentar und Familie. Auf den Bangka-Belitung-Inseln: Ishak Holidi und Jumiran Susanto. In Sulawesi: Herto Sampelan und Zunaidi Tjinong und Familie auf den Banggai-Inseln, Dauda Sampelan, Amien Rais und Sultan La Ode Muhammad Djafar auf Buton. In der Stadt Makassar: Lily Yulianti Farid und den Mitarbeitern des herrlichen Makassar International Writers' Festival, Luna Vidya und allen in Bakti. In Kalimantan, in Mandor: Feralina Hakim und Familie, in Singkawang: Emily Hertzman und Niyan, Olin, Ah Hui. In Sintang: Danaus und den Freunden, Bpk Aksiman. In Nanga Lauk: Anita Novita Dewi (Vivi), Ibu Dara und Familie. Auf Java, in und um Semarang: Megaputri Megaradjasa (Jenny), Evi Nugroho und Familie, Ibu Sanna, in Tinggarjaya: Ahmad Tohari, in Yogyakarta: Kharisma Nugroho und Familie, in Ngidoredjo: Aloysia Inlastini (Tini) und Familie, in Kediri: Heri Nugroho und Familie und ihre vielen Freunde einschließlich Heri 2, in Pekalongan: Veronica Negruoho und Familie, in Trijaya: Anijuniah und Familie, einschließlich der immer großartigen Tarwi DeGraff. Auf Bali: den Mitarbeitern des Colony Hotel, Adolf Brown, David Fox, Lily Wardoyo und Farquhar Stirling. Auf Lombok: Spike und Felicity Cockburn, Ibu Sopie und den Lehrern des Pesantren Al Halimy, Nurhidayati und den Bewohnern des Transito- Zentrums in Mataram.

Die Gesellschaft von Jerome Tadié auf Sumba und Melanie Whitmarsh in Kalimantan und auf Java haben allzu kurze Teile meiner Reise wunderbar belebt. Dank an Jerome für den unglaublichen Champagner und an Melanie für herrliche Fotos, von denen viele in der elektronischen Version dieses Buches im englischen Original zu sehen sein werden.

Äußerst dankbar bin ich Heidi Arbuckle, die mir erlaubt hat, mehrfach mein ehemaliges Heim in Jakarta zu bewohnen, sowie Bhimanto Suwastoyo und Arya, die mir ein zweites Zuhause geschenkt haben. Bhim hat über zwei Jahrzehnte mehr als irgendwer sonst getan, um mir die Launen meines problematischen Freundes näherzubringen, und er inspiriert mich auch weiter dazu, Indonesien zu erkunden und zu entdecken. Und ich komme zurück und will immer noch mehr. Danke, Bhim. Ganz besonderen Dank auch an Steve Wignall und die Mitarbeiter der Villa Beji Indah in Nyukuning auf Bali, die mir für ungebührlich lange Zeit Unterschlupf und Aufmunterung geboten haben.

In Jakarta haben viele Leute zu meinem Wohlbefinden und meinen Gedanken beigetragen, in jüngster und in früheren Zeiten, und ich danke ihnen allen. Zu denen, die mir bei diesem Projekt geholfen haben, gehören Ienes Angela, Luwi Arifin, Adji und Asmoro Damais und ihre weitere Familie, Vidia Darmawi, Rudi und Jenny Harmayn, Shanty Harmayn, Mas Karta, Aristedes Katoppo, Butet Manurung, Gourie und Ashok Mirpuri, Nikki und Nihal, Felicia Nugroho, Kharisma Nugroho, Enny Nuraheni, John Riady, Thamrin Tamagola, Evi Trisna und allen bei Indonesia Mengajar, Amir Sidharta, Juliana Wilson, Ibu Yanti.

Freunde und hilfreiche Fremde haben Fragen beantwortet, verschiedene Teile des Buches gelesen und kommentiert und es auf diese Weise ziemlich verbessert. Ich danke ihnen sehr für ihre Hinweise und entschuldige mich für die Fälle, in denen ich stur bei meiner Meinung geblieben bin. Ich danke Bobby Anderson, Willem Blake, Sophie Campbell, Vaudine England, Andre Feillard, Jack Hanbury-Tenison, Keith Hansen, Rachel Harvey, Sarah Hawkes, Sonya Hepinstall, Bert Hoffman, Sidney Jones, Olivia Judson, Asmeen Kahn, Maarten Kok, Gwen Njoto Feillard, Ong Hok Chuan, Gray Sattler, Paul Schulte, Adam Schwarz, Made Setiawan, Daniel Suryadarma, Bob Templar und Liz Wrenn. Vier Leute, von denen ich einen nicht mal getroffen habe, haben jedes Wort wenigstens einer Version dieses Buches gelesen, einige mehrere Versionen. Ihre Einsichten, Kommentare und Fragen haben mein Denken über alle Maßen bereichert. Unendlicher Dank an Ed Aspinall, Claire Bolderson, Michael Buehler und Andrew Wilson.

In Bangkok, wo ich einen großen Teil dieses Buches geschrieben habe, wurde mir von Nicola Bullard und Philippe Girault Haus und Heim gewährt, vielen Dank. Etliche Menschen haben sich großzügig um mein geistiges Gleichgewicht gekümmert, darunter Delia Bethell, David Cole, Peter Emblin, Jake Lucchi, Palani Narayanan und Cerissa Nyen. Ricky Catwell hat mich auch in London lächeln lassen. Euch allen sei Dank.

Dieses Buch hatte viele Hebammen. Dank an Tracy Bohan von der Wylie Agency, die mich von Beginn an mit beruhigend guter Stimmung versorgt hat. In den Vereinigten Staaten danke ich Alane Mason bei W.W. Norton, die das Buch von der Empfängnis bis zur Geburt begleitet hat, und auch Anna Mageras. Bei Granta in England, ungeachtet der in Kapitel 10 beschriebenen Geschehnisse, wurde das Buch durch das magische Gespür von Sara Holloway wesentlich mitgeformt. Darüber hinaus ging es durch die fähigen Hände von Philip Gwyn Jones und Sigrid Rausing, um am Ende sicher bei Bella Lacey zu landen. Dank euch allen und Dank auch den übrigen Mitgliedern der Mannschaft, früheren wie heutigen, darunter Iain Chapple, Christine Lo, Brigid Macleod und Sarah Wasley. In Indonesien gebührt John McGlynn Bewunderung dafür, wie er mit diesem Buch umgegangen ist, und auch der unvergleichlichen Lontar Foundation.

Dankbar bin ich auch Gaetan Bernede, dem Videoeditor und Ausnahmedesigner, sowie John Wheeler und seinen Kollegen bei SPi Global, die alle zur elektronischen Version dieses Buches (englisches Original) beigetragen haben. Dank an Lilo Acebal für die Illustrationen in der elektronischen Ausgabe, und für vieles mehr. Ebenso an Susannah Fiennes, auch für ihr Autorenporträt, und Marit Miners.

Nicholas Little hat den heimischen Herd am Brennen gehalten und das Projekt möglich gemacht. Dafür, für seine Freundschaft und sein Lachen, auch sein zukünftiges, danke ich ihm. Und meine Eltern, sie waren wie immer mehr als eine Stütze. Von ihnen habe ich gelernt, mit offenen Augen und einem offenen Herzen zu reisen. Ich schulde ihnen mehr, als ich je zurückzahlen kann. Und schließlich will ich auch meinem Bruder Mark danken. Ohne seine ständige, geduldige, gut gelaunte Unterstützung, die er mir meist zu den unmöglichsten Tageszeiten zukommen ließ, würde dieses Buch nicht existieren. Vielleicht auch ich nicht. Ich widme es ihm, von ganzem Herzen.

Glossar

Adat – für eine ethnische Gruppe spezifische Traditionen, Kulturen und Gesetze

Aduh! – für alles brauchbarer Ausdruck des Erstaunens, der Freude oder Bestürzung

Bapak – Vater, ein respektvoller Ausdruck, um einen erwachsenen Mann anzusprechen

Batik – unter Zuhilfenahme von farbabweisendem Wachs gefärbte gemusterte Stoffe

Begitulah – So ist es.

Bu – s. Ibu

Dangdut – indonesische Popmusik

Dari mana? – Woher kommen Sie?, ein allgegenwärtiger Gruß

Dschilbab – ein von muslimischen Frauen getragenes Kopftuch

Gamelan – ein javanisches oder balinesisches Orchester

Ibu – Mutter, ein respektvoller Ausdruck, um eine erwachsene Frau anzusprechen

Ikat – gemusterter Stoff, dessen Fäden vor dem Weben eingefärbt wurden

Kebaya – eine lange, taillierte Bluse, gehört zur förmlichen Kleidung einer javanischen Frau

Kebun – Garten, Plantage, Bauernhof

Keluarga Besar – wörtl.: »große Familie«, Clan

Kraton – Sultanspalast, Fürstenhof

Kretek – Tabak-Nelken-Zigarette

Merantau – reisen, um sein Glück zu finden

Ojek – Motorradtaxi

Pak – s. Bapak
Pancasila – Indonesiens amorphe, fünf Punkte umfassende politische Philosophie
Peci – von Muslimen getragene Fez-artige Kappe
Pendatang – Einwanderer von einer anderen Insel oder seine Nachkommen

Reformasi – wörtl.: die Reformation, bezeichnet die Zeit nach Suharto

Waria – transsexuelle Person
Wayang – Puppentheater, meist mit Schattenpuppen

DUMONTREISE.DE

DUMONT

Weitere Reiseabenteuer bei DuMont ...

PAPERBACK, 384 SEITEN

ISBN 978-3-7701-8267-1

PREIS 14,99 € [D]/15,50 € [A]

AUCH ALS E-BOOK ERHÄLTLICH

DUMONTREISE.DE

DUMONT

Zu Fuß durch China

Von der Wüste Gobi bis zum Südchinesischen Meer

von Rob Lilwall

Übersetzt von Werner Löcher-Lawrence

Rob Lilwall macht sich gemeinsam mit dem Kameramann Leon McCarron zu Fuß auf den Weg von der Mongolei nach Hause: Hongkong. Als sie einem Mongolen beim Tee in seiner Jurte ihr Vorhaben erklären, schreit der Mann nur: »China!« Sein Blick verfinstert sich, er schüttelt den Kopf und fährt sich mit der Hand über die Kehle. »Die Kehle aufschlitzen ... Will er das mit den Chinesen machen, oder denkt er, die Chinesen werden sie uns aufschlitzen?«, fragen sich die beiden. So beginnt ihre außergewöhnliche Reise. Sie laufen durch die Wüste Gobi, besuchen am Weg liegende Kulturstätten und durchqueren riesige Industriegebiete. Der Fußmarsch ist beschwerlich, die Strapazen sind gewaltig, und immer wieder geschieht Unerwartetes: Wegen fehlender Genehmigungen für ihre journalistischen Arbeiten werden sie in Polizeiverhöre verwickelt, sie geraten versehentlich in militärisches Sperrgebiet, das auf den Karten nicht verzeichnet ist, Abkürzungen erweisen sich als Sackgassen, und als ihnen das Geld ausgeht, findet sich kein Bankautomat ...
Ein spannender und sympathischer Reisebericht, humorvoll und anregend geschrieben, der tiefe Einblicke in das heutige China gewährt.

Paperback, 336 Seiten
ISBN 978-3-7701-8250-3
Preis 14,99 € [D]/15,50 € [A]
Auch als E-Book erhältlich

dumontreise.de

DUMONT

Die Suche nach Indien

Eine Reise in die Geheimnisse Bharat Matas

von Dennis Freischlad

Über viele Jahre hinweg hat der Dichter und Künstler Dennis Freischlad in Indien gelebt, er hat sich als Übersetzer und Bibliothekar, Farmer, Koch und Hostelmanager verdingt. Nun begibt er sich auf einen weiteren Roadtrip durch *Bharat Mata,* Mutter Indien, um jenen indischen Geheimnissen nahezukommen, die zwischen Mensch und Mythologie einen einzigartigen Zugang zur Welt bilden. Auf der Suche nach Indien reist Dennis Freischlad auf abenteuerlicher Route mit seinem Motorrad vom tempelreichen Süden des Landes über das paradiesische Kerala und das schillernd-zerstörerische Mumbai bis in die Steppe des romantischen Rajasthan. Weiter geht es mit dem Zug in den Punjab, um schließlich an den Ufern des Ganges im mystischen Varanasi anzukommen, der heiligsten Stadt der Hindus.
Hinsichtlich Erfahrungen, Begegnungen und Intensität wird es eine Reise durch das »reichste Land der Welt«. Der Indienkenner schildert den Alltag, die Geschichte und Gegenwart der Inder in spannenden, poetischen und oft skurrilen Begegnungen und erzählt aus erster Hand von ihren Träumen und Realitäten, immerwährenden Katastrophen und Hoffnungen.

DUMONTREISE.DE

DUMONT